I0769781

WILLIAM FAULKNER
CUENTOS COMPLETOS TOMO II

astria

CUENTOS COMPLETOS TOMO II
WILLIAM FAULKNER

©Colección Erandique
Supervisión Editorial: Óscar Flores López
Diseño de portada: Andrea Rodríguez
Administración: Tesla Rodas—Jessica Cordero
Director Ejecutivo: José Azcona Bocock
Primera Edición
Tegucigalpa, Honduras—Septiembre 2025

CONTENIDO

UNA ROSA PARA EMILIA

I

Cuando murió la señorita Emilia Grierson, casi toda la ciudad asistió a su funeral; los hombres, con esa especie de respetuosa devoción ante un monumento que desaparece; las mujeres, en su mayoría, animadas de un sentimiento de curiosidad por ver por dentro la casa en la que nadie había entrado en los últimos diez años, salvo un viejo sirviente, que hacía de cocinero y jardinero a la vez.

La casa era una construcción cuadrada, pesada, que había sido blanca en otro tiempo, decorada con cúpulas, volutas, espirales y balcones en el pesado estilo del siglo XVII; asentada en la calle principal de la ciudad en los tiempos en que se construyó, se había visto invadida más tarde por garajes y fábricas de algodón, que habían llegado incluso a borrar el recuerdo de los ilustres nombres del vecindario. Tan sólo había quedado la casa de la señorita Emilia, levantando su permanente y coqueta decadencia sobre los vagones de algodón y bombas de gasolina, ofendiendo la vista, entre las demás cosas que también la ofendían. Y ahora la señorita Emilia había ido a reunirse con los representantes de aquellos ilustres hombres que descansaban en el sombreado cementerio, entre las alineadas y anónimas tumbas de los soldados de la Unión, que habían caído en la batalla de Jefferson.

Mientras vivía, la señorita Emilia había sido para la ciudad una tradición, un deber y un cuidado, una especie de heredada tradición, que databa del día en que el coronel Sartoris el Mayor —autor del edicto que ordenaba que ninguna mujer negra podría salir a la calle sin delantal—, la eximió de sus impuestos, dispensa que había comenzado cuando murió su padre y que más tarde fue otorgada a perpetuidad. Y no es que la señorita Emilia fuera capaz de aceptar una caridad. Pero el coronel Sartoris inventó un cuento, diciendo que el padre de la señorita Emilia había hecho un préstamo a la ciudad, y que la ciudad se valía de este medio para pagar la deuda contraída. Sólo un hombre de la generación y del modo de ser del coronel

Sartoris hubiera sido capaz de inventar una excusa semejante, y sólo una mujer como la señorita Emilia podría haber dado por buena esta historia.

Cuando la siguiente generación, con ideas más modernas, maduró y llegó a ser directora de la ciudad, aquel arreglo tropezó con algunas dificultades. Al comenzar el año enviaron a la señorita Emilia por correo el recibo de la contribución, pero no obtuvieron respuesta. Entonces le escribieron, citándola en el despacho del alguacil para un asunto que le interesaba. Una semana más tarde el alcalde volvió a escribirle ofreciéndole ir a visitarla, o enviarle su coche para que acudiera a la oficina con comodidad, y recibió en respuesta una nota en papel de corte pasado de moda, y tinta empalidecida, escrita con una floreada caligrafía, comunicándole que no salía jamás de su casa. Así pues, la nota de la contribución fue archivada sin más comentarios.

Convocaron, entonces, una junta de regidores, y fue designada una delegación para que fuera a visitarla.

Allá fueron, en efecto, y llamaron a la puerta, cuyo umbral nadie había traspasado desde que aquélla había dejado de dar lecciones de pintura china, unos ocho o diez años antes. Fueron recibidos por el viejo negro en un oscuro vestíbulo, del cual arrancaba una escalera que subía en dirección a unas sombras aún más densas. Olía allí a polvo y a cerrado, un olor pesado y húmedo. El vestíbulo estaba tapizado en cuero. Cuando el negro descorrió las cortinas de una ventana, vieron que el cuero estaba agrietado y cuando se sentaron, se levantó una nubecilla de polvo en torno a sus muslos, que flotaba en ligeras motas, perceptibles en un rayo de sol que entraba por la ventana. Sobre la chimenea había un retrato a lápiz, del padre de la señorita Emilia, con un deslucido marco dorado.

Todos se pusieron en pie cuando la señorita Emilia entró —una mujer pequeña, gruesa, vestida de negro, con una pesada cadena en torno al cuello que le descendía hasta la cintura y que se perdía en el cinturón—; debía de ser de pequeña estatura; quizá por eso, lo que en otra mujer pudiera haber sido tan sólo gordura, en ella era obesidad. Parecía abotagada, como un cuerpo que hubiera estado sumergido largo tiempo en agua estancada. Sus ojos, perdidos en las abultadas arrugas de su faz, parecían dos pequeñas piezas de carbón, prensadas entre masas de terrones, cuando pasaban sus miradas de uno a otro de los visitantes, que le explicaban el motivo de su visita.

No los hizo sentar; se detuvo en la puerta y escuchó tranquilamente, hasta que el que hablaba terminó su exposición. Pudieron oír entonces el tictac del reloj que pendía de su cadena, oculto en el cinturón.

Su voz fue seca y fría.

—Yo no pago contribuciones en Jefferson. El coronel Sartoris me eximió. Pueden ustedes dirigirse al Ayuntamiento y allí les informarán a su satisfacción.

—De allí venimos; somos autoridades del Ayuntamiento, ¿no ha recibido usted un comunicado del alguacil, firmado por él?

—Sí, recibí un papel —contestó la señorita Emilia—. Quizá él se considera alguacil. Yo no pago contribuciones en Jefferson.

—Pero en los libros no aparecen datos que indiquen una cosa semejante. Nosotros debemos…

—Vea al coronel Sartoris. Yo no pago contribuciones en Jefferson.

—Pero, señorita Emilia…

—Vea al coronel Sartoris (el coronel Sartoris había muerto hacía ya casi diez años.) Yo no pago contribuciones en Jefferson. ¡Tobe! —exclamó llamando al negro—. Muestra la salida a estos señores.

II

Así pues, la señorita Emilia venció a los regidores que fueron a visitarla del mismo modo que treinta años antes había vencido a los padres de los mismos regidores, en aquel asunto del olor. Esto ocurrió dos años después de la muerte de su padre y poco después de que su prometido —todos creímos que iba a casarse con ella— la hubiera abandonado. Cuando murió su padre apenas si volvió a salir a la calle; después que su prometido desapareció, casi dejó de vérsele en absoluto. Algunas señoras que tuvieron el valor de ir a visitarla, no fueron recibidas; y la única muestra de vida en aquella casa era el criado negro —un hombre joven a la sazón—, que entraba y salía con la cesta del mercado al brazo.

"Como si un hombre —cualquier hombre— fuera capaz de tener la cocina limpia", comentaban las señoras, así que no les extrañó cuando empezó a sentirse aquel olor; y esto constituyó otro motivo de relación entre el bajo y prolífico pueblo y aquel otro mundo alto y poderoso de los Grierson.

Una vecina de la señorita Emilia acudió a dar una queja ante el alcalde y juez Stevens, anciano de ochenta años.

—¿Y qué quiere usted que yo haga? —dijo el alcalde.

—¿Qué quiero que haga? Pues que le envíe una orden para que lo remedie. ¿Es que no hay una ley?

—No creo que sea necesario —afirmó el juez Stevens—. Será que el negro ha matado alguna culebra o alguna rata en el jardín. Ya le hablaré acerca de ello.

Al día siguiente, recibió dos quejas más, una de ellas partió de un hombre que le rogó cortésmente:

—Tenemos que hacer algo, señor juez; por nada del mundo querría yo molestar a la señorita Emilia; pero hay que hacer algo.

Por la noche, el tribunal de los regidores —tres hombres que peinaban canas, y otro algo más joven— se encontró con un hombre de la joven generación, al que hablaron del asunto.

—Es muy sencillo —afirmó éste—. Ordenen a la señorita Emilia que limpie el jardín, denle algunos días para que lo lleve a cabo y si no lo hace…

—Por favor, señor —exclamó el juez Stevens—. ¿Va usted a acusar a la señorita Emilia de que huele mal?

Al día siguiente por la noche, después de las doce, cuatro hombres cruzaron el césped de la finca de la señorita Emilia y se deslizaron alrededor de la casa, como ladrones nocturnos, husmeando los fundamentos del edificio, construidos con ladrillo, y las ventanas que daban al sótano, mientras uno de ellos hacía un acompasado movimiento, como si estuviera sembrando, metiendo y sacando la mano de un saco que pendía de su hombro. Abrieron la puerta de la bodega, y allí esparcieron cal, y también en las construcciones anejas a la casa. Cuando hubieron terminado y emprendían el regreso, detrás de una iluminada ventana que al llegar ellos estaba oscura, vieron sentada a la señorita Emilia, rígida e inmóvil como un ídolo. Cruzaron lentamente el prado y llegaron a los algarrobos que se alineaban a lo largo de la calle. Una semana o dos más tarde, aquel olor había desaparecido.

Así fue cómo el pueblo empezó a sentir verdadera compasión por ella. Todos en la ciudad recordaban que su anciana tía, lady Wyatt, había acabado completamente loca, y creían que los Grierson se tenían en más de lo que realmente eran. Ninguno de nuestros jóvenes casaderos era bastante bueno para la señorita Emilia. Nos habíamos acostumbrado a representarnos a ella y a su padre como un cuadro. Al fondo, la esbelta figura de la señorita Emilia, vestida de blanco; en primer término, su padre, dándole la espalda, con un látigo en la mano, y los dos, enmarcados por la puerta de entrada a su mansión. Y así, cuando ella llegó a sus 30 años en estado de soltería, no sólo nos sentíamos contentos por ello, sino que hasta experimentamos como un sentimiento de venganza. A pesar de la tara de la locura en su familia, no hubieran faltado a la señorita Emilia ocasiones de matrimonio, si hubiera querido aprovecharlas..

Cuando murió su padre, se supo que a su hija sólo le quedaba en propiedad la casa, y en cierto modo esto alegró a la gente; al fin podían compadecer a la señorita Emilia. Ahora que se había quedado sola y empobrecida, sin duda se humanizaría; ahora aprendería a conocer los temblores y la desesperación de tener un céntimo de más o de menos.

Al día siguiente de la muerte de su padre, las señoras fueron a la casa a visitar a la señorita Emilia y darle el pésame, como es costumbre. Ella, vestida como siempre, y sin muestra ninguna de pena en el rostro, las puso en la puerta, diciéndoles que su padre no estaba muerto. En esta actitud se mantuvo tres días, visitándola los ministros de la Iglesia y tratando los doctores de persuadirla de que los dejara entrar para disponer del cuerpo del difunto. Cuando ya estaban dispuestos a valerse de la fuerza y de la ley, la señorita Emilia rompió en sollozos y entonces se apresuraron a enterrar al padre.

No decimos que entonces estuviera loca. Creímos que no tuvo más remedio que hacer esto. Recordando a todos los jóvenes que su padre había desechado, y sabiendo que no le había quedado ninguna fortuna, la gente pensaba que ahora no tendría más remedio que agarrarse a los mismos que en otro tiempo había despreciado.

III

La señorita Emilia estuvo enferma mucho tiempo. Cuando la volvimos a ver, llevaba el cabello corto, lo que la hacía aparecer más joven que una muchacha, con una vaga semejanza con esos ángeles que figuran en los vidrios de colores de las iglesias, de expresión a la vez trágica y serena...

Por entonces justamente la ciudad acababa de firmar los contratos para pavimentar las calles, y en el verano siguiente a la muerte de su padre empezaron los trabajos. La compañía constructora vino con negros, mulas y maquinaria, y al frente de todo ello, un capataz, Homer Barron, un yanqui blanco de piel oscura, grueso, activo, con gruesa voz y ojos más claros que su rostro. Los muchachillos de la ciudad solían seguirlo en grupos, por el gusto de verlo renegar de los negros, y oír a éstos cantar, mientras alzaban y dejaban caer el pico. Homer Barren conoció en seguida a todos los vecinos de la ciudad. Dondequiera que, en un grupo de gente, se oyera reír a carcajadas se podría asegurar, sin temor a equivocarse, que Homer Barron estaba en el centro de la reunión. Al poco tiempo empezamos a verlo acompañando a la señorita Emilia en las tardes del domingo, paseando en la calesa de ruedas amarillas o en un par de caballos bayos de alquiler...

Al principio todos nos sentimos alegres de que la señorita Emilia tuviera un interés en la vida, aunque todas las señoras decían: "Una Grierson no podía pensar seriamente en unirse a un hombre del Norte, y capataz por añadidura." Había otros, y éstos eran los más viejos, que afirmaban que ninguna pena, por grande que fuera, podría hacer olvidar a una verdadera señora aquello de noblesse oblige —claro que sin decir noblesse oblige– y exclamaban:

"¡Pobre Emilia! ¡Ya podían venir sus parientes a acompañarla!", pues la señorita Emilia tenía familiares en Alabama, aunque ya hacía muchos años que su padre se había enemistado con ellos, a causa de la vieja lady Wyatt, aquella que se volvió loca, y desde entonces se había roto toda relación entre ellos, de tal modo que ni siquiera habían venido al funeral.

Pero lo mismo que la gente empezó a exclamar: "¡Pobre Emilia!", ahora empezó a cuchichear: "Pero ¿tú crees que se trata de...?" "¡Pues claro que sí! ¿Qué va a ser, si no?", y para hablar de ello, ponían sus manos cerca de la boca. Y cuando los domingos por la tarde, desde detrás de las ventanas entornadas para evitar la entrada excesiva del sol, oían el vivo y ligero clop, clop, clop, de los bayos en que la pareja iba de paseo, podía oírse a las señoras exclamar una vez más, entre un rumor de sedas y satenes: "¡Pobre Emilia!"

Por lo demás, la señorita Emilia seguía llevando la cabeza alta, aunque todos creíamos que había motivos para que la llevara humillada. Parecía como si, más que nunca, reclamara el reconocimiento de su dignidad como última representante de los Grierson; como si tuviera necesidad de este contacto con lo terreno para reafirmarse a sí misma en su impenetrabilidad. Del mismo modo se comportó cuando adquirió el arsénico, el veneno para las ratas; esto ocurrió un año más tarde de cuando se empezó a decir: "¡Pobre Emilia!", y mientras sus dos primas vinieron a visitarla.

—Necesito un veneno —dijo al droguero. Tenía entonces algo más de los 30 años y era aún una mujer esbelta, aunque algo más delgada de lo usual, con ojos fríos y altaneros brillando en un rostro del cual la carne parecía haber sido estirada en las sienes y en las cuencas de los ojos; como debe parecer el rostro del que se halla al pie de una farola.

—Necesito un veneno —dijo.

—¿Cuál quiere, señorita Emilia? ¿Es para las ratas? Yo le recom...

—Quiero el más fuerte que tenga —interrumpió—. No importa la clase.

El droguero le enumeró varios.

—Pueden matar hasta un elefante. Pero ¿qué es lo que usted desea...?

—Quiero arsénico. ¿Es bueno?

—¿Que si es bueno el arsénico? Sí, señora. Pero ¿qué es lo que desea...?

—Quiero arsénico.

El droguero la miró de abajo arriba. Ella le sostuvo la mirada de arriba abajo, rígida, con la faz tensa.

—¡Sí, claro —respondió el hombre—; si así lo desea! Pero la ley ordena que hay que decir para qué se va a emplear.

La señorita Emilia continuaba mirándolo, ahora con la cabeza levantada, fijando sus ojos en los ojos del droguero, hasta que éste desvió su mirada, fue a buscar el arsénico y se lo empaquetó. El muchacho negro se hizo cargo del paquete. El droguero se metió en la trastienda y no volvió a salir. Cuando la señorita Emilia abrió el paquete en su casa, vio que en la caja, bajo una calavera y unos huesos, estaba escrito: "Para las ratas".

IV

Al día siguiente, todos nos preguntábamos: "¿Se irá a suicidar?" y pensábamos que era lo mejor que podía hacer. Cuando empezamos a verla con Homer Barron, pensamos: "Se casará con él". Más tarde dijimos: "Quizás ella le convenga aún", pues Homer, que frecuentaba el trato de los hombres y se sabía que bebía bastante, había dicho en el Club Elks que él no era un hombre de los que se casan. Y repetimos una vez más: "¡Pobre Emilia!" desde atrás de las vidrieras, cuando aquella tarde de domingo los vimos pasar en la calesa, la señorita Emilia con la cabeza erguida y Homer Barron con su sombrero de copa, un cigarro entre los dientes y las riendas y el látigo en las manos cubiertas con guantes amarillos….

Fue entonces cuando las señoras empezaron a decir que aquello constituía una desgracia para la ciudad y un mal ejemplo para la juventud. Los hombres no quisieron tomar parte en aquel asunto, pero al fin las damas convencieron al ministro de los bautistas —la señorita Emilia pertenecía a la Iglesia Episcopal— de que fuera a visitarla. Nunca se supo lo que ocurrió en aquella entrevista; pero en adelante el clérigo no quiso volver a oír nada acerca de una nueva visita. El domingo que siguió a la visita del ministro, la pareja cabalgó de nuevo por las calles, y al día siguiente la esposa del ministro escribió a los parientes que la señorita Emilia tenía en Alabama….

De este modo, tuvo a sus parientes bajo su techo y todos nos pusimos a observar lo que pudiera ocurrir. Al principio no ocurrió nada, y empezamos a creer que al fin iban a casarse. Supimos que la señorita Emilia había estado en casa del joyero y había encargado un juego de tocador para hombre, en plata, con las iniciales H.B. Dos días más tarde nos enteramos de que había encargado un equipo completo de trajes de hombre, incluyendo la camisa de noche, y nos dijimos: "Van a casarse" y nos sentíamos realmente contentos. Y nos alegrábamos más aún, porque las dos parientas que la señorita Emilia tenía en casa eran todavía más Grierson de lo que la señorita Emilia había sido….

Así pues, no nos sorprendimos mucho cuando Homer Barron se fue, pues la pavimentación de las calles ya se había terminado hacía tiempo. Nos sentimos, en verdad, algo desilusionados de que no hubiera habido una notificación pública; pero creímos que iba a arreglar sus asuntos, o que quizá trataba de facilitarle a ella el que pudiera verse libre de sus primas. (Por este tiempo, hubo una verdadera intriga y todos fuimos aliados de la señorita Emilia para ayudarla a desembarazarse de sus primas). En efecto, pasada una semana, se fueron y, como esperábamos, tres días después volvió Homer Barron. Un vecino vio al negro abrirle la puerta de la cocina, en un oscuro atardecer….

Y ésta fue la última vez que vimos a Homer Barron. También dejamos de ver a la señorita Emilia por algún tiempo. El negro salía y entraba con la cesta de ir al mercado; pero la puerta de la entrada principal permanecía cerrada. De vez en cuando podíamos verla en la ventana, como aquella noche en que algunos hombres esparcieron la cal; pero casi por espacio de seis meses no fue vista por las calles. Todos comprendimos entonces que esto era de esperar, como si aquella condición de su padre, que había arruinado la vida de su mujer durante tanto tiempo, hubiera sido demasiado virulenta y furiosa para morir con él….

Cuando vimos de nuevo a la señorita Emilia había engordado y su cabello empezaba a ponerse gris. En pocos años este gris se fue acentuando, hasta adquirir el matiz del plomo. Cuando murió, a los 74 años, tenía aún el cabello de un intenso gris plomizo, y tan vigoroso como el de un hombre joven….

Todos estos años la puerta principal permaneció cerrada, excepto por espacio de unos seis o siete, cuando ella andaba por los 40, en los cuales dio lecciones de pintura china. Había dispuesto un estudio en una de las habitaciones del piso bajo, al cual iban las hijas y nietas de los contemporáneos del coronel Sartoris, con la misma regularidad y aproximadamente con el mismo espíritu con que iban a la iglesia los domingos, con una pieza de ciento veinticinco para la colecta.

Entretanto, se le había dispensado de pagar las contribuciones.

Cuando la generación siguiente se ocupó de los destinos de la ciudad, las discípulas de pintura, al crecer, dejaron de asistir a las clases, y ya no enviaron a sus hijas con sus cajas de pintura y sus pinceles, a que la señorita Emilia les enseñara a pintar según las manidas imágenes representadas en las revistas para señoras. La puerta de la casa se cerró de nuevo y así permaneció en adelante. Cuando la ciudad tuvo servicio postal, la señorita Emilia fue la única que se negó a permitirles que colocasen encima de su puerta los números metálicos, y que colgasen de la misma un buzón. No quería ni oír hablar de ello.

Día tras día, año tras año, veíamos al negro ir y venir al mercado, cada vez más canoso y encorvado. Cada año, en el mes de diciembre, le enviábamos a la señorita Emilia el recibo de la contribución, que nos era devuelto, una semana más tarde, en el mismo sobre, sin abrir. Alguna vez la veíamos en una de las habitaciones del piso bajo —evidentemente había cerrado el piso alto de la casa— semejante al torso de un ídolo en su nicho, dándose cuenta, o no dándose cuenta, de nuestra presencia; eso nadie podía decirlo. Y de este modo la señorita Emilia pasó de una a otra generación, respetada, inasequible, impenetrable, tranquila y perversa.

Y así murió. Cayo enferma en aquella casa, envuelta en polvo y sombras, teniendo para cuidar de ella solamente a aquel negro torpón. Ni siquiera supimos que estaba enferma, pues hacía ya tiempo que habíamos renunciado a obtener alguna información del negro. Probablemente este hombre no hablaba nunca, ni aun con su ama, pues su voz era ruda y áspera, como si la tuviera en desuso.

Murió en una habitación del piso bajo, en una sólida cama de nogal, con cortinas, con la cabeza apoyada en una almohada amarilla, empalidecida por el paso del tiempo y la falta de sol.

V

El negro recibió en la puerta principal a las primeras señoras que llegaron a la casa, las dejó entrar curioseándolo todo y hablando en voz baja, y desapareció. Atravesó la casa, salió por la puerta trasera y no se volvió a ver más. Las dos primas de la señorita Emilia llegaron inmediatamente, dispusieron el funeral para el día siguiente, y allá fue la ciudad entera a contemplar a la señorita Emilia yaciendo bajo montones de flores, y con el retrato a lápiz de su padre colocado sobre el ataúd, acompañada por las dos damas sibilantes y macabras. En el balcón estaban los hombres, y algunos de ellos, los más viejos, vestidos con su cepillado uniforme de confederados; hablaban de ella como si hubiera sido contemporánea suya, como si la hubieran cortejado y hubieran bailado con ella, confundiendo el tiempo en su matemática progresión, como suelen hacerlo las personas ancianas, para quienes el pasado no es un camino que se aleja, sino una vasta pradera a la que el invierno no hace variar, y separado de los tiempos actuales por la estrecha unión de los últimos diez años.

Sabíamos ya todos que en el piso superior había una habitación que nadie había visto en los últimos cuarenta años y cuya puerta tenía que ser forzada. No obstante esperaron, para abrirla, a que la señorita Emilia descansara en su tumba.

Al echar abajo la puerta, la habitación se llenó de una gran cantidad de polvo, que pareció invadirlo todo. En esta habitación, preparada y adornada como para una boda, por doquiera parecía sentirse como una tenue y acre atmósfera de tumba: sobre las cortinas, de un marchito color de rosa; sobre las pantallas, también rosadas, situadas sobre la mesa—tocador; sobre la araña de cristal; sobre los objetos de tocador para hombre, en plata tan oxidada que apenas se distinguía el monograma con que estaban marcados. Entre estos objetos aparecía un cuello y una corbata, como si se hubieran acabado de quitar y así, abandonados sobre el tocador, resplandecían con una pálida blancura en medio del polvo que lo llenaba todo. En una silla estaba un traje de hombre, cuidadosamente doblado; al pie de la silla, los calcetines y los zapatos.

El hombre yacía en la cama..

Por un largo tiempo nos detuvimos a la puerta, mirando asombrados aquella apariencia misteriosa y descarnada. El cuerpo había quedado en la actitud de abrazar; pero ahora el largo sueño que dura más que el amor, que vence al gesto del amor, lo había aniquilado. Lo que quedaba de él, pudriéndose bajo lo que había sido camisa de dormir, se había convertido en algo inseparable de la cama en que yacía. Sobre él, y sobre la almohada que estaba a su lado, se extendía la misma capa de denso y tenaz polvo.

Entonces nos dimos cuenta de que aquella segunda almohada ofrecía la depresión dejada por otra cabeza. Uno de los que allí estábamos levantó algo que había sobre ella e inclinándonos hacia delante, mientras se metía en nuestras narices aquel débil e invisible polvo seco y acre, vimos una larga hebra de cabello gris.

CARRERA EN LA MAÑANA

Yo iba en la barca cuando lo vi.

Anochecía. Acababa de dar de comer a los caballos y de bajar hasta la orilla y de desatracar la barca para cruzar el río y volver al campamento, cuando lo vi, como a la mitad de un cuarto de milla río arriba, nadando; solo le sobresalía del agua la cabeza, y él mismo no era sino un punto en medio de la penumbra. Pero yo alcanzaba a ver aquella suerte de mecedora que llevaba encima de la cabeza, y supe que era él, que volvía al cañaveral de la confluencia del brazo pantanoso donde vivía todo el año hasta el día anterior al comienzo de la temporada, día en que, como si los guardas de caza le hubieran proporcionado un calendario, dejaba el lugar y desaparecía, nadie sabía adónde, hasta el día después del cierre de la temporada. Pero ahí estaba, volviendo un día antes de lo previsto, como si se hubiera equivocado y estuviera consultando por error un calendario del año anterior.

Lo cual era funesto para él, porque el señor Ernest y yo saldríamos a caballo en su persecución en cuanto se alzase el sol al día siguiente.

Así que se lo conté al señor Ernest y cenamos y di de comer a los perros, y luego ayudé al señor Ernest en la partida de póquer, de pie detrás de su silla, hasta las diez aproximadamente, cuando Roth Edmonds dijo:

—¿Por qué no te vas a la cama, chico?

—Y si vas a quedarte levantado —dijo Willy Legate—, ¿por qué no coges el abecedario y te pones a estudiar? Sabe todas las maldiciones que vienen en el diccionario, todas las manos de póquer de la baraja y todas las marcas de whisky de la destilería, pero es incapaz de escribir su nombre... ¿O puedes? —me dijo.

—No necesito escribir mi nombre —dije yo—. Puedo acordarme de quién soy.

—Tienes doce años —dijo Walter Ewell—. Ahora de hombre a hombre: ¿cuántos días te has pasado en la escuela en toda tu vida?

—No tiene tiempo para ir a la escuela —dijo Willy Legate—. ¿De qué sirve que vaya a la escuela desde setiembre hasta mediados de noviembre, en que tendría que dejarla para venir aquí a estar a la escucha para Ernest? ¿Y de qué sirve volver a la escuela en enero, si apenas en once meses volverá a llegar el quince de noviembre y tendrá que empezar otra vez a decirle a Ernest por dónde han ido los perros?

—Bien, de todos modos deja de mirarme el juego —dijo Roth Edmonds.

—¿Qué pasa? ¿Qué pasa? —dijo el señor Ernest.

Llevaba siempre en la oreja el auricular del audífono, pero nunca traía las pilas al campamento, pues el cordón se le enganchaba en los matorrales cada vez que atravesaban un paraje frondoso.

—¡Willy dice que me vaya a la cama! —grité.

—¿Nunca le llamas a nadie "señor"? —dijo Willy.

—Le llamo "señor" al señor Ernest —dije yo.

—Está bien —dijo el señor Ernest—. Vete a la cama. No te necesito.

—Gran verdad —dijo Willy—. Sordo o no sordo, puede oír un reenvite de cincuenta dólares aunque uno no mueva ni los labios.

Así que me fui a la cama, y al cabo de un rato entró el señor Ernest y yo quise decirle otra vez lo grandes que parecían aquellos cuernos a media cuarta de milla río arriba. Pero hubiera tenido que gritar, y la única ocasión en la que el señor Ernest admitía que no oía era cuando, a lomos de Dan, esperaba que yo le indicara qué camino habían tomado los perros.

Así que seguí acostado, y no había transcurrido ni un momento cuando Simon golpeaba ya la base del barreño con la cuchara, gritando: "¡Arriba, el café de las cuatro!", y crucé el río, esta vez en la oscuridad, con la linterna, y di de comer a Dan y al caballo de Roth Edmonds. Iba a hacer un buen día, frío y radiante; pude ver, pese a la oscuridad, la blanca escarcha sobre los matorrales y las hojas; era exactamente el tipo de día que a aquel grande y viejo hijo de perra que duerme allí en el cañaveral le gustaría para correr.

Luego comimos, y luego extendimos el plano de los puestos para que tío McCaslin los adjudicara según su criterio, pues era la persona de más edad del campamento. Había estado cazando ciervos en aquellos bosques por espacio —calculo— de unos cien años, y si había alguien que supiera por dónde había de pasar un ciervo, ése era él.

Quizá tratándose de un ciervo viejo y grande como aquél, que también había corrido por los bosques durante un tiempo que en la vida de un ciervo equivaldría a cien años, tío Ike y él se las arreglarían para estar en el mismo sitio a la misma hora aquella mañana, siempre, naturalmente, que el animal consiguiera mantenerse alejado de mí y del señor Ernest cuando llegara el momento.

Porque el señor Ernest y yo íbamos a cazarlo.

Luego yo y el señor Ernest y Roth Edmonds sacamos a los perros, y Simon sujetó a Eagle y a los demás perros adultos con la traílla, pues los más jóvenes, los cachorros, no iban a ninguna parte —de ninguna manera— hasta que se lo permitiera Eagle. Luego yo y el señor Ernest y Roth ensillamos, y el señor Ernest montó y yo le tendí la escopeta de repetición y solté la brida de Dan para que diera rienda suelta a la necesidad de dar corcovos que tenía que satisfacer cada mañana, hasta que el señor Ernest le golpeaba con el cañón de la escopeta entre las orejas. Luego el señor Ernest cargó el arma y me dio el estribo, y monté a su espalda y tomamos el camino de incendios en dirección al brazo pantanoso; los cinco perros tiraban de Simon, que iba delante con su escopeta de retrocámara y de un solo cañón colgada a la espalda de un trozo de cuerda de arado, y los cachorros se movían torpemente entre los pies de todo el mundo. Para entonces ya había luz, y el día iba a ser bueno; el este estaba ya amarillo para la salida del sol y nuestros alientos despedían humo en el aire frío, quieto y brillante, a la espera de que el sol se alzase y lo caldeara, y había una delgada capa de hielo en los surcos, y toda hoja y ramita y varilla e incluso los terrones congelados estaban cubiertos de escarcha, esperando poder centellear como un arco iris cuando al fin el sol saliera y cayera sobre ellos.

Y al fin llegué a sentirme por dentro ligero y fuerte como un globo, lleno de aquel aire ligero y fuerte y frío, de forma que tuve la impresión de que no podía sentir siquiera el lomo del caballo sobre el que iba a horcajadas, solo los músculos calientes y fuertes moviéndose bajo la caliente y fuerte piel, y yo sentado y erguido y sin peso alguno, de modo que cuando el viejo Eagle descubriera la pieza y la persiguiera, yo y Dan y el señor Ernest partiríamos como un pájaro, sin tocar siquiera el suelo.

Era estupendo. Cuando aquel ciervo viejo y grande muriera aquel mismo día, yo sabría que no podría haber elegido otro día mejor para morir aunque hubiera aplazado el encuentro otros diez años.

Y, efectivamente, en cuanto llegamos al brazo pantanoso vimos sus huellas en el barro, en el lugar por donde había salido del río la noche pasada, esparcidas en el barro blando como huellas de vaca, grandes como las de las vacas, grandes como las de las mulas, y Eagle y los otros perros arremetían ahora contra la traílla, y el señor Ernest me dijo que me bajara y ayudara a Simon a sujetarlos. Porque el señor Ernest y yo sabíamos exactamente dónde iba a estar, una pequeña isla de cañaverales situada en medio del brazo pantanoso, en donde podría estar al abrigo hasta que la gama o el pequeño ciervo que los perros ahuyentaran por azar pudiera tomar a derecha o izquierda del brazo pantanoso, llevándose a los perros lejos, de forma que él pudiera escabullirse y deslizarse brazo abajo hasta el río, y alejarse nadando, y dejar el territorio como siempre hacía el día en que la temporada comenzaba.

Que era precisamente lo que nosotros pensábamos impedir que hiciera en esta ocasión. Así que dejamos a Roth sobre su montura, a fin de cortarle la retirada al ciervo y hacerlo ir hacia los hombres apostados de tío Ike en caso de que tratara de deslizarse brazo abajo, y yo y Simon, con los perros sujetos por la traílla, caminamos brazo arriba hasta que el señor Ernest, a caballo, dijo que ya era suficiente; entonces nos internamos en el bosque y subimos medio cuarto de milla aproximadamente por encima del cañaveral, pues el viento iba a ser sur aquella mañana cuando se levantase, y bajamos luego hacia el cañaveral, y el señor Ernest ordenó que soltáramos a los perros, y soltamos la traílla y el señor Ernest me volvió a ofrecer el estribo y volví a montar.

El viejo Eagle se había alejado ya, pues sabía tan bien como nosotros dónde estaba escondido aquel hijo de perra, pero no armaba alboroto alguno todavía y se limitaba a avanzar bruscamente a través de las trepadoras de los pantanos seguido de los demás perros, y hasta Dan parecía saber acerca de aquel ciervo, pues empezaba a agitarse y a dar saltitos entre las trepadoras, de modo que no esperé más y me agarré al cinturón del señor Ernest antes de que llegara el momento de que el señor Ernest tuviera que espolearlo. Porque cuando nos poníamos a la carrera, persiguiendo un ciervo al galope, yo no permanecía mucho tiempo sobre el lomo de Dan, sino casi siempre en el aire, estirado hacia atrás y agarrado al cinturón del señor Ernest, de modo que Willy Legate decía que cuando íbamos a toda velocidad a través de los bosques, parecía que el señor Ernest llevara un mono vacío de la talla de un chico saliéndole del bolsillo trasero y ondeando al viento.

Así que no fue siquiera un ataque; fue un levantamiento de la pieza.

Eagle debía de haberle seguido los talones, o quizá hasta se topó con él, sorprendiéndole mientras estaba allí escondido, pensando que el hoy era el pasado mañana. Eagle se limitó a alzar la cabeza hacia atrás y a decir: "Ahí va", y nosotros llegamos a oír incluso cómo el ciervo se abría paso estrepitosamente a través de las primeras cañas.

Entonces todos los demás perros empezaron a ladrar a su espalda, y Dan se agachó para saltar, pero esta vez lo retuvo la barbada, no solo el filete, y el señor Ernest lo dejó bajar al brazo pantanoso y lo hizo bordear el cañaveral y subir por la otra orilla. Pero no tuvo que decir: "¿Por dónde?", porque yo ya estaba señalando por delante de su hombro, asiéndome aún con más fuerza al cinturón en el preciso instante en que el señor Ernest tocaba a Dan con la gran y vieja y herrumbrosa espuela del tacón izquierdo, pues cuando Dan la sentía salía de estampida como un cartucho de dinamita, derecho contra cualquier cosa que pudiera destrozar y por encima o por debajo de cualquier otra que no pudiera.

Los perros se hallaban ya casi fuera del alcance del oído. Eagle debía de haber ido mirando de cerca la cola de aquel hijo de perra, hasta que al fin el hijo de perra decidió que sería mucho mejor salir de aquel paraje. Y para entonces debían de estar ya muy cerca de los puestos asignados por tío Ike, y el señor Ernest tiró de las riendas de Dan y lo retuvo, y Dan se agachaba y brincaba y temblaba como una mula a la que están entresacando el pelo de la cola, y entretanto nosotros nos mantuvimos atentos, a la espera de los disparos. Pero no llegó ninguno, y le grité al señor Ernest que sería mejor que prosiguiéramos la marcha mientras yo pudiera seguir oyendo a los perros, y él soltó a Dan, pero seguían sin llegar los disparos, y entonces supimos que la carrera había sobrepasado ya la línea de los puestos; y salimos precipitadamente de un bosquecillo, y, efectivamente, allí estaban tío Ike y Willy de pie junto a las huellas que el ciervo había dejado sobre un trozo de tierra blanda.

—Logró dejarnos atrás a todos —dijo tío Ike—. No comprendo cómo pudo pasar. Alcancé a echarle una ojeada rápida. Grande como un elefante, con una cornamenta en la que se podría acunar a un ternero berreante.

Se fue recto loma abajo. Será mejor que sigáis también vosotros; los del campamento de Hog Bayou puede que no lo dejen escapar.

Así que volví a aferrarme al cinturón y el señor Ernest volvió a espolear a Dan. La loma se extendía directamente hacia el norte; no había en ella trepadoras ni matorrales, de forma que podíamos avanzar de prisa, y contra el viento, que se había alzado ya, lo mismo que el sol. Así que oíamos de nuevo a los perros siempre que se levantaba el viento. Ahora podíamos ganar tiempo, pero seguíamos reteniendo a Dan para que avanzara a galope medio, pues el asunto iba a ser rápido, en caso de que terminara cuando el ciervo llegara a los puestos del campamento de Hog Bayou, a ocho millas del nuestro, o iba a llevar mucho tiempo, en caso de que lograra pasar también a través de ellos. Y, efectivamente, al cabo de un rato oímos a los perros. Llevábamos a Dan al paso ahora, para que pudiera bufar un poco, y los oímos: el sonido llegaba débil, con el viento; no corrían ya, sino que rastreaban, pues el gran hijo de perra, probablemente, hacía un rato que había decidido poner fin a todas aquellas tonterías, y había recuperado fuerzas y había acelerado y había logrado dejar una milla atrás a los perros, hasta darse de bruces con los otros cazadores del campamento de abajo. Podía casi ver cómo se detenía tras un arbusto, escrutando hacia afuera y diciendo: "¿Qué es esto? ¿Qué es esto? ¿Es que está el maldito país entero lleno de gente esta mañana?"

Y luego mirando hacia atrás sobre su hombro, en dirección adonde el viejo Eagle y los demás perros venían aullando en su persecución, mientras decidía de cuánto tiempo disponía para decidir el paso siguiente.

Solo que se libró por muy poco.

Oímos los tiros; parecía una guerra.

El viejo Eagle debió de llegar otra vez a un palmo de su cola, y a él no le quedó más remedio que abrirse paso por donde pudo. "Pam, pam, pam, pam", y luego "pam, pam, pam, pam". Parecía que eran tres o cuatro cazadores agrupados los que le atacaban, antes de que él tuviera tiempo siquiera para desviarse, y yo grité: "¡No! ¡No! ¡No! ¡No!", porque el ciervo era nuestro. Las judías y la avena que comía eran nuestras, y era nuestro el cañaveral donde se escondía; lo vigilábamos todos los años, y era como si lo hubiéramos criado, y ahora, al final, iba a ser muerto en nuestra propia cacería, ante nuestros propios perros, por unos extraños que seguramente tratarían luego de alejar a los perros y se lo llevarían a rastras antes de que nosotros pudiéramos siquiera conseguir un trozo de su carne.

—Cállate y escucha —dijo el señor Ernest.

Así lo hice, y oímos a los perros; no solo a los otros, sino también a Eagle; no olfateaban ningún rastro y no ladraban a ninguna carne abatida, sino que corrían enconadamente y a la vista de la pieza y hasta mucho después de que el tiroteo hubiera terminado. Tuve el tiempo justo para aferrarme de nuevo al cinturón. Sí, señor, veían ya la pieza a la que perseguían. Como diría Willy Legate, si Eagle tomara un trago de whisky podría atrapar a aquel ciervo. Seguían la carrera; habían desaparecido ya cuando salimos del bosquecillo, y encontramos a aquellos tipos que habían organizado el tiroteo —eran cinco o seis— agachándose y arrastrándose de un lado para otro, registrando el terreno y los arbustos, como si estuvieran convencidos de que, si buscaban con ahínco suficiente, en los tallos y las hojas habrían de florecer manchas de sangre como moras o bayas de espino.

—¿Ha habido suerte, muchachos? —dijo el señor Ernest.

—Creo que le alcancé —dijo uno de ellos—. Estoy seguro. Estamos buscando manchas de sangre.

—Bien, cuando den con él, toquen el cuerno y yo volveré para llevárselo a ustedes al campamento —dijo el señor Ernest.

Seguimos adelante; ahora a galope tendido, pues la carrera volvía a estar casi fuera del alcance del oído; ellos avanzaban rápido también, como si no solo el ciervo, sino también los perros hubieran cobrado nuevas fuerzas con todo aquel tiroteo y aquella excitación.

Ahora nos encontrábamos en territorio extraño; nunca habíamos llegado tan lejos, pues siempre habíamos logrado matar la pieza sin necesidad de avanzar hasta tal punto; estábamos en Hog Bayou, brazo pantanoso que desembocaba en el río a más de quince millas al sur de nuestro campamento.

En él había agua, además de un revoltijo de árboles caídos y troncos y demás cosas de este tipo, y el señor Ernest volvió a retener a Dan, y preguntó: "¿Por dónde?" Yo ahora apenas los oía allá a lo lejos, en dirección ligeramente este, como si el viejo hijo de perra hubiera descartado la idea de Vicksburg o Nueva Orleans, que al parecer tenía en un principio, y se hubiera decidido a echar una ojeada en Alabama; así que señalé una dirección y subimos por la orilla en busca de un lugar para cruzar, y tal vez lo habríamos encontrado, pero calculo que el señor Ernest determinó que no había tiempo que perder.

Llegamos a un lugar en donde el brazo pantanoso se estrechaba a doce o quince pies, y el señor Ernest dijo:

—Cuidado, voy a picarle.

Y lo hizo.

No había tenido siquiera tiempo para asir con fuerza el cinturón cuando ya estábamos en el aire, y entonces vi la vid —un sarmiento retorcido casi tan grueso como mi muñeca, que caía serpenteante y se atravesaba en la mitad misma del brazo pantanoso—, y pensé que él la había visto también, y que tenía intención de agarrarla y lanzarla hacia arriba, por encima de nuestras cabezas, y pasar por debajo de ella, y sé que Dan sí la vio, pues agachó la cabeza para no chocar contra ella. Pero el señor Ernest no llegó nunca a verla, y el sarmiento arañó el cuello de Dan y se enganchó en la perilla de la silla, y seguimos volando por el aire, y el sarmiento se tensaba más y más, de modo que algo, por alguna parte, tenía finalmente que ceder.

Cedió la cincha de la silla. Se rompió y Dan siguió su trayectoria hasta que logró arañar la orilla opuesta, completamente desnudo a excepción de la brida, y yo y el señor Ernest y la silla —y el señor Ernest sentado aún en la silla, en la que iba encajada la escopeta, y yo aferrado al cinturón del señor Ernest— nos vimos suspendidos en el aire, sobre el brazo pantanoso, apresados en el sarmiento tenso de la vid, como en el vértice de las gomas tensadas de un enorme tirachinas, hasta que el sarmiento retrocedió fulminantemente y nos disparó hacia atrás y cruzamos el brazo limpiamente, yo aún aferrado al cinturón del señor Ernest y en la parte de abajo, de forma que al tomar tierra habría recibido encima de mí al señor Ernest y a la silla si no hubiera escalado velozmente la silla y el costado del señor Ernest, con lo que logré que fuera la silla la primera en tocar tierra, y luego el señor Ernest, y yo en último lugar, encima de ellos; me incorporé de un salto, y el señor Ernest seguía tendido en el suelo, y solo podía vérsele la orla blanca de los ojos.

—¡Señor Ernest! —grité, y bajé hasta la orilla y llené mi gorra de agua y subí y se la arrojé contra la cara, y él abrió los ojos y se quedó allí, sobre la silla, maldiciéndome.

—Maldita sea —dijo—. ¿Por qué no seguiste a mi espalda, donde empezaste?

—¡Usted era el más grande! —dije—. ¡Me hubiera aplastado!

—Y qué te crees que me has hecho a mí? —dijo el señor Ernest—. La próxima vez, si no puedes quedarte donde empezaste, salta. Pero no vuelvas a subirte encima de mí nunca más. ¿Me oyes?

—Sí, señor —dije.

Así que entonces se levantó, maldiciendo aún y agarrándose la espalda, y bajó hasta el agua y cogió un poco en las manos y se la echó en la cara y el cuello, y volvió a coger otro poco y se la bebió, y bebí yo también, y volví a subir y recogí la silla y la escopeta, y cruzamos el brazo en unos troncos. Si al menos pudiéramos coger a Dan… No es que se hubiera puesto a recorrer las quince millas hasta el campamento, pues, de hacer algo, se habría ido solo a tratar de ayudar a Eagle en la caza del ciervo. Pero estaba a unas cincuenta yardas de distancia, comiendo enredaderas, así que fui y lo traje, y utilizamos los tirantes del señor Ernest y mi cinturón y la correa de cuero del cuerno del señor Ernest para atarle a Dan la silla. No parecía gran cosa, pero tal vez resistiera.

—Siempre que no me dejes hacerle saltar contra otra vid sin gritarme con antelación —dijo el señor Ernest.

—Sí, señor —dije yo—. Chillaré antes la próxima vez…, siempre que usted grite también un poco más rápido cuando vaya a picar espuelas la próxima vez. —Pero la nueva cincha estaba bien; solo que al montar tendríamos que hacerlo con cuidado—. ¿Y ahora por dónde? —dije. Porque ya no oíamos nada, después de haber perdido tanto tiempo. Y, sin duda alguna, se trataba de un territorio nuevo. Había sido talado y la maleza había crecido hasta tal punto que no habríamos podido ver por encima de ella ni aun de pie sobre el lomo de Dan.

Pero el señor Ernest ni siquiera respondió. Se limitó a conducir a Dan por el lugar de la orilla donde la vegetación era un poco más despejada; tan pronto como Dan y nosotros nos habituáramos a aquella cincha casera y tuviéramos algo de confianza en ella, podríamos avanzar más rápido de nuevo. Resultó que era dirección este, o así lo creí entonces, pues no presté particular atención al este al ver que el sol —no sé adónde se había ido la mañana, pero se había ido, la mañana y la escarcha— estaba ya alto.

Y entonces lo oímos. No, no es cierto; lo que oímos fue disparos. Y fue entonces cuando caímos en la cuenta de lo lejos que habíamos llegado, ya que el único campamento del que habíamos oído hablar en aquella dirección era el de Hollyknowe, y tal campamento se encontraba exactamente a veintiocho millas de Van Dorn, donde acampábamos yo y el señor Ernest.

Solo los disparos, nada más; ni siquiera a los perros. Si el viejo Eagle seguía tras él y él, el ciervo, seguía con vida, el viejo Eagle estaría demasiado agotado para decir: "Ahí va".

—¡No lo pique! —grité.

Pero el señor Ernest se acordó también de la cincha casera, y le aflojó solo el filete. Y Dan oyó también los disparos, mientras se abría paso por la espesura, saltando por encima de las trepadoras y los troncos cuando podía y pasando por debajo cuando no podía. Y, efectivamente, fue como la vez anterior: dos o tres hombres agachándose y arrastrándose por los matorrales, en busca de una sangre que ya Eagle les había advertido que no había. Pero esta vez no nos detuvimos; solo pasamos al trote. Entonces el señor Ernest hizo girar a Dan y lo enfiló directamente hacia el norte.

—¡Espere! —grité—. Por allí no.

Pero lo único que hizo el señor Ernest fue volver la cara por encima del hombro. Parecía cansado, y tenía una mancha de barro en donde había recibido el golpe del sarmiento que le arrancó del caballo.

—¿No sabes hacia dónde se dirige? —dijo—. Ya ha cumplido su papel: ha dado a todo el mundo la oportunidad de disparar leal y abiertamente contra él y ahora se vuelve a casa, a aquel cañaveral de nuestro brazo pantanoso. Y ha de hacerlo exactamente cuando oscurezca.

Y eso era lo que estaba haciendo.

Seguimos adelante. Ya no tenía sentido apresurarse. No se oía sonido alguno en ninguna parte; era esa hora temprana de las tardes de noviembre en que nada se mueve o grita, ni siquiera los pájaros —los pájaros carpinteros y los verderones y los arrendajos—, y me pareció como si pudiera vernos a nosotros tres —yo y el señor Ernest y Dan—, y a Eagle y a los otros perros y al gran y viejo ciervo, avanzando por los bosques tranquilos en la misma dirección, encaminados hacia el mismo sitio, sin correr, solo caminando; habíamos corrido la hermosa carrera lo mejor que sabemos, y ahora los tres, como siguiendo un acuerdo, volvíamos a casa; no todos juntos en el mismo grupo, ya que no queríamos molestarnos o tentarnos unos a otros, pues lo que los tres habíamos estado haciendo aquella mañana no era una representación teatral organizada por mera diversión, sino que era en serio, y todos, los tres, seguíamos siendo lo que antes éramos: el viejo ciervo que necesitaba correr, no porque tuviera miedo sino porque correr era lo que mejor sabía hacer y de lo que se sentía más orgulloso; Eagle y los demás perros que trataban de darle caza, no porque le odiaran o le temieran sino porque era lo que mejor sabían hacer y de lo que se sentían más orgullosos; y yo y el señor Ernest y Dan, que le perseguíamos no porque deseáramos su carne, que de todos modos sería demasiado dura, o su cabeza para colgarla en la pared, sino porque así podríamos volver a casa y trabajar duro durante once meses en la cosecha, de forma que nos ganáramos el derecho a volver de caza el próximo noviembre, los tres volviendo a casa, separados y apacibles, hasta el año siguiente, la ocasión siguiente.

Entonces lo vimos por primera vez.

Habíamos salido ya del terreno talado; hubiéramos podido ir a medio galope, pero todos nosotros, los tres, habíamos renunciado a ello hace tiempo.

Así que íbamos al paso, y nos encontramos con los perros —los cachorros y uno de los adultos— tendidos en una pequeña hondonada húmeda, exhaustos, jadeantes, y cuando pasamos alzaron la mirada hacia nosotros. Luego llegamos a un largo claro abierto, y vimos a los otros tres perros adultos, y a unas cien yardas más adelante vimos a Eagle; iban todos caminando, sin emitir ningún sonido; y entonces, de repente, al fondo del claro, vimos al ciervo levantándose de donde había estado descansando hasta ser alcanzado por los perros, levantándose sin prisa, grande, grande como una mula, alto como una mula, y volviéndose, y vimos durante uno o dos segundos, antes de que se lo tragara la espesura, la parte inferior blanca de su cola.

Pudo haber sido una señal, un adiós, una despedida. Seguíamos al paso y dejamos atrás, en el centro del claro, a los tres perros, que ahora estaban también echados; cien yardas más adelante seguía Eagle, pero no estaba echado, pues se mantenía en pie, aunque con las patas esparrancadas y la cabeza baja. Acaso esperaba solo a que nos alejáramos de su vergüenza; sus ojos, cuando pasamos, decían claramente, como si hablara: "Lo siento, muchachos, pero esto es todo".

El señor Ernest hizo detenerse a Dan.

—Desmonta y mírale las patas —dijo.

—No tiene nada en las patas —dije yo—. Lo que se le ha acabado es el aliento.

—Salta al suelo y mírale las patas —dijo el señor Ernest.

Así lo hice, y mientras estaba inclinándome sobre Eagle oí la escopeta de repetición: "Snik—clac. Snikclac. Snik—clac". Tres veces. Solo que entonces no pensé nada. Quizá únicamente probaba los cartuchos para asegurarse de que la escopeta iba a funcionar cuando volviéramos a verlo, o quizá para asegurarse de que se trataba de postas. Luego volví a montar, y seguimos adelante, siempre al paso; ligeramente hacia el oeste o hacia el norte ahora, pues cuando la contemplamos durante uno o dos segundos, antes de que se la tragara la espesura, su cola blanca estaba en línea recta con aquella hendidura del brazo pantanoso.

Y además era ya avanzada la tarde.

El viento había caído y el aire era cortante y el sol tocaba únicamente las copas de los árboles. Y él ahora estaba tomando también el camino más fácil, y avanzaba tan en línea recta como le era posible. Cuando veíamos sus huellas en los terrenos blandos, era que había salido a la carrera durante un rato después de descansar.

Pero pronto volvía a caminar, como si supiera dónde se encontraban Eagle y los otros perros.

Y entonces lo volvimos a ver. Fue la última vez. Era un paraje frondoso en donde el sol entraba por un hueco como si fuera un reflector. Solo hizo ruido una vez; luego allí estaba ante nuestros ojos, en pie y de costado, a menos de veinte yardas, grande como una estatua y rojo como oro al sol, y el sol centelleaba en las puntas de sus cuernos —eran doce—, y daba la impresión de que tuviera doce velas encendidas y ramificadas en torno a la cabeza; allí en pie, mirándonos mientras el señor Ernest alzaba la escopeta y apuntaba al cuello, y la escopeta hizo "clic, snik—clac; clic, snik—clac". Tres veces. Y el señor Ernest seguía apuntando con la escopeta mientras el ciervo se volvía y daba un largo salto, con la parte inferior de la cola como una llamarada de fuego, y la espesura y las sombras lo hacían desaparecer. El señor Ernest volvió a dejar lenta y suavemente la escopeta frente a él, atravesada en la silla, y dijo quieta y apaciblemente, con voz queda, como si tan solo respirase:

—Maldición. Maldición.

Luego me dio un codazo y desmontamos, despacio y con cuidado a causa de la cincha que habíamos improvisado antes, y se llevó la mano al chaleco y sacó uno de los cigarros. Estaba reventado; imagino que caí sobre él cuando llegué al suelo. Lo tiró y sacó el otro, que también estaba reventado, de forma que mordió un trozo para mascar y tiró el resto. El sol se había retirado incluso de las copas de los árboles, y nada quedaba de él salvo un gran fulgor deslumbrante y rojo en el oeste.

—No se preocupe —dije—. No voy a decirles que se le olvidó cargar la escopeta. Y, ya que estamos en ello, no tienen por qué saber siquiera que lo vimos.

—Muy agradecido —dijo el señor Ernest.

Tampoco iba a haber luna aquella noche, así que soltó la brújula del lazo de cuero que colgaba del ojal y me tendió la escopeta y puso la brújula sobre un tocón y retrocedió unos pasos para mirar.

—Más o menos la dirección que llevamos —dijo.

Y me cogió la escopeta y la abrió y puso un cartucho en la recámara y recogió la brújula, y yo cogí las riendas de Dan, y partimos; él iba delante con la brújula en la mano.

Y al cabo de un rato era noche cerrada. El señor Ernest encendía una cerilla de cuando en cuando para mirar la brújula, hasta que brillaron las estrellas y pudimos elegir una como guía, y yo dije:

—¿A qué distancia cree que estamos?

Y él dijo:

—A poco más de una caja de cerillas.

Así que utilizábamos una estrella siempre que podíamos, pero no nos era posible verla continuamente a causa de lo tupido de los bosques, y a veces nos desviábamos un poco y el señor Ernest tenía que encender otra cerilla. Ahora era tarde y el tiempo era bueno, y el señor Ernest se detuvo y dijo:

—Sube al caballo.

—No estoy cansado —dije.

—Sube al caballo —dijo—. No debemos acostumbrarlo mal.

Porque el señor Ernest había sido una buena persona desde que le conocía, antes ya de aquel día de hacía dos años, cuando mamá se había fugado con el tipo del parador de Vicksburg, y al día siguiente papá tampoco vino a casa, y al tercer día el señor Ernest llegó a lomos de Dan hasta la puerta de la cabaña del río, donde nos permitía vivir para que papá trabajase su tierra y se ocupase de sus sedales, y dijo: "Baja esa escopeta y ven aquí y monta detrás de mí".

Así que subí a la silla, aunque no podía alcanzar los estribos, y el señor Ernest tomó las riendas y yo debí de dormirme, porque la siguiente cosa de que tuve conciencia fue que un ojal de mi chaqueta de leñador estaba atado a la perilla de la silla con el cordón de cuero que había soltado de la brújula, y el tiempo era bueno y era tarde y no estábamos lejos, pues Dan estaba ya oliendo el agua, el río. O quizá lo que olía fuera el cercado donde recibía su forraje, ya que desembocamos en el camino de incendios a menos de un cuarto de milla al sur del establo, y pronto pude ver el río, con la niebla blanca sobre él, blanda y quieta como algodón. Luego el campamento, el hogar y allá en la oscuridad, no lejos, lo bastante cerca como para oír cómo desmontábamos, descascarillando maíz probablemente, sin duda lo bastante cerca como para oír al señor Ernest, que tocaba el cuerno hacia el campamento para que Simon viniera a buscarnos en la barca, aquel viejo ciervo en su cañaveral del brazo pantanoso, en el hogar él también, descansando él también después de la dura carrera, despertando de cuando en cuando, soñando con perros que le perseguían, o quizá lo que lo despertaba era el alboroto que estábamos armando.

El señor Ernest siguió tocando el cuerno allá en la orilla hasta que el farol de Simon avanzó balanceándose en medio de la niebla; luego bajamos hasta el atracadero, y el señor Ernest volvió a tocar, ahora espaciadamente, para guiar a Simon, y al fin volvimos a ver el farol entre la niebla, y luego Simon en la barca; solo que, al parecer, cada vez que me sentaba y me quedaba quieto volvía yo a dormirme, pues el señor Ernest estaba sacudiéndome de nuevo para que subiéramos por la orilla hacia el oscuro campamento, y al fin sentí una cama bajo mis rodillas y caí redondo en ella.

Luego era la mañana, el día siguiente; todo había terminado ya hasta el noviembre siguiente, hasta el año siguiente; podíamos volver a casa.

Tío Ike y Willy y Walter y Roth y los demás habían regresado al campamento el día anterior, tan pronto como Eagle se llevó al ciervo fuera del alcance del oído y comprendieron que el animal había escapado; una vez en él, hicieron el equipaje y se prepararon para partir al día siguiente, aquella mañana, y volver a Yoknapatawpha, donde vivían, donde esperarían a que fuera otra vez noviembre y pudieran volver otra vez al campamento.

Así que, nada más desayunar, Simon los llevó río arriba en la gran barca, hacia el lugar en donde habían dejado los coches y las camionetas, y ahora no quedaba nadie en el campamento más que yo y el señor Ernest, sentados al sol en el banco, contra la pared de la cocina; el señor Ernest fumaba un cigarro —uno entero esta vez—, ya que en esta ocasión Dan no había tenido oportunidad de lanzarlo contra la vid y de estrellarlo contra el suelo. Ni siquiera se había lavado el barro de la cara desde entonces. Pero tampoco aquello tenía nada de extraño: su cara solía tener siempre alguna mancha de barro o de grasa del tractor o una barba incipiente, porque el señor Ernest no era solo un plantador; era un granjero, y trabajaba tan duro como cualquiera de sus peones o colonos, ésa era la razón por la que supe desde el primer momento que nos íbamos a llevar bien, que no habría de tener problemas con él ni él habría de tener problemas conmigo, desde el mismo día en que me desperté y mamá se había fugado con aquel tipo de un parador de Vicksburg sin preparar siquiera el desayuno, y de que, a la mañana siguiente, papá se hubiera ido también; era casi el anochecer del día siguiente cuando oí acercarse un caballo y cogí la escopeta, a la que había puesto ya un cartucho en la recámara la noche anterior al ver que papá no volvía a casa, y me quedé en la puerta mientras el señor Ernest llegaba en su caballo y decía:

—Vamos. Tu papá tampoco va a volver.

—¿Quiere decir que me ha dado a usted? —dije.

—¿Qué importa eso? —dijo—. Vamos. He traído un candado para la puerta. Mandaremos la camioneta mañana a recoger lo que quieras.

Así que me fui con él a su casa y todo resultó bien, muy bien; su mujer había muerto hacía unos tres años, no había ninguna mujer que nos importunase o que a media noche se fugase con un maldito tipo de un parador de Vicksburg sin esperar siquiera a hacer el desayuno.

También nosotros nos iríamos aquella tarde, pero todavía no; siempre solíamos quedarnos un día más que los otros, pues tío Ike siempre dejaba la comida que sobraba, así como lo que aún quedaba de whisky casero de maíz que él consumía y de aquel whisky de la ciudad que Roth Edmonds llamaba "escocés" y que olía como si acabara de salir de un viejo cubo de pintura de tejados. Nos quedábamos sentados al sol un día más antes de volver a casa, de prepararnos para sembrar el algodón y la avena y el heno y las judías del año que entraba; y allá al otro lado del río, tras el muro de árboles donde comenzaba el gran bosque, aquel viejo ciervo se pasaría también aquel día al sol, descansando como nosotros, sin que nadie lo molestara hasta el noviembre siguiente.

Así que, entre nosotros, había al menos alguien que se alegraba de que tuvieran que pasar once meses y dos semanas antes de verse obligado de nuevo a correr tan lejos y tan rápido.

De modo que él se alegraba exactamente de lo mismo que nos causaba a nosotros tristeza, y entonces yo, de repente, pensé que acaso plantar y trabajar y luego cosechar avena y algodón y heno y judías no era solo algo que yo y el señor Ernest hacíamos durante trescientos cincuenta y un días al año para llenar el tiempo hasta poder volver de nuevo a cazar, sino que era algo que debíamos hacer, y que debíamos hacer bien y rectamente durante aquellos trescientos cincuenta y un días al año, para tener derecho a volver a los grandes bosques a cazar los catorce días restantes; y que los catorce días que el viejo ciervo corría ante los perros no eran solo algo que hacía para llenar el tiempo hasta los trescientos cincuenta y uno siguientes en que no tendría que hacerlo, sino que el correr y arriesgarse ante escopetas y perros era algo que debía hacer durante catorce días para tener derecho luego a no ser importunado por espacio de los trescientos cincuenta y uno restantes. Y así, la caza y la labranza no eran en absoluto dos cosas diferentes: una era el reverso de la otra.

—Sí —dije—. Lo único que tenemos que hacer ahora es sembrar para el año que viene. Y noviembre no tardará en llegar.

—Tú no vas a sembrar la cosecha del año que viene —dijo el señor Ernest—. Tú vas a ir a la escuela.

Al principio no creí siquiera que le hubiera oído bien.

—¿Qué? —dije—. ¿Yo? ¿Ir a la escuela?

—Sí —dijo el señor Ernest—. Tienes que ser algo en la vida.

—Ya lo hago —dije—. Lo estoy haciendo ya. Voy a llegar a ser un cazador y un granjero, como usted.

—No —dijo el señor Ernest—. Eso ya no es suficiente. Hubo un tiempo en que lo único que tenía que hacer un hombre era trabajar la tierra once meses y medio, y cazar el otro medio. Pero ahora no es así. Ahora dedicarse al oficio de la labranza y al oficio de la caza no es suficiente. Uno debe dedicarse al oficio de la humanidad.

—¿La humanidad? —dije yo.

—Sí —dijo el señor Ernest—. Así que vas a ir a la escuela. Porque debes saber por qué. Uno puede dedicarse al oficio del campo y de la caza y puede aprender cuál es la diferencia entre lo que está bien y lo que está mal, y obrar bien. Y eso, en un tiempo, bastaba: obrar bien. Pero ahora ya no basta. Uno debe saber por qué está bien y por qué está mal, y ser capaz de decírselo a la gente que nunca tuvo oportunidad de aprenderlo; enseñar a la gente a obrar bien, y no solo porque sepan lo que está bien, sino porque hayan aprendido ya por qué está bien, porque alguien les ha mostrado, les ha dicho, les ha enseñado el porqué. Así que vas a ir a la escuela.

—¡Lo que pasa es que ha estado usted escuchando a esos condenados de Will Legate y de Walter Ewell! —dije yo.

—No —dijo el señor Ernest.

—¡Sí! —dije yo—. No es extraño que no lograra cazar a ese ciervo ayer, con todas esas ideas de los mismos tipos que lo dejaron escapar, ¡después de que usted y yo hiciéramos correr a Dan y a los perros casi hasta reventar! ¡Porque usted ni siquiera llegó a fallar! ¡Usted nunca se olvidó de cargar la escopeta! ¡Usted la descargó a propósito! ¡Yo le oí hacerlo!

—Está bien, está bien —dijo el señor Ernest—. ¿Qué es lo que preferirías tener? ¿Su cabeza y su piel ensangrentada ahí sobre el suelo de la cocina, y la mitad de su carne en la camioneta camino del condado de Yoknapatawpha, o tenerlo a él entero, con cabeza y piel y carne, allá en el cañaveral, esperando a que el noviembre que viene volvamos a perseguirlo?

—Y a cazarlo —dije—. La próxima vez no vamos a andar perdiendo el tiempo con ningún Willy Legate ni Walter Ewell.

—Quizá —dijo el señor Ernest.

—Sí —dije yo.

—Quizá —dijo el señor Ernest—. Es la mejor palabra que hay en nuestra lengua, la mejor de todas. Es lo que mantiene el progreso del hombre: el "quizá". Los mejores días de su historia no fueron aquellos en los que decía sí de antemano; fueron aquellos en los que lo único que sabía decir era "quizá". No puede decir "sí" hasta después, pues no solo no lo sabe hasta entonces, sino que no quiere saberlo hasta entonces… Vete a la cocina y prepárame un ponche. Luego nos ocuparemos de la cena.

—De acuerdo —dije, y me levanté—. ¿Quiere del maíz de tío Ike o de ese whisky de ciudad de Roth Edmonds?

—¿Es que no puedes decir "señor" Roth o "señor" Edmonds? —dijo el señor Ernest.

—Sí, señor —dije yo—. Bien, ¿cuál de ellos quiere? ¿El de maíz de tío Ike o ese mejunje de Roth Edmonds?

ARTISTA EN CASA

Roger Howes era un hombre tirando a grueso, afable, anodino, de unos cuarenta años, que había llegado a Nueva York procedente de algún lugar de la Cuenca del Mississippi para ser redactor en una agencia de publicidad; allí se casó y se hizo novelista, y vendió bien un libro y compró una casa en el valle de Virginia para nunca más volver a Nueva York, ni siquiera de visita. Con su esposa Anne y sus dos hijos había vivido a lo largo de cinco años en una vieja casa de ladrillo, en la que recibían a las señoras de cierta edad a la hora de tomar el té, llegadas siempre en coche de caballos, cuando no enviaban ellas sus coches de caballos para recogerle, o bien enviaban con un criado negro, en el coche de caballos, esquejes y ramos de flores y tarros de encurtidos o de mermelada y ejemplares de sus libros para que se los dedicase de puño y letra.

No volvía nunca a Nueva York, aunque de vez en cuando Nueva York iba a visitarle: las personas que había conocido y tratado, los artistas y los poetas y otros por el estilo, a los que conoció antes de comenzar a ganar tanto que necesitó un buen armario donde guardarlo. Los pintores, los escritores que no habían vendido un libro, ni un cuadro, tipos que se dejaban barba para ocultar el cuello desgastado de la camisa, iban a verle y se ponían sus camisas y sus calcetines, dejándolos escondidos bajo la cómoda al marcharse, y las mujeres con vestidos holgados, aunque a veces no: las flacas, ansiosas, carnívoras pregoneras y tamborileras del Arte.

Al principio se le hizo cuesta arriba negarles el permiso, pero ahora aún resultaba más difícil avisar a su esposa de que iban a llegar. A veces ni siquiera él mismo sabía con alguna antelación que estaban al caer. Tenían por costumbre mandarle un telegrama, habitualmente a cobro revertido, el día mismo en que tenían previsto presentarse allí. Vivía a cuatro millas del pueblo, y las ventas del libro no habían devengado ganancias suficientes para tener también coche, y estaba un tanto grueso, con exceso de peso, de modo que a veces pasaban dos o tres días antes de que fuese al pueblo a recoger su correspondencia. A lo mejor esperaba a que las visitas siguientes trajeran la correspondencia. Al cabo del primer año, el hombre de la estación (era el agente de telégrafos y el encargado de la estación, y era en cierto modo el agente de Roger en el pueblo, todo en una) llegó a tal punto que los reconocía nada más verlos.

Se quedaban parados en el pequeño andén, con aire inexpresivo, sin nada que mirar, salvo la estación pequeña, pintada de amarillo, y el furgón de cola de un tren que arrancaba y unos montes en los que empezaba a oscurecer, y el agente salía de su cubil con un puñado de cartas y un paquete o dos, además del telegrama.

—Vive a unas cuatro millas de aquí, según se sube por el valle. No tiene pérdida.

—¿Quién vive a cuatro millas, en el valle?

—Howes. Si van todos ustedes a su casa, pensé que tal vez no les importaría llevarle estas cartas. Una de ellas es un telegrama.

—¿Un telegrama?

—Ha llegado esta mañana. Pero hace dos o tres días que no baja al pueblo. Pensé que tal vez pudieran llevárselo.

—¿Un telegrama? Demonios. Démelo.

—Son cuarenta y ocho centavos lo que hay que pagar.

—Pues entonces quédeselo. Demonios.

Así que se lo llevaban todo salvo el telegrama, y subían a pie las cuatro millas, hasta la casa de Howes, con lo que llegaban después de la cena. Lo cual tampoco era mala cosa, porque las mujeres estarían demasiado contrariadas para comer nada, incluida la señora Howes, Anne. Al cabo de dos días, alguien mandaba un coche de caballos para recoger a Roger, y hacía un alto en el pueblo para pagar el telegrama en el que se le comunicaba cómo iban a llegar sus invitados, cómo llegaron dos días antes.

Total, que cuando el poeta de la chaqueta azul celeste baja del tren, el agente sale de su cubil con el telegrama en la mano.

—Vive a unas cuatro millas de aquí —le dice—, según se sube por el valle. No tiene pérdida. He pensado que a lo mejor podría llevarle este telegrama. Ha llegado esta mañana, pero hace un par de días que no viene por el pueblo. Puede llevárselo. Está pagado.

—Eso ya lo sé —dice el poeta—. Demonios. ¿Y dice que queda a cuatro millas?

—Siguiendo el camino. No tiene pérdida.

Así que el poeta tomó el telegrama y el agente lo vio desaparecer por el camino del valle, con otros dos, tal vez tres individuos que salieron a la puerta de sus casas para ver tal vez la chaqueta azul. El agente resopló.

—Cuatro millas —dijo—. Para ese menda, eso significa lo mismo que si le hubiera dicho cuatro palancas de guardavía. Claro que a lo mejor con esa chaquetilla por vestimenta es capaz de convertirse en pájaro y echar a volar, quién sabe.

Sobre este poeta Roger no había dicho nada a su esposa, Anne, tal vez porque ni siquiera él lo sabía. De todos modos, ella no supo nada al respecto hasta el momento en que el poeta apareció cojeando por el jardín en donde estaba ella cortando flores para adornar la mesa del comedor, y él le dijo que le debía cuarenta y ocho centavos.

—¿Cuarenta y ocho centavos? —le preguntó Anne.

Le dio el telegrama.

—No hace falta que lo abras ahora, claro —dijo el poeta—. Basta con que me devuelvas los cuarenta y ocho centavos, y ni siquiera tendrás que abrirlo —lo miró con las flores en una mano y las tijeras de podar en la otra, así que al final tal vez se le ocurrió a él decirle quién era—. Soy John Blair —dijo—. Esta mañana envié este telegrama para anunciaros que venía a veros. Me ha costado cuarenta y ocho centavos. Pero ahora que ya estoy aquí ni siquiera tenéis necesidad del telegrama.

Así que Anne se queda en donde está, sujetando las flores y las tijeras, murmurando «maldita sea, maldita sea, maldita sea», mientras el poeta le explica que sería aconsejable que fuese a recoger el correo más a menudo.

—Hay que estar al tanto de lo que pasa —le dice, y ella murmura «maldita sea, maldita sea, maldita sea», hasta que al final él le dice que solo se quedará a cenar y que luego volverá a pie al pueblo si de veras le molesta tanto.

—¿A pie? —dice, y lo mira de hito en hito—. ¿Has venido a pie? ¿Hasta aquí, desde el pueblo? No me lo creo. ¿Y dónde está tu equipaje?

—Lo llevo encima. Dos camisas, y un par de calcetines de más en el bolsillo. Tu cocinera también hace la colada, ¿no?

Ella lo mira con las flores y las tijeras en la mano. Le dice entonces que entre en la casa, que no se prive, que se quede a vivir para siempre si eso le apetece. Solo que no le dice exactamente eso.

—Así que te gusta caminar, ¿eh? Tonterías. Me parece que estás enfermo. Anda, pasa, siéntate, descansa —luego fue a buscar a Roger, a decirle que bajase el cochecito del niño del desván. Claro está que tampoco le dijo eso exactamente.

Roger no le había dicho nada de este poeta; no había visto aún el telegrama. Tal vez por eso lo puso ella a caer de un burro esa misma noche: porque no había visto aún el telegrama.

Estaban en el dormitorio. Anne se estaba peinando. Los niños habían ido a pasar el verano en Connecticut, con la familia de Anne. Su padre era pastor protestante.

—La última vez me dijiste que iba a ser la última. No hace ni siquiera un mes. Menos, porque cuando se largaron los de la última hornada tuve que pintar los muebles del cuarto de invitados otra vez para disimular las marcas de los cigarrillos en el canto de la cómoda y los antepechos de las ventanas. Y en un cajón encontré un peine al que le faltaba un montón de dientes, un peine que ni siquiera le hubiera dicho a Pinkie —Pinkie era la cocinera negra— que recogiese, y dos calcetines desparejados, que te regalé en invierno, y un calcetín huérfano que ni siquiera yo pude reconocer que era mío. Me sueles decir que la Pobreza cuida de los suyos, y por mí estupendo, pero... ¿por qué hemos de ser nosotros instrumentos de la Pobreza?

—Éste es poeta. Entre los de la última hornada no había poetas. No hemos tenido poetas en casa desde hace ya tiempo. Este sitio está perdiendo todos sus matices y sutilezas... ¿cómo diría? Sí, melifluas; eso es.

—¿Y qué me dices de aquella mujer que no se quería bañar en el cuarto de baño, la que insistía en ir al arroyo todas las mañanas sin traje de baño, hasta que la mujer de Amos Crain —un granjero que vivía al otro lado del arroyo— tuvo que mandarme aviso de que a Amos le daba miedo ir a labrar los campos de más abajo? ¿Qué se han creído esas frescas que es el campo, la vida al aire libre? Yo no lo entiendo, así como tampoco entiendo por qué tienes la sensación de que debes dar de comer y además alojar...

—Bueno, eso no fue más que un momento de pánico, seguramente a Amos le tuvo que sentar bien. Una buena sacudida, un meneo para salirse un poco de su rutina, para que no se quede alelado.

—Esa rutina es la que le ha valido para ganar el pan de cada día, seis días por semana, para dárselo a su mujer y a sus hijos. Pero es peor aún. Amos es joven. Seguramente aún tenía ilusiones al pensar en las mujeres hasta el día en que vio a esa pelandusca en pelota picada.

—Bueno, tú formas parte de la mayoría, tú y la señora Crain —le miró a la nuca, a las manos con que se peinaba, y ella seguramente lo miró por el espejo sin que él lo supiera, con todo y con ser artista—. Éste es un hombre y es un poeta.

—Entonces imagino que se negará a salir del cuarto de baño. Supongo que tendrás que llevarle una bandeja a la bañera al menos tres veces al día. ¿Por qué te sientes obligado a dar alojamiento y comida a toda esa gente? ¿No te das cuenta de que te consideran un blandengue, de que se comen lo que les sirves y se ponen tu ropa y nos consideran unos burgueses sin remedio solo por tener comida suficiente para alimentar a otros, y un poco débiles mentales por regalarla? Y ahora viene éste vestido con su chaquetilla azul celeste.

—Es que eso de ser poeta desgasta una barbaridad. Me parece que no te has dado cuenta.

—Ni me importa. Que se vista si quiere con una pantalla de lámpara o una sartén. ¿Qué es lo que de ti pretende? ¿Consejos, o comida y alojamiento gratis?

—Consejos no. Durante la cena te habrás dado cuenta de cuál es la opinión que tiene de mi mentalidad.

—Dejó muy claro cuál es su propia mentalidad. Lo único que le ha gustado de toda la casa es el pañuelo de colores que llevaba Pinkie en la cabeza.

—Consejos no —dijo Roger—. Ni siquiera sé por qué me da a leer sus cosas. Lo hace tal como tú darías caviar a un elefante.

—Y, cómo no, tú aceptas su sentencia a cuento del elefante. Y supongo que además conseguirás que le publiquen su libro.

—Es que tiene algunas cosas que no están nada mal, de veras. Y… ¿quién sabe? A lo mejor, si se lo publican empieza a tener ocupaciones. Trabajo, quiero decir. O a lo mejor alguien consigue cabrearlo tanto que al final realmente escriba algo de una puñetera vez. Algo con entrañas. Tiene dentro lo que hay que tener. A lo mejor no es más que un poema, pero lo tiene. A lo mejor, si consigue abstenerse de hablar durante el tiempo suficiente le será posible sacarlo de dentro. Y pensé que si viniese aquí, donde tiene que caminar cuatro millas para encontrar a alguien con quien hablar, cuando Amos llegue a reconocer esa chaqueta azul…

—Ah —dijo Anne—. Así que le escribiste para invitarle a venir. Ya lo suponía, pero me alegro de oírtelo reconocer por tu propia voluntad. Anda, vámonos a la cama —dijo—. Hoy no has dado ni un palo al agua, y solo Dios sabe cuándo volverás a ponerte a trabajar.

De ese modo seguía su curso la vida a su manera, antigua y plácida. Y es que los poetas son todos distintos entre sí, o éste al menos lo parecía, aunque bien pronto sale a relucir que Anne no ve a este poeta, apenas lo ve. Parece que ni siquiera es capaz de saber que se encuentra en la casa, a no ser que lo oiga roncar de noche. Por eso tuvieron que pasar dos semanas hasta que volvió a sulfurarse. Y esta vez ni siquiera se está peinando.

—¿Hace solo dos semanas que está aquí, o hace ya dos años?

Está sentada ante el tocador, pero no está haciendo nada, cosa que cualquier marido, incluso si es artista, sabe que no puede ser buena señal. Cuando uno ve a una mujer sentada y a medio vestir ante un tocador, con un espejo en el que ni siquiera se mira a la vez que habla, es hora de reconocer que huele a chamusquina.

—Lleva aquí dos semanas, pero si no me da por ir a la cocina ni lo veo, puesto que prefiere la compañía de Pinkie antes que estar con nosotros. Y cuando no apareció aquella primera noche, el miércoles, que era la noche libre de Pinkie, al principio me dije... «vaya, qué tacto tiene». Eso fue antes de enterarme de que había cenado con la familia de Pinkie, en su casa, y que fue con ellos a orar a la iglesia. Y volvió el domingo por la noche, y de nuevo el pasado miércoles por la noche, y esta noche (por más que me diga que carezco de inteligencia y de imaginación) le sorprendería saber que ahora mismo me imagino esa chaquetilla azul celeste en una iglesia, un edificio de madera, llena de negros sudorosos, sin que haya en ello la menor incongruencia.

—Sí, todo un cuadro, ¿que no?

—Pero dejando a un lado esa clase de inconveniencias que no tienen la menor importancia, como es no saber dónde está nuestro invitado, y soportar armada de paciencia una cantidad no menor de ridículos y vergüenzas ajenas, es un acompañante francamente agradable. Instructivo, edificante, modesto. Nunca me entero de que esté en la casa, nunca, a no ser que te oiga teclear, porque en ese caso caigo en la cuenta de que no eres tú, ya que tú no has escrito un renglón en... ¿son dos semanas, o ya son dos años? Entra en esa habitación en donde los niños tienen absolutamente prohibida la entrada y pone un solo dedo en esa máquina de escribir que ni siquiera Pinkie puede tocar con un paño para quitarle el polvo, y escribe un poema sobre la libertad y te lo pone delante de las narices para que lo elogies y aplaudas. ¿Cómo lo dice él?

—Tú sabrás. Está muy bien.

—Te lo planta delante de las narices como... como... Espera, espera que ya lo tengo: como quien da de comer caviar a un elefante, y va y dice: «¿Se venderá?». No pregunta si es bueno, o si te gusta. Te pregunta si se venderá. Y tú...

—Sigue, sigue. No se me ocurriría competir contigo.

—Tú lo lees con toda tu atención. A lo mejor es el mismo poema, no lo sé; recientemente he sabido gracias a una autoridad inapelable que no tengo la inteligencia necesaria para acceder a la poesía por mis propios medios. Tú lo lees con toda tu atención y le dices: «A la fuerza tiene que vender. Ahí tienes sellos, en el cajón del escritorio» —se dirigió a la ventana—. No, todavía no he evolucionado lo suficiente para entender la poesía tal cual es. No la capto. Me la tienen que dar a cucharadas, si es que a él le queda tiempo, en los ratos que pasa en la terraza después de cenar, las noches en que no hay reunión de culto en la iglesia de Pinkie. Libertad. Igualdad. Pero en palabras sencillitas, porque parece que, por ser mujer, no quiero libertad y no sé qué significa la igualdad, por lo menos hasta que tú lo pillas por banda y le demuestras con palabras de buen profesional que no es tan sabio, aunque es sabio de sobra para callarse entonces y dejarte que nos demuestres a los dos que tú tampoco eres tan sabio como crees —la ventana daba al jardín. Estaba acortinada. Ella se encontraba entre las cortinas, mirando al exterior—. Así que el joven Shelley todavía no ha roto el molde.

—Todavía no. Pero lo lleva dentro. Tú dale tiempo y verás.

—Me alegro de oírlo. Lleva ya dos semanas aquí. Me alegro de que lo suyo sea la poesía, una cosa que se puede perpetrar en dos renglones. De lo contrario, al paso que va… —estaba entre las cortinas, que se mecían lentamente con la brisa—. Maldita sea, maldita sea, maldita sea. No come nada bien.

Así fue Roger a colocar otro cojín en el cochecito del niño. Solo que ella no dijo eso exactamente, y él tampoco hizo exactamente eso.

A ver si nos entendemos. Aquí es donde empieza la cosa. Los días en que no había reunión de culto en la iglesia de los negros, al poeta le ha dado por ir como idiotizado tras ella, por todo el jardín, mientras corta flores para adornar la mesa a la hora de la cena, y habla con ella de la poesía, o de la libertad, o acaso habla de las flores. Habla de algo en todo caso; a lo mejor, cuando esa noche deje de hablar de golpe, cuando los dos vayan caminando por el jardín después de la cena, ella tendría que haberse dado por avisada. Pero no. O, al menos, cuando llegaron al final del sendero y dieron la vuelta, a ella le dio la impresión, de pronto, de que él había puesto la jeta a punto para que ella le soltara un puñetazo en todo el morro. Fuera como fuese, ella no se movió hasta que terminó el achuchón. Entonces retrocedió de golpe con la mano en alto.

—¡Serás idiota…! —dice.

Él tampoco se mueve, como si le quisiera dar una buena oportunidad.

—¿Qué satisfacción vas a encontrar en darme una bofetada en toda la jeta? —dice él.

—Eso ya lo sé —dice ella. Le asesta un puñetazo en el pecho, no muy fuerte, de lleno, aunque conteniéndose pese a todo: enfurecida y atenta al mismo tiempo—. ¿Por qué has tenido que hacer semejante estupidez?

Pero de él no saca nada en claro. Él sigue en donde está, ofreciéndole una diana fácil de alcanzar; tal vez ni siquiera la está mirando, con el cabello revuelto y la chaqueta azul celeste que le queda como a un caballo una manta corta. Tómese un gallo, un gallo viejo. Un toro viejo es otra cosa. Hay que verlo allí donde el resto de vacas y toros lo ha dejado atrás, ciego y achacoso, con sus esparavanes, aunque no por eso deja de tener pinta de estar aún casado. Como si dijera: «En fin, chicos, ahora ya me podéis mirar a la cara, aunque yo en mis buenos tiempos he sido marido y padre». En cambio, un gallo viejo… Parece que no haya tenido pareja nunca, que sea un soltero innato. Un soltero innato en un mundo en el que no hay gallinas, y además lo ha descubierto hace tanto que ni siquiera se acuerda de que no hay gallinas.

—Vamos —dice ella, y se vuelve muy envarada, y el poeta va idiotizado tras ella. A lo mejor fue eso lo que le delató. En cualquier caso, ella se vuelve a mirarlo y frena el paso. Se detiene—. Así que te crees irresistible, ¿no? Y te crees que se lo voy a decir a Roger, ¿no?

—No lo sé —dice él—. No había pensado en eso.

—¿Quieres decir que te da igual que se lo diga o que no?

—Sí.

—¿Sí? ¿Sí qué?

Parece que ella no sabe del todo si él la mira o no, si la ha mirado alguna vez. Sigue en donde está, idiotizado, casi el doble de alto que ella.

—Cuando era pequeño, los domingos nos daban un sorbete —dice—. Con un poquito de limón nada más. Olía como los narcisos, me acuerdo bien. Creo que me acuerdo. Tendría cuatro… no, tres años. Murió mi madre y nos mudamos a una ciudad. Una pensión. Una pared de ladrillos. Había una ventana, como un tuerto con el ojo legañoso. Y un gato muerto. Pero antes hubo muchos árboles, como tienes tú. Me sentaba en los escalones de la cocina a última hora de la tarde, a ver la luz de los domingos en la enramada, tomándome el sorbete.

Ella lo está mirando. Al cabo se vuelve y echa a andar deprisa. Él la sigue idiotizado, algo más atrás, de modo que cuando se detiene a la sombra de unos arbustos con la expresión inmóvil de quien espera un beso, él se queda como un idiota hasta que ella lo toca. Y ni siquiera entonces lo entiende. Ella tiene que decirle que se dé prisa. Entonces sí lo entiende. Parece que el poeta es humano, como cualquier otro hombre.

Pero no es eso. Eso se puede ver en cualquier película. Se trata de esto otro, de lo bueno de veras.

Más o menos en este momento, coincidiendo con el segundo achuchón, Roger sale de detrás de ese arbusto. Aparece como si fuese por casualidad, contento, tranquilo, tras salir a estirar las piernas a la luz de la luna para asentar bien la cena. Los tres vuelven paseando a la casa, Roger en medio. Llegan tan deprisa que nadie piensa en decir buenas noches cuando Anne entra y sube al piso de arriba. O tal vez sea porque es Roger quien habla en ese momento, como si el valor de la poesía hubiese caído en picado.

—Claro de luna —dice Roger, y mira la luna como si también fuera suya—. Es algo que ya no aguanto. Me tropiezo con las paredes, busco un interruptor de la luz. Es decir, que un claro de luna antes me hacía sentir triste, envejecido, y así me sentía. Pero ahora mucho me temo que ya ni siquiera me hace sentirme solo. Supongo que he envejecido.

—Eso es cierto —dice el poeta—. ¿Dónde podemos hablar?

—¿Hablar? —dice Roger. Pareció en ese instante un jefe de camareros: algo calvo, colorado, cuando se presenta en la mesa y levanta una tapa y da la impresión de que vaya a decir: «En fin, pueden comerse esta bazofia si es que quieren además pagar por ello»—. Por aquí —añade. Van a su despacho, a la habitación en la que escribe sus libros, en donde ni siquiera se permite que entren los niños. Se sienta tras la máquina de escribir y carga de tabaco la pipa. Ve entonces que el poeta no se ha sentado—. Siéntate —le dice.

—No —dice el poeta—. Escucha. Esta noche he besado a tu mujer. Si puedo, pienso repetirlo.

—Ah —dice Roger. Está ajetreado llenando la pipa y al parecer no mira al poeta—. Siéntate.

—No —responde.

Roger enciende la pipa.

—Bueno —dice—, me temo que eso es algo en lo que no te puedo dar consejos. Algo de poesía he escrito, pero nunca he sabido seducir a una mujer —mira al poeta en ese momento—. Oye una cosa —dice—. Tú no estás bien. Ve a la cama. Ya hablaremos mañana de esto.

—No —dice el poeta—. No puedo dormir bajo tu mismo techo.

—Anne no deja de decir que no estás bien —dice Roger—. ¿Tienes idea de qué es lo que te pasa?

—No lo sé —dice el poeta.

Roger da una calada. Parece que le cuesta trabajo que la pipa tire bien. A lo mejor por eso la estampa contra la mesa, a lo mejor es que también él es humano, como un poeta. En cualquier caso, estampa la pipa contra la mesa, de modo que el tabaco salta y arde entre los papeles. Allí están: el marido calvo con la harina de maíz y la carne de vacuno para la semana siguiente ya a la vista, el destroza—hogares necesitado de un buen corte de pelo, con una de esas chaquetas azul celeste que antes llevaban las señoras con un gorrito de tocador, de encaje, cuando estaban indispuestas y comían en cama.

—¿Qué demonios te has propuesto —dice Roger— viniendo a mi casa a comer mi comida y a molestar a Anne con tu maldita…?

Pero no hubo más. Y es que hasta eso fue provechoso para un escritor, un artista; a lo mejor eso es todo lo que cabría esperar de ambos. O a lo mejor fue porque el poeta ni siquiera le prestaba atención.

—Ni siquiera está aquí —se dice Roger. Como ya le había dicho al poeta, tiempo atrás escribía poesía él también, así que sabía lo que se decía—. Está ahí arriba, en la puerta del dormitorio de Anne, arrodillado ante la puerta —y en esa misma puerta, durante un tiempo, estuvo el punto de máximo acercamiento a Anne que logró Roger. Pero eso fue después; ahora el poeta y él están en el despacho, mientras él trata de lograr que el poeta deje de darle a la sinhueso y se largue a la cama, mientras el poeta se niega.

—No puedo dormir bajo tu mismo techo —dice el poeta—. ¿Puedo ver a Anne?

—Podrás verla por la mañana. A la hora que quieras. Durante todo el día, si te apetece. No digas gilipolleces.

Así que Roger sube y se lo dice a Anne y regresa y se sienta tras la máquina de escribir y entonces baja Anne y Roger la oye y el poeta sale por la puerta de la calle. Al poco tiempo, Anne vuelve sola.

—Se ha marchado —dice.

—¿En serio? —dice Roger como si no la oyera. Y salta—. ¿Cómo que se ha marchado? No puede, es tardísimo. Dile que vuelva.

—No volverá —dice Anne—. Déjalo en paz.

Y sube. Cuando subió Roger un poco más tarde, se encontró con la puerta cerrada con llave.

A ver si nos entendemos. La cosa es como sigue. Volvió al despacho, introdujo una hoja en el carro de la máquina y se puso a escribir. No fue muy deprisa al principio, pero cuando rayaba el alba de allí salía un ruido como el de cuarenta gallinas cuando se les da de comer sobre una lámina de hierro, y las hojas escritas se iban acumulando sobre la mesa.

Ni vio ni supo nada del poeta en dos días. Pero el poeta seguía en el pueblo. Amos Crain lo vio y fue a decírselo a Roger. Parece ser que Amos había ido a la casa por la razón que fuera, porque solo de esa forma pudo alguien dar con Roger y decirle algo a lo largo de dos días con sus noches.

—Oí la máquina de escribir antes de cruzar el arroyo —dice Amos—, vi esa chaquetilla azul celeste ayer mismo en el hotel.

Esa noche, mientras Roger estaba trabajando, bajó Anne por la escalera. Se asomó a la puerta del despacho.

—Voy a ir a verle —dijo.

—¿Le vas a decir que vuelva? —dijo Roger—. ¿Le dirás que eso es lo que quiero que tenga en cuenta?

—No —dijo Anne.

Y lo último que oyó ella cuando salió y cuando volvió al cabo de una hora y subió a su dormitorio y cerró con llave (Roger dormía en el porche donde echaba la siesta, en una cama plegable del ejército) fue el tableteo de la máquina de escribir.

Y así siguió su curso la vida a su manera, antigua y plácida, y feliz. Se veían con cierta frecuencia, a menudo dos veces al día, después de que Anne dejara de bajar a desayunar. Solo que uno o dos días más tarde echó de menos el ruido de la máquina de escribir, tal vez echó de menos que le impidiera dormir.

—¿Ya lo has terminado? —dijo—. ¿Está terminado el relato?

—Oh, no. No, aún no está terminado. Lo voy a dejar posar un día o dos.

Mercado al alza en materia de mecanografía, se podría decir.

Siguió al alza durante unos cuantos días. Tomó por costumbre acostarse temprano, estar ya en la cama plegable, en el porche, cuando Anne volvía a la casa. Una noche salió ella al porche donde echaba la siesta y se lo encontró leyendo en la cama.

—No pienso volver —le dijo ella—. Me da miedo.

—¿Miedo de qué? ¿No te basta con dos niños? O más bien tres, contándome a mí.

—No lo sé —la lámpara era de lectura, el rostro de ella quedaba en la sombra—. No lo sé —giró la pantalla para que la luz le diera en la cara, pero antes de que llegase se levantó y salió corriendo. Él llegó a tiempo de que le diera con la puerta en las narices.

—¡Ciego! ¡Estás ciego! —dijo ella tras la puerta—. ¡Fuera de aquí! ¡Largo!

Se marchó, pero no pudo dormir. Al poco tiempo retiró la pantalla metálica de la lámpara y forzó con ella la ventana del cuarto en que dormían los niños. La puerta de comunicación con el cuarto de Anne no estaba cerrada. Anne dormía. No había hecho ningún ruido, pero ella despertó y lo miró sin mover un músculo.

—Nunca ha tenido nada, nada de nada. Lo único que recuerda de su madre es el sabor de los sorbetes los domingos por la tarde. Dice que mi boca sabe igual. Dice que mi boca es su madre —se echó a llorar. No se movió, siguió tendida boca arriba, sobre la almohada, los brazos bajo la sábana, mientras lloraba. Roger se sentó al borde de la cama y la tocó y ella se encogió con la cara pegada a las rodillas, llorando.

Estuvieron hablando hasta el amanecer.

—No sé qué hacer. El adulterio no me dará la entrada, ni se la dará a nadie, al sitio en que vive, si es que vive, porque nunca ha vivido. Es… él es… —respiraba despacio, la cara vuelta a un lado, aún contra la rodilla, y él le acariciaba el hombro—. ¿Tú me acogerías si vuelvo contigo?

—No lo sé —le acarició el hombro—. Sí. Sí. Claro que te acogería.

Y así remontó el vuelo el mercado de la mecanografía. Tuvo una buena racha aquella misma noche, tan pronto Anne se durmió llorando, y el mercado de valores en materia de mecanografía se mantuvo al alza durante tres o cuatro días sin cerrar de noche, ni siquiera cuando Pinkie le dijo que el teléfono estaba estropeado y él localizó en qué punto estaban cortados los cables y supo además dónde encontrar, basta con que quiera, las tijeras con que se hizo el estropicio. No va al pueblo ni una sola vez, ni siquiera cuando alguien podría llevarlo gratis. Prefiere pasar la mañana entera sentado junto al camino, a la espera de que pase alguien que le traiga un paquete de tabaco, o azúcar, o lo que sea.

—Si voy al pueblo, es posible que él no esté —se dijo.

Al quinto día, Amos Crain le llevó el correo. Ése fue el día en que empezó a llover. Había una carta para Anne. «Evidentemente, en este asunto no quiere él mis consejos —se dijo—. A lo mejor ya lo ha vendido». Dio la carta a Anne. La leyó una sola vez.

—¿La quieres leer? —le dijo.

—Ni de broma —dijo él.

Pero el mercado de la mecanografía sigue con buen temple, así que cuando empezó a llover por la tarde tuvo que encender la luz. Llovía con tanta fuerza sobre la casa que llegó a ver cómo los dedos (empleaba solo dos o tres) golpeaban las teclas sin oír el ruido que estaba armando. Pinkie no fue a la casa, así que al cabo de un rato dejó la máquina y preparó algo de comer en una bandeja, que subió y dejó en una silla, junto a la puerta de Anne. Él no descansó para comer nada.

Después de anochecido bajó ella por primera vez. Seguía lloviendo. La vio pasar ante la puerta, deprisa, con impermeable y sombrero de caucho. La pilló cuando abrió la puerta de la calle, cuando la lluvia se colaba dentro a rachas.

—¿Adónde vas? —dijo él.

Ella quiso soltarse con una sacudida.

—Déjame en paz.

—No puedes salir con la que está cayendo. ¿Qué pasa?

—Déjame en paz, te lo pido por favor —dio una sacudida con el brazo, tirando de la puerta que él sujetaba.

—No puedes. ¿Qué pasa? Yo me ocupo. ¿Qué pasa?

Pero ella lo miró tan solo, dando una nueva sacudida para que la soltase a la vez que tiró del pomo de la puerta.

—Tengo que ir al pueblo. Por favor, Roger.

—No puedes. Es de noche, está lloviendo a cántaros.

—Por favor, por favor —él la sujetó—. Por favor, por lo que más quieras —pero él la siguió sujetando, y ella soltó el pomo de la puerta y volvió al piso de arriba. Y él volvió a la máquina de escribir, a ese mercado que seguía yendo viento en popa.

Sigue dale que te pego a medianoche. Esta vez Anne aparece con un albornoz. Se queda en la puerta, con el pomo en la mano. Lleva el pelo suelto.

—Roger —dice—. Roger.

Él se acerca a ella bastante deprisa para ser un hombre más bien grueso; tal vez cree que ella está enferma.

—¿Qué es? ¿Qué te pasa?

Ella acude a la puerta y la abre. La lluvia vuelve a colarse a rachas.

—Ahí —dice—. Ahí fuera.

—¿Qué?

—Es él. Blair.

Él la obliga a retroceder. La lleva al despacho, se pone el impermeable, toma el paraguas y sale.

—¡Blair! —llama—. ¡John!

Sube entonces la persiana del despacho, la ha subido Anne, llevando la lámpara de mesa a la ventana además de encender la luz del porche, y ve a Blair bajo la lluvia, sin sombrero, con la chaqueta azul celeste como si se la hubiera puesto un empapelador de paredes con demasiada prisa, el rostro alzado hacia la ventana de Anne.

Y ahí estamos una vez más: el marido calvo, la ricachona del medio rural, el joven gallardo, el poeta destroza—hogares. Los dos caballeros son asimismo artistas: uno que no quiere que el otro se empape bajo la lluvia, otro cuya conciencia no le permite destrozar el hogar desde dentro. Ahí estamos, mientras Roger trata de sostener uno de esos paraguas femeninos, de seda verde, sobre su cabeza y la del poeta, a la vez que forcejea y tira del brazo de éste.

—¡Serás idiota, condenado! ¡Entra en casa ahora mismo!

—No —su brazo cede un poco con los tirones que le da Roger, pero él no se mueve.

—¿O es que te quieres ahogar bajo la lluvia? ¡Venga, hombre! ¡Vamos dentro!

—No.

Roger tira del brazo del poeta como quien tira de un muñeco de serrín encharcado. Y se pone a gritar hacia la casa.

—¡Anne! ¡Anne!

—¿Ha dicho ella que entre? —dice el poeta.

—Yo… Sí, sí. Vamos, entra. ¿O es que estás loco?

—Me estás mintiendo —dice el poeta—. Déjame en paz.

—¿Qué es lo que pretendes? —dice Roger—. No te puedes quedar aquí con la que está cayendo.

—Sí, sí que puedo. Entra tú. Te vas a resfriar.

Roger vuelve corriendo a la casa; antes tienen una discusión, porque Roger quiere que el poeta se quede con el paraguas, y el poeta dice que no. Roger vuelve a la casa. Anne está en la puerta.

—Será idiota —dice Roger—. No puedo…

—¡Ven adentro! —grita Anne—. ¡John! ¡Por favor te lo pido!

Pero el poeta ya no está donde llega la luz, ha desaparecido.

—¡John! —lo llama Anne.

Se echó entonces a reír, mirando a Roger con los ojos medio tapados por el pelo, que se alisaba con las manos.

—Estaba… Parecía… Estaba t… tan gr… gracioso…

Dejó entonces de reírse y Roger tuvo que sostenerla en pie. La llevó arriba y estuvo sentado con ella hasta que pudo contener el llanto. Volvió entonces a su despacho. La lámpara aún estaba en la ventana, y cuando la retiró y se desplazó el foco vio de nuevo a Blair en el jardín. Estaba sentado en la hierba, apoyado de espaldas contra la base de un árbol, la cara vuelta arriba, hacia la lluvia, hacia la ventana de Anne. Roger salió con toda la rapidez que pudo, pero cuando llegó ya no estaba Blair donde lo había visto. Roger permaneció bajo el paraguas llamándole un rato, pero no encontró respuesta. A lo mejor quiso intentar por segunda vez que el poeta se quedara con el paraguas. Por eso, a lo mejor no sabía cómo son los poetas, o no al menos en la medida en que creía saberlo. A lo mejor estaba pensando en Alexander Pope. Pope seguramente hubiera llevado un paraguas.

Nunca más volvieron a ver al poeta. A ése, claro está. Y es que de todo esto hace seis meses, y aún viven allí. Pero a ése no lo volvieron a ver. A los tres días, Anne recibe la segunda carta, remitida desde el pueblo. Es un menú del café Elite, o a lo mejor lo llaman el Palace. Estaba ya autografiada por las moscas que suelen comer allí, y el poeta había escrito al dorso. Anne la dejó en el escritorio de Roger y salió, y fue entonces cuando la leyó Roger.

Parece que ése fue el hachazo. El que Roger siempre afirmó que estaba esperando. Da lo mismo. Las revistas que no traen fotos publicaron el poema, robándoselo unas a otras mientras el interés, o lo que fuera, devoró el dinero que el poeta nunca llegó a percibir a cambio del mismo. Pero la cosa tampoco estuvo nada mal, pues para entonces Blair ya estaba muerto.

La mujer de Amos Crain les contó que el poeta se había marchado del pueblo. Una semana después se marchó Anne. Se fue a Connecticut a pasar el resto del verano con sus padres, en cuya casa estaban los niños. Lo último que oyó al marcharse de casa fue la máquina de escribir.

Pero pasaron dos semanas desde que Anne se marchó hasta que Roger lo dio por terminado, puso la última palabra. En un primer momento quiso incluir el poema, el poema escrito en el menú, un poema que no trataba tampoco sobre la libertad, aunque al final no lo hizo. La conciencia, si así puede llamarse, pudo con las ganas de buscar camorra, y Roger aguantó la embestida sin inmutarse, como un hombrecito hecho y derecho, y mandó el poema a las revistas, para que se hablara de él, y cosió las páginas que había escrito y también las envió a las revistas. ¿Y qué fue lo que se había dedicado a escribir? Él, Anne y el poeta. Palabra por palabra, entre un compás de espera y el siguiente, hasta saber qué escribir a continuación, con algunos retoques aquí y allá, cómo no, porque las personas de carne y hueso no suelen ser el mejor material narrativo, siendo material mucho más interesante las habladurías, ya que en su mayor parte no son verdad.

Así que cosió las páginas y las envió y le enviaron un dinero. Llegó justo a tiempo, porque se avecinaba el invierno y aún adeudaba cierta cantidad por la hospitalización de Blair y su entierro. Saldó las deudas y, con el resto del dinero, le compró a Anne un abrigo de pieles, y compró para los niños y para él ropa interior de invierno.

Blair murió en septiembre. Anne y los niños seguían fuera cuando recibió el telegrama con tres o cuatro días de retraso, ya que aún no había llegado la siguiente hornada de visitas. Así que ahí está, escribiendo en su mesa, en la casa vacía, con todo el trabajo de mecanografía terminado y el telegrama en la mano.

—Shelley —dice—. Su vida entera no fue una imitación muy lograda de la vida misma. Incluyendo la cantidad de agua que le hizo falta para ahogarse.

A Anne no le dijo nada del poeta hasta después de que llegase el abrigo de pieles.

—Viste si él… —dijo Anne.

—Sí. Le dieron una buena habitación. Tuvo una buena enfermera. El médico al principio no quiso que tuviera una enfermera especial. Maldito matasanos…

A veces, cuando uno piensa en que obligan a los poetas y a los artistas y a otros por el estilo a pagar esos impuestos que, según dicen, indican que un hombre es libre, que es mayor de edad, que es capaz de mirar por sus asuntos en esta encarnizada competencia de los unos con los otros, da la impresión de que ganasen el dinero que a duras penas ganan con argucias y falsedades. Sea como fuere, aquí va lo que siguió, lo que hicieron después.

Él le lee a ella el libro, el relato, y ella no dice nada hasta que ha terminado.

—Así que esto es lo que estabas haciendo —dijo ella.

Él tampoco la mira; está ocupado cuadrando las hojas, alisándolas bien.

—Es tu abrigo de pieles —dijo.

—Ah —dice ella—. Sí, claro. Mi abrigo de pieles.

Llega entonces el abrigo de pieles. ¿Y qué hace ella entonces? Lo regala. Sí, se lo regaló a la señora Crain. Se lo dio a la señora Crain, que estaba en la cocina batiendo mantequilla, con el pelo por la cara, retirándoselo con una muñeca que parecía un jamón magro.

—Caramba, señora Howes… —dice—. No puedo. De veras que no.

—Tendrá que aceptarlo —dice Anne—. Nosotros… Bueno, yo lo conseguí con malas artes, no me lo merezco. Usted siembra el pan y lo cosecha, yo no. Por eso no puedo llevar un abrigo como éste.

Y así lo dejan estar, y el abrigo queda con la señora Crain y vuelven a casa caminando. Solo que hacen un alto a plena luz del día y la señora Crain los mira desde la ventana, y se dan un abrazo y se besan porque en ese momento es lo que desean.

—Me siento mejor —dice Anne.

—Yo también —dice Roger—. Porque Blair no estaba ahí y no vio la cara de la señora Crain cuando le regalaste el abrigo. En eso no es que haya libertad, ni hay igualdad tampoco.

Pero Anne no le escucha.

—Por no pensar —dice— que él… para vestirme yo con las pieles de unos animalillos aniquilados… Tú lo has puesto en un libro, pero no lo llegaste a terminar. No sabías nada de ese abrigo, ¿verdad que no? Esta vez Dios te ha ganado, Roger.

—Sí, así es —dice Roger—. Dios me gana muchas veces. Pero en esto hay una cosa más. Sus hijos son mayores que los nuestros, y ni siquiera la señora Crain podría ponerse mi ropa interior, así que todo queda en su sitio.

Claro. Todo quedó en su sitio. Pronto llegaría la Navidad y después la primavera, y luego el verano, el largo verano, los largos días del verano.

DOS SOLDADOS

Pete y yo bajábamos a la casa del Viejo Killegrew a oír su radio. Esperábamos a después de la cena, a después de que anocheciera, y nos plantábamos ante la ventana del salón del Viejo Killegrew, y la escuchábamos porque la mujer del Viejo Killegrew estaba sorda como una tapia, así que el viejo ponía la radio a todo el volumen que la podía poner, y por eso Pete y yo la escuchábamos igual de bien o mejor que la mujer del Viejo Killegrew, o a mí me lo parece, pese a estar allí de pie, fuera, con la ventana cerrada.

Y aquella noche le dije:

—¿Cómo? ¿Japoneses? ¿Y qué es una bahía de perla?

Y Pete me dijo que me callara.

Y así que allí nos quedamos, y vaya si hacía frío, escuchando hablar al tipo de la radio, solo que para mí aquello no tenía ni pies ni cabeza. El tipo de la radio dijo entonces que no habría más noticias hasta pasado un rato, y Pete y yo volvimos caminando hasta casa, y Pete me explicó de qué iba todo aquello. Porque ya rondaba los veinte y había terminado de estudiar en el colegio de la Concentración Escolar el mes de junio anterior y sabía que no veas si sabía: me contó que los japoneses habían tirado bombas en Pearl Harbor y que Pearl Harbor estaba al otro lado del charco.

—¿Al otro lado del charco? —dije—. ¿Al otro lado del embalse del Gobierno que hay en Oxford?

—Qué va —dijo Pete—. Al otro lado del charco grande. El océano Pacífico.

Nos fuimos para casa. Mamá y papá ya se habían ido a la cama, y Pete y yo nos fuimos a la cama, y yo seguía sin entender dónde estaba aquello, y Pete me volvió a decir que era el océano Pacífico.

—Pero… ¿a ti qué te pasa? —dijo Pete—. Vas para nueve años. Estás en el colegio desde septiembre. ¿O es que no has aprendido nada aún?

—Pues es que aún no hemos llegado tan lejos, no hemos llegado al océano Pacífico aún —dije.

Todavía estábamos sembrando las algarrobas que tendrían que haber estado plantadas ya mediado noviembre, porque papá todavía iba muy atrasado en todo, como lo estuvo siempre, desde que Pete y yo lo conocimos. Y además, nos quedaba la leña por llevar a casa, pero todas las noches Pete y yo nos largábamos a la casa del Viejo Killegrew y nos plantábamos ante la ventana de su salón para escuchar su radio; luego nos volvíamos a casa y nos tumbábamos en la cama y Pete me contaba de qué iba todo aquello. Mejor dicho, durante un rato me lo contaba. Luego ya no me contaba nada. Era como si no quisiera hablar más de todo aquello. Me decía que me callara la boca de una vez porque tenía ganas de dormirse, pero es que nunca tenía ganas de dormirse.

Se quedaba tumbado, hecho un montón más quieto que si estuviera dormido, y algo había, yo bien que se lo notaba, casi como si estuviera furioso conmigo, solo que bien sabía yo que no estaba pensando en mí, sino que era más bien como si estuviera preocupado por algo, pero tampoco era eso, pues nunca tuvo de qué preocuparse. Nunca se retrasaba, como papá, y menos aún tuvo atrasos tan grandes.

Papá le dio diez acres cuando su graduación en el colegio de la Concentración Escolar, y Pete y yo calculamos los dos que papá en el fondo se alegró que no veas de quitarse de encima por lo menos diez acres, menos preocupaciones para él; Pete sembró los diez acres de algarroba y luego los labró bien y dejó los surcos bien trazados para el invierno, así que no podía ser eso.

Pero algo tenía que ser. Y con eso y con todo allá que nos íbamos todas las noches a la casa del Viejo Killegrew a escuchar su radio, y allá que andaban entonces en las Filipinas, aunque el general MacArthur los aguantaba aún. Y luego nos volvíamos a la casa y nos tumbábamos en la cama y Pete no me contaba nada, no me hablaba de nada. Se quedaba tumbado y tan quieto como si estuviera emboscado, y cuando yo lo tocaba, en el costado o en la pierna, lo encontraba tan duro y tan quieto como el hierro, y así era hasta que pasado un rato me dormía yo.

Una noche, y fue la primera vez en que no me dijo nada, además de regañarme por no haber cortado leña suficiente en el tocón donde teníamos el hacha, me dijo:

—Me tengo que marchar.

—¿Marchar? ¿Adónde? —le dije.

—A esa guerra —dijo Pete.

—¿Antes de terminar de traer la leña a casa?

—Al infierno se puede ir la leña —dijo Pete.

—Pues muy bien —dije—. ¿Cuándo nos ponemos en marcha?

Solo que él ni siquiera me estaba escuchando. Allí seguía tumbado, duro y quieto como el hierro, a oscuras.

—Me tengo que marchar —dijo—. Es que no voy a permitir yo que nadie trate de esa forma a los Estados Unidos.

—Sí —dije—. Con leña o sin leña, a mí me parece que nos tenemos que marchar.

Esta vez yo creo que sí me oyó. Seguía tumbado y muy quieto, aunque estaba quieto de otra forma.

—¿Tú? —dijo—. ¿A una guerra?

—Pues claro. Tú te cargas a los grandes y yo me cargo a los pequeños —dije.

Entonces me dijo que yo no podía ir. Al principio pensé que, en el fondo, nunca quiso que yo fuese perdiendo el culo detrás de él, tal como nunca me permitió ir con él cuando rondaba a las hijas de Tull. Luego me dijo que en el ejército no me lo permitirían porque aún era muy chico, y entonces sí supe que lo había dicho en serio, y que eso quería decir que yo no podía ir de ninguna de las maneras, no señor. Y no sé por qué no se lo quise creer y tampoco me creí que se fuese él, o no hasta ese momento, pero es que en ese momento supe que sí que se iba, como supe que sin mí no se iba a marchar.

—Pues entonces ya cortaré yo la leña para todos vosotros, ya os llevaré el agua —dije—. ¡Leña y agua tenéis que llevar!

Da lo mismo, porque entonces sí me estaba escuchando. Ya no era como el hierro.

Se volvió de costado y me puso la mano en el pecho, porque era yo el que estaba tendido boca arriba y bien tieso.

—No —dijo—. Tú te tienes que quedar y ayudar a papá.

—¿Ayudarle? ¿En qué? —dije—. Si nunca se va a poner al día, no hay manera… Es imposible que vaya más atrasado de lo que va. Seguro que puede él hacerse cargo del terruño que tiene mientras tú y yo nos cargamos a los japos. Yo también tengo que ir. Si tú tienes que ir, yo tengo que ir también.

—No —dijo Pete—. Anda, calla. Cállate —y supe que iba en serio, vaya que sí. Me aseguré al oírlo de sus propios labios. Me rendí.

—Así que no puedo ir… —dije.

—No —dijo Pete—. Tú no puedes ir. Para empezar, aún eres muy chico, y es que además…

—Vale, vale —dije—. Entonces te callas la boca y me dejas que me duerma, ¿eh?

Así que se quedó callado y se volvió a tumbar boca arriba. Y yo seguí tumbado como si estuviera dormido, y en un visto y no visto estaba dormido él y supe que eran sus ganas de ir a la guerra lo que tanto le había preocupado, lo que no le dejaba dormir, y que ahora que había resuelto ir a la guerra ya no tenía preocupación ninguna.

A la mañana siguiente se lo dijo a mamá y a papá. A mamá no le pasó nada. Solo lloró.

—No —dijo llorando—. No quiero que vaya. Antes querría ir yo en su lugar, si es que pudiera. Yo no quiero salvar al país. Por mí, que lo conquisten y se lo queden esos japoneses, si es que quieren, mientras a mi familia y a mis hijos y a mí nos dejen en paz. Pero me acuerdo de mi hermano Marsh en aquella otra guerra. Él tuvo que ir a aquella otra guerra y eso que no había cumplido ni diecinueve años, y nuestra madre no lo pudo entender en su día, como tampoco ahora lo entiendo yo. Pero mi madre a Marsh le dijo que si tenía que ir pues tenía que ir. Así que si Pete tiene que ir a ésta, pues será que tiene que ir. Pero a mí que no me pidan que entienda el porqué.

En cambio papá dio en el clavo. Por algo era el hombre.

—¿A la guerra? —dijo—. Pues vaya, yo en eso no veo ninguna utilidad. Tú aún no tienes edad para alistarte, y el país, que yo sepa, no lo han invadido. Nuestro presidente, en Washington, D. C., está atento a las condiciones y ya nos notificará las cosas cuando haga falta. Además, en esa otra guerra de la que tu madre acaba de hablar, a mí me reclutaron y con la misma me mandaron a Texas y allí me tuvieron ocho meses hasta que por fin terminaron los combates. A mí me parece que eso, con lo de tu tío Marsh, que se llevó una herida de verdad en los campos de combate de Francia, es para mí y los míos más que suficiente si hemos tenido obligación de proteger al país, al menos mientras yo viva. Y, por otra parte, ¿a quién le pido yo ayuda con los cultivos cuando tú te hayas ido, eh? A mí me parece que así voy a ir atrasado de verdad.

—Tú has ido atrasado desde que yo alcanzo a recordar —dijo Pete—. De todos modos, me marcho. Me tengo que marchar.

—Pues claro que se tiene que marchar —dije—. Esos japos…

—¡Tú te callas la boca! —dijo mamá llorando—. ¡Contigo no habla nadie! Ve a traerme un buen montón de leña. Eso sí que lo puedes hacer.

Así que fui a por la leña. Y durante todo el día siguiente, mientras Pete y papá y yo trajimos toda la leña que nos fue posible traer en el poco tiempo que tuvimos, porque ya dijo Pete que para papá tener leña de sobra era tener solo una astilla más pegada a la pared, una astilla que mamá aún no hubiera echado al fuego, mamá fue preparando las cosas para que Pete se marchase. Le lavó y le remendó la ropa y le preparó una lonchera con algo de comer. Y esa noche Pete y yo nos tumbamos en la cama y la oímos empaquetar sus cosas en la maleta y la oímos llorar a la vez, hasta que pasado un rato Pete se levantó y volvió con ella, y les oí hablar a los dos, hasta que por fin oí a mamá decir:

—Tú tienes que ir, así que yo quiero que vayas. Pero yo no lo entiendo, y nunca lo entenderé, así que no cuentes con que lo entienda.

Y Pete volvió a acostarse otra vez y otra vez se quedó muy quieto y duro como el hierro, boca arriba, y entonces de pronto dijo, y no me lo dijo a mí, porque lo dijo como si no hablase con nadie: «Me tengo que marchar, eso es todo: solo me tengo que marchar».

—Pues claro que tienes que marchar —dije—. Esos japos…

Se volvió de pronto con dureza, como si de pronto se hubiera puesto firme de costado, mirándome a oscuras.

—Da lo mismo, porque tienes razón —dijo—. Supuse que iba a tener más complicaciones contigo que con todos los demás juntos.

—Supongo que eso no tiene remedio —dije—. Pero a lo mejor la cosa dura unos años más y me da tiempo a ir. A lo mejor un día me ves a tu lado.

—Espero que no —dijo Pete—. Nadie va a la guerra a pasar un buen rato. Nadie deja a su mamá llorando por pasar un buen rato.

—Entonces, ¿tú a qué vas? —dije.

—Yo tengo que ir —dijo—. No me queda más remedio. Ahora duérmete, anda. Mañana temprano tengo que coger el autobús.

—Entendido —dije—. Me han dicho que Memphis es muy grande. ¿Cómo sabrás dónde encontrar el ejército?

—Ya le preguntaré a alguien dónde alistarme —dijo Pete—. Ahora duérmete.

—¿Y es eso lo que vas a preguntar, dónde alistarte en el ejército? —dije.

—Sí —dijo Pete. Se volvió de nuevo boca arriba—. Cállate de una vez y duérmete.

Nos dormimos. A la mañana siguiente desayunamos con la luz del candil porque el autobús pasaba a las seis en punto. Mamá ya no lloraba. Solo parecía enojada y ajetreada sirviendo el desayuno mientras nos lo zampábamos. Entonces terminó de empaquetar la maleta de Pete, por más que no quiso él llevarse ninguna maleta a la guerra, aunque mamá dijo que las personas decentes nunca van a ninguna parte, ni siquiera a una guerra, sin una muda de repuesto y algo en lo que llevarla. Metió dentro la lonchera, que era poco más que una caja de zapatos, con pollo frito y galletas saladas, y de paso le metió en la maleta una Biblia, y llegó la hora de marchar. Hasta ese momento no supimos que mamá no pensaba ir a la parada del autobús. Solo trajo el abrigo y la gorra de Pete, y eso que aún no había vuelto a llorar; se quedó con las manos sobre los hombros de Pete y sin moverse, aunque no sé cómo, y solo por su manera de sujetar a Pete por los hombros, parecía haberse endurecido, parecía tan fiera como Pete cuando se volvió hacia mí la noche anterior en la cama y me dijo que a pesar de todo tenía yo razón.

—Por mí, que se queden el país, que se lo queden si quieren mientras no nos molesten ni a mí ni a los míos —dijo. Y dijo—: No te olvides de quién eres. No eres rico. El resto del mundo, más allá de Frenchman's Bend, nunca ha oído hablar de ti. Pero tienes una sangre tan buena como la que más, eso que no se te olvide nunca.

Entonces le dio un beso y él salió de la casa, aunque fue papá quien llevaba la maleta de Pete, sin importarle que Pete la quisiera llevar o no. No amanecía aún, no amaneció siquiera cuando llevábamos un rato en la carretera, al lado del buzón. Vimos entonces los faros del autobús que se acercaba y miré el autobús hasta que llegó a donde estábamos y Pete le hizo una señal, y entonces desde luego que había empezado a clarear, amaneció mientras yo no estaba pendiente. Y entonces Pete y yo contamos con que papá dijera alguna bobada, como ya dijo antes, lo de que el tío Marsh salió herido de Francia y lo de aquel viaje a Texas que hizo papá en 1918, y que tendría que haber sido suficiente para salvar a los Estados Unidos en 1942, pero no fue así. Lo hizo muy bien.

—Adiós, hijo mío —dijo—. Nunca te olvides de lo que dijo tu madre, y escríbele cuando tengas tiempo.

Estrechó a Pete la mano y Pete me miró unos momentos y me plantó la mano en la cabeza y me restregó el pelo tan fuerte que por poco me arranca la cabeza de cuajo y subió de un salto al autobús, y el tipo que iba en el autobús cerró la puerta y el autobús empezó a zumbar primero, a bambolearse después, zumbando y rechinando y chirriando cada vez más fuerte; cogió velocidad, las dos lucecitas rojas de detrás que nunca parecía que se fueran a empequeñecer más, que parecían correr juntas hasta que muy pronto se tocasen y fueran una sola luz. Pero no se llegaron a juntar, y desapareció el autobús y allí mismo podría haberme echado a llorar, a pesar de que ya tenía casi nueve años y todo.

Papá y yo volvimos a casa. Todo el día lo pasamos faenando en el tocón, cortando leña, así que nunca tuve ocasión hasta mediada la tarde. Entonces cogí el tirachinas y me hubiera gustado coger todos los huevos de la colección, porque Pete me había regalado la suya y me ayudó a reunir la mía, y le gustaba sacar la caja y mirarlos todos tanto como a mí, por más que casi tuviera veinte años. Pero la caja era demasiado grande para llevársela durante un trecho largo y encima andar preocupado por ella, así que solo me llevé el huevo de garza azul, porque era el mejor de todos, y lo envolví muy bien dentro de una caja de cerillas y la escondí con el tirachinas en un rincón del granero. Luego cenamos y nos fuimos a la cama, y entonces me paré a pensar en que si tenía que quedarme en aquella habitación y en aquella cama, así fuese una sola noche más, no habría sabido cómo. Luego oí roncar a papá, pero a mamá no le oí hacer ningún ruido, tanto si dormía como si no, y no me pareció que durmiese. Así que tomé mis zapatos y los saqué por la ventana y luego salté como vi hacer a Pete más de una vez, cuando aún tenía solo diecisiete y papá decía que era demasiado joven para andar toda la noche rondando a las chicas, y no le dejaba salir, y me calcé los zapatos y fui al granero y recogí el tirachinas y el huevo de garza azul y me eché a la carretera.

Frío no hacía, pero la noche estaba más negra que nunca, y aquella carretera se extendía delante de mí como si al no usarla nadie se fuese a estirar hasta ser el doble de larga, como se estira uno al tumbarse, así que durante un buen rato pareció que cuando saliera el sol a mi espalda me iba a pillar mucho antes de haber recorrido las veintidós millas que me quedaban hasta Jefferson. Pero no fue así. Asomaba el amanecer cuando subía por la cuesta a la ciudad. Me llegó el olor de los desayunos que se cocinaban en las cabañas y ojalá, me dije, se me hubiera ocurrido llevarme una galleta, pero para eso ya era tarde. Y Pete me había dicho que hasta Memphis quedaba un buen trecho después de pasar Jefferson, aunque nunca supe que era tanto, pues eran ochenta millas. Allí me quedé en una plaza desierta, a la vez que amanecía y las farolas de la calle aún estaban encendidas, con uno de la Ley que me miraba y aún ochenta millas por delante hasta llegar a Memphis, y me había costado toda la noche andar solo las veintidós millas hasta Jefferson, así que cuando llegara a Memphis a ese paso Pete ya se habría marchado a Pearl Harbor.

—¿Tú de dónde vienes? —me dijo el de la Ley.

Y se lo tuve que decir otra vez.

—He de llegar a Memphis. Allí está mi hermano.

—¿Quieres decir que no tienes familia aquí? —dijo el de la Ley—. ¿Nada más que tienes a ese hermano? ¿Y qué estás haciendo tú tan lejos si tu hermano está en Memphis?

Y se lo tuve que decir otra vez.

—He de llegar a Memphis. No tengo tiempo que perder en chách10aras y no tengo tiempo para ir andando. He de llegar hoy mismo.

—Ven para acá —dijo el de la Ley.

Fuimos por otra calle. Y allí estaba el autobús, igualito al que tomó Pete ayer por la mañana, solo que no tenía ningún faro encendido y no había nadie dentro. Había una estación de autobuses normal y corriente, como la estación del tren, con una ventanilla donde vendían los billetes.

—Tú siéntate ahí —dijo el de la Ley, así que me senté en el banco—. Necesito usar el teléfono —dijo, y habló por teléfono un minuto—. No lo pierda de vista —le dijo al tipo que estaba en la ventanilla—. Volveré en cuanto la señora Habersham se pueda levantar y esté arreglada para salir a la calle.

Y se fue. Yo fui a la ventanilla en que se vendían los billetes.

—Quiero ir a Memphis —dije.

—Cómo no —dijo el tipo—. Pero ahora te sientas en ese banco. El señor Foote volverá enseguidita.

—No conozco yo a ningún señor Foote —dije—. Lo que quiero es tomar el autobús a Memphis.

—¿Y tienes dinero? —dijo—. Te lo digo porque te va a costar setenta y dos centavos.

Saqué la caja de cerillas y desenvolví el huevo de garza azul.

—Se lo cambio por un billete a Memphis —dije.

—¿Qué es eso? —dijo el tipo.

—Es un huevo de garza azul —dije—. ¿Nunca ha visto uno? Vale por lo menos un dólar, pero me conformo con setenta y dos centavos.

—No —dijo—, los dueños del autobús insisten en que se pague a tocateja. Si empezara yo a cambiar billetes de autobús por huevos de colorines o por animales vivos y demás, me despedirían seguro. Anda, ve a sentarte en ese banco, como dijo el señor Foote.

Me dirigí hacia la puerta, pero me alcanzó: puso una mano en el mostrador de la ventanilla y lo salvó de un salto y me atrapó y estiró la mano para sujetarme por la camisa. Saqué mi navaja de bolsillo y la abrí.

—Como me ponga una mano encima se la corto —dije.

Hice un amago para darle esquinazo y salir corriendo por la puerta, pero él se movió más deprisa que ningún otro hombre adulto que haya visto yo, casi tan deprisa como Pete. Me cortó el paso y se plantó de espaldas a la puerta y con un pie un poco levantado, y no había otra manera de salir.

—Vuelve a sentarte en ese banco y quédate quieto —dijo.

Y no había otra manera de salir. Y se quedó plantado de espaldas a la puerta. Así que me volví al banco. Y entonces me pareció que la estación estaba llena de gente. Allí estaba otra vez el de la Ley, y dos señoras con abrigos de pieles y las caras ya pintadas. Pero aún parecía que se hubiesen levantado deprisa y corriendo y que no les había hecho ninguna gracia, una vieja y una joven que me miraban sin quitarme los ojos de encima.

—¡Si ni siquiera lleva un abrigo! —dijo la vieja—. ¿Cómo es posible que haya llegado aquí él solito?

—Eso me pregunto yo —dijo el de la Ley—. No he podido sacarle nada en claro, quitando que su hermano está en Memphis y que quiere llegar allá.

—Eso es —dije—. He de llegar a Memphis hoy mismo.

—Claro que sí —dijo la vieja—. ¿Y estás seguro de que sabrás encontrar a tu hermano cuando llegues a Memphis?

—Pues digo yo que sí —dije—. No tengo más que uno, y lo conozco de toda la vida. Supongo que lo sabré reconocer cuando lo vea.

La vieja me miró de hito en hito.

—No sé por qué, pero me da que éste no vive en Memphis —dijo.

—Es probable que no —dijo el de la Ley—. Pero eso no hay quien lo sepa de seguro. Podría vivir en cualquier parte, con ese pantalón de peto que lleva. En esta época y a esta hora estos niños se esparcen por todos lados con la esperanza de encontrar un desayuno gratis, lo mismo da que sean chicos o chicas. Se largan casi antes de aprender a andar del todo bien. Y, por lo que se sabe, éste ayer mismo podría haber estado en Missouri o en Texas. En cambio, no parece que tenga dudas de que su hermano está en Memphis. A mí lo único que se me ocurre es mandarlo allá y que lo busque como pueda.

—Pues sí —dijo la vieja.

La joven se acomodó en el banco, a mi lado, y abrió el bolso de mano y sacó una pluma artemática y unos papeles.

—Mira, guapo —dijo la vieja—, vamos a ocuparnos nosotras de que encuentres a tu hermano, pero antes nos hace falta la historia del caso para nuestros archivos. Queremos que nos digas cómo te llamas y cómo se llama tu hermano y dónde has nacido y cuándo murieron tus padres.

—A mí no me hace ninguna falta la historia del caso —dije—. Yo solo quiero llegar a Memphis. He de llegar hoy.

—¿Lo ven? —dijo el de la Ley, y lo dijo casi como si lo disfrutara—. Es justo lo que les dije.

—Por cierto que ha tenido suerte, señora Habersham —dijo el tipo de los autobuses—. No creo que lleve una pistola encima, pero saca la navaja y la abre como un jod... quiero decir que la saca y la abre muy deprisa, eso es.

Pero la vieja siguió allí plantada, mirándome.

—En fin —dijo—. La verdad es que no sé qué hacer.

—Yo sí —dijo el de los autobuses—. Le voy a pagar el billete de mi bolsillo; es una medida para proteger a esta compañía de un posible motín y de todo derramamiento de sangre. Y cuando el señor Foote lo comunique en el ayuntamiento, se tomará por un asunto cívico y no solo me han de reembolsar el gasto, sino que además me pondrán una medalla. ¿No le parece, señor Foote?

Pero nadie le prestó la menor atención. La vieja seguía mirándome como si nada.

—En fin —volvió a decir. Y sacó un dólar del bolso y se lo dio al tipo de los autobuses.

—Supongo que viaja con billete infantil, ¿no?

—Verá, señora… —dijo el de los autobuses—. La verdad es que no sé qué dice el reglamento. Lo más probable es que me despidan por no haberlo embalado y por no haber indicado en el embalaje que contiene veneno. Pero estoy dispuesto a correr el riesgo.

Entonces se marcharon y el de la Ley volvió con un bocadillo para mí.

—¿Estás seguro de que sabrás encontrar a ese hermano tuyo? —preguntó.

—Todavía no veo por qué no lo iba a encontrar —dije—. Si no veo yo a Pete, seguro que él me verá a mí. Él también me conoce.

Entonces el de la Ley se marchó de una vez por todas y me zampé el bocadillo. Empezó a llegar más gente, viajeros que compraron sus billetes, y el tipo de los autobuses dijo entonces que era hora de arrancar, así que monté en el autobús igual que había hecho Pete, y así nos marchamos.

He visto todos los pueblos, los he visto todos. Cuando el autobús fue cogiendo velocidad, descubrí que estaba derrengado, muerto de sueño. Pero había muchas cosas que nunca había visto. Salimos de Jefferson y pasamos por campos y bosques y entramos en otro pueblo y salimos de él y volvimos a pasar por campos y bosques, y entramos en otro pueblo en donde había almacenes y desmotadoras de algodón y depósitos de agua, y recorrimos un buen trecho junto a las vías del tren y vi moverse el brazo de las señales para avisar al maquinista, y luego vi el tren y vi más pueblos, y a punto estaba de caerme rendido de sueño, pero no me quise arriesgar. Y al cabo empezó Memphis. A mí me pareció que Memphis durase muchas millas seguidas. Pasamos por un trecho de tiendas y pensé que sin duda tenía que ser allí y me pregunté si el autobús no iba a parar. Pero aquello no era todavía Memphis, y aún habíamos de pasar por más depósitos de agua y por chimeneas y fábricas, y si hubo desmotadoras de algodón y serrerías nunca supe yo que fueran tantas y nunca las vi tan grandes, y tampoco se me alcanza a saber de dónde sacarán tanto algodón y tantos troncos para que unas y otras funcionen sin parar.

Entonces veo Memphis. Esta vez supe que no me podía equivocar. Estaba elevada en el aire. Parecía una docena de veces mayor que Jefferson, que está pegada a la linde de los campos, y estaba elevada en el aire, más alta que todos los cerros que hay en el condado de Yoknapatawpha. Llegamos entonces, el autobús se paraba a cada tanto, o me lo pareció, y los coches lo adelantaban por un costado y por el otro, y la calle estaba ese día llena de gente por todas partes, tanto que pensé hasta que no podía quedar ni un alma en Mississippi, ni siquiera para venderme un billete de autobús, ni menos aún para ponerse a escribir la historia de un caso.

Entonces se paró el autobús. Era otra estación de autobuses, solo que mucho mayor que la de Jefferson.

—Vale —dije—. ¿Dónde se alista uno en el ejército?

—¿Cómo? —dijo el tipo del autobús.

Y se lo dije otra vez.

—¿Dónde se alista uno en el ejército?

—Ah —dijo. Y me explicó cómo llegar. Al principio me dio miedo no enterarme de lo que tenía que hacer en una ciudad tan grande como Memphis. Pero me enteré a la primera. Solo tuve que volver a preguntar dos veces. Entonces llegué, y me alegré un montón al no verme más en medio de los coches que pasaban a todo trapo y de la gente que empujaba por la calle y de todo ese follón y ahorrármelo un buen rato, y pensé que mucho ya no podía faltar, y pensé que si allí había un montón de gente que ya se había alistado en el ejército, era casi seguro que Pete me vería antes de que lo viera yo. Y así entré en una sala. Y Pete no estaba allí.

Allí no estaba. Había un soldado que tenía una flecha grande en la manga, un soldado que estaba escribiendo, y dos tipos delante de él, y allí había más tipos, o a mí me lo pareció. Me parece recordar que allí había bastantes más tipos.

Me acerqué a la mesa en la que estaba escribiendo el soldado.

—¿Dónde está Pete? —le dije, y él me miró—. Mi hermano —le dije—. Pete Grier. ¿Dónde está?

—¿Cómo? —dijo el soldado—. ¿Quién dices?

Y se lo volví a contar.

—Ayer mismito se alistó en el ejército. Se marcha a Pearl Harbor. Y yo también. Lo que quiero es dar con él. ¿Dónde lo han metido, si se puede saber? —todos me estaban mirando, pero a mí me dio lo mismo—. Vamos, hombre —dije—. ¿Dónde está?

El soldado había dejado de escribir. Había apoyado las dos manos sobre la mesa.

—Ah, ya —dijo—. Tú también vas, ¿eh?

—Sí —dije—. Allí habrá que llevar leña y agua. Yo me encargo de cortar la leña y de llevar el agua. Vamos, ¿dónde está Pete?

El soldado se puso en pie.

—¿A ti quién te ha dejado entrar aquí? —dijo—. Anda, lárgate.

—Y una mierda —dije—. He dicho que me digas dónde está Pete…

A mí que me cuelguen si no se movió aún más deprisa que el tipo del autobús. No saltó por encima de la mesa, sino que le dio la vuelta, pero estaba encima de mí casi antes de que me diera cuenta, así que tiempo tuve de echarme atrás y sacar la navaja de bolsillo y abrirla de un golpe y tirarle un tajo, y él dio un alarido y retrocedió de un salto y se sujetó una mano con la otra y se quedó soltando maldiciones y alaridos.

Uno de los otros tipos que estaban allí me sujetó por la espalda, y le tiré un tajo con la navaja, pero no lo pude alcanzar. Luego eran dos los que me sujetaban por la espalda, y otro soldado apareció por una puerta. Llevaba un cinto con una correa por el hombro.

—¿Qué demonios está pasando aquí? —dijo.

—¡Este pequeño hijo de la gran me ha soltado un navajazo! —gritó el primer soldado.

Cuando lo dijo, intenté irme otra vez a por él, pero me sujetaban otros dos por la espalda, dos contra uno, y el soldado con la correa al hombro me habló entonces.

—Calma, calma. Deja en paz esa navaja, chaval. Aquí ninguno vamos armados. Y un hombre hecho y derecho no se lía a navajazos con hombres que van sin armas —solo entonces empecé a oír lo que me decía. Hablaba igualito que cuando me hablaba Pete—. Soltadle —dijo. Me soltaron—. Y ahora… ¿se puede saber a qué viene todo esto? —y se lo conté—. Ya entiendo —dijo—. Y tú has venido a ver si estaba bien antes de marcharse.

—No —dije—. He venido a…

Pero él ya se había vuelto al primer soldado, que se estaba envolviendo la mano con un pañuelo.

—¿Lo tienes? —dijo. El primer soldado volvió a la mesa y miró unos papeles.

—Aquí está —dijo—. Se alistó ayer mismito. Está destinado a un destacamento que esta mañana sale para Little Rock —llevaba un reloj de correa en la muñeca. Lo miró—. El tren sale dentro de cincuenta minutos. Si no conozco mal a los chicos del campo, me apuesto cualquier cosa a que ahora están ya todos en la estación.

—Que lo traigan aquí —dijo el de la correa al hombro—. Llamad por teléfono a la estación. Que el mozo de turno le busque un taxi. Y tú ven conmigo —dijo.

Pasamos a otro despacho detrás del primero, con una mesa y unas sillas. Allí nos sentamos mientras el soldado fumaba, pero no fue mucho rato; supe que eran los pasos de Pete nada más oírlos. Entonces el primer soldado abrió la puerta y entró Pete. No se había puesto ninguna ropa de soldado. Tenía la misma pinta que cuando montó en el autobús el día anterior, solo que a mí me pareció que hubiera pasado por lo menos una semana entera, porque habían pasado muchas cosas, y era mucho lo que había viajado yo. Entró en el despacho y allí se quedó mirándome como si no se hubiese marchado de casa, solo que estaba allí y aquello era Memphis y ya estaba en camino a Pearl Harbor.

—¿Qué carajo estás haciendo aquí? —dijo.

Y se lo dije.

—Tendréis que llevar leña y agua para hacer la comida, digo yo. Yo me encargo de cortar leña y de llevaros agua a todos.

—No —dijo Pete—. Tú ya te estás volviendo a casa.

—No, Pete —le dije—. Yo también tengo que ir. Es que tengo que ir. Se me parte el corazón, Pete.

—No —dijo Pete. Miró al soldado—. Ni hablar. Teniente, no entiendo qué le puede haber pasado —dijo—. Nunca había sacado la navaja delante de nadie, nunca en su vida —me miró—. ¿Se puede saber para qué lo has hecho?

—No lo sé —dije—. Tuve que hacerlo. Tenía que llegar aquí como fuera. Tenía que encontrarte.

—Bien, pues que no se te ocurra hacerlo nunca más, ¿me oyes? —dijo Pete—. Te guardas la navaja en el bolsillo y la dejas bien guardada. Como me entere de que la sacas alguna vez contra alguien, vuelvo de dondequiera que esté y te quito las ganas de sacarla a sopapos. ¿Me has oído?

—Le cortaría el pescuezo a quien fuese si así pudiera lograr que volvieras y te quedaras —dije—. Pete —dije—. Pete…

—No —dijo Pete. No lo dijo con dureza en la voz, no lo dijo deprisa; casi lo dijo en voz baja, y entonces sí supe que nunca le haría cambiar—. Tienes que volver a casa. Tienes que cuidar de mamá, y también cuento contigo para que me cuides mis diez acres de terreno. Quiero que vuelvas a casa y que vuelvas hoy mismo. ¿Me has oído?

—Te he oído —dije.

—¿Podrá volver a casa por sus propios medios? —dijo el soldado.

—Ha venido por sus propios medios —dijo Pete.

—Digo yo que sí podré volver —dije—. No vivo más que en una casa, y no creo que me la hayan cambiado de sitio.

Pete sacó un dólar del bolsillo y me lo dio.

—Con eso te puedes pagar el billete del autobús que te dejará delante del buzón de casa —dijo—. Quiero que hagas caso de lo que te diga el teniente. Él se encarga de mandarte al autobús. Y tú te vuelves derechito a casa y te ocupas de cuidar a mamá y de cuidarme mis diez acres de tierra, y todo con la dichosa navaja bien guardadita en el bolsillo. ¿Me has oído?

—Sí, Pete —dije.

—De acuerdo —dijo Pete—. Ahora me tengo que marchar.

Otra vez me puso la mano en la cabeza, aunque esta vez no estuvo a punto de arrancármela de cuajo. Solo dejó la mano encima de mi cabeza durante un minuto. Y a mí que me cuelguen si no se agachó a darme un beso, y luego oí sus pasos y oí la puerta sin levantar nunca los ojos, y eso fue todo, allí me quedé sentado, frotándome el sitio en que Pete me dio un beso, y el soldado apartó la silla de la mesa y se levantó a mirar por la ventana y tosió. Se metió la mano en el bolsillo y me dio algo sin darse la vuelta a mirarme. Era un trozo de chicle.

—Muy agradecido —dije—. En fin, pues digo yo que ya va siendo hora de volver. Me queda un trecho largo.

—Espera —dijo el soldado. Volvió entonces a llamar por teléfono y le dije otra vez que más me valía ponerme en camino—. Espera. No te olvides de lo que te ha dicho Pete.

Así que esperamos, y entonces vino otra señora, otra señora también vieja, y también con abrigo de pieles, aunque tenía muy buen olor y no sacó ninguna pluma artemática ni dijo nada de la historia del caso. Cuando entró en el despacho se puso en pie el soldado, y ella miró en derredor hasta que me vio, y vino a ponerme la mano sobre el hombro con la misma ligereza y suavidad con que lo hubiera hecho mamá.

—Vamos —dijo—. Vámonos a casa a comer algo.

—No, ni hablar —le dije—. Tengo que coger el autobús a Jefferson.

—Ya lo sé, pero tenemos tiempo de sobra. Primero iremos a casa a comer algo.

La señora tenía un coche. Y en un visto y no visto estuvimos en medio de todos los demás coches. Estuvimos casi debajo de los autobuses, y todo el gentío que andaba por las calles se acercó tanto que podría haberme puesto a hablar con cualquiera si hubiese sabido quiénes eran. Al cabo de un rato la señora paró el coche.

—Ya estamos —dijo, y miré aquello, y si todo aquello era su casa, muy grande tenía que ser su familia. Pero no todo era su casa. Pasamos por un vestíbulo en el que había árboles plantados y entramos en un cuartito donde no había más que un negro que llevaba un uniforme mucho más abrillantado que los de los soldados, y el negro cerró la puerta y yo di un alarido.

—¡Cuidado! —y me agarré, pero allí no pasaba nada; todo el cuartito no hacía más que subir a toda caña, y luego se abrió la puerta y salimos a otro vestíbulo y la señora abrió una puerta con llave y entramos y allí había otro soldado, un tipo ya mayor, también con una correa al hombro, y con un pájaro del color de la plata en cada hombro.

—Ya estamos —dijo la señora—. Te presento al coronel McKellogg. Bueno. ¿Qué quieres para comer?

—Pues yo creo que me conformo con unos huevos con jamón y un poco de café —dije.

Ella ya había cogido el teléfono, pero se quedó quieta de pronto.

—¿Café? —dijo—. ¿Desde cuándo has empezado tú a tomar café?

—Pues no lo sé —dije—. Supongo que fue antes de que me alcance la memoria.

—Tú tienes unos ocho años, ¿no? —dijo.

—Qué va —dije—. Tengo ocho y diez meses. Para once meses.

Entonces llamó por teléfono. Allí nos sentamos y les conté que Pete se había marchado aquella misma mañana a Pearl Harbor, y que yo había hecho todo lo posible por ir con él, pero que tenía que volverme a casa para cuidar de mamá y atender los diez acres de tierra que tenía Pete, y la señora contó que tenían un hijo más o menos como yo, pero que estaba en un colegio en la Costa Este. Entonces apareció un negro distinto del de antes, con una especie de chaqué de faldón corto, empujando una especie de carrito. En el carrito estaban mis huevos con jamón y un vaso de leche y un trozo de tarta, y me pareció que tenía hambre, pero nada más probar el primer bocado me di cuenta de que no podía tragar, así que me levanté muy rápido.

—Me tengo que marchar —dije.

—Espera —dijo ella.

—Me tengo que marchar —dije.

—Solo un momento —dijo—. Ya he llamado para pedir un coche. No tardará nada. ¿No te puedes tomar la leche al menos? ¿O es que prefieres el café?

—Ni hablar —dije—. Es que no tengo hambre. Ya comeré algo cuando llegue a casa.

Entonces sonó el teléfono, pero ella ni lo cogió.

—Ya está —dijo—. Ha llegado el coche.

Y volvimos abajo en el cuartito que se movía con el negro todo uniformado. Esta vez era un coche grande que conducía un soldado. Yo me senté delante, con él. Ella le dio un dólar al soldado.

—A lo mejor le entra el hambre —dijo la señora—. Intente encontrarle un buen sitio.

—Entendido, señora McKellogg —dijo el soldado.

Y nos marchamos otra vez. Y entonces vi muy bien todo Memphis, que brillaba con la luz del sol, mientras dábamos vueltas por la ciudad. Y sin tiempo para darme cuenta del todo volvimos a estar en la misma carretera por la que había rodado el autobús aquella mañana, los trechos con tiendas, almacenes, las grandes desmotadoras y las serrerías, y Memphis se extendía a lo largo de millas y más millas, o a mí me lo pareció, antes de que empezara a terminarse. Entonces viajamos entre los campos y los bosques, el coche a más velocidad, y quitando aquel soldado fue como si nunca hubiera ido de veras a Memphis. Íbamos muy deprisa. A ese paso, antes de que me diera cuenta íbamos a llegar a casa, y pensé en cómo llegaría a Frenchman's Bend en un cochazo enorme, con un soldado al volante, y de repente me eché a llorar. Ni cuenta me di de que me iba a pasar, y tampoco lo pude impedir. Seguí sentado junto al soldado, llorando. Íbamos muy deprisa.

DOCTOR MARTINO

Hubert Jarrod conoció a Louise King en Saint Louis, en una fiesta navideña celebrada en el domicilio de unos conocidos. Hizo un alto en el viaje de regreso a la casa familiar de Oklahoma solo por cumplir, adornado como iba por el aura de los pozos petrolíferos y de Yale, y corresponder a la invitación de la hermana de un compañero de estudios. O eso se dijo al menos, o tal vez eso quiso creer. Su plan consistía en pasar dos días en Saint Louis, pero se quedó toda la semana y fue a Tulsa solo a pasar la noche y el día de Navidad con su madre, para regresar «a jugar y tontear un poco más con mi ángel de las ciénagas», se dijo. En el tren, de vuelta, pensó bastante en ella: una chica delgada, tensa, morena. «Y además, proviene de Mississippi —pensó—. Se le nota que tiene lo que hay que tener: una chavala nacida y criada cerca de las ciénagas del Mississippi». Con ello no se refería a su atractivo sexual. Nunca se hubiera llamado a engaño solo por una cosa así; llevaba ya tres años en New Haven, era socio de los mejores clubes, tenía todo el dinero que quisiera gastar. Además, Louise caía un poco hacia el lado de lo epiceno. A lo que más bien quiso referirse era a una cualidad de la que no llegó a ser consciente del todo: un sentido apasionado, que iba más allá de lo obvio, que la llevaba a creer en ese cambio inmanente al que la suficiencia de rinoceronte que él gastaba, con su barniz de Yale y de pozos petrolíferos, resultó al principio un tanto impermeable. Todo lo que al principio le llamó la atención en ella fue el aire expectante, el aire incluso ansioso, como si anduviera ella a la búsqueda; aire y búsqueda de los cuales en el acto se consideró él motivo.

Según las apariencias, no estaba equivocado. La primera vez la vio al otro lado de la mesa, durante la cena. No les había presentado nadie, aunque a los diez minutos de levantarse, ella le había hablado, y diez minutos después salieron de la casa sin hacerse notar y tomaron un taxi. Ella dio la dirección.

No podría él haberse explicado cómo sucedió a pesar de su mucha práctica, su experiencia en lo subrepticio. Tal vez estuvo demasiado absorto en contemplarla; tal vez empezaba a tener conciencia de que el aire tenso y expectante también estaba más allá de donde alcanzaba él, de su juventud, de su apostura, de los pozos petrolíferos y de Yale. Y es que la dirección que dio ella no tendía aparentemente hacia unas luces, hacia una música, hacia el lugar en que ella se sentara a su lado, envuelta en pieles, sin forma definida, su aliento evaporándose más deprisa que si se empeñara en reavivar la brasa de un cigarrillo apagado. Él reparó en las casas oscuras, las calles oscuras y sórdidas.

—¿Adónde vamos? —le dijo.

Ella no respondió, no le miró; iba ligeramente adelantada en el asiento.

—Mi madre no quiso venir —dijo.

—¿Tu madre?

—Estaba conmigo, en la fiesta quiero decir. No te la han presentado.

—Ah. Así que por eso huyes con tanto sigilo. Y yo que me había hecho ilusiones… Creí que había sido por mí —ella seguía sentada al borde del asiento, menuda, tensa, atenta a las casas oscuras: un barrio a medias de viviendas modestas y de tiendas pequeñas—. ¿Tu madre no ha permitido que él viniese a verte?

Ella no respondió, y se inclinó hacia delante. De pronto dio un golpecito en el cristal.

—¡Eh, eh! —dijo—. Es aquí mismo —el taxi se detuvo. Se volvió a mirar a Jarrod, que iba arrellanado en su rincón, embozado, con el frío en la cara—. Lo siento. Sé que es una jugarreta penosa. Pero no me quedaba más remedio.

—No pasa nada —dijo Jarrod—. No le des más vueltas.

—Sé que es penoso, pero de veras que no podía hacer otra cosa. Si al menos lo pudieras entender…

—Claro —dijo Jarrod—. ¿Quieres que vuelva más tarde a recogerte? No me gustaría volver solo a la fiesta.

—Tú vienes conmigo.

—¿Cómo? ¿Que voy contigo?

—Sí. Ya verás como todo va bien. Sé que no lo puedes entender, pero todo irá bien, te lo aseguro. Tú vienes conmigo.

Él la miró a la cara.

—Por lo que veo, creo que lo dices en serio —dijo—, pero me parece que no. De todos modos, tampoco voy a decepcionarte. Tú marca una hora y yo volveré a recogerte.

—¿Es que no te fías de mí?

—¿Por qué iba a fiarme? Esto no va conmigo. Hasta esta noche no te había visto nunca. Me alegra cumplir contigo. Es una lástima que mañana me marche, pero supongo que podrás encontrar a alguien de quien servirte. Anda, entra tú, yo vengo luego a recogerte.

La dejó allí y regresó en dos horas. Ella debía de estar esperándole pegada a la puerta, porque nada más se detuvo el taxi ésta se abrió de golpe y ella bajó corriendo las escaleras, para montar en el taxi sin darle tiempo a bajar.

—Gracias —le dijo—. Gracias de verdad. Has sido muy amable. Muy amable.

Cuando el taxi hizo un alto ante la puerta cochera de la casa de la que entonces llegaba la música, ninguno de los dos se movió en un principio. Ninguno de los dos fue el primero en dar el paso, aunque pasado un instante se besaron. Ella tenía la boca quieta, fría.

—Me gustas —le dijo—. De veras que me gustas.

No había terminado la semana cuando Jarrod se ofreció a prestarle sus servicios, aunque ella se negó sin alterarse.

—¿Por qué? —dijo él—. ¿Es que no quieres volver a verle?

Pero ella no dijo nada, aunque para entonces él había conocido a su madre, y se dijo: «La vieja de todos modos sí que va detrás de mí». Lo entendió en el acto; también se tomó ese interés como el debido homenaje a sus pozos petrolíferos y su aureola de Yale, puesto que sus tres años de estudiante en New Haven, sin destacar en clase y sin ganar partidos de fútbol, no le habían despojado de la convicción de que estaba llamado a ser presa natural de todas las madres de hijas en edad casadera. Pero no se dio a la fuga, ni siquiera tras descubrir, pocas noches después, que Louise se había ausentado sin dar explicaciones, con lo que supo que había ido, sirviéndose de otro señuelo para disimular, a aquella casa tranquila de la sórdida calle. «Bueno, no hay nada que hacer —se dijo—. Esto se acabó». Pero tampoco se dio a la fuga, tal vez porque en esa ocasión ella se había servido de otro. «Es evidente que le importa mucho», se dijo.

A la vuelta a New Haven se llevó una promesa de Louise: acudiría al baile de primavera. Ya sabía que la señora King iría con ella. No le importó; un día de pronto se dio cuenta de que en el fondo se alegraba. Supo entonces que era porque también él sabía, o creía, que Louise necesitaba de alguien que la cuidase; supo que él se había rendido incondicionalmente a una mujer entre todas las demás, por más que nunca hubiese dicho nada del amor hablando consigo mismo ni con ninguna mujer. Recordó aquella cualidad que iba más allá de lo evidente y recordó la casa oscura y sórdida, y pensó: «Bueno, pues la tendremos aquí. Tendremos a la vieja». Y un día creyó descubrir la razón, o acaso la respuesta. Fue en clase de psicología; se incorporó en la silla, de pronto muy erguido, sin darse cuenta, atento al profesor. Éste hablaba de las mujeres, en particular de las chicas jóvenes, refiriéndose a esa fase extraña y misteriosa en la que viven durante un tiempo. «Un punto ciego, como el punto en el que entran los pilotos de carreras a los mandos de un avión cuando han de trazar un giro brusco. Cuando lo que ven no es ni el bien ni el mal, y lo que hacen, por tanto, probablemente no sea ni lo uno ni lo otro. Probablemente sea algo más cercano al mal, ya que la maldad misma del mal brota de su realidad, mientras que el bien es la ausencia de un hecho preciso. Un lapso, una hora, en la que ellas mismas son víctimas de aquello por medio de lo cual se harán las víctimas.»

Esa noche estuvo un rato sentado frente a la chimenea encendida, pero sin estudiar, sin hacer nada. «Tenemos que casarnos pronto —se dijo—. Pronto».

La señora King y Louise llegaron para asistir al baile. La madre ya peinaba canas y tenía un rostro frío, severo, no arisco, aunque sí vigilante, alerta. Fue también como si Jarrod viese a Louise por vez primera. Hasta entonces no había reparado en que era consciente de la cualidad que iba más allá de lo evidente. Solo en ese momento la captó al darse cuenta de que había aumentado la tensión, como si ya fuese a un tiempo temor y deseo, como si con la cercanía del verano se acercara ella a un clímax, a una crisis. Y así dio en pensar que estaba enferma.

—Tal vez debiéramos casarnos cuanto antes —dijo a la señora King—. Yo a fin de cuentas no necesito el título de licenciado —eran todavía aliados, aún no antagonistas, aunque él no le había dicho nada de las dos expediciones en Saint Louis, una de la que tenía conocimiento, otra de la que sospechaba. Era como si no tuviera necesidad de decírselo. Era como si supiera que ella lo sabía, que sabía que él sabía que lo sabía ella.

—Sí —contestó—. De inmediato.

Pero la cosa no llegó más allá, aunque cuando marcharon de New Haven las dos, Louise tenía el anillo que él le dio. Pero no lo llevaba en el dedo, y en el semblante ostentaba esa expresión tensa, secreta, más allá de lo que resultaba evidente, que en ese momento descubrió él que también se hallaba más allá de donde alcanzaba él, más allá de la efigie y del porte aureolados que le prestaban los pozos petrolíferos y Yale.

—Entonces, hasta el mes de julio —dijo él.

—Así es —repuso ella—. Te escribiré. Te diré por carta cuándo podrás venir.

Y eso fue todo. Él volvió a sus clubes, a sus clases; sobre todo en la de psicología prestaba atención. «Pues parece que esto de la psicología sí que lo voy a necesitar», pensó, y pensó a la vez en la casa oscura y pequeña de Saint Louis, en la puerta hosca y oscura por la que desapareció ella tan veloz. Tenía que ser eso: un hombre al que él nunca había visto, al que nunca oyó, encerrado en la casa pequeña y callada, en una callejuela sórdida, en Nochebuena. Con inquietud, pensó: «Y soy joven, tengo dinero, soy un hombre de Yale. Y ni siquiera sé cómo se llama».

Una vez a la semana escribía a Louise; tal vez dos veces al mes recibía respuesta, notas breves, frías, siempre con matasello de sitios distintos, de lugares turísticos y hoteles, hasta mediados de junio, a una semana de la ceremonia de fin de curso y su graduación. Le llegó entonces un telegrama. De la señora King. Decía: «Venga enseguida», y daba por lugar de procedencia del envío Cranston's Wells, en Mississippi. Una localidad de la que no había oído hablar nunca.

Esto fue un viernes. A la media hora, su compañero de habitación llegó y lo vio haciendo el equipaje.

—¿Qué, de fin de semana a Nueva York? —le dijo.

—Sí —repuso Jarrod.

—Pues voy contigo. No me vendrá nada mal un poco de distracción antes de vérmelas con el griterío de la multitud ante el altar del decano.

—No —dijo Jarrod—. Es un asunto serio.

—Ya —dijo el compañero—. Yo también conozco a una mujer muy seria en Nueva York. En esa ciudad hay más de una.

—No —dijo Jarrod—. Esta vez no.

—Pues que te vaya bonito —dijo el compañero.

El sitio era un balneario, propiedad de una solterona atildada, baja, canosa, que lo había heredado de su padre, junto con algunos de los veraneantes asiduos, treinta años atrás. Era un hotel destartalado, una construcción de madera, y un pabellón donde estaba el manantial, donde los viejos con bolsas bajo los ojos y la piel de pergamino, llegados de las vecinas ciudades de Alabama y Mississippi, tomaban las aguas de alto contenido ferruginoso. Era el lugar en el que Louise había pasado los veranos desde que nació; desde la veranda del hotel, en donde las mujeres de cierta edad, desocupadas, con sus revistas ociosas y sus labores de punto, con sus echarpes de brillantes colores, contemplaban un verano tras otro la comedia que él empezaba a aprender, veía las puntas recortadas del seto de mirto tras las que se ocultaba el banco en el que el hombre al que había empezado a temer, y cuyo rostro ni siquiera había visto, había pasado el día entero a lo largo de tres meses, todos los veranos desde hacía más de quince años.

Se plantó al lado de la acicalada y canosa propietaria en el último peldaño, a primera hora del día, mientras las ancianas iban y venían del hotel al pabellón, mirándole con ojos de curiosidad disimulada, luminosos y recatados, en secreto.

«Miran al joven novio de Louise competir contra un muerto y un caballo», pensó Jarrod.

Pero no se le notó en la cara. En la cara no se le notaba nada, ni siquiera una gran inteligencia, cuando con su alta estatura, muy erguido, con los pantalones de franela y la chaqueta de tweed pese a estar en pleno junio y en Mississippi, mientras que los demás hombres vestían trajes de lino en caso de que llevasen siquiera chaqueta, charlaba con la propietaria acerca del hombre cuyo rostro no había visto, cuyo nombre acababa de conocer.

—Está delicado del corazón —dijo a Jarrod la propietaria—. Debe cuidarse. Tuvo que renunciar a la consulta, a todo. No tiene a nadie, y dispone del dinero justo para venir todos los años, en verano, y pasar las horas sentado en su banco. Lo llamamos el banco del doctor Martino. Cada verano suelo pensar que será el último, que ya no volveremos a verle. Pero por mayo siempre me llega un mensaje suyo, la reserva. ¿Y quiere que le diga qué pienso? Pienso que es Louise King quien lo mantiene con vida. Y pienso que Alvina King es boba.

—¿Y por qué es boba? —dijo Jarrod.

La propietaria lo estaba observando; era la mañana siguiente al día en que llegó. Al mirarla desde arriba por primera vez se dijo: «Se está preguntando cuánto es lo que sé, cuánto me han contado». Y luego pensó: «No. Es porque así está ocupada. Nada que ver con las otras, las de las revistas. Ésta anda ajetreada a todas horas, así sea con darles de comer a las demás, y por eso no se ha enterado de quién soy, ni tampoco se ha pasado todo el tiempo pensando en lo que han pensado las demás».

Lo estaba observando.

—¿Hace cuánto que conoce usted a Louise?

—No hace mucho. La conocí en un baile en la universidad.

—Ah. En fin, yo pienso que el Señor ha tenido compasión del doctor Martino y que por eso le ha permitido servirse del corazón de Louise, no sé si me explico, pero eso es lo que pienso. Y si quiere se puede reír, me da lo mismo.

—No me estoy riendo —dijo Jarrod—. Hábleme de él.

Mirándole a la cara, con aire luminoso, de ave, le contó cómo había aparecido aquel hombre un día de junio, con el traje de lino arrugado y el sombrero de panamá, y le habló de sus ojos. («Los tenía como unos botones de azabache. Y cuando se movía era con enorme lentitud, como si tuviera que insistir en decirse, incluso después de ponerse en marcha, "adelante, ahora, sigue, un paso más".») Y le contó cómo firmó en el registro, con una letra tan diminuta que apenas se podía descifrar: Jules Martino, Saint Louis, Missouri. Y que año tras año volvía siempre por junio, a pasar el día sentado en el banco, tras el seto de mirtos, a donde el viejo portero negro le llevaba su correspondencia: dos revistas de medicina, un periódico de Saint Louis y las dos cartas de Louise King, una en junio, para decirle que llegaría a la semana siguiente, otra a finales de agosto, diciéndole que ya estaba de vuelta en su casa. En cambio, la propietaria no le contó que tres o cuatro veces al día echaba a caminar un trecho por el sendero, para ver si seguía estando bien, aunque él no se diera cuenta. Mientras la veía contarle todo esto, Jarrod pensó: «A saber qué ríos te habrá obligado a atravesar a ti a nado».

—Llevaba tres años seguidos viniendo —dijo la propietaria— y no conocía a nadie, no parecía que tuviera ganas de conocer a nadie. Ni siquiera yo me había enterado de que tenía el corazón delicado. Pero siguió viniendo (olvidaba decirle que Alvina King ya pasaba el verano aquí, veranea aquí desde que nació Louise) y un día reparé en que siempre se sentaba de modo que pudiera ver cómo jugaba la pequeña Louise, y se me ocurrió que a lo mejor había perdido a una hija. Eso fue antes de que me dijera que no se había casado y que no tenía familia. Pensé que eso debía de ser lo que le atraía hacia Louise. Y lo miraba mientras él miraba a Louise y la veía crecer. Los veía conversar, lo veía a él mirándola año tras año, así que un día me dije: «Lo que quiere es casarse. Está esperando a que Louise esté en edad casadera». Eso pensé, así es —la propietaria ya no miraba a Jarrod. Rió un momento—. Señor mío, qué cantidad de tonterías he pensado en otros tiempos.

—No me parece que eso fuera una tontería —dijo Jarrod.

—Es posible que no. Louise sería una esposa de la que cualquiera estaría orgulloso, y con razón. Y él está completamente solo, sin nadie que le cuide cuando se haga viejo —la propietaria pasaba de los cincuenta—. Calculo que a mí ya se me ha pasado la hora en la que una piensa que es importante que una mujer se case. Calculo que… como me he encargado yo sola de llevar este negocio, he terminado por creer que no tiene mayor importancia lo que haga cada cual, al menos mientras se alimente bien y tenga una buena cama en que dormir —calló. Por un momento pareció que meditase sobre los jardines de sombras moteadas, las ancianas apiñadas bajo la marquesina que resguardaba el manantial.

—Así que le obligaba a hacer cosas, ¿no? —dijo Jarrod.

—Usted ha hecho caso de lo que cuenta Alvina King —dijo la propietaria—. Él nunca le obligó a hacer nada. ¿Cómo iba a hacer una cosa así, si nunca se levantaba de ese banco? Nunca se levanta de ese banco. Se sentaba allí y la veía jugar, hasta que la niña se fue haciendo mayor para jugar en la tierra. Entonces, a veces charlaban, sentados los dos en el banco. ¿Cómo iba a obligarle a hacer nada, en el supuesto de que quisiera obligarla, eh?

—Supongo que tiene usted razón —dijo Jarrod—. Cuénteme qué pasó cuando ella atravesó el río a nado.

—Ah, ya. A ella le daba miedo el agua, pero un verano aprendió a nadar, aprendió ella sola, en la piscina. Él no estaba allí. Ni tampoco estuvo en el río. Él no lo supo hasta que lo supimos los demás. Él solo le dijo que no tuviera miedo, que nunca tuviera miedo de nada. ¿Y qué hay de malo en eso, si se puede saber?

—Nada —dijo Jarrod.

—Nada —dijo la propietaria, aunque como si no le escuchara, como si no le hubiese oído—. Así que vino ella y me lo dijo, y le dije: «¿Con las serpientes y todo, y no has tenido miedo?». A lo que ella me contestó:

»"Sí, tuve miedo. Y por eso lo hice."

»"¿Por qué lo hiciste?", le pregunté, y me dijo:

»"Cuando te da miedo hacer una cosa, sabes que estás viva. Pero cuando te da miedo hacer lo que te da miedo, es que estás muerta."

»"Eso ya sé de dónde lo has sacado", le dije. "Me juego lo que sea a que él no atravesó el río a nado."

»"No tenía por qué —contestó—. Todas las mañanas, cuando se despierta, hace lo mismo que tuve que hacer yo para atravesar el río a nado. Esto es lo que he sacado en claro al hacerlo, ¿no lo ves?", y tomó algo que llevaba colgado de un cordel y me lo enseñó. Era un conejito de metal, o algo parecido; tenía dos centímetros de alto, uno de esos colgantes que se encuentran en las tiendas de baratillo. Se lo había regalado él.

»"¿Y eso qué significa?", le pregunté.

»"Eso es lo que pasa cuando tengo miedo", dijo. "Un conejo, ¿no lo ves? Pero ahora es de latón. La forma del miedo, pero en latón: no se le puede hacer daño. Mientras lo conserve, ni siquiera tendré miedo de tener miedo".

»"¿Y si tienes miedo?", le dije. "Entonces, ¿qué, eh?"

»"Entonces se lo devolveré a él", dijo. ¿Y qué hay de malo en eso, digo yo? Dígame: ¿qué hay de malo en eso? Alvina King ha sido siempre una boba. Y es que Louise volvió al cabo de una hora. Había estado llorando. Vino con el conejo en la mano.

»"¿Me quiere guardar esto, por favor?", me dijo. "No permita que lo tenga nadie más que yo. Nadie. ¿Me lo promete?"

»Y se lo prometí, y le guardé el conejito. Me lo pidió justo antes de que se marcharan. Fue entonces cuando Alvina dijo que no pensaban volver al verano siguiente.

»"Esta tontería se tiene que acabar", dijo. "Si no, va a terminar por matarla. Ese hombre es una amenaza."

»Y así fue: al verano siguiente no vinieron. Me llegó la noticia de que Louise estaba enferma y supe bien por qué. Supe que Alvina la había empujado a estar enferma, a guardar cama. Pero el doctor Jules vino en junio. "Louise ha estado enferma", le dije.

»"Sí", dijo él, "lo sé".

»Pensé que se había enterado, que ella le había escrito. Pero entonces pensé que seguramente su enfermedad no le había permitido escribir, y que además esa boba de madre que tiene... —la propietaria miraba a Jarrod—. Y es que no habría tenido necesidad de escribirle.

—¿No habría tenido necesidad?

—Él sabía que estaba enferma. Lo sabía. No hacía falta que ella le escribiese para decírselo. Ahora, ríase si quiere.

—No me estoy riendo. ¿Cómo lo sabía?

—Porque lo sabía. Yo supe que lo sabía, así que cuando él no volvió a Saint Louis supe que ella iba a venir. Y en agosto vinieron. Louise había crecido mucho, había estirado, estaba más delgada, y aquella tarde los vi de pie, juntos a los dos, por primera vez. Ella era casi tan alta como él. Fue entonces cuando me di cuenta de que Louise ya era mujer. Y ahora, ahí la tiene: Alvina no hace más que dar la lata, toda preocupada con ese caballo que Louise dice que va a montar.

—Ya ha matado a un hombre —dijo Jarrod.

—Y los automóviles han matado a muchos más. Pero usted monta en automóvil. Usted vino en uno. No le hizo ningún daño atravesar el río a nado, ¿verdad?

—Es que esto es distinto. ¿Cómo puede estar tan segura de que no le hará ningún daño?

—Porque lo sé.

—¿Y cómo lo sabe?

—Usted vaya por allá, vaya a verlo, vaya a ese banco. No le moleste; vaya solo a verle. Ya verá como entonces también se da cuenta de que lo sabe.

—Hombre, yo querría tener un poco más de seguridad —dijo Jarrod.

Volvió en busca de la señora King. Con Louise no había tenido más que una entrevista breve, violenta, amarga. Había sido la noche anterior; ese día había desaparecido. «Pero él sigue allí sentado, en el dichoso banco —pensó Jarrod—. Ni siquiera está con él. Parece como si no tuvieran que estar juntos siquiera: él sabe, incluso estando en Mississippi y ella en Saint Louis, si está enferma o no. En fin: ahora sí sé quién está en el punto ciego».

La señora King estaba en su habitación.

—A lo que se ve, mi máximo rival es ese caballo —dijo Jarrod.

—¿Es que no se da cuenta de que él la obliga a montar, por la misma razón por la que la obligó a nadar en ese río infestado de serpientes? ¿No se da cuenta de que es solo para demostrar que puede, y para humillarme?

—¿Y qué puedo hacer yo? —dijo Jarrod—. Intenté hablar con ella ayer por la noche, pero ya vio usted adónde llegamos.

—Si fuera yo un hombre, no tendría que pedirle que haga lo que ha de hacer. Si viese que la chica va camino de la ruina, de arruinarse por culpa de un hombre, y de un hombre al que no hubiera visto yo en la vida, y ni siquiera supiese quién es… viejo o no viejo, con corazón o sin él…

—Volveré a hablar con ella.

—¿A hablar? —dijo la señora King—. ¿A hablar? ¿A usted le parece que le mandé recado para que viniese cuanto antes solo por hablar con ella?

—Espere, espere —dijo Jarrod—. Ya verá como se arreglan las cosas. De esto me ocupo yo.

Tuvo que esperar él bastante más de lo previsto. Era casi mediodía cuando Louise entró en el vestíbulo del hotel, donde estaba él sentado. Se puso en pie.

—¿Y bien?

Se miraron a los ojos.

—¿Y bien qué?

—¿Sigues decidida a montar ese caballo esta tarde? —preguntó Jarrod.

—Creía que eso ya lo habíamos dejado bien claro anoche. Pero sigues empeñado en meterte donde no te llaman. No he sido yo quien mandó recado para que vinieras.

—Pero estoy aquí. De todos modos, jamás pensé que tendría que venir para competir contra un caballo —ella lo miraba con ojos endurecidos—. Qué digo: con algo mucho peor que un caballo. Con un maldito muerto. Con un hombre que lleva veinte años muerto. Él mismo lo dice, según me han dicho. Y seguro que lo sabe de buena tinta: resulta que es médico, un especialista. Supongo que lo mantienes con vida a golpe de sustos, igual que la estricnina. Estás hecha una Florence Nightingale —ella lo miraba con el semblante impávido, fría—. No estoy celoso —siguió diciendo—. No podría tener celos de ese bicho. Pero cuando veo que te obliga a montar un caballo que ya ha matado… —bajó los ojos para mirarle al rostro helado con que lo miraba ella—. Louise, ¿no te quieres casar conmigo?

Ella dejó de mirarle.

—Pero es porque aún somos jóvenes. Tenemos muchísimo tiempo, tendremos todo el resto del tiempo. Y tal vez el año que viene, este mismo día, pero el año que viene, cuando todo esté tan bonito, tan cálido, tan verde, y él esté… Es que tú no lo entiendes. Yo al principio tampoco lo entendía, cuando él me dijo cómo es el vivir día tras día con una caja de cerillas llena de cápsulas de dinamita en el bolsillo de la camisa. Un día, cuando tenía yo edad de entender, me dijo que no hay en el mundo nada que no sea vivir, estar vivos, saber que estamos vivos. Y tener miedo es saber que estás vivo, pero cuando haces aquello que te da miedo es cuando vives. Dice que es mucho mejor tener miedo que estar muerto. Él me lo dijo aun cuando en todo momento seguía teniendo miedo, antes de renunciar a tener miedo y saber así que estaba vivo sin vivir. Y ahora que ha renunciado a eso, ahora solo tiene miedo. ¿Qué quieres que haga yo?

—Ya. Y yo en cambio puedo esperar, porque no llevo una caja de cerillas llena de cápsulas de dinamita en el bolsillo de la camisa. Ni tampoco una caja de polvos para hacer conjuros, claro.

—No cuento con que lo entiendas. No fui yo quien te mandó recado para que vinieras. Yo no quería que te vieras mezclado en esto.

—Pues en eso nunca te paraste a pensar cuando aceptaste el anillo que te di. Además, ya me has mezclado en todo esto, me mezclaste desde la primera noche en que te vi. Y eso aquella noche no te importó. Así que ahora sé mucho más de lo que sabía antes. Por cierto, ¿y él qué opina de ese anillo? —ella no respondió. No le estaba mirando, pero tampoco había apartado la cara—. Entiendo —dijo él al poco—. No sabe nada del anillo. Nunca se lo has querido enseñar —ella siguió sin decir nada, sin mirarle, sin apartar la mirada—. De acuerdo —dijo—, te daré una última oportunidad.

Ella lo miró.

—¿Una última oportunidad para qué? Ah —añadió—. El anillo. Quieres que te lo devuelva, es eso —él la miró, estirada, inexpresiva, al sacar del interior del vestido un delgado cordel del que estaba colgado el anillo y un segundo objeto que él reconoció en el gesto seco con que se rompió el cordel, el conejito de metal del que le había hablado la propietaria del hotel. Desapareció y algo le golpeó con fuerza, un picotazo en la mejilla. Ya se había dado la vuelta ella, ya caminaba veloz hacia las escaleras. Pasados unos instantes, se agachó a recoger el anillo del suelo. Miró en derredor. «Están todos en el manantial —pensó con el anillo en la palma de la mano—. A eso vienen todos aquí: a tomar las aguas».

Allí estaban todas, apiñadas bajo la marquesina que resguardaba el manantial, con sus echarpes de colores y sus revistas. Cuando se acercó al grupo, la señora King se destacó con uno de los vasos empañados en la mano.

—¿Y? —dijo—. ¿Y?

Jarrod extendió la mano en la que llevaba el anillo. La señora King lo miró con semblante frío, callada, ultrajada.

—A veces me pregunto si es de verdad mi hija. ¿Qué hará usted ahora?

También Jarrod contempló el anillo, con el semblante igualmente frío, inmóvil.

—Al principio pensé que tenía que competir contra un caballo —dijo—. Pero, a lo que se ve, aquí hay mucho más de lo que suponía, mucho más de lo que se me dijo.

—Monsergas —dijo la señora King—. ¿O es que se ha parado a oír las bobadas que cuenta Lily Cranston, o las de esos vejestorios de allá? Están todas atontadas.

—Pero es que nunca he llegado a saber más de lo que parece que todo el mundo ha sabido en todo momento. Claro que yo no soy sino el hombre con el que ella se iba a casar —miró el anillo—. ¿Qué le parece que debería hacer ahora?

—Si es usted un hombre que tiene que pararse a oír consejos de una mujer en un caso como éste, yo diría que lo mejor es que acepte el consejo, tome su anillo y se vuelva a Nebraska, o a Kansas, o a donde sea.

—Oklahoma, es Oklahoma —dijo Jarrod con resentimiento. Cerró la mano en torno al anillo—. Seguro que él está en su dichoso banco —añadió.

—¿Y por qué no iba a estar allí? —dijo la señora King—. Allí no tiene a nadie a quien temer.

Pero Jarrod ya se marchaba.

—Vaya usted con Louise —dijo—. Yo me ocupo de esto.

La señora King lo vio alejarse por el sendero. Se dio la vuelta entonces y arrojó el vaso empañado de agua sucia en una mata de adelfas para entrar deprisa en el hotel y subir la escalera. Louise estaba vistiéndose en su habitación.

—Así que le has devuelto a Hubert el anillo —le dijo la señora King—. Ese hombre se habrá quedado contento. Ahora ya no tendrás secretos con él, caso de que el anillo fuera un secreto. Como no parece que en lo que a él se refiere guardes nada en privado, como no parece que desees ninguna…

—Basta —dijo Louise—. Tú no me puedes hablar así.

—Ah, vaya. Él estaría orgulloso si oyera hablar así a su discípula.

—Él nunca me daría la espalda. Pero vosotros me dais la espalda —delgada, tensa, permanecía en pie con las manos pegadas a los costados. De pronto se echó a llorar con la cara bien levantada, las lágrimas rodando por sus mejillas—. Me desvivo y me desvivo y no sé qué hacer, y ahora tú, mi propia madre, me das la espalda.

La señora King se sentó en la cama. Louise permanecía a medio vestir, las prendas que se había quitado esparcidas sobre la cama y la silla. En la mesilla, junto a la cama, estaba el conejito de metal. La señora King lo miró un instante.

—¿Tú te quieres casar con Hubert? —le dijo.

—¿Acaso no se lo he prometido, no te lo he prometido a ti? ¿No acepté su anillo de compromiso? Lo que pasa es que no me dejáis en paz. Él no me da tiempo, no me da una oportunidad. Y ahora tú también me das la espalda. Todo el mundo me da la espalda, todos, salvo el doctor Jules.

La señora King la miraba con frialdad, inamovible.

—Me parece que la boba de Lily Cranston tiene razón. Me parece que ese hombre tiene algún poder criminal sobre ti. Solo doy gracias a Dios de que no lo haya usado nada más que para intentar obligarte a matarte, a quedar como una perfecta imbécil. Pero todavía no ha ocurrido, claro…

—¡Basta! —dijo Louise—. ¡Ya basta! Basta, basta —siguió diciendo incluso cuando la señora King se acercó y la rozó—. ¡Tú me das la espalda! Y ahora Hubert me da la espalda. Te ha hablado de ese caballo cuando me prometió que no diría nada.

—Yo ya lo sabía. Por eso mandé recado para que viniese. Yo sola no podía hacer nada contigo. Además, cualquiera debería impedir, como sea, que montes ese animal.

—Tú no me lo puedes impedir. Me podrás encerrar hoy en esta habitación, pero no me podrás tener siempre encerrada. Porque eres más vieja que yo. Aunque falten cien años, te tendrás que morir antes que yo. Y entonces volveré y montaré ese caballo, así que necesite esperar mil años.

—A lo mejor yo ya no estoy —dijo la señora King—, pero tampoco estará él. Más que él seguro que vivo. Y de todos modos sí te puedo tener encerrada un día en esta habitación.

Al cabo de un cuarto de hora, el viejo portero del hotel llamó a la puerta. La señora King fue a abrir.

—El señor Jarrod desea verla, la espera en el vestíbulo —dijo.

Cerró la puerta con llave al salir. Jarrod estaba abajo. No había nadie más en el vestíbulo.

—¿Y? —dijo la señora King—. ¿Y?

—Ha dicho que a ver si Louise le dice en persona que quiere casarse conmigo. Que le envíe una señal.

—¿Una señal? —los dos hablaban en voz baja, bastante tensos, aunque con calma, con seriedad.

—Sí. Le mostré el anillo. Estaba sentado en ese dichoso banco, con ese traje que parece que lleva todo el verano sin quitárselo ni para dormir, mirándome con unos ojos como si no diera crédito a que ella haya llegado a ver el anillo. Y me dijo: «Ah, tiene usted el anillo. Su prueba parece estar en las manos en las que no debiera. Si Louise y usted se hubiesen prometido y si se fuesen a casar, es ella quien debiera llevar el anillo. ¿O será que me he quedado un poco anticuado?». Y yo estaba de pie como un idiota, y él miraba el anillo como si lo hubiera comprado en una tienda de baratillo. Ni siquiera quiso tocarlo.

—¿Usted le mostró el anillo? ¿El anillo? Será idiota… ¿Qué…?

—Sí, tiene razón. No lo sé. Fue, creo, por su manera de estar ahí sentado, por su manera de obligarle a ella a hacer lo que quiere, digo yo. Fue como si se estuviera riendo de mí a la cara, como si supiera perfectamente que no hay nada que pueda hacer, nada que se me ocurra hacer y que él no haya pensado antes. Como si supiera que siempre podrá interponerse entre nosotros antes de que… con el tiempo…

—Y entonces… ¿qué? ¿Qué clase de señal dijo que…?

—No lo dijo. Solo dijo que una señal, algo que fuese derecho de la mano de ella a la de él. Para que pudiera creer, ya que al tener yo el anillo había saltado mi prueba por los aires. Tuve que sujetar la mano antes de soltarle una bofetada; él estaba sentado en el banco como si tal cosa. Ni se movió. Siguió sentado, con los ojos cerrados, sudando la gota gorda. Entonces abrió los ojos y dijo: «Ahora deme un puñetazo si quiere».

—Un momento —dijo la señora King. Jarrod no se había movido. La señora King miró a la otra punta del vestíbulo desierto, dándose golpecitos en los dientes con una uña—. Una prueba —dijo—. Una señal —se movió—. Usted espere aquí —volvió a las escaleras, una mujer de peso considerable, desplazándose con la celeridad indomable de una locomotora. No tardó en volver—. Louise está durmiendo —dijo, aunque Jarrod no entendió por qué motivo: de haberle prestado atención tampoco lo hubiera adivinado—. ¿Puede usted tener el automóvil listo en veinte minutos?

—Sí, claro, pero ¿para q…?

—Y el equipaje hecho. Yo me ocupo de todo lo demás.

—¿Y Louise? ¿Quiere usted decir…?

—Se pueden casar en Meridian, no tardará más que una hora en llegar.

—¿Casarnos? ¿Louise ha…?

—Yo tengo una señal de ella que él sí creerá. Usted tenga listas sus cosas y no diga a nadie adónde va, ¿entendido?

—Sí, sí. ¿Y Louise ha…?

—He dicho a nadie. Tenga… —le puso algo en la mano—. Recoja sus cosas, y luego tome esto y se lo da a ese hombre. Es posible que insista en que quiere verla, pero de eso me encargo yo. También puede que quiera escribirle una nota. Usted haga lo que le he dicho —se volvió hacia las escaleras deprisa, con agilidad controlada, y desapareció. Jarrod abrió la mano y miró el objeto que ella le dio. Era el conejo de metal. Había tenido un baño dorado, pero eso fue años atrás. Ahora yacía en la palma de su mano, en su muda y deslucida oxidación. Cuando salió de allí no iba exactamente a la carrera, aunque sí muy deprisa.

Pero al regresar al vestíbulo un cuarto de hora después, iba corriendo a toda velocidad. La señora King le estaba esperando.

—Ha escrito la nota —dijo Jarrod—. Una para Louise y otra para dejársela aquí a la señorita Cranston. Me dijo que, si quería, podía leer la destinada a Louise —pero la señora King ya se la había arrebatado de la mano y la había abierto—. Me dijo que podía leerla —dijo Jarrod. Respiraba deprisa, jadeando—. Me vio leerla; estaba sentado allí, en el banco. Ni siquiera movió las manos desde que me planté delante de él. Y me dijo: «Joven, señor Jarrod, a usted le ha conquistado una mujer, igual que a mí. Pero con una diferencia: aún ha de pasar mucho tiempo hasta que comprenda usted que, con conquistarlo, lo ha aniquilado». Y le dije: «Si es Louise quien me va a aniquilar, me propongo morir a diario durante el resto de mi vida o de la suya». Y me dijo: «Ah, Louise. ¿Me estaba hablando usted de Louise?». Y le dije: «Muerto». Le dije: «Muerto». Le dije: «Muerto».

Pero la señora King no estaba allí. Ya había arrancado a subir por las escaleras. Entró en la habitación. Louise se volvió en la cama con la cara hinchada por las lágrimas o el sueño. La señora King le dio la nota.

—Toma, cariño. ¿Ves? ¿Qué te dije? Solo quería dejarte en entredicho. Ponerte en ridículo. Utilizarte para pasar el rato.

El coche circulaba a gran velocidad cuando enfiló por la carretera.

—Deprisa —dijo Louise. El coche aceleró; miró una vez más hacia el hotel, los jardines repletos de adelfas y de setos de mirto, y entonces se agachó aún más en el asiento, al lado de Jarrod—. Más deprisa.

—Eso digo yo, más deprisa —dijo Jarrod. La miró de reojo y la volvió a mirar. Iba llorando—. ¿Tan contenta estás? —le dijo.

—He perdido una cosa —respondió llorando en silencio—. Una cosa que he tenido desde hace mucho tiempo, una cosa que me regalaron cuando era niña. Y ahora la he perdido. Esta mañana la tenía, pero luego no la pude encontrar.

—¿La has perdido? —dijo él—. Te la regaló… —levantó el pie del acelerador; el coche entonces perdió velocidad—. Pero si tú se la…

—¡No, no! —dijo Louise—. ¡No te pares! ¡No vuelvas! ¡Sigue!

El coche circulaba a escasa velocidad, cada vez más lento, aun sin pisar el freno.

—Pero si tú se la… Ella me dijo que estabas durmiendo —dijo, y entonces sí frenó.

—¡No, no! —exclamó Louise. Iba adelantada en el asiento; no pareció que le hubiese oído—. ¡No vuelvas! ¡Sigue, sigue!

«Y él lo sabía —pensó Jarrod—. Allí sentado, en el dichoso banco, lo sabía. Cuando dijo lo que dijo, cuando dijo que yo ni siquiera había comprendido que me había aniquilado».

El coche se detuvo casi por completo.

—¡Sigue! —gritó Louise—. ¡Sigue!

Él la estaba mirando. Por sus ojos, parecía que ella estuviera ciega. Estaba muy pálida, blanca, con la boca abierta, en una mueca de agonía, de desesperación, de una rendición tal que, de haber sido él más viejo, habría comprendido que nunca más volvería a ver en la cara de nadie. Miró entonces cómo su propia mano accionaba la palanca de cambios, cómo su pie volvía a pisar el acelerador. «Él mismo lo dijo —pensó Jarrod—: Tener miedo y pese a todo actuar. Él mismo lo dijo: no hay en el mundo nada que no sea vivir, estar vivos, saber que estamos vivos».

—¡Más deprisa! —gritó Louise—. ¡Más deprisa!

El coche ganó velocidad; quedaron atrás el edificio y la ancha veranda en donde los echarpes de colores guardaban silencio.

En medio de esa reunión de holgados vestidos de verano, de respiraciones viejas y sibilantes, de voces femeninas y entrecortadas que farfullaban a ratos, la propietaria estaba en la veranda con la otra nota en la mano.

—¿Casada? —dijo—. ¿Casada?

Como si no fuera ella, sino otra persona, se vio abrir la nota y leerla de nuevo. No le llevó apenas tiempo:

Lily:

No se preocupe por mí durante un rato más. Me quedaré aquí sentado hasta la hora de la cena. No se preocupe por mí.

J. M.

—No se preocupe por mí —dijo—. Por mí… —fue al vestíbulo, donde el negro viejo faenaba con la escoba—. ¿Y dices que esto te lo dio el señor Jarrod?

—Sí, señora. Me lo dio deprisa y corriendo. Y cuando me quise dar cuenta… ¡bruum!, ya habían salido la señorita Louise y él a todo meter por el camino, hacia la carretera, como una patrulla en busca de negros fugitivos.

—¿Y se fueron camino de Meridian?

—Sí, señora. Pasando por delante del banco en que se sienta el doctor Jules.

—Casada —dijo la propietaria—. Casada…

Con la nota todavía en la mano, salió del edificio y tomó el sendero hasta que avistó el banco en que vio sentada, inmóvil, una figura vestida de blanco. Se detuvo de nuevo, releyó la nota; una vez más oteó el camino hacia el banco que miraba a la carretera. Y volvió al edificio. Las mujeres se habían dispersado en las tumbonas, aunque sus murmullos aún resonaban en la veranda, sibilantes, inextricables unos de los otros; cesaron de pronto cuando la propietaria se acercó y entró en el edificio a buen paso. Fue cuando faltaba una hora para que se pusiera el sol.

Caía la tarde cuando entró en la cocina. El portero estaba sentado en una silla, junto a los fogones, hablando con la cocinera.

—Tío Charley —dijo la propietaria desde la puerta—, ve a decirle al doctor Jules que la cena estará lista enseguida, por favor.

El portero se puso en pie y salió de la cocina por la puerta de servicio. Al pasar por la veranda, la propietaria se encontraba en el último peldaño. Lo vio marchar, desaparecer por el sendero, camino del banco. Pasó una mujer y le dijo algo, pero ella no respondió: fue como si no la hubiera oído, atenta a los matorrales tras los que desapareció el negro. Y cuando reapareció las huéspedes que estaban en la veranda la vieron ponerse en marcha y bajar los peldaños antes incluso de que se dieran cuenta de que el negro iba corriendo, y de súbito callaron y se adelantaron en las tumbones y la vieron cruzarse con el negro sin detenerse, con la falda recogida por el dobladillo, con sus pantorrillas y sus pies de maestra de escuela, y desaparecer por el sendero también a la carrera. Seguían sentadas todas al borde de las tumbonas, en silencio, cuando reapareció: la vieron llegar envuelta en la luz del crepúsculo y subir las escaleras del porche, con una cara en la que se notaba que había visto algo de cuya verdad no dudaba, aunque no estaba del todo dispuesta a creer que fuera en efecto verdad. Tal vez por eso habló con voz bastante baja cuando se dirigió a una de las huéspedes llamándola por su nombre, llamándola «querida».

—El doctor Martino acaba de morir. ¿Le importaría llamar por teléfono al pueblo? Hágalo por mí.

VICTORIA

I

Quienes lo vieron bajar del expreso de Marsella en la Gare de Lyon aquella mañana lluviosa vieron a un hombre alto, un tanto envarado, de rostro broncíneo y bigote de guías puntiagudas, con el pelo casi blanco del todo. «Un milord», se dijeron, recalcando la sobriedad y la corrección de su traje, su correcto bastón, que portaba correctamente, ligero de equipaje; «un milord militaire, aunque algo raro le pasa en los ojos». Claro es que en media Europa, hace cuatro años, eran muchos los hombres y mujeres a los que algo raro les pasaba en los ojos. Así que lo vieron continuar, estirado y más alto que los franceses, a todos los cuales sacaba una cabeza, con los ojos descarnados, forzando la vista y con aire forzado, resuelto, y al mismo tiempo confianzudo, y lo vieron desaparecer en un taxi, pensando, si es que alguna vez aún pensaban en él, que «se le verá en las oficinas de la Legación, o en una mesa en los bulevares, o en un carruaje, o con las damas inglesas más elegantes, por el Bois de Boulogne». Eso fue todo.

Y quienes lo vieron bajar del mismo taxi en la Gare du Nord seguramente pensaron: «Ese milord regresa a su patria y va con prisas». El mozo de cuerda que se ocupó de su bolso de viaje le dio los buenos días en un inglés decente y le preguntó si viajaba a Inglaterra, recibiendo por toda respuesta la gélida mirada de inglés que el mozo acaso esperaba, y lo acompañó al vagón de primera en el tren que enlazaba con los barcos para cruzar el Canal de la Mancha. Y eso también fue todo. Y también estuvo bien, incluso cuando bajó en Amiens. Los milores ingleses eran dados a hacer esas cosas. Solo en Rozières empezaron a reparar en él, a mirarlo cuando pasaba de largo.

En un coche de alquiler al anochecer recorrió las calles despanzurradas, entre muros despanzurrados que a duras penas seguían en pie, sin puertas ni ventanas, o con los cristales astillados. La calle de cuando en cuando estaba parcialmente bloqueada por muros desmoronados, montones de escombros y cascotes esparcidos entre los cuales brotaba una fina hierba, y así pasó por patios desiertos, en ruinas, en uno de los cuales un tanque, mudo y caído sobre un costado, se oxidaba entre las malas hierbas. Estaba en Rozières, pero allí no se detuvo, porque allí no vivía nadie y no había dónde cobijarse.

Así que el coche siguió camino dando tumbos y así salió de las ruinas. La calle, embarrada y sin pavimentar, daba acceso a otro pueblo de viviendas construidas con ladrillo nuevo, crudo, y láminas de hierro y techos de papel alquitranado, fabricado en Estados Unidos, hasta morir ante el edificio más alto. Estaba a la par de la calle: una pared de ladrillo con una puerta y una ventana de cristal fabricado en Estados Unidos, que ostentaba la palabra RESTAURANTE.

—Señor, hemos llegado —dijo el conductor.

El pasajero bajó del coche con su bolso de viaje, la gabardina y el correcto bastón. Entró en una sala grande, despojada de adornos, fría por el revoque de yeso nuevo. Había una mesa de billar en la que jugaban tres hombres. Uno de ellos le miró por encima del hombro.

—Bonjour, monsieur —dijo.

El recién llegado no respondió. Cruzó la sala, pasó por delante del mostrador nuevo, de zinc, y se acercó a una puerta abierta, más allá de la cual una mujer de edad indefinida, en torno a los cuarenta, lo miró por encima de la labor de costura que tenía en el regazo.

—Bong jour, madame —dijo—. Dormie, madame?

La mujer le dedicó una sola mirada, breve, calma.

—C'est ça, monsieur —dijo poniéndose en pie.

—Dormie, madame? —dijo elevando el tono de voz, el bigote puntiagudo y perlado de lluvia, la humedad bajo los ojos que forzaba a pesar de su mirada confianzuda—. Dormie, madame?

—Bon, monsieur —dijo la mujer—. Bon. Bon.

—Dor… —volvió a ensayar el recién llegado, pero alguien le tocó en el brazo. Era el hombre que lo saludó desde la mesa de billar.

—Regardez, monsieur l'Anglais —dijo el hombre. Tomó el bolso de viaje del recién llegado y señaló al techo con la otra mano—. La chambre —tocó de nuevo al viajero y apoyó la mejilla en la palma de la mano y cerró los ojos; indicó de nuevo el techo y atravesó la sala, camino de una escalera de madera sin barandilla. Al pasar por delante del bar tomó el cabo de una vela y la encendió (la sala grande y la sala posterior, donde estaba sentada la mujer, estaban iluminadas por una sola bombilla cada una, una bombilla que colgaba desnuda de un cable) al pie de la escalera.

Subieron, proyectando sus sombras temblorosas como si se les adelantasen, hasta un pasillo estrecho, frío, húmedo como una tumba. Las paredes eran de yeso tosco y aún sin secar; el piso, de madera de pino, sin alfombra ni barniz. Los pomos de las puertas, de metal barato, relucían simétricamente. El aire detenido caía como una mano sobre la llama de la vela. Entraron en una habitación que olía a yeso húmedo, donde el frío era más intenso que en el pasillo, un frío helador, perezoso, detenido, casi palpable, como si el aire entre los muros muertos y los recientes se espesara, como sucede con uno de esos postres precocinados que se preparan en tres minutos. En la habitación había una cama, una cómoda, una silla y una jofaina; la palangana, la jarra y el cubo eran de esmalte hecho en Estados Unidos. Cuando el viajero tocó la cama, la sábana le resultó insonora a la mano, áspera como la arpillera, y se adhería húmeda a la mano en el aire yerto, en el cual el aliento de ambos se condensaba a la tenue luz de la vela.

El anfitrión dejó la vela sobre la cómoda.

—Dîner, monsieur? —dijo. El viajero contempló a su anfitrión, incongruente como era en la corrección de su vestimenta, con ese aire forzado. Las guías del bigote, enceradas, relucían como apagadas bayonetas por encima de una corbata de rayas, en cuyos colores no podía su anfitrión reconocer los colores de un regimiento escocés—. Manger? —gritó el anfitrión. Y masticó en una violenta pantomima—. Manger? —rugió, imitando su sombra su gesto cuando señaló hacia el suelo.

—Sí —gritó el viajero por toda respuesta, sin que estuviese el uno a más de medio metro del otro—. Sí, sí.

El anfitrión asintió con violencia, señaló a la puerta, asintió de nuevo y salió.

Regresó a la planta baja. Encontró a la mujer en la cocina, ante los fogones.

—Va a comer —dijo el anfitrión.

—Eso ya lo sabía —repuso la mujer.

—Cualquiera diría que se iban a quedar en su país —dijo el anfitrión—. Me alegro de no haber nacido en una raza condenada a vivir en un lugar demasiado pequeño para dar cabida a todos al mismo tiempo.

—Puede que haya venido a ver la guerra —dijo la mujer.

—Pues claro —dijo el anfitrión—. Pero tendría que haber venido hace cuatro años. Entonces sí necesitábamos que los ingleses viesen bien la guerra.

—Era demasiado viejo para venir entonces —dijo la mujer—. ¿Has visto qué blanco tiene el pelo?

—Pues en ese caso que se quede en su país —dijo el anfitrión—. No es más joven de lo que era entonces.

—Puede que haya venido a visitar la tumba de su hijo —dijo la mujer.

—¿Ése? —dijo el anfitrión—. ¿Ése? Es demasiado frío para haber tenido un hijo.

—Puede que tengas razón —dijo la mujer—. A fin de cuentas, eso es cosa suya. A nosotros lo que nos importa es que tenga dinero.

—Cierto —dijo el anfitrión—. En este negocio no se puede andar escogiendo.

—Pero él sí puede escoger —dijo la mujer.

—¡Bien! —dijo el anfitrión—. ¡Muy bien! ¡Escoger! Eso sí que vale la pena decírselo al inglés.

—¿Y no será mejor que se entere cuando se marche?

—¡Bien! —dijo el anfitrión—. Aún mejor. ¡Mucho mejor, ya lo creo!

—Atención —dijo la mujer—. Ya viene.

Escucharon el paso firme del viajero, que apareció entonces en la puerta. Frente a la luz menos fuerte de la sala grande, su rostro oscuro y su cabello blanco parecían un negativo kodak.

La mesa estaba puesta para dos, con una garrafa de vino tinto ante cada plato. Al sentarse el viajero entró el otro huésped y ocupó el otro lugar; era un hombre menudo, con cara de rata, que a primera vista parecía no tener pestañas. Se puso la servilleta por encima del chaleco, tomó el cucharón de servir la sopa (la sopera se hallaba entre los dos, en el centro), y ofreció servir al otro.

—Faites—moi l'honneur, monsieur —dijo. El otro hizo una envarada inclinación de cabeza para aceptar el ofrecimiento. El hombre menudo levantó la tapa de la sopera—. Vous venez examiner ce scène de nos victoires, monsieur? —dijo, y se sirvió. El otro lo miró—. Monsieur l'Anglais a peut—être beaucoup des amis qui sont tombés en voisinage.

—No hablo francés —dijo el otro, comiéndose la sopa.

El hombre menudo no la probó. Sostenía la cuchara sin mojarla por encima de la sopera.

—Pues me alegro, porque yo hablo inglés. Soy suizo, yo. Todas lenguas hablo —el otro no respondió. Siguió comiendo sin descanso, sin prisa—. ¿Ha gregresado usted a ver la tumba de sus gallagdos compatgiotas, eh? ¿Tal vez tiene un hijo aquí, eh?

—No —dijo el otro. No dejó de comer.

—¿No? —el otro se terminó la sopa y apartó el plato. Probó el vino—. Qué deplogable, pobge del hombge que lo tenga —dijo el suizo—. Pego ya se terminó. ¿No es ciegto? —el otro siguió sin decir nada. Ni siquiera miraba al suizo. No parecía que mirase nada con sus ojos descarnados, con las rígidas guías del bigote en el rostro enjuto—. También yo sufgo. Todos sufgimos. Pego me digo: ¿y qué quiegues? Así es la guegga.

El otro siguió sin responder. Comía sin descanso, concentrado, y terminó la cena y se puso en pie y se marchó. Encendió la vela en el bar, donde el anfitrión, apoyado junto a otro hombre que vestía chaqueta de pana, alzó el vaso mirándole.

—Au bon dormir, monsieur —le dijo.

El viajero miró al anfitrión, el rostro enjuto a la luz de la vela, los bigotes encerados, rígidos, los ojos en sombra.

—¿Cómo? —dijo—. Ah, sí. Sí —se volvió y se encaminó a la escalera. Los dos hombres de la barra lo vieron de espalda, envarado, empecinado.

Desde que el tren salió de Arras, las dos mujeres habían observado al otro ocupante del compartimento. Era de tercera clase, porque no había vagones de primera en esa línea, e iban sentadas con el chal sobre la cabeza y las manos gruesas, quietas, de campesinas, recogidas sobre las cestas cerradas, en el regazo, viendo al hombre que iba sentado frente a ellas —la blanca distinción del cabello sobre el rostro descarnado, broncíneo, las agujas de los bigotes, el traje de hechura extranjera, el bastón— en un asiento desgastado, de madera, grasiento, mirando por la ventanilla. Al principio se limitaron a mirarle, resueltas a evitar su mirada, pero a medida que se dieron cuenta de que el hombre no parecía haber reparado en su presencia comenzaron a cuchichear, una con otra, protegiéndose la boca con las manos.

Pero el hombre no pareció darse cuenta de ello, de modo que no tardaron en hablar con voces quedas, pendientes de los ojos brillantes, alertas, raros, de aquella figura envarada e incongruente que se inclinaba un poco apoyado en el bastón, mirando por la ventanilla sucia, tras la cual no había nada que ver, además de una carretera ocasionalmente despanzurrada y unos tocones de menos de dos metros de altura que jalonaban trechos muy largos de terrenos cultivados, pero en barbecho, removida sin motivo aparente en torno a isletas de tierra que indicaban unos rótulos bajos, pintados de rojo, las isletas inescrutables, desoladas sobre la destrucción que engendraban y atesoraban en su seno. Despacio, el tren circuló de súbito entre un revoltijo de ladrillos, entre los cuales se alzaba un chamizo pequeño, de hierro ondulado, que ostentaba un nombre en letras grandes. Vieron al hombre inclinarse más.

—Fíjate —dijo una de las mujeres—. En la boca. Está leyendo el cartel. ¿Qué te dije? Seguro que aquí cayó su hijo.

—Entonces es que tiene hijos a puñados —dijo la otra—. Ha leído los nombres de las poblaciones desde que salimos de Arras. Además, ¡eh! ¿Un hijo? ¿A ti te parece? ¿Con lo frío que se le ve?

—Pero esos hombres también tienen hijos.

—Por eso beben whisky. De lo contrario…

—Por eso mismo. No piensan en otra cosa que en ahorrar y comer, estos ingleses.

Al cabo salieron las campesinas, el tren siguió su ruta. Otros pasajeros subieron, otros campesinos con las botas embarradas, con sus cestos llenos de animales vivos o muertos; a su vez, observaron la figura envarada, inmóvil, inclinada hacia la ventanilla, mientras el tren circulaba entre las tierras en ruinas, viéndole mover los labios cuando leía los nombres.

—Que mire la guerra si quiere, de la que parece que por fin se ha enterado —se decían unos a otros—. Luego ya se podrá marchar. La guerra no se libró precisamente en su granero.

—Ni en su casa —dijo una mujer.

II

El batallón se encuentra en situación de descanso, bajo la lluvia. Lleva dos días en el cuartel de reposo, algo alejado del frente; se ha repuesto y limpiado el equipamiento, se han cubierto las plazas libres, se han cerrado las filas, y ahora permanece en situación de descanso, con la estúpida docilidad de las ovejas bajo la lluvia incansable, de frente ante la silueta empapada del sargento mayor.

Entonces sale el coronel de una puerta, al otro lado de la plazuela. Permanece un instante en la puerta, abrochándose el impermeable, y seguido por dos ayudas de campo avanza con cautela por el barro, con las botas abrillantadas, acercándose a los hombres.

—¡Batallón! ¡Ar...! —grita el sargento mayor. El batallón emite un chasquido, todos los hombres a una, aunque sea un sonido apagado, amordazado. El sargento se vuelve, se encamina hacia los oficiales y saluda con el bastón bajo el brazo. El coronel indica con su bastón hacia la gorra de plato.

—Descansen —dice. Del batallón vuelve a salir un chasquido, un único sonido perezoso, goteante. Los oficiales se acercan a la primera fila del primer pelotón, el sargento mayor situado detrás del último de ellos. El sargento del primer pelotón se adelanta y saluda. El coronel no responde. El sargento se sitúa detrás del sargento mayor y los cinco pasan revista a la compañía, escrutando de uno en uno los rostros impávidos, mirada al frente, de cada uno de los soldados. Primera compañía.

El sargento saluda a espaldas del coronel y retorna a su puesto y se pone firme. El sargento de la segunda compañía se ha adelantado, saluda, se le hace caso omiso, se coloca tras el sargento mayor y recorren la primera fila de la compañía. Del impermeable del coronel cae el agua en abundancia, que chorrea sobre sus botas abrillantadas. El barro va subiendo por las botas, hasta colisionar con los regueros y caer canalizado por el agua mientras las manchas de barro parecen empeñarse en seguir subiendo por las botas abrillantadas.

Tercera compañía. El coronel se detiene ante un soldado. Se ha encogido dentro del impermeable, en cuyos hombros gotea la lluvia desde la parte posterior de la gorra, de modo que parece un pájaro colérico, enfurecido. Los otros dos oficiales, el sargento mayor y el sargento, se detienen y se vuelven, los cinco mirando con enojo a los cinco soldados que tienen delante. Los cinco soldados sostienen la mirada hieráticos, sin parpadear, al frente, con rostros que parecen de madera, los ojos como si fuesen de madera.

—Sargento —dice el coronel con cicatería—, ¿este hombre se ha afeitado hoy?

—¡Señor! —dice el sargento con retintín.

—¿Este hombre se ha afeitado hoy? —pregunta el sargento mayor, y los cinco lanzan al soldado miradas fulminantes, mientras su hierática mirada parece pasar a través de ellos e ir más allá, como si no estuviesen allí—. ¡Un paso al frente cuando se habla en las filas!

El soldado, que no ha dicho nada, se sale de la fila, y rocía con una salpicadura de barro más alta que las otras las botas del coronel.

—¿Cómo te llamas, soldado? —dice el coronel.

—024186 Gray —larga el soldado a toda velocidad. La compañía, el batallón, permanece con la vista al frente.

—¡Señor! —atruena el sargento mayor.

—Señor —corrobora el soldado.

—¿Te has afeitado esta mañana? —dice el coronel.

—No, señor.

—¿Por qué no?

—Es que no me afeito, señor.

—¿No te afeitas?

—No tengo edad aún de afeitarme.

—¡Señor! —atruena el sargento mayor.

—Señor —dice el soldado.

—No tienes edad... —la voz del coronel se apaga en algún lugar, más allá de su colérica mirada, del agua que gotea desde su gorra—. Anote su nombre, sargento mayor —dice, y sigue adelante.

El batallón mira con hieratismo al frente. Llega el momento en que se ve al coronel, a los dos oficiales y al sargento mayor reaparecer en fila india. En su debido sitio, el sargento mayor se detiene y saluda a la espalda del coronel. El coronel agita el bastón con la mano y continúa adelante, seguido por los dos oficiales, a paso ligero, hacia la puerta de la que salió.

El sargento mayor se planta otra vez de cara al batallón.

—¡Atención! —grita. Pasa de fila en fila un movimiento imperceptible, precursor del apagado, malhumorado estrépito que ha de morir según nace. El bastón del sargento mayor ha salido de debajo del sobaco; ahora se apoya en él, como suelen los oficiales. Durante unos instantes escruta las primeras filas del batallón—. ¡Sargento Cunninghame! —dice al fin.

—¡Señor!

—¿Ha anotado el nombre de ese soldado?

Se hace el silencio unos instantes, poco más que unos segundos, poco menos que un silencio alargado.

—¿Qué soldado, señor? —dice el sargento.

—¡Tú, soldado! —dice el sargento mayor.

El batallón permanece hierático. La lluvia alancea en silencio el barro en el trecho que separa a los hombres del sargento mayor, como si estuviera tan agotada que ya no pudiera ni apresurarse ni cesar.

—¡El que no se afeita! —dice el sargento mayor.

—¡Gray, señor! —dice el sargento.

—Gray. Un paso al frente.

El soldado Gray aparece sin prisa y con paso resuelto por delante del batallón, el kilt oscuro, húmedo, pesado como una manta de caballo empapada de agua.

—¿Por qué no te has afeitado esta mañana? —dice el sargento mayor.

—Es que no tengo edad aún de afeitarme —dice Gray.

—¡Señor! —dice el sargento mayor.

Gray mira hieráticamente, más allá del hombro del sargento mayor.

—¡Di señor cuando te dirijas a un oficial, a tu superior! —dice el sargento mayor. Gray mira terqueando más allá de su hombro, el rostro bajo la boina sin visera, tan ajeno a las frías lanzas de la lluvia como si fueran de granito.

—¡Sargento Cunninghame! —dice el sargento mayor alzando la voz.

—¡Señor!

—Anote el nombre de este soldado también por insubordinación.

—¡Muy bien, señor!

El sargento mayor mira de nuevo a Gray.

—Me ocuparé de que acabes en el batallón penitenciario, soldado. ¡A formar!

Gray vuelve sin prisa a su lugar en las filas; el sargento mayor lo observa.

—¡Sargento Cunninghame! —dice el sargento mayor alzando la voz de nuevo.

—¡Señor!

—No anotó usted el nombre de ese soldado cuando se le indicó. Si vuelve a suceder, va a tener que terminar como él.

—¡Muy bien, señor!

—¡Adelante! —dice el sargento mayor.

—Pero… ¿por qué no te has afeitado? —le preguntó el cabo. Habían vuelto al cuartel de reposo: un granero de piedra con muros leprosos, en el que no entraba la luz, donde pasaban el tiempo sentados en jergones de paja húmeda, con olor a amoníaco, en torno a un brasero apestoso—. Bien sabías que esta mañana tocaba revista.

—Es que no tengo edad aún de afeitarme —dijo Gray.

—Pero bien sabías que el coronel se fijaría en ti al formar.

—Es que no tengo aún edad de afeitarme —repitió Gray con terquedad, sin acalorarse.

III

—Desde hace doscientos años —dijo Matthew Gray— no ha pasado un solo día, salvo los domingos, en que no se bote un barco en las aguas del Clyde, o en que no las surque un barco, a favor de la corriente o remontándola, y que no lleve ese barco un clavo que hayan clavado los Gray —miró al joven Alec a través de las lentes de montura de acero, con la cabeza inclinada—. Y eso sin exceptuar el impío, el profano martillar y serrar los sábados. Porque si se pudiera construir un barco en un día, los Gray lo construirían —añadió con agrio orgullo—. Y ahora, cuando resulta que tienes edad suficiente de bajar al astillero con tu abuelo y conmigo, y edad de ocupar un lugar entre los hombres, ahora que se puede confiar en tu virilidad y poner en tus manos un martillo y una sierra…

—Calla, Matthew —dijo el viejo Alec—. El muchacho sabe serrar en línea tan recta y clavar tantos clavos al día como tú mismo y como yo.

Matthew no prestó atención a su padre. Siguió hablando en voz queda, con consideración, observando a su hijo mayor a través de las lentes de montura de acero.

—Y a John Wesley aún le faltan dos años para tener la edad, y al pequeño Matthew diez, y tu abuelo y tu padre pronto estarán…

—Calla, hombre —dijo el viejo Alec—. Yo aún no tengo sesenta y ocho. ¿O es que le vas a decir al muchacho que va a tener que hacer su viajecito a Londres y que a la vuelta me va a encontrar en la parroquia? Esto habrá terminado por Navidad.

—Con Navidad o sin ella —dijo Matthew—, a un Gray, a un carpintero de ribera por añadidura, no se le ha perdido nada en una guerra de los ingleses.

Se puso en pie y fue al cajón que había junto a la chimenea, de donde regresó con una caja. Era de madera oscura, envejecida por el tiempo, con las esquinas de hierro y con un candado enorme, que cualquier niño hubiera sabido abrir ayudándose tan solo de una horquilla. Del bolsillo sacó una llave de hierro casi tan grande como el candado. Abrió la caja y extrajo con cuidado un estuche de joyero cubierto de terciopelo, que también abrió. Sobre el forro de satén descansaba una medalla, un trozo de bronce con una cinta escarlata: una Cruz de la Victoria.

—Yo me encargué de que se siguieran botando barcos en el Clyde mientras tu tío Simon se fue a que le dieran este trozo de latón. Se lo dio la Reina en persona —dijo el viejo Alec—. Ni una sola queja tuve que oír mientras tanto. Y si falta hiciera seguiría yo ocupándome de que se boten los barcos durante todo el tiempo que Alec vaya a estar al servicio de la Reina. Deja marchar al muchacho —dijo. Guardó la medalla en el estuche y el estuche en la caja, y la cerró—. Un poco de jaleo en combate no le vendrá mal al muchacho. Tuviera yo su edad, o tuviera la tuya, ya puestos, y te aseguro que iba yo en persona. Alec, muchacho, atiende. Ya veréis si no aceptan a un chaval de sesenta y ocho años, a ver si no me marcho y os dejo a los vejestorios, que es lo que tú eres, Matthew, para que os las apañéis como buenamente se os ocurra. Te digo yo que no, Matthew: no le pongas trabas al muchacho, ¿o es que no se han puesto los Gray al servicio de la Reina cuando lo ha necesitado, eh?

Así el joven Alec fue a alistarse, bajando la colina con sus mejores galas, endomingado, con una Biblia y una barra de pan hecho en casa envuelta en un paño. Y ése fue el último día de diario en que trabajó el viejo Alec, pues poco después, una mañana, Matthew bajó la colina para llegar solo al astillero, dejando en casa al viejo Alec. Después de eso, en los días soleados (y a veces también con mal tiempo, hasta que lo encontró su nuera y lo obligó a entrar en la casa) se sentaba con un echarpe sobre los hombros en una silla, en el porche, a mirar al sur, y al este, llamando de vez en cuando a la esposa de su hijo, que estaba en la casa.

—Escucha, aguza el oído. ¿No los oyes? Los disparos.

—Yo no oigo nada —decía su nuera—. Solo es el mar en Kinkeadbight. Vamos, entra en la casa. A Matthew no le hará ninguna gracia saber que estás aquí.

—Calla, mujer. ¿Tú crees que hay en el mundo un Gray que pueda disparar un solo tiro sin que lo sepa yo por el ruido?

Recibieron carta suya al poco de alistarse, desde Inglaterra, en la que les decía que ser soldado en Inglaterra era muy distinto de ser carpintero de ribera en las orillas del Clyde, y que volvería a escribir más adelante. Y lo hizo, cada mes poco más o menos, contándoles que ser soldado era distinto de construir barcos y que aún seguía lloviendo. Luego no supieron nada de él en siete meses. Pero su madre y su padre siguieron escribiéndole una carta conjunta el primer lunes de cada mes, cartas casi idénticas a las anteriores, a la docena que habían escrito:

Estamos bien. Se botan los barcos en el Clyde más deprisa de lo que los hunden. ¿Tienes el Libro aún?

Esto le llegaba con la caligrafía lenta e indomable de su padre. Luego, la de su madre:

¿Estás bien? ¿Necesitas algo? Jessie y yo estamos terminando los calcetines, los enviaremos. Ay, Alec, Alec.

Ésta la recibió durante los siete meses, el tiempo que hubo de cumplir en el batallón penitenciario. Se la hizo llegar el cabo de su viejo regimiento, puesto que a los suyos no les dijo nada de su cambio de vida. La respondió acurrucado entre sus compañeros de fatigas, otros condenados por indisciplina, acuclillado en el barro, con periódicos prensados bajo la guerrera y la cabeza y los pies envueltos en tiras arrancadas de las mantas:

Estoy bien. Sí, todavía tengo el Libro (sin decirles que en su pelotón se empleaban las hojas para encender tabaco, y que ya habían pasado de las Lamentaciones). Sigue lloviendo. Todo mi cariño al Abuelo y a Jessie y a Matthew y a John Wesley.

Cumplió al fin su sentencia en el batallón penitenciario. Volvió a su compañía de antes, a su batallón de antes, donde encontró caras nuevas y una carta:

Estamos bien. Se siguen botando los barcos en el Clyde. Has tenido una hermanita. Tu madre se encuentra bien.

Dobló la carta y la guardó.

—Veo muchas caras nuevas en el batallón —le dijo al cabo—. ¿Es también nuevo el sargento mayor por ventura?

—No —dijo el cabo—. Ése sigue siendo el mismo de siempre —miraba a Gray con atención, con aire especulativo. Se le despejó el semblante—. Esta mañana te has afeitado —dijo.

—Sí —dijo Gray—. Ya tengo edad también de afeitarme.

Esto fue la noche en que el batallón había de llegar a Arras. Se iba a desplazar a medianoche, así que respondió la carta de inmediato.

Estoy bien. Todo mi cariño al Abuelo y a Jessie y a Matthew y a John Wesley y a la pequeña.

—Buen día, ¡buen día! —el general, con capote y capucha, se asoma desde el automóvil y agita la mano enguantada y les grita con buen ánimo a medida que caminan trabajosamente y lo adelantan uno a uno por la carretera de Bapaume, para lo cual han de orillarse a la cuneta.

—Contento se le ve al vejete —dice una voz.

—Bah, oficiales —dice otra, y despotrica al resbalar en el barro, viscoso como la grasa, al tiempo que trata de sujetarse al desmonte de la cuneta.

—Ah, mira tú —dice un tercero—, va y resulta que los oficiales también van a la guerra. Ni lo dudes.

—¿Y por qué no iban a ir? —dice un cuarto—. Por allí atrás no está la guerra.

Pelotón a pelotón se orillan de un salto a la cuneta y arrastran los pies por el barro espeso, adelantando el automóvil y volviendo trabajosamente al centro de la calzada.

—Y va y me dice: los alemanes tienen un cañón nuevo con el que van a alcanzar hasta París, me suelta, y a esto le digo yo: anda, no jorobes, que yo tengo uno con el que alcanzo de sobra nuestro Cuartel General del Mando.

—¡Buen día, buen día! —el general sigue agitando el guante y grita con ánimo a medida que el batallón se desvía, se meten los hombres hasta la rodilla en la cuneta y vuelven luego a la calzada.

Están en la trinchera. Hasta que les estalla la primera bengala en las narices no se ha disparado un solo tiro. Gray es el tercer hombre. Durante todo el tiempo en que reptaron entre fulgores, de un cráter a otro, se ha ido acercando al sargento mayor y al oficial de mando; al relumbre de esa primera bengala ve la brecha de la alambrada hacia la cual los conducía el oficial, los destellos húmedos y tiesos del alambre de espino, allí donde las balas han levantado el barro y la herrumbre, y recortada en ese relumbre ve la silueta alta y delgada del sargento mayor. Entonces también Gray salta con la bayoneta calada a la trinchera, donde se oyen gruñidos y gritos y golpes sordos.

Los fulgores repentinos ascienden ahora por docenas; a la cadavérica luz ve Gray al sargento mayor, que metódicamente lanza granadas hacia el siguiente trecho de tierra entre una alambrada y otra, por donde continúa otro ramal de la trinchera. Corre hacia él, pasando por delante del oficial que se agacha, encorvado, en el peldaño al que se encaraman los soldados para abrir fuego. El sargento mayor ha desaparecido más allá del trecho despejado por el siguiente ramal. Gray lo sigue y da con el sargento mayor. Sujetando con una mano la cortina de arpillera de la trinchera siguiente, el sargento mayor se halla en trance de lanzar una granada al refugio, tal como podría lanzar una monda de naranja a un sótano.

El sargento mayor se vuelve al resplandor de las bengalas.

—Ah, eres tú, Gray —dice. Estalla la bomba atenazada por la tierra; el sargento mayor se halla en trance de coger otra granada del saco que lleva colgado en bandolera al cuello cuando la bayoneta de Gray le traspasa el cuello. El sargento mayor es un hombre corpulento. Trastabilla, parece que cae para atrás, y sujeta con ambas manos el cañón del fusil, cuyo extremo se le ha clavado en el cuello. Le centellean los dientes, arrastra consigo a Gray. Gray se aferra al fusil. Trata de zarandear el cuerpo alanceado en la bayoneta como zarandearía a una rata pinchada en la varilla de un paraguas.

Libera la bayoneta. El sargento mayor cae del todo. Gray da la vuelta al fusil y asesta un culatazo al sargento mayor en toda la cara, pero el suelo de la trinchera es demasiado blando para ofrecer ninguna resistencia. Mira frenético en derredor. Encuentra uno de los tablones que se usan para pasar sobre los trechos más enfangados. Lo arrastra y lo desliza hasta ponerlo bajo la cabeza del sargento mayor, para asestarle otro culatazo en la cara. A su espalda, en la primera desviación de la trinchera, el oficial al mando no para de gritar:

—Sargento mayor, ¡toque el silbato!

IV

En el documento oficial se decía que el soldado raso Gray, en una incursión nocturna, convertido en uno de los cuatro supervivientes, tras la incapacitación del oficial y la muerte de todos los suboficiales, asumió el mando de la situación y (siendo el propósito de la expedición una incursión relámpago para capturar prisioneros) aguantó tras las líneas enemigas, en el frente, hasta que recibieron ayuda de una fuerza de apoyo y consolidaron la posición. El oficial indicó a los hombres que retrocedieran, ordenándoles que lo dejaran allí y que se salvasen, momento en el cual Gray apareció con una ametralladora alemana que nadie supo de dónde había salido, y mientras sus compañeros construían una barricada hizo caso omiso de las órdenes del oficial, le arrebató la pistola de señales y disparó la señal de color convenido para avisar a los compañeros de que pasaran al ataque. Todo ello fue tan rápido que las fuerzas de apoyo llegaron sin dar tiempo de contraatacar al enemigo, que ni siquiera pudo abrir fuego de artillería.

Es harto dudoso que los suyos llegaran a ver el documento oficial. De todos modos, las cartas que recibió de ellos durante su estancia en el hospital, el tenor de las cartas, fue el mismo de siempre. «Estamos bien. Se siguen botando los barcos en el Clyde.»

La siguiente carta que envió a su familia tardó varios meses en llegar. La escribió durante su convalecencia en Londres:

He estado en el hospital, pero ya estoy mejor. Me han dado una condecoración con cinta como la del estuche, pero que no es roja. Estaba la Reina presente. Todo mi cariño al Abuelo y a Jessie y a Matthew y a John Wesley y a la pequeña.

La respuesta se la escribieron el viernes:

Tu madre se alegra de que estés mejor. Tu abuelo ha muerto. La pequeña se llama Elizabeth. Todos estamos bien. Tu madre te manda todo su cariño.

Su siguiente carta tardó tres meses en llegar, de nuevo en invierno.

Mi herida mejora. Ahora voy a una academia para oficiales. Todo mi cariño a Jessie y a Matthew y a John Wesley y a la pequeña Elizabeth.

Matthew Gray meditó esta carta un buen rato, tanto que de hecho tardó una semana en responder. La escribió el segundo lunes, en vez del primero. La escribió poniendo mucho esmero y todo el tino que pudo, esperando a que toda la familia se hubiese acostado. Fue una carta tan larga, o le costó tanto tiempo, que al cabo de un rato apareció su mujer en camisón.

—Anda, vuélvete a la cama —le dijo él—. Yo voy enseguida. Algo hay que decirle al muchacho.

Cuando por fin dejó la pluma y se recostó en el respaldo para releer la carta, vio que le había salido larga, que la había escrito despacio, con toda la intención, sin enmiendas ni borrones. …tu condecoración… por ahí se llega a la vanagloria y a la soberbia. La soberbia y la vanagloria que te llevan a tratar de ser oficial. No te olvides de dónde has nacido, Alec. Tú no eres un caballero de alta cuna. Eres un carpintero de ribera escocés. Si tu abuelo estuviera aquí, no sería el último en decírtelo… Nos alegramos de que tu herida vaya a mejor. Tu madre te manda su cariño.

Envió a casa la condecoración y su fotografía con la guerrera nueva, con los galones, la cinta en la pechera, el distintivo en las bocamangas. Pero él no fue. Regresó a Flandes por primavera, cuando las amapolas se mecían en los campos revueltos de remolachas y de coles. Cuando tuvo permisos los pasó en Londres, en los bares donde se reunían los oficiales, sin decir a los suyos que había tenido un permiso.

Aún conservaba el Libro. De vez en cuando se lo encontraba entre sus efectos y lo abría por la página desgarrada en la que había cambiado su vida: «… y dijo una voz, levántate, Pedro, mata…»

Con frecuencia, su ordenanza lo miraba cuando, ajeno a todo, olvidado de todo, recurría al Libro y meditaba sobre aquella página mal arrancada: el oficial que asciende desde la condición del soldado raso, el hombre descarnado y solitario, con un rostro que delataba sus años, o su falta de años: una sobriedad, una calma profunda y madura, una convicción grave y sopesada en su expresión y en sus gestos («como si fuera el mismísimo Haig», decía el ordenanza), viéndole ante su mesa limpia, escribiendo despacio, con firmeza, la lengua apretada en el carrillo, como escriben los niños:

Estoy bien. No ha llovido desde hace dos semanas. Todo mi cariño a Jessie y a Matthew y a John Wesley y a Elizabeth.

Cuatro días antes, el batallón regresó del frente. Había perdido al comandante, a dos capitanes y a casi todos los suboficiales, de modo que el capitán que queda es ahora comandante y dos suboficiales y un sargento llevan las compañías. Han llegado reemplazos entre tanto, se han completado las filas, el batallón mañana vuelve al frente. Así pues, hoy la compañía K se alinea para pasar la inspección mientras el suboficial—capitán (se llama Gray) recorre despacio cada uno de los pelotones.

Va repasando de hombre en hombre, despacio, a conciencia, el sargento tras él. Se detiene.

—¿Dónde está la herramienta de trinchera, soldado? —dice.

—Ha volado… —empieza a contestar el soldado. Se calla, mirando hieráticamente al frente.

—Ha volado de tu mochila, ¿eh? —termina de decir el capitán—. ¿Desde cuándo? ¿En qué batallas has tomado parte en estos cuatro días?

El soldado sigue con la vista clavada en la calle adormecida. El capitán reanuda su camino.

—Anote su nombre, sargento.

Pasa al segundo pelotón, al tercero. Se detiene de nuevo. Mira al soldado de arriba abajo.

—¿Tu nombre?

—010801 McLan, señor.

—¿De reemplazo?

—De reemplazo, señor.

El capitán sigue su camino.

—Anote el nombre, sargento. Tiene sucio el fusil.

Se pone el sol. El pueblo se yergue formando una negra silueta sobre el crepúsculo, el río riela en el fuego espejado. El puente que lo salva es un arco negro por el que poco a poco, como figurillas recortadas de papel, van pasando los hombres.

El grupo se agazapa en la cuneta mientras el capitán y el sargento se asoman con cautela por el parapeto.

—¿Los ve, sargento? —dice el capitán en voz baja.

—Hunos, señor —susurra el sargento—. Se nota por los cascos.

La columna por fin cruza el puente. El capitán y el sargento vuelven a gatas a la cuneta, donde está el grupo agazapado, entre ellos un hombre herido con un vendaje en la cabeza.

—Ahora, que se calle —dice el capitán.

Abre la marcha por la cuneta hasta llegar a las afueras del pueblo. Allí ya no les da el sol, allí se sientan en silencio tras un muro, mientras el capitán y el sargento se vuelven a alejar a rastras. Regresan en cinco minutos.

—Bayonetas caladas —dice el sargento en voz baja—. En silencio.

—¿Me quedo con el herido, sargento? —susurra uno.

—No —replica el sargento—. Vendrá con nosotros, sea lo que tenga que ser. Adelante.

Reptan sigilosamente pegados al muro, tras el capitán. El muro se acerca en ángulo recto a la calle, a la carretera que salva el puente. El capitán alza la mano. Se detienen y lo ven asomarse por la esquina. Se hallan frente al arranque del puente, que está desierto, como la carretera. El pueblo, apacible, se adormece con la puesta de sol. Recortada en el cielo, más allá del pueblo, la polvareda de la columna que se retira pende en suspenso, tornándose rosa y oro.

Oyen entonces un ruido, una palabra breve, gutural. Ni siquiera a diez metros, tras una tapia en ruinas, a la altura del pecho, frente al puente, cuatro hombres se acuclillan tras una ametralladora. El capitán vuelve a alzar la mano. Todos aprestan los fusiles: se precipitan los clavos de las botas sobre los adoquines, un grito de asombro cortado en seco; golpes, resuellos entrecortados, maldiciones: ni un disparo.

El hombre del vendaje en la cabeza se echa a reír audiblemente, hasta que alguien lo hace callar tapándole la boca con una mano que tiene el sabor del latón. Siguiendo instrucciones del capitán, echan abajo la puerta de la casa, a cuyo interior arrastran la ametralladora y los cuatro cuerpos. Suben la ametralladora al piso de arriba y la emplazan en una ventana desde la que se domina el puente. Se hunde más el sol, se alargan las sombras, calladas en el pueblo y en el río. El hombre del vendaje en la cabeza balbucea para sí.

Otra columna aparece por la carretera, obstinados y ordenados los hombres, cubiertos con los cascos puntiagudos. Cruza el puente y pasa por el pueblo. Un grupo se separa de la retaguardia de la columna y se divide en tres escuadrillas. Dos están provistas de ametralladoras, que emplazan a uno y otro lado de la calle, la más cercana en la barricada tras la cual se ha capturado la otra ametralladora. La tercera escuadrilla regresa al puente con herramientas de zapador y explosivos. El sargento separa a seis de los diecinueve hombres, y bajan las escaleras en silencio. El capitán permanece con la ametralladora en la ventana.

De nuevo se percibe una rápida precipitación, una refriega, golpes. Desde la ventana, el capitán ve las cabezas de los encargados de la ametralladora a la vuelta de la esquina, y en poco tiempo el cañón del arma bascula y comienza a disparar. El capitán contesta una sola vez con una ráfaga de su arma, y luego encañona a los que están en el puente y los ve darse a la fuga como una desbandada de perdices en busca del muro más cercano. Mantiene el arma apuntada contra ellos. Aflojan las carreras, se paran, salpican de uno en uno el blanco de la carretera, quedan inmóviles. Vuelve entonces a apuntar el arma contra la ametralladora que hay al otro lado de la calle. Cesa el fuego.

Da otra orden. Los hombres restantes, exceptuando al del vendaje en la cabeza, bajan corriendo las escaleras. La mitad se detiene ante la ametralladora, bajo la ventana, y la arrastran hasta volverla en otra dirección. Los otros cruzan la calle a la carrera, hacia la segunda ametralladora. Están a mitad de camino cuando esa ametralladora abre fuego. Los hombres, en plena carrera, se abalanzan al suelo. Ondean los kilts y dejan al descubierto los muslos pálidos. La ametralladora barre el portal donde los otros liberan la primera ametralladora retirando los cuerpos de los caídos. Cuando el capitán vuelve a apuntar con su arma, salta una polvareda a la izquierda del marco de la ventana, de su ametralladora sale un ruido metálico, algo le desgarra el brazo y las costillas, salta una polvareda a la derecha del marco de la ventana. Descarga una ráfaga contra la otra ametralladora. Sigue disparando contra el amontonamiento que se ha formado en torno al arma enemiga hasta mucho después de que haya cesado el fuego.

La tierra oscura muerde el borde del sol. Toda la calle está en sombras; entra en la habitación un último rayo al ras y se apaga. A su espalda, en el crepúsculo, el herido ríe, y su risa da lugar, hundiéndose, a un farfullar sosegado y contento.

Justo antes de anochecer otra columna cruza el puente. Queda la luz justa para ver que las tropas visten uniformes caqui y llevan cascos planos. Pero es probable que nadie los viese, porque cuando un grupo subió al segundo piso y encontró al capitán apoyado en la ventana, junto a la ametralladora fría, pensaron que estaba muerto.

Esta vez Matthew Gray sí vio el documento oficial. Alguien recortó el anuncio publicado en la Gazette y se lo envió, y él a su vez lo envió a su hijo, al hospital, con una carta:

… Como has de ir a una guerra nos alegra que lo estés haciendo bien. Tu madre piensa que ya has cumplido con tu parte y que deberías volver a casa. Pero las mujeres no entienden estas cosas. Yo pienso en cambio que ya va siendo hora de que cesen los combates. De qué sirven las subidas de los jornales si la comida es tan cara que no hay margen de beneficio salvo para los que se aprovechan de los demás. Cuando una guerra llega al extremo en el que las batallas sirven para que prosperen quienes las ganan, es hora de terminar.

V

En la cama de al lado, y después en el sillón de al lado, en la galería acristalada, había un suboficial. Conversaban a menudo. Mejor dicho, el suboficial conversaba mientras Gray le oía. Hablaba de la paz, de lo que pensaba hacer cuando todo aquello acabase; hablaba como si ya hubiera terminado, como si no pudiera prolongarse más allá de Navidad.

—Por Navidad volveremos a estar allí —dice Gray.

—¿Los afectados por el gas? A los afectados por el gas no los destacan de nuevo al frente. Hay que curarlos antes.

—Y nos curaremos.

—Pero no será a tiempo. Esto habrá terminado por Navidad. No puede durar un año más. No me crees, ¿verdad? A veces me parece que en el fondo tienes ganas de volver allá. Pero esto habrá terminado por Navidad. Y entonces me largo. A Canadá. Ahora, aquí en casa no nos queda nada —miró al otro, la figura descarnada, emaciada, con el pelo casi blanco del todo, tendido con los ojos entrecerrados al sol poniente.

—Nos vemos en Givenchy el día de Navidad.

No había de ser así. El 11 de noviembre aún estaba ingresado en el hospital, donde oyó repicar las campanas, y allí seguía por Navidad, cuando recibió una carta de los suyos.

Ahora por fin puedes volver a casa. No será demasiado tarde. Van a necesitar los barcos más que nunca, ahora que la soberbia y la vanagloria se han agotado del todo.

El oficial médico le saludó con buen ánimo.

—Maldita sea… Y aquí sigo atascado, cuando conozco un sitio en Devon donde se oye cantar al ruiseñor, ¡diantre! —dio a Gray unos golpecitos en el pecho—. Tampoco es para tanto: solo un murmullo de fondo. No le causará complicaciones, siempre y cuando de ahora en adelante se abstenga de las guerras. Es posible que le impida volver a ninguna guerra, claro —aguardó a que Gray se riese, pero Gray no se rió—. En fin, ahora todo ha terminado, maldita sea. Firme aquí, por favor —Gray firmó—. Lo olvidaremos tan deprisa como lo vimos comenzar, eso espero. Bien… —le tendió la mano, sonriendo con una sonrisa antiséptica—. Anímese, capitán. Adiós. Y buena suerte.

Matthew, al bajar por la colina a las siete de la mañana, vio al hombre, a un hombre alto, color de hospital, con ropas de ciudad y un bastón. Se detuvo.

—¿Alec? —dijo—. Alec… —se dieron la mano—. No podía… no sabía… —miró a su hijo, su cabello blanco, su bigote encerado—. Ahora tienes dos condecoraciones que guardar en la caja, eso has escrito —Matthew volvió sobre sus pasos, a lo alto de la colina, a las siete de la mañana—. Vayamos donde tu madre.

Alec Gray se echó atrás un momento. Tal vez no había progresado tanto como creía, o tal vez es que se hallaba subiendo una colina, y el retorno no fue tanto una reversión, sino más bien una especie de avalancha que aguardase al guijarro, al momentáneo pensamiento que había de ser.

—El astillero, padre.

El padre avanzaba con paso firme, llevando la caja con el almuerzo.

—Que espere —dijo—. Vayamos donde tu madre.

Su madre lo recibió en la puerta. Tras ella vio al joven Matthew, ya hecho un hombre, y a John Wesley, y a Elizabeth, a quien no conocía.

—No has vuelto a casa con tu uniforme —dijo el joven Matthew.

—No —repuso—. No, pref…

—Tu madre quería verte con los colores del regimiento —dijo su padre.

—No —dijo su madre—. ¡No! ¡Eso nunca!

—Calla, Annie —dijo su padre—. Ahora es capitán, tiene dos condecoraciones que guardar en la caja. Eso es falsa modestia. Has dado muestra de valor, deberías… Pero es lo de menos: el uniforme que ha de vestir un Gray no es otro que un peto y un martillo en la mano.

—Sí, señor —dijo Alec, quien tiempo atrás había descubierto que ningún hombre posee valor, aunque cualquiera se zambulle a ciegas en el valor, tal como trastabilla y cae por una boca de alcantarilla abierta en la calle.

Hasta esa noche, después de que los niños y la madre se hubieran acostado, no se lo dijo a su padre.

—Vuelvo a Inglaterra. Me han prometido un trabajo allí.

—Ah —dijo su padre—. ¿En Bristol tal vez? Allí construyen barcos.

Brillaba la lámpara, cuyos tenues rayos rozaban la superficie negra y pulida de la caja, en la repisa de la chimenea. Se había levantado el viento, que limpió el cielo como si fuera un cuenco negro, tallando la casa y la colina y el saliente de tierra que se prolongaba hacia el mar en el negro espacio.

—Soplará durante toda la noche —dijo su padre.

—Hay otras cosas —dijo Alec—. He hecho amistades, entiéndelo.

Su padre se quitó las lentes de montura de hierro.

—Has hecho amistades. Supongo que oficiales y gente por el estilo, sin duda.

—Sí, señor.

—Y es bueno tener amigos con los que sentarse ante la chimenea por la noche, amigos con los que charlar. Más allá de eso, solo quienes bien te quieren tolerarán tus faltas. Mucho hay que querer a un hombre para tolerar todo aquello en lo que nos pone a prueba, Alec.

—No son esa clase de amigos, padre. Son… —calló. No miró a su padre. Matthew permanecía sentado, limpiando las lentes despacio con el pulgar. Oían soplar el viento—. Si no sale bien, volveré al astillero.

Su padre lo miró con extrema seriedad, limpiando aún las lentes.

—Los carpinteros de ribera no se hacen así, Alec. Tener temor de Dios, cumplir con el trabajo como si fuera tuyo el barco cuyas cuadernas armas… —se puso las lentes. Sobre la mesa descansaba una Biblia recia, encuadernada con adornos de latón. La abrió; fue como si las palabras se elevasen de la página para encontrarse con sus ojos. Leyó en voz alta: «… y los capitanes de millares, y los capitanes de decenas de millares… Un párrafo de orgullo. Miró de frente a su hijo, agachando la cabeza para verlo por encima de las lentes—. Entonces, ¿marchas a Londres?

—Sí, señor —dijo Alec.

VI

Le esperaba el puesto prometido. Era en un despacho. Ya se había hecho las tarjetas de visita: Capitán A. Gray, seguido de las iniciales de sus dos condecoraciones, la Medalla al Mérito Militar y la Distinción en el Servicio Prestado. A su regreso a Londres se inscribió en la Asociación de Oficiales e hizo donativos para ayudar a las viudas y los huérfanos.

Dispuso de habitaciones en el barrio apropiado e iba y volvía a pie al despacho, con las tarjetas de visita y el bigote encerado, su ropa sobria y correcta, el bastón que portaba de una manera inimitable, con garbo y sin estorbo, y daba limosna a los ciegos y a los tullidos de Piccadilly, a los que preguntaba por los regimientos a los que pertenecieron. Una vez al mes escribía a los suyos:

Estoy bien. Todo mi cariño a Jessie y a Matthew y a John Wesley y a Elizabeth.

Durante aquel primer año se casó Jessie. Le mandó de regalo una cubertería de plata, aunque tuvo que esforzarse para ello y tocar incluso sustancialmente sus ahorros. Ahorraba no pensando en la vejez; demasiado firme era su fe en el Imperio para haber hecho una cosa así, no en vano se rindió por completo al Imperio como quien se rinde a una mujer, a su futura esposa. Ahorraba pensando en la hora en que volvería a cruzar el Canal de la Mancha entre las escenas muertas de su vida perdida y hallada.

Eso fue tres años después. Ya tenía previsto pedir un permiso cuando un día el director le planteó la cuestión. Con un correcto bolso de viaje marchó a Francia. Pero no emprendió viaje de inmediato al este del país. Primero fue a la Riviera, donde vivió una semana como un caballero, gastando el dinero como lo gastan los caballeros, siempre solo, solitario en aquel luminoso aviario donde pululaban las mantenidas más bellas y más caras de toda Europa.

Por eso, quienes lo vieron bajar del Expreso del Mediterráneo aquella mañana en París se dijeron: «He ahí un milord acaudalado», y por eso siguieron diciéndolo en los trenes, en los duros bancos de tercera clase, mientras iba inclinado sobre el bastón, moviendo los labios al leer los nombres en las láminas de hierro de las estaciones, por aquella tierra maltratada, que empezaba a despertar tras tres años de quietud bajo los insensatos, invencibles batallones de los días.

Llegó a Londres y descubrió lo que tenía que haber sabido antes de marchar. Se quedó sin trabajo. Así están las cosas, le dijo el director, que se dirigió a él escrupulosamente por su rango.

Los ahorros que tuviera se fundieron poco a poco: los últimos los gastó en un vestido de seda negra para su madre, que envió con una carta:

Estoy bien. Todo mi cariño a Matthew y a John Wesley y a Elizabeth.

Visitó a sus amistades, los oficiales cuyo trato había frecuentado. Uno, el hombre que mejor le conocía, le invitó a un whisky en un confortable salón, con el fuego encendido.

—¿No tienes trabajo? Asco de suerte. Por cierto, ¿te acuerdas de Whiteby? Estaba al mando de una compañía en… no sé qué regimiento. Buen tipo. Pero no tenía familia. Se suicidó la semana pasada. Así están las cosas.

—Vaya, no me digas. Sí, me acuerdo de él. Asco de suerte.

—Sí, asco de suerte. Un buen tipo.

Ya no daba limosna a los ciegos y a los tullidos de Piccadilly. Necesitaba las monedas sueltas para comprar periódicos:

Se necesitan artesanos todos los gremios

Hágase albañil

Conductores de vehículos. No se precisa historial de guerra

Dependientes (menores de veintiuno)

Carpinteros de ribera, se buscan

Y, por último:

Caballero de buena presencia y relaciones sociales para recibir clientes de fuera de la ciudad. Temporal

Consiguió el empleo, y con el bigote encerado y su corrección en el vestir se dedicó a mostrar los antros de la mala vida en el West End a los comerciantes llegados de Birmingham y Leeds. Fue temporal.

Artesanos

Carpinteros

Pintores de brocha gorda

También el invierno fue temporal. Por primavera se largó con su bigote encerado y sus ropas bien planchadas a Surrey, con un montón de libros y una enciclopedia, para vender a domicilio a cambio de un porcentaje. Vendió todo lo que tenía, salvo lo puesto, y renunció a sus habitaciones en Londres.

Aún tenía el bastón, el bigote encerado, sus tarjetas de visita. Surrey, apacible, verde, llevadero. Una casita pequeña en un pequeño jardín. Un hombre de edad vestido con esmoquin, trasteando entre los macizos de flores.

—Buenos días, señor. ¿Me permite…?

El hombre del esmoquin levanta la mirada.

—Váyase para allá, ¿le parece? Por aquí ni se le ocurra.

Va hacia donde le indica, una entrada lateral. Una cancela de tablas recién pintadas de blanco, en la que se ve una placa esmaltada:

Prohibida

Pasa por la cancela y llama a una puerta coqueta, medio escondida bajo una parra.

—Buenos días, señorita. ¿Puedo ver al…?

—Márchese. ¿No ha visto ese cartel a la entrada?

—Pero es que yo…

—Márchese, o llamo al señor.

Con el otoño volvió a Londres. Seguramente ni siquiera él supo por qué. Tal vez fuese imposible saberlo, tal vez el instinto le devolvió al presente, en el instante extraído de todo el tiempo de la manifestación, de la apoteosis, de su vida que había vuelto a morir. Fuera como fuese, allí estaba, aún con el bigote encerado, bien erguido, el bastón sujeto bajo la axila izquierda, entre las tropas de la Guardia Real, con sus corazas de bronce, entre la más alta jerarquía de la Iglesia Anglicana con sus estolas y sobrepellices y otros clérigos defensores de Dios con humildes ropas de civiles, firmes todos durante dos minutos, escuchando la desesperación. Le quedaban treinta chelines y se aprovisionó de tarjetas de visita: Capitán A. Gray, M. C., D. S. M.

Es uno de esos días espurios, pálidos, como un hijo enfermizo y prematuro de la primavera, cuando la primavera misma aún queda a semanas de distancia. Con la escasa luz del sol los edificios se desdibujan en rosas y oros velados de bruma. Las mujeres se han engalanado con violetas prendidas en los abrigos de piel, como si ellas mismas florecieran en un aire lánguido y traicionero.

Son las mujeres las que miran dos veces al hombre que se ha apoyado contra la pared en un rincón: un hombre descarnado, de cabello blanco, con las guías del bigote retorcidas, aunque se le abran las puntas, que viste una deslucida, descolorida corbata con los colores de un regimiento y el cuello duro, un traje que en su día fue de los buenos, pero ahora está deshilachado, aunque planchado a todas luces no mucho antes, de pie y apoyado en la pared, con los ojos cerrados, un sombrero astroso que sujeta del revés delante de sí.

Allí pasó mucho tiempo, hasta que alguien le tocó en el brazo. Un policía.

—Circule, señor. Aquí no se puede estar, va contra las órdenes.

En el sombrero tenía siete peniques y tres monedas de medio. Compró una pastilla de jabón y algo de comida.

Llegó y pasó de largo otro aniversario; allí volvió a plantarse, el bastón bajo la axila, entre los uniformes luminosos, callados, la multitud en silencio, vestida con evidentes o tercas ropas de desecho, los rostros pacientes, desconcertados. En sus ojos ahora no asoma la esperanzada resignación del mendigo, sino más bien la amargura, ese eco de risa amarga e inaudita con que ríe un jorobado.

Un fuego escaso arde sobre los adoquines, en cuesta. A la luz temblorosa se destaca el muro húmedo y mohoso que protege el río y el arco de un puente. Al pie de la cuesta adoquinada el río invisible regurgita y chapalea con la marea.

Cinco figuras se hallan tendidas en torno al fuego, unas con la cabeza cubierta, como si dormitasen, otras fumando, charlando. Hay un hombre sentado de espaldas contra el muro, derecho, las manos a un lado y otro; es ciego, es así como duerme. Dice que le da miedo tumbarse.

—¿Y cómo sabes que te has tumbado si no ves que estás tumbado? —dice otro.

—Puede pasar cualquier cosa —dice el ciego.

—¿Qué? ¿O es que te crees que te van a largar una granada, aun cuando sirviera para devolverte la vista?

—Una carga de artillería se la largaban seguro —dice un tercero.

—Y tanto. ¿Por qué no nos ponen en fila frente a un buen fuego graneado?

—¿Es así como perdió la vista? —dice un cuarto—. ¿Una granada?

—Así es. Estaba en Mons. Era mensajero, en motocicleta. Cuéntaselo, anda.

El ciego levanta un poco el rostro. Habla con una voz sin inflexiones.

—Tenía ella una pequeña cicatriz en la muñeca, por eso me di cuenta. Fui yo quien le hice la cicatriz en la muñeca, sí, se podría decir que fui yo. Estábamos un día en el taller. Había encontrado yo un motor viejo que trataba de acoplar en la motocicleta para poder…

—¿Cómo? —dice el cuarto—. ¿De qué está hablando?

—Calla —dice el primero—. Te va a oír. Está hablando de su novia. Tenía él un tallercito en Brighton Road, se iban a casar —lo dice en voz baja, sin interrumpir la cansina monotonía con que habla el ciego—. Se hicieron una foto y todo, justo el día en que él se alistó y le dieron el uniforme. La conservó un tiempo, hasta que un día la perdió. Se puso como loco. «Eh, compañero», le dijimos, «aquí tienes la foto. A ver si no la vuelves a perder». Así que aún la conserva. Es probable que te la enseñe antes de terminar. Que no se te note que lo sabes.

—Descuida —dice el otro—, no se me notará.

El ciego sigue hablando.

—… en el hospital conseguí que le escribieran una carta de mi parte, y ella va y aparece, cómo no. Lo supe por la pequeña cicatriz que tenía en la muñeca. Su voz no era la misma, pero es que todo sonaba distinto después de aquello. Pero lo supe por la cicatriz. Nos sentamos cogidos de la mano y pude tocarle la pequeña cicatriz que tenía en el interior de la muñeca. En el cine también. Le tocaba la cicatriz y era como si…

—¿En el cine? —dice el cuarto—. ¿Ése?

—Pues sí —dice el otro—. Ella lo llevaba al cine, a las películas cómicas, para que él los oyese reír.

El ciego sigue hablando.

—… me contaba que las películas le lastimaban la vista, y que prefería dejarme en el cine, a que me divirtiera, para venir a recogerme cuando terminase la película. Le dije que por mí de acuerdo. Y la noche siguiente pasó lo mismo. Y le dije que por mí de acuerdo. Y a la noche siguiente le dije que no pensaba ir. Le dije que nos quedábamos en el hospital, que allí se estaba mejor. Y ella no dijo nada durante mucho rato. La oía respirar entre tanto. Luego dijo que de acuerdo. Después ya no fuimos más al cine. Nos quedábamos sentados, cogidos de la mano, y yo le acariciaba la cicatriz de vez en cuando. En el hospital no podíamos hablar en voz alta, así que hablábamos cuchicheando. Pero tampoco mucho. Solo nos cogíamos de la mano. Y así fue durante ocho noches. Las conté. Llegó la octava noche. Estábamos allí sentados, cogidos de la mano, y yo de vez en cuando le acariciaba la cicatriz. De repente ella retiró la mano como si se hubiera quemado. La oí ponerse en pie. «Escucha», me dice, «esto no puede seguir así. Alguna vez tendrás que saberlo». Y yo le dije: «Solo quiero saber una cosa. Solo quiero saber cómo te llamas». Y me dijo cómo se llamaba. Era una de las enfermeras. Y va y me dice…

—¿Cómo? —dice el cuarto—. Pero… ¿qué es todo esto?

—Ya te lo ha dicho —dice el primero—. Era una de las enfermeras del hospital. La chica se la había estado pegando con otro tío, y había dejado a la enfermera para que le diera la mano, creyendo que lo iba a engañar así.

—¿Y cómo lo supo? —dice el cuarto.

—Escucha y verás —dice el primero.

—… «¿y en todo momento lo has sabido», me dice, «desde la primera vez?». «Por la cicatriz», le digo. «Ella la tiene en la otra muñeca. Tú la tienes en la derecha. Y hace un par de noches se levantó un poco el borde. ¿De qué es?», le digo. «¿De esparadrapo?» —el ciego sigue sentado de espaldas contra la pared, la cara un tanto levantada, las manos inmóviles a ambos lados—. Así lo supe, por la cicatriz. Mira que pensar que me la iba a pegar así de fácil, cuando fui yo quien le hice la cicatriz, por así decir…

La figura tendida bien lejos del fuego levanta la cabeza.

—Arriba —dice—, que ya viene ése.

Los otros se vuelven y miran hacia la entrada.

—¿Quién viene? —dice el ciego—. ¿Los policías?

No le responden. Observan al hombre que ha entrado, un hombre alto, con un bastón. Todos callan, salvo el ciego, y observan al hombre alto que aparece entre ellos.

—¿Quién es el que viene, amigos? —dice el ciego—. ¡Amigos!

El recién llegado pasa entre ellos y deja atrás el fuego. No los ha mirado. Sigue adelante.

—Tú mira y verás —dice el segundo. El ciego se ha inclinado hacia delante; mueve las manos en el suelo, como si se preparase para ponerse en pie.

—¿Que mire a quién? —dice—. ¿Qué es lo que veis?

No le responden. Observan con disimulo, atentos, al recién llegado, que se ha desvestido y, una sombra blancuzca, un brillo espectral en la oscuridad, desciende a la orilla y se lava, golpeándose el cuerpo con helados, sucios puñados de agua del río. Regresa al fuego; todos vuelven el rostro deprisa, salvo el ciego (que sigue sentado y algo inclinado, los brazos apoyados a un lado y otro, como si estuviera a punto de levantarse, con el lánguido rostro vuelto hacia arriba, hacia la fuente del sonido, del movimiento) y otro.

—Ya tiene las piedras calientes, señor —dice éste—. Las tengo justo a punto.

—Gracias —dice el recién llegado. Aún parece no haber reparado en la presencia de todos los demás, que por eso vuelven a mirarlo en silencio y lo ven extender sus lastimosas prendas de vestir en una piedra antes de tomar otra del fuego para plancharlas. Mientras se está vistiendo, el hombre que le ha dirigido la palabra baja a la orilla y vuelve con la pastilla de jabón que ha utilizado. Sin dejar de mirarlo, ven que el recién llegado se unta los dedos con la pastilla de jabón y se atusa las guías del bigote para retorcérselas en punta.

—Un poco más la de la izquierda, señor —dice el hombre que sostiene el jabón. El recién llegado se enjabona los dedos y se retuerce la guía del bigote mientras el otro lo mira, la cabeza ladeada, algo hacia atrás, con la forma y la actitud y el atuendo de un espantapájaros de caricatura.

—¿Así va bien? —dice el recién llegado.

—Perfecto, señor —dice el espantapájaros. Se retira a la zona de sombra y regresa sin el jabón, llevando en cambio el bastón y el sombrero. El recién llegado los recoge. Del bolsillo saca una moneda y la deja en la mano del espantapájaros. Éste se lleva la mano a la gorra; el espantapájaros se ha marchado. Lo miran, una silueta alta, erguida, con bastón, hasta que desaparece.

—¿Qué veis, amigos? —dice el ciego—. Decidle a este hombre qué veis.

VII

Entre los militares de graduación intermedia que, desmovilizados, emigraron de Inglaterra después del Armisticio, se encontraba un suboficial llamado Walkley. Marchó a Canadá, donde se dedicó a cultivar trigo y prosperó tanto en lo que hace al bolsillo como en lo que hace a la salud. Tan es así que de haber estado de paseo por la Gare de Lyon, en París, y no en Piccadilly, esta primera noche (es Nochebuena) en que hace su primera visita a su país, cualquiera hubiese dicho: «Éste no es solo un milord acaudalado; a éste le va todo muy bien».

Llevaba en Londres tiempo suficiente tan solo para pertrecharse con el principio de un nuevo armario ropero, y con sus prendas recién compradas (a un sastre que en los viejos tiempos no se hubiese podido permitir) disfrutaba tanto que apenas había ido a ninguna parte. Se limitó a pasear por las calles, entre la muchedumbre alborozada, hasta que de pronto se detuvo en seco, mirando fijamente un rostro. Era un hombre de blanca cabellera, con los bigotes encerados y rematados en puntas de aguja. Llevaba una deslucida corbata en la que a duras penas se distinguían los colores y el dibujo de un regimiento. Sus ropas, deshilachadas, estaban recién planchadas, y llevaba un bastón. Parecía dirigirse a los transeúntes. Walkley se adelantó hacia él de manera impulsiva con la mano extendida. Pero el otro lo miró con unos ojos perfectamente inertes.

—Gray —dijo Walkley—, ¿no te acuerdas de mí? —el otro lo miraba con inerte intensidad—. Estuvimos juntos en el hospital. Me marché a Canadá. ¿No te acuerdas?

—Sí —dijo el otro—, me acuerdo de ti. Tú eres Walkley —dejó entonces de mirar a Walkley y se hizo un poco a un lado para volverse hacia el gentío con la mano extendida. Solo entonces vio Walkley que en la mano llevaba tres o cuatro cajas de fósforos, de los que se pueden comprar en cualquier estanco por un penique—. ¿Fósforos? ¿Fósforos, señor? —dijo—. ¿Fósforos? ¿Fósforos?

Walkley también se movió para colocarse de nuevo frente al otro.

—Gray… —le dijo.

El otro miró de nuevo a Walkley, esta vez con una suerte de impaciencia contenida, aunque furiosa.

—¡Déjame en paz, hijo de puta! —dijo, y se volvió en el acto hacia el gentío con la mano extendida. Entonó su cantinela—. ¿Fósforos? ¡Fósforos, señor!

Walkley siguió su camino. Se detuvo de nuevo y se volvió a mirar aquel rostro descarnado con las guías del bigote enceradas. Una vez más el otro lo miró de lleno a la cara, aunque fuese una mirada que pasó de largo como si no lo reconociera. Walkley reanudó el camino y apretó el paso.

«Dios mío —se dijo—, creo que voy a vomitar».

SEQUÍA EN SEPTIEMBRE

I

A lo ancho del ensangrentado atardecer de septiembre, resultado de los sesenta y dos días pasados sin que lloviera, se propagó como el fuego en la sequedad de la hierba… el rumor, el cuento, lo que fuera. Algo acerca de la señorita Minnie Cooper y un negro. Agredida, insultada, aterrada: ninguno de ellos, reunidos en la barbería aquel sábado por la tarde, mientras el ventilador del techo revolvía el aire viciado sin refrescarlo, devolviéndoles en sucesivas oleadas el aroma estancado de pomadas y lociones, su aliento y olores rancios, supo con exactitud qué había ocurrido.

—Salvo que no fue Will Mayes —dijo uno de los barberos. Era un hombre de mediana edad, delgado, de una tez como la de la arena y un rostro manso, que estaba afeitando a un cliente—. A Will Mayes lo conozco bien. Es un buen negro. Y también conozco a la señorita Minnie Cooper.

—¿Y qué sabes de ella? —preguntó otro de los barberos.

—¿Quién es? —preguntó el cliente—. ¿Una joven?

—No —dijo el barbero—. Tendrá unos cuarenta años, digo yo. No está casada. Por eso no creo…

—¿Qué no crees tú, recontra? —dijo entonces un joven corpulento, con una camisa de seda manchada por el sudor—. ¿No vas a dar por buena la palabra de una mujer blanca antes que la de un negro?

—No creo que fuese Will Mayes quien lo hizo —dijo el barbero—. A Will Mayes lo conozco bien.

—En tal caso, a lo mejor sabes quién fue. A lo mejor ya has tenido tiempo de sacarlo del pueblo. Eres un maldito protector, un enamorado de los negros.

—Yo no creo que nadie haya hecho nada. No creo que haya ocurrido nada. Dejo en vuestras manos todo lo que a las señoras que envejecen no habiéndose casado se les pase por la cabeza, y más si un hombre no puede…

—Entonces es usted un blanco indecente —dijo el cliente. Se movió bajo el delantal. El joven se había puesto en pie.

—¿Cómo que no? —dijo—. ¿Vas a acusar a una mujer blanca de estar mintiendo?

El barbero sostuvo en alto la navaja, encima del cliente que parecía a punto de levantarse. No se dio la vuelta.

—Es cosa de este clima de mierda —dijo otro—. Es suficiente para que un hombre haga cualquier cosa. Incluso a ella.

No rió ninguno.

—Yo no acuso a nadie de nada —dijo el barbero en su tono reposado, terco—. Sé muy bien, y todos ustedes también lo saben, que una mujer que nunca…

—¡Asqueroso enamorado de los negros!… —exclamó el joven.

—Cállate la boca, Butch —dijo otro—. Averiguaremos qué ha pasado con tiempo de sobra para hacer lo que sea preciso.

—¿Quién lo va a averiguar? —dijo el joven—. ¡Lo que ha pasado, no fastidies! ¡Venga ya!

—Tú eres un hombre blanco como hay que ser —dijo el cliente—. ¿Cierto? —con la barba enjabonada parecía una rata del desierto de las que salen en las películas—. Díselo a todos, Jack —dijo al joven—. Si en este poblachón no hay un hombre blanco como hay que ser, puedes contar conmigo aunque no sea más que un viajante, un forastero.

—Las cosas como son, caballeros —dijo el barbero—. Primero hay que averiguar la verdad del caso. A Will Mayes lo conozco bien.

—Pero… ¡por Dios! —exclamó el joven—. Y pensar que un hombre blanco en este pueblo…

—Cállate la boca, Butch —dijo el que habló en segundo lugar—. Tenemos tiempo de sobra.

El cliente se incorporó. Miró a quien acababa de hablar.

—¿Sostiene usted que cualquier excusa le vale a un negro por haber agredido a una mujer blanca? ¿Pretende insinuar que es usted un hombre blanco y que lo va a tolerar? Más le vale volverse al Norte, que es de donde viene. En el Sur no queremos ver ni en pintura a los indeseables como usted.

—Pero ¿qué Norte ni qué niño muerto? —dijo el segundo—. Yo he nacido en este pueblo.

—Pero… ¡por Dios! —gritó el joven. Miró en derredor con los ojos en tensión, desconcertado, como si tratara de acordarse de lo que iba a decir, de lo que había pensado hacer. Se pasó la manga por el rostro sudoroso—. Que me aspen si voy a dejar yo que una mujer blanca…

—Díselo a todos, Jack —dijo el viajante—. Por Dios que si se les…

La puerta mosquitera se abrió de golpe. Apareció un hombre que se plantó en el local con los pies separados y el corpachón en equilibrio. Llevaba la camisa blanca y abierta; llevaba un sombrero de fieltro. Con una mirada acalorada, de atrevimiento, recorrió el grupo. Se llamaba

McLendon. Había estado al mando de un batallón en el frente, en Francia, y lo habían condecorado con una medalla al valor.

—Bueno —dijo—, ¿os vais a quedar ahí sentados y dejar que un hijo de negra viole a una mujer blanca en las calles de Jefferson?

Butch de nuevo se puso en pie de un brinco. La camisa de seda se le quedó pegada a los hombros. En los sobacos se le había formado una media luna.

—¡Es justo lo que les estaba diciendo! Eso mismo es lo que yo…

—Pero… vamos a ver: ¿es seguro? —dijo un tercero—. No es el primer susto que se lleva esa señorita a causa de un hombre, ya lo dice Hawkshaw. ¿No se dijo que un hombre se había plantado en el tejado de la casa y que la vio desnudarse, hace más o menos un año?

—¿Cómo? —dijo el cliente—. ¿A qué viene esto?

El barbero lo había obligado poco a poco a sentarse; se reclinó a su pesar, con la cara levantada, mientras el barbero aún lo oprimía contra el sillón.

McLendon se volvió como una centella hacia el tercero que habló.

—¿Que si es seguro? ¿Y eso qué más dará? ¿O es que pensáis dejar que esos hijos de negra se salgan con la suya como si tal cosa, y así hasta el día en que uno lo haga de verdad?

—¡Es justo lo que les estaba diciendo! —exclamó Butch. Soltó una retahíla de palabras malsonantes sin mayor sentido.

—Vamos, vamos —dijo un cuarto participante—. No nos acaloremos, no hablemos tan fuerte.

—Eso es —dijo McLendon—. No hace ninguna falta hablar más. Yo ya he dicho lo que tenía que decir. ¿Quién está conmigo?

Cargó el peso del corpachón sobre los talones, mirando a todos con aire desafiante.

El barbero sujetó la cara del viajante con la navaja en alto.

—Primero hay que averiguar la verdad del caso. A Will Mayes lo conozco bien. Él no ha sido. Vayan a buscar al sheriff, hagamos las cosas como hay que hacerlas.

McLendon le lanzó en el acto una mirada furibunda. El barbero no se acoquinó. Parecían dos hombres de distintas razas. El resto de los barberos había dejado de atender a sus clientes, recostados en los sillones.

—¿Tú vas a decirme a la cara —dijo McLendon— que le tomas la palabra a un negro antes que a una blanca? Tú eres un asqueroso enamorado de los negros, te lo digo yo.

El tercero en tomar la palabra se puso en pie y sujetó a McLendon por el brazo. También él estuvo en el ejército.

—Vamos, vamos. A ver si se aclara todo esto de una vez. ¿Alguien sabe realmente qué es lo que ha ocurrido?

—¿Aclararlo? ¡Al infierno! —McLendon se soltó dando una sacudida con el brazo—. Los que estén conmigo que me sigan. Los que no… —miró desafiante en derredor, pasándose la manga por la cara.

Tres se pusieron en pie. El viajante, en su sillón, se incorporó.

—Venga —dijo, y dio un tirón de la tela que le colgaba del cuello—. Quíteme este trapo. Yo estoy con él. No vivo aquí, pero por Dios les aseguro que si nuestras madres y nuestras esposas y nuestras hermanas… —se pasó la tela por la cara y la tiró al suelo. McLendon seguía plantado en medio. Maldijo a los demás. Otro se puso en pie y dio un paso hacia él. Los demás permanecieron sentados con evidente incomodidad, sin mirarse unos a los otros, hasta que uno por uno se fueron levantando y se le sumaron.

El barbero recogió la tela del suelo. La dobló con esmero.

—Caballeros, no lo hagan. Will Mayes no ha sido. Lo sé con certeza.

—Vámonos —dijo McLendon. Se volvió. Del bolsillo de atrás asomaba la culata de una voluminosa pistola automática. Salieron. La puerta mosquitera se cerró resonante en el aire estancado del local.

El barbero limpió la navaja con cuidado, en un visto y no visto, y la guardó antes de ir a la trastienda y tomar su sombrero del colgador.

—Volveré en cuanto me sea posible —dijo a los demás barberos—. No puedo permitir… —y salió a la carrera. Los otros dos barberos lo siguieron hasta la puerta y la sujetaron antes de que batiese, asomándose a la calle a mirarle marchar. No se movía una brizna de aire, que dejaba un regusto metálico en la base de la lengua.

—¿Y qué podrá hacer? —dijo el primero.

—Dios, Dios, Dios —decía el otro para sus adentros.

—No me ponía yo en la piel de Will Mayes, ni en la de Hawk, estando McLendon como está.

—Dios, Dios, Dios —susurró el otro.

—¿Tú de veras crees que ha sido él? ¿Crees que se lo hizo él a la señorita? —dijo el primero.

II

Tendría treinta y ocho o treinta y nueve años. Vivía en una casita de madera con su madre, que estaba impedida, y con una tía flaca, cetrina, infatigable. Todas las mañanas, entre las diez y las once, salía al porche con una redecilla de tocador rematada con encajes, y se sentaba en el balancín a columpiarse hasta el mediodía. Después de comer se echaba una siesta hasta que refrescaba la tarde. Luego, con uno de los tres o cuatro vestidos nuevos, de tul, que compraba todos los veranos, iba al centro a pasar la tarde en las tiendas, con el resto de las señoras, que manoseaban los artículos a la venta y regateaban con un tono de voz frío, inmediato, sin la menor intención de comprar nada.

Era de familia acomodada no de las mejores de Jefferson, aunque sí suficientemente buena y todavía era tirando a esbelta, si bien dentro de lo corriente; tenía unos modales y una forma de vestir luminosos, pero un tanto deslucidos. Cuando era joven llamaba la atención su esbeltez, su cuerpo nervioso, y una especie de viveza endurecida que le permitió durante un tiempo cabalgar en la cresta de la ola de la vida social del pueblo, según ejemplificaba la fiesta del instituto y la vida social de la iglesia entre sus coetáneos, cuando eran aún tan niños que no tenían conciencia de clase.

Fue la última en darse cuenta de que estaba perdiendo terreno, de que aquellos entre los cuales brilló con luz propia y más llamativa que otras empezaban a disfrutar de los placeres del esnobismo, en el caso de los varones, y de las represalias en el caso de las hembras. Fue entonces cuando su rostro comenzó a perder esa luminosidad un tanto deslucida. Aún se presentaba con ella en las fiestas, en los pórticos en sombra, en los jardines bañados por la luz del verano, como si fuese una máscara o un estandarte, con el aturdimiento del enfurecido repudio de la verdad en su mirada. Una noche, en una fiesta, oyó conversar a un chico y dos chicas, compañeros de clase. Nunca volvió a aceptar una invitación.

Observó a las chicas con las que había crecido y las vio casarse y tener casa propia e hijos; ningún hombre la frecuentó mucho hasta que los hijos de las otras chicas llevaban años llamándole «tía», al tiempo que sus madres les contaban, con voz emocionada, qué popular había sido la tía Minnie cuando era joven. Entonces en el pueblo empezó a vérsela pasear en coche con el cajero del banco los domingos por la tarde. Era un viudo de unos cuarenta años, un hombre subido de color y más bien exagerado, siempre con un aroma de loción de barbería o de whiskey. Fue dueño del primer automóvil que hubo en el pueblo, un coche pequeño y rojo; Minnie fue la primera en tener sombrerito de automovilista, con velo, que se vio en el pueblo. Entonces la gente empezó a decir «Pobre Minnie». «Pero si ya tiene edad de cuidarse por sí misma», dijeron otros. Fue entonces cuando empezó a pedir a sus antiguas compañeras de clase que sus hijas la llamasen «prima» en vez de «tía».

Habían pasado ya doce años desde que la opinión pública la relegó a la condición de adúltera, y ocho desde que el cajero se marchó a un banco de Memphis, de donde volvía un solo día, por Navidad, que pasaba en la fiesta anual de los solteros, en un club de caza, a la orilla del río. Resguardados tras los visillos, los vecinos veían pasar a los invitados de la fiesta, y durante las visitas que se hacían unos a otros en el día de Navidad le hablaban a ella de él, le contaban la buena planta que tenía, le decían que, por lo visto, había prosperado mucho en la ciudad, y con ojos encendidos, en secreto, contemplaban su rostro luminoso y deslucido. A esas horas por lo común ya le olía a whiskey el aliento. Se lo suministraba un joven, un empleado del tenderete de los refrescos: «Pues claro que lo compro para la viejilla. También tiene su derecho a divertirse un rato, digo yo».

Su madre ya no salía de su habitación; la tía demacrada era la que se ocupaba de la casa. En ese decorado, los vestidos llamativos de Minnie, y sus días desocupados, vacíos, tenían la calidad de una irrealidad enfurecida. Salía por las noches ya solo con mujeres, con vecinas, para ir al cine. Todas las tardes se ponía uno de sus vestidos nuevos e iba sola al centro, en donde sus jóvenes «primas» ya paseaban cuando se ponía el sol, con las cabezas delicadas, sedosas, los brazos delgados, torpes, las caderas marcadas, cohibidas, cogidas del brazo unas con otras, o chillando y riendo por lo bajo con los chicos, de dos en dos, en el tenderete de los refrescos, cuando ella pasaba de largo y recorría los apretados escaparates de las tiendas, las puertas en las que los hombres sentados a tomar el fresco ya nunca seguían sus pasos con la mirada.

III

El barbero recorrió veloz la calle en la que las farolas aisladas, envueltas por los insectos enjambrados, despedían un fulgor rígido, violento, suspendido en el aire inerte. Había acabado el día envuelto en una capa de polvo; sobre la plaza a oscuras, ceñido por un velo de polvo exhausto, el cielo estaba claro como el interior de una campana de latón. Por el este llegaba el rumor de la luna creciente.

Cuando los alcanzó, McLendon y otros tres se introducían en un coche aparcado en un callejón. McLendon alargó el cuello y sacó la cabezota por la ventanilla.

—Vaya, ha cambiado de opinión, ¿eh? —le dijo—. Pues me alegro, maldita sea. Le juro por Dios que si mañana se llega a saber en el pueblo lo que dijo hace un rato...

—Vamos, vamos —dijo el otro ex militar—. Hawkshaw es buena gente. Venga, Hawk: sube.

—Will Mayes no ha sido, caballeros —dijo el barbero—. Y lo digo aun en caso de que alguien haya hecho lo que se cuenta. Todos ustedes saben tan bien como yo que no hay un solo pueblo donde tengan negros mejores que los nuestros. Y también saben que hay señoras a las que les da por pensar en lo que hacen los hombres, por más que no haya razón ninguna, y la señorita Minnie, de todos modos…

—Claro, claro —dijo el militar—. Solo queremos charlar con él un rato, eso es todo.

—¿Hablar? ¡Al infierno! —dijo Butch—. Cuando acabemos con la…

—¡Cállate de una vez, por lo que más quieras! —dijo el militar—. ¿O es que quieres que todo el pueblo…?

—¡Díselo, qué cuerno! —dijo McLendon—. Diles a todos que como permitan que una mujer blanca…

—Vámonos ya. Ahí está el otro coche.

El segundo coche frenó con un chirrido y levantó una polvareda en la entrada del callejón. McLendon arrancó el suyo y tomó la delantera. Se posó el polvo como la bruma en las calles. En las farolas se formaba un nimbo como si estuviesen sumergidas. Salieron del pueblo.

El camino, con roderas profundas, doblaba a cada trecho en ángulo recto. También flotaba el polvo sobre el camino, suspendido sobre la tierra. La masa oscura de la fábrica de hielo, en la que el negro Mayes trabajaba de vigilante nocturno, se recortaba en el cielo.

—Mejor será parar aquí, ¿no? —dijo el militar. McLendon no contestó. Aceleró el coche y frenó con brusquedad. Los faros se proyectaban en la pared lisa.

—A ver, caballeros —dijo el barbero—. Si está aquí, ¿no es prueba de que no fue él? ¿No les parece? De haber sido él, habría huido. ¿No se dan cuenta de eso? —llegó el segundo coche y se detuvo. McLendon bajó. Butch lo siguió de un brinco—. A ver, caballeros…

—¡Apaga las luces! —dijo McLendon. Se abatió en derredor la callada negrura de la noche. No se oía nada más que el ansia con que respiraban en la polvareda reseca, en la que llevaban dos meses viviendo; luego, los pasos cada vez más lejanos de McLendon y de Butch al caminar sobre la grava. Al cabo, la voz de McLendon.

—¡Will! ¡Will!

Por el este, y muy baja, se extendía la pálida hemorragia de la luna. Se henchía sobre las lomas y tintaba de plata el aire, el polvo, de modo que pareció que respirasen, que viviesen en un cuenco de plomo fundido. No se oía el canto de una sola ave nocturna, ni el susurro de un insecto; no se oía nada más que sus respiraciones, y el inapreciable chasquido del metal que se contraía en los coches. Cuando se rozaban uno con otro parecía que sudaran en seco, ya que no se apreciaba ni rastro de humedad.

—¡Dios! —dijo uno—. Vámonos de aquí.

Pero no se movió nadie hasta que comenzaron a apreciar ruidos difusos en la negrura, allá delante. Salieron entonces de los coches y aguardaron en tensión, en la callada oscuridad. Otro ruido: un resoplido, una súbita expulsión de aire, una maldición de McLendon en voz baja. Aguantaron unos instantes antes de echar a correr. Corrieron en tropel, trastabillando, como si huyesen de algo impreciso.

—Mátalo, mata de una vez a ese hijo de mala negra —susurró una voz. McLendon les salió al paso.

—Aquí no —dijo—. Metedlo en el coche.

—¡Mátalo, mata a ese hijo de mala negra! —susurró la misma voz. Llevaron al negro a rastras hasta el coche. El barbero se había quedado allí esperando. Había roto a sudar y notó que iba a tener una arcada.

—¿Qué lo que pasa, señore? —dijo el negro—. Yo noecho ná. Por Dios se lo juro, señor John.

Alguien sacó unas esposas. Se ajetrearon en torno al negro como si fuera un poste, callados, concentrados, entrometiéndose unos en lo que hacían los otros. El negro se prestó a que lo esposaran, mirando sin cesar, rápido, de un rostro en penumbra al siguiente rostro en penumbra.

—¿Quién hay, señore? —dijo a la vez que se interesaba por verles la cara, hasta que uno por uno percibieron su aliento y notaron su olor a sudor. Dijo un nombre, acaso dos—. ¿Qué dicen usté quecho yo, señor John?

McLendon abrió de un tirón la portezuela.

—¡Adentro! —gritó.

El negro no se movió.

—¿Y qué van hacé conmigo, señor John? Yo noecho ná. Señore blanco, mi capitane, yo noecho ná. Por Dios lo juro —llamó a otro por su nombre.

—¡Adentro! —dijo McLendon. Golpeó al negro. Los otros respiraron con entrecortados siseos y lo golpearon, dándole mamporros al azar, y él se revolvió y los maldijo, y blandió las manos esposadas ante las caras de todos ellos, y al barbero lo alcanzó en la boca, y el barbero también le soltó un golpe—. Metedlo aquí —dijo McLendon. Lo empujaron. Él dejó de debatirse y se introdujo por donde le decían y se sentó sin moverse a la vez que los demás ocupaban sus sitios. Se sentó entre el barbero y el soldado, contrayendo las extremidades de manera que no los rozara siquiera, pasando velozmente los ojos de un rostro al otro. Butch se había encaramado al estribo. El coche siguió la marcha. El barbero se llevó un pañuelo a la boca.

—¿Qué pasa, Hawk? —dijo el soldado.

—Nada —respondió el barbero. Habían vuelto a la carretera y se habían alejado del pueblo. El segundo de los coches se quedó atrás, perdido entre la polvareda que se levantaba a su paso. Siguieron adelante, cada vez a mayor velocidad; la última franja de las casas quedó atrás.

—¡Maldita sea, cómo apesta el cabrón! —dijo el soldado.

—Eso lo arreglamos rápido —dijo el viajante que iba al lado de McLendon. Sujeto al estribo, Butch maldijo el aire caliente que lo envolvía. El barbero se inclinó de repente a tocar al brazo de McLendon.

—Déjame salir, John —dijo.

—Pues más te vale bajar de un salto, enamoradito de los negros —dijo McLendon sin volver la cabeza. Conducía deprisa, con agilidad. Tras ellos, los faros sin fuente del otro coche resplandecían en la polvareda. Al cabo, McLendon enfiló por un camino más estrecho. Tenía sendas roderas que indicaban la falta de uso. Conducía hasta una fábrica de ladrillos abandonada, una serie de montículos rojizos y hornos sin fondo, asfixiados por las malas hierbas y las zarzas. Alguna vez se utilizó para pastos, hasta que un día el dueño echó en falta a una de sus mulas. Aunque sondeó cautelosamente en los depósitos con una vara bien larga, ni siquiera llegó a rozar el fondo de ninguno.

—John… —dijo el barbero.

—Pues salta en marcha —dijo McLendon, con el coche a toda velocidad por las roderas del camino. Al lado del barbero, el negro tomó la palabra:

—Señor Henry…

El barbero se incorporó. El estrecho túnel que formaba la carretera siguió pasando veloz ante sus ojos. El movimiento del coche era como el de un escape de horno recién apagado: más frío tal vez, pero completamente plano. El coche iba dando botes de una rodera a la otra.

—Señor Henry —dijo el negro.

El barbero comenzó a dar furiosos tirones de la manilla de la puerta.

—¡Cuidado, ahí! —dijo el soldado, pero el barbero ya había abierto la puerta de una patada y se había colgado del marco, apoyado en el estribo. El soldado se estiró por encima del negro y lo sujetó, pero él ya había saltado. El coche siguió su camino sin aminorar la velocidad.

El ímpetu lo lanzó volando por encima de los hierbajos cubiertos de polvo, derecho a la cuneta. Se levantó el polvo a su alrededor, y en un perverso crujido apenas perceptible, un crujido de brotes sin savia, quedó tendido, medio asfixiado, a punto de vomitar, hasta que pasó de largo el segundo de los coches. Entonces se puso en pie y echó a caminar cojeando hasta alcanzar el asfalto y allí doblar camino del pueblo, sacudiéndose la ropa con ambas manos. La luna había subido algo más en el cielo, y con la altura alcanzada ya no la enturbiaba el polvo, y al cabo de un rato empezó a ver las luces del pueblo bajo el polvo seco. Siguió adelante cojeando. Oyó entonces el ruido de unos coches, y el resplandor de los faros se hizo más patente en medio de la polvareda, a su espalda, y abandonó entonces la carretera asfaltada y se agazapó de nuevo entre los matojos de la cuneta hasta que pasaron. El coche de McLendon era el que circulaba en segundo lugar. Eran cuatro los que viajaban en el coche, pero Butch ya no iba en el estribo.

Siguieron su camino, se los tragó la polvareda; el resplandor de los faros y el ruido del motor desaparecieron a lo lejos. El polvo que dejaron al pasar quedó en suspenso un rato, pero pronto lo absorbió de nuevo la eterna polvareda. El barbero volvió al asfalto y siguió cojeando hacia el pueblo.

IV

Al vestirse para la cena de aquel sábado, ya al anochecer, hasta sus propias carnes le parecieron febriles. Le temblaban las manos entre ojales y botones, y en sus ojos asomaba una luz como la de la fiebre, y tenía el cabello rizado, terso, seco, crujiente bajo el cepillo. Cuando aún se estaba vistiendo, sus amigas acudieron a visitarla y se sentaron a esperar mientras se ponía la ropa interior más liviana y las medias más finas y un nuevo vestido de gasa.

—¿Te sientes con ánimos de salir? —le dijeron con ojos también luminosos, con un oscuro brillo en la mirada—. Cuando hayas tenido tiempo de recuperarte de la impresión, tienes que contarnos despacio qué fue lo que ocurrió. Qué hizo, qué dijo. Queremos que nos lo cuentes todo con pelos y señales.

En la oscuridad que adensaba el follaje, mientras caminaban hacia la plaza, comenzó ella a respirar hondo, algo así como un nadador que se preparara para sumergirse, hasta que dejó de temblar, las cuatro caminando despacio debido al terrible calor de la noche y a la solicitud que ella les inspiraba. Pero a medida que se acercaban a la plaza comenzó a temblar de nuevo, a la par que caminaba con la cabeza muy erguida, las manos apretadas y los brazos pegados a los costados, murmurando las voces de las demás, también con una cualidad febril y centelleando en las miradas.

Entraron en la plaza, ella en el centro del grupo, frágil con el vestido recién estrenado. El temblor fue a más. Fue caminando más despacio, cada vez más despacio, como comen helado los niños, la cabeza bien alta y los ojos brillantes en el deslucido estandarte de su rostro, pasando

120

por delante del hotel y de los viajantes de comercio, que se habían quitado la chaqueta y dejaban pasar el tiempo sentados en sillas, en la acera, atentos a su paso:

—Es ésa, ¿la ves? La de rosa, la que va en el medio.

—¿Es ella? ¿Y qué han hecho con el negro ese? ¿Lo han…?

—Claro, claro. Ya lo han apañao.

—Apañao, claro.

—Seguro. Se ha ido a dar un viajecito.

Y luego igual al pasar por el colmado, donde hasta los jóvenes que haraganeaban perdiendo el tiempo a la entrada se llevaron la mano al ala del sombrero y siguieron con los ojos el contoneo de sus caderas y el meneo de sus piernas al pasar.

Ellas siguieron su camino, por delante de los sombreros con que las saludaron los caballeros, por delante de las voces de súbito acalladas, deferentes, protectoras.

—¿Lo veis? —decían las amigas. Hablaban con voces que sonaban como largos suspiros de júbilo, susurrantes—. No hay un solo negro en toda la plaza. Ni uno.

Llegaron al cine. Era como un país de cuento de hadas, con el vestíbulo iluminado, con las litografías coloreadas, réplicas de la vida atrapada en todas sus terribles y hermosas mutaciones. Empezaron a cosquillearle los labios. A oscuras, cuando empezase la película, estaría bien del todo; podría entonces contener las carcajadas para no desperdiciarlas tan deprisa, tan pronto.

Por eso apretó el paso ante las caras que se volvían a mirarla, ante los murmullos con dejes de asombro, y ocuparon sus sitios de costumbre, desde los cuales podía ella ver el pasillo sobre el resplandor plateado, así como veía a los jóvenes y a las chicas al entrar de dos en dos, recortados sobre el fondo luminoso.

Se extinguieron poco a poco las luces de la sala; la pantalla despedía su brillo plateado, y en nada comenzó a desplegarse la vida, Hermosa y apasionada y triste, mientras seguían entrando los jóvenes y las chicas, perfumadas y sibilantes en la penumbra de la sala, emparejados y de espaldas, delicados y esbeltos, los cuerpos vivaces y veloces y torpes, de una divina juventud, mientras más allá se iba acumulando inevitable el sueño argentino en la pantalla.

Comenzó a reírse ella de pronto. Al intentar reprimir la risa hizo más ruido que nunca; se volvieron las cabezas de muchos a mirarla. Sin dejar de reírse, las amigas se pusieron en pie y la acompañaron a la salida, y ella se quedó en la acera, riéndose con una nota alta, sostenida, hasta que por fin llegó el taxi y las demás la ayudaron a entrar.

Le quitaron el vestido rosa, de gasa, y la inapreciable ropa interior y las medias finas y la acostaron y picaron hielo recién traído de la fábrica para ponérselo en las sienes y mandaron llamar al médico. No fue fácil dar con él, de modo que la atendieron con exclamaciones apenas acalladas, renovando el hielo y abanicándola. Mientras el hielo estaba aún reciente y bien frío, dejó de reírse y permaneció callada un rato, tendida, tranquila, gimiendo solo un poco. Pero pronto la risa se hinchó de nuevo en ella y se puso a dar alaridos.

—¡Chissst! ¡Chisst! —le decían a la vez que renovaban la bolsa de hielo que le aplicaban en las sienes, alisándole el cabello, buscándole las canas incipientes—. ¡Pobrecita! —y luego se decían unas a las otras—: ¿Tú de veras crees que algo sucedió, de veras? —con los ojos oscuros, encendidos, secretos, apasionados—. ¡Chisst! ¡Pobrecita! ¡Pobre Minnie!

<h2 style="text-align:center">V</h2>

Era medianoche cuando McLendon llegó en el coche a su casa recién estrenada. Estaba tan limpia y tan arregladita como una jaula para pájaros, y era casi igual de pequeña, pintada de verde y blanco. Cerró el coche y subió las escaleras del porche y entró. Su esposa se levantó del sillón, junto a la lámpara de lectura. McLendon se detuvo y se quedó mirándola hasta que ella bajó los ojos.

—Mira ese reloj —le dijo, y alzó el brazo para señalarlo. Ella se quedó delante de él, cabizbaja, con una revista en las manos. Estaba pálida, tensa, con aire de cansancio—. ¿Cuántas veces te he dicho que no te quedes así esperándome a ver cuándo llego?

—John… —dijo ella. Dejó la revista en una mesa. Plantado sobre los talones, él la miró con ojos acalorados, con la cara sudorosa.

—¿Cuántas veces te lo tengo que decir? —se dirigió hacia ella. Ella alzó los ojos. Él la sujetó por el hombro. Ella permaneció en actitud pasiva, mirándolo.

—No, John. Por favor. Es que no podía dormir. El calor, o lo que fuese. Por favor, John. Me estás haciendo daño.

—¿Cuántas veces te lo tengo que decir, eh? —la soltó, y a medias le dio una bofetada, a medias la empujó hacia el sillón, donde quedó ella sentada, viéndole salir de la sala.

Atravesó la casa a la vez que se quitaba de cualquier manera la camisa, y a oscuras, en el porche de atrás, se frotó la cabeza y los hombros con la camisa antes de tirarla a un rincón. Se quitó la pistola del cinto y la dejó en la mesilla de noche, sentándose en la cama a quitarse los zapatos y levantándose para quitarse los pantalones.

Estaba sudando de nuevo, y se agachó en busca, enfurecido, de la camisa. Por fin la encontró y volvió a secarse el cuerpo, y con el cuerpo apretado contra la polvorienta mosquitera se quedó jadeando. No se oía un solo movimiento, nada, ni siquiera un insecto. A oscuras, el mundo parecía yacer abatido bajo la luna fría y las estrellas sin párpados.

PEÓN PORCINO

El viejo Otis Meadowfill era tan mezquino que hasta lograba ser solvente pese a lo exiguo de sus ingresos.

Tenía, sin necesidad de trabajar, la renta justa para mantenerse a sí mismo y a la esclava gris de su mujer y a su hija única, y ni un solo dólar más que alguien pudiera pedirle prestado u obtener de él como contrapartida de una venta. En consecuencia, podía dedicarse plenamente a la tarea de alcanzar y mantener en nuestra ciudad la más alta e indiscutida reputación de antipatía.

La hija era una chica tranquila y recatada a quien, incluso después de mirar dos veces, seguíamos considerando simple y tímida, por la sencilla razón de que así debería de haber sido la hija de tal familia. Y fue entonces cuando supimos que al finalizar los estudios secundarios había sido ella quien dijo el discurso de fin de curso de su clase, y que había obtenido las notas más altas —amén de una beca de quinientos dólares— jamás alcanzadas en la escuela.

Solo que ella no aceptó la beca.

Se trataba de la donación anual de uno de nuestros banqueros en memoria de su único hijo, piloto del ejército, muerto en una de las primeras batallas del Pacífico. Cuando Essie Meadwfill ganó tal beca, fue a ver personalmente al banquero benefactor (era aquel mismo ratón tímido, con aspecto apenas capaz de mirarnos a la cara para darnos los buenos días en la calle) y le dijo que no necesitaba la beca, ya que había conseguido un empleo en la compañía telefónica, pero que quería tomar prestados los quinientos dólares, o solo parte de ellos, y que los pagaría poco a poco de su sueldo en cuanto comenzara a trabajar. Y explicó por qué. Nosotros (al fin y al cabo sus vecinos) sabíamos que en su pequeña casa de madera de la linde de la ciudad no tenían cuarto de baño.

Pero fue entonces cuando supimos que en ella se bañaban solo en el sentido más rudimentario del término: que una vez a la semana, el sábado por la noche, en invierno o en verano, la madre calentaba agua en el hornillo y llenaba una tina de cinc puesta en el suelo y colocada en el centro de la habitación, y allí, en la misma agua, se bañaban los tres uno tras otro: primero el padre, luego la hija y por último la madre.

La primera reacción del banquero fue no solo de escándalo, sino también de ira. Iría él mismo a ver al viejo Meadowfill. No, aún mejor: mandaría a la policía, a una especie de delegación pública que pregonase la falta elemental de decencia del viejo cascarrabias. Para no hablar de vergüenza. Pero América —y Mississippi y Jefferson— era un país libre; un padre tenía derecho a agraviar a las mujeres de su familia siempre que lo hiciera en privado y no alzara la mano física contra ellas. No había ni que mencionar la intimidad de la chica (según contó el banquero, Essie se puso a llorar cuando llegó a aquel punto; probablemente las primeras lágrimas que había derramado desde la niñez) debía de tener. Entonces el banquero trató de que aceptase tanto la beca como el préstamo. Pero ella se negó; existía en ella al menos la propia estima de solvencia que el viejo réprobo le había transmitido.

Aceptó solo el préstamo, y obtuvo asimismo la promesa de discreción del banquero. Y no es que él contara nunca lo de la tina de agua de tercera mano; fue como si la simple instalación del baño con sus cañerías hubiera absuelto del deber de mantener quieta la lengua a los vecinos de una ciudad tan pequeña como Jefferson, donde ni los hábitos de baño podían permanecer en secreto indefinidamente.

Así que la chica obtuvo su baño y su empleo. Un buen empleo; podía ya en verdad llevar bien alta la cabeza cada mañana —la chica tranquila a quien seguimos considerando pusilánime y tímida hasta aquel día del año pasado en que el recién licenciado sargento de marina de Corea iba a mostrarnos de pronto cuán equivocados estábamos—, al caminar por la calle en dirección a la plaza y la central telefónica, y cada tarde, al volver por la misma calle cargada de las compras en almacenes y tiendas de alimentación.

Atrás quedaba el tiempo en que el viejo Meadowfill hacía él mismo todas las compras, regateando el precio de alimentos de desecho en sórdidas tienduchas de calles secundarias que proveían sobre todo a negros. Ahora era ella quien las hacía, no porque estuviera ganando dinero sino porque, dado que trabajaba y que sin duda iba a conservar su empleo el tiempo que deseara, el viejo Meadowfill se retiró y se hundió en una silla de ruedas (de segunda mano, naturalmente). No es que tuviera dolencia alguna; como se decía en la ciudad, era demasiado tacaño para que los gérmenes lo habitaran y pudieran vivir, para no hablar de multiplicarse. No consultó a médico alguno: simplemente esperó hasta la mañana siguiente que siguió al óbito, y fue y compró la silla a la familia de la vieja señora paralítica que la había ocupado durante años, y lo hizo antes incluso de que el entierro hubiera partido de la casa, y empujó la silla calle abajo hasta su hogar, y, después de acomodarse en ella, se retiró. Al principio no absolutamente; podíamos aún verle en su patio, gruñendo y maldiciendo a los chiquillos que solían jugar haciendo incursiones en los tristes y desatendidos árboles frutales que bordeaban su huerto, o arrojando piedras (tenía un montón de ellas en las manos) a todo perro perdido que atravesara su tierra. Pero no volvió a salir ya nunca de su finca; y al poco pareció retirarse permanentemente a la silla de ruedas, y se sentaba en ella, como si fuera una mecedora frente a la ventana, y miraba el huerto que no trabajaba ya, y los escuálidos frutales que, por tacañería o tal vez por simple obstinación, no había cuidado ni fumigado jamás lo suficiente como para poder recoger unos frutos dignos de venderse.

El trabajo de Essie no era solo un buen trabajo: cada día era mejor. Empezamos a preguntarnos por qué la chica no dejaba aquella casa, llevándose incluso a su madre consigo y liberándose ambas de aquel viejo infamante, hasta que caímos en la cuenta de que era la madre la que no quería irse.

Ante ello, tuvimos que admitir que, moralmente, la actitud de la madre era correcta; a causa de la silla de ruedas, no le quedaba otra alternativa.

Sin embargo, tío Gavin decía que se trataba de algo más. No es que su esposa lo amara todavía; era imposible que así fuera. Era simple fidelidad, virtud que con el mero hábito se había transformado en vicio, pues según el tío Gavin, todas las virtudes humanas se convierten en vicios con el hábito —no solo las virtudes de la lealtad y el honor y la devoción y la continencia—, sino también los placeres otorgados por Dios del vino y la comida y el sexo y la excitación adrenalínica del riesgo, en que se convierte el juego por dinero.

—Además —decía—, es mucho más sencillo que eso. No tienen necesidad alguna de mudarse. Todo lo que tienen que hacer es contratarle un seguro de vida y envenenarle. A nadie le importaría; ni siquiera a la compañía de seguros, una vez que el inspector viniera y se enterara de las circunstancias.

En definitiva, no hicieron ninguna de ambas cosas: ni envenenarle ni mudarse. El viejo continuaba sus inútiles e infamantes días en la silla de ruedas, frente a la ventana, mientras la gris y vencida esposa le servía y era verbalmente hostigada y zaherida cuando el viejo se aburría de la vista, y la hija no solo ganaba el dinero que lo mantenía sino que cargaba hasta casa con la bolsa de la compra. Y para qué hablar del cuarto de baño. El viejo empezó a usarlo inmediatamente, en cuanto fue instalado, y a veces tomaba dos y tres baños al día. Tras retirarse a la silla de ruedas, empero, volvió a la vieja costumbre de un baño por la semana, y los días restantes se limitaba a impulsarse y rodar hasta el interior del cuarto de baño, y allí, completamente vestido y sentado en su silla, contemplaba cómo el agua entraba en la bañera y salía por el desagüe.

Entonces, aproximadamente hace un año, cualquiera que fueran los mezquinos dioses que preservaban y alimentaban tal existencia, el viejo llegó a recibir de ellos hasta un estímulo para seguir viviendo. Al finalizar la guerra, el progreso llegó también a Jefferson. El camino suburbial y apenas transitado que lindaba con la tierra de Meadowfill se convirtió en punto de confluencia de una carretera nacional, es decir, se convertiría propiamente en tal en cuanto la compañía petrolífera consiguiera persuadir al viejo Meadowfill de que vendiera el huerto, el cual, unido a una franja de la finca contigua, daría lugar al emplazamiento de la proyectada estación de servicio. El viejo se negó a vender, no por simple obstinación esta vez, sino porque legalmente no podía hacerlo. Durante los primeros días del segundo Roosevelt, Meadowfill, como es natural, se había contado entre los primeros en solicitar ayuda benéfica y había comprobado con asombro ultrajado e incrédulo que un gobierno federal burocrático y melindroso se negaba absolutamente a permitirle ser pobre y propietario al mismo tiempo. Así que fue a ver a tío Gavin, y eligió a tío Gavin entre todos los abogados de Jefferson por la sencilla razón de que él, Meadowfill, sabía que en cuestión de cinco minutos tendría a tío Gavin tan furioso que, muy probablemente, iba a negarse a cobrarle minuta alguna por redactar una escritura según la cual el viejo transfería todas sus propiedades a la niña (entonces menor legalmente).

Meadowfill se equivocó únicamente en la estimación del tiempo, pues tío Gavin tardó tan solo dos minutos en alcanzar tal grado de encendida furia que en un abrir y cerrar de ojos se encontró en el sótano de los archivos públicos, donde, al copiar la escritura original de Meadowfill para redactar la nueva, descubrió la cláusula condicional, según la cual, y en relación con la franja extrema del huerto del viejo Meadowfill, se transmitió a éste tan solo tanta legitimidad del derecho sobre la misma cuanta acreditara el vendedor que le vendía el huerto. Así que, por espacio de un instante, tío Gavin pensó que el verdadero motivo de Meadowfill fuera quizá la idea ilusoria de que la ley pudiera hacer bueno para una menor aquel derecho que el propio Meadowfill jamás había podido demostrar.

Pero al pensar en ello de nuevo cayó en la cuenta de que, para Meadowfill, bien podría bastar como motivo uno o dos sacos de harina gratis y una tajada de carne de la beneficencia federal. Así que al menos tío Gavin no recibió la mayor sorpresa (ahora caía en la cuenta) que la del propio viejo Meadowfill cuando apareció la otra persona que reclamaba la franja sin acreditación de propiedad.

Su nombre era Snopes, si bien, en cierto modo, era otro Meadowfill, con la sola diferencia de que de hecho era soltero. Es decir, venía solo cuando llegó del campo a la ciudad, donde compró un trozo de lo que en tiempos, antes de la guerra, había sido la hacienda de una de nuestras bellas casas coloniales, una pequeña y apartada parcela, anexa a la franja en litigio de Meadowfill y que contenía por tanto la franja adicional que la compañía petrolífera quería comprar, en la cual se asentaba lo que había sido la cochera de la hacienda, que Snopes convirtió en una casita de campo acabada y con cocina. También él solía comprar en las mismas tiendas apartadas y sórdidas que Meadowfill había frecuentado, y se hacía sus propias comidas; pronto empezó a comprar y vender ganado y cerdos y mulas para arar de casta ínfima; pronto dio en prestar pequeñas sumas, garantizadas por usuarios pagarés, a negros y granjeros humildes; pronto empezó a comprar y vender pequeñas parcelas de terreno, solares de la ciudad y granjas. Podía vérsele casi a todas horas estudiando detenidamente escrituras inmobiliarias en el Palacio de Justicia. De modo que cuando la guerra y el resurgir económico y la prosperidad y más tarde la compañía petrolífera llegaron a Jefferson, nadie se sorprendió realmente (y menos aún Meadowfill, según tío Gavin) al enterarse de que la escritura de Snopes amparaba también aquella franja dudosa del huerto del viejo Meadowfill.

La compañía petrolífera se negaba a comprar una sin la otra, y naturalmente exigían un solo título incontestable sobre la franja en disputa, lo que equivalía a una cesión por parte de Snopes. (Naturalmente, la compañía había acudido a Essie Meadowfill en primer lugar, pues era ella la titular del derecho sobre el terreno de Meadowfill, pero, como preveíamos, la chica había respondido: "Tendrán que hablar con papá"). Lo cual hubiera sido una mera formalidad, ya que la compañía ofrecía al viejo Meadowfill el dinero suficiente como para disputar la propiedad de la franja con Snopes y, con toda probabilidad, salir airoso; para no mencionar el hecho de que Snopes, que habría obtenido un buen beneficio de la venta de su franja, había vivido en la misma ciudad del viejo Meadowfill el tiempo suficiente como para esperar un poco más de un mísero diez por ciento, amén de que las luces financieras de Snopes no se hubieran visto ofuscadas a la vista de un porcentaje incluso más modesto; él, que el año pasado, en una subasta, había comprado una mula reventada por dos dólares y vendido treinta minutos después por dos dólares y diez centavos.

Solo el viejo Meadowfill no estaba dispuesto a pagar un diez por ciento de tal cesión. Snopes era un hombre bastante alto, bastante delgado como resultado de haber dado en comprar restos de alimentos y de cocinárselos él mismo, con una cara y unos modales blandos y contumaces y unos ojos absolutamente inescrutables, que decía (al agente comprador de la compañía petrolífera):

—De acuerdo. Cinco por ciento entonces.

Y luego:

—De acuerdo. ¿Y qué es lo que él ofrece entonces?

Y el calificarla de blanda y afable y acomodaticia no describiría bien su voz cuando, a continuación, dijo:

—Bien, un buen ciudadano no puede interferir el camino del progreso, aunque le cueste dinero. Dígale al señor Meadowfill que tiene mi cesión gratis.

Esta vez el viejo Meadowfill ni siquiera se molestó en decir que no.

Se limitó a quedarse allí sentado en su silla de ruedas, riéndose. Creíamos saber por qué: ya no iba a vender el terreno en modo alguno, por la sencilla razón de que una compañía de la competencia acababa de comprar la esquina opuesta; y, como en el léxico de los negocios la respuesta inmediata a un negocio iniciado con éxito es abrir otro exactamente igual lo más cerca posible y lo más pronto posible, tarde o temprano la compañía primera tendría que pagar por el terreno de Meadowfill lo que él pidiera. Pero pasó un año, y la estación de servicio rival estaba no solo terminada sino en funcionamiento. Y entonces comprendimos lo que debíamos (incluso Snopes) haber sabido siempre: que el viejo Meadowfill no vendería jamás aquel terreno, por la sencilla razón de que alguien, cualquiera que fuera, saldría también beneficiado con la venta. Así que entonces, en cierto modo, hasta sentimos simpatía por Snopes cuando le llegó el turno de actuar, lo cual tuvo lugar poco antes de que a Essie Meadowfill le sucediera lo que habría de demostrarnos que podía ser cualquier cosa menos tímida, y que, aunque "recatada" podía seguir siendo tal vez el adjetivo que la definía, el otro no era "tranquila" sino "resuelta".

Una mañana, el viejo Meadowfill, después de hacer rodar su silla de ruedas hasta la ventana para pasar una larga y apacible mañana de contemplación placentera, no del terreno que no quería vender sino del contiguo, que Snopes no podía vender por culpa suya, vio un gran cerdo extraviado hozando entre los ruines melocotones esparcidos por el suelo, bajo sus ruines y abandonados árboles; y aún no había dejado de llamar a voz en grito a su mujer cuando el propio Snopes, después de adentrarse en su huerto, se las arregló para deslizar el lazo de una cuerda alrededor de una de las patas del cerdo, y medio conduciéndolo, medio a empellones logró hacerlo volver a su terreno, mientras el viejo Meadowfill, apoyado sobre la ventana abierta y sin llegar a levantarse del todo de la silla, bramaba maldiciones contra ellos hasta que ambos desaparecieron de su vista.

Y a la mañana siguiente, se encontraba ya sentado a la ventana cuando vio con sus propios ojos cómo el cerdo, desde el patio de Snopes, se acercaba a trote regular y resuelto por el camino y se internaba en su huerto; aún seguía el viejo apoyado contra la ventana abierta, bramando y maldiciendo, cuando la esposa gris salió de la casa, ciñéndose un chal sobre la cabeza, y se apresuró camino abajo hacia la casa de Snopes, donde durante un buen rato estuvo golpeando la puerta principal, hasta que los bramidos del viejo Meadowfill, que no habían cesado ni un momento, la obligaron a volver a casa. Para entonces la mayor parte del vecindario se había congregado en el lugar, y presenciaron el desarrollo ulterior de los hechos: el viejo seguía rugiendo indiscriminadas maldiciones e instrucciones desde la ventana, mientras su esposa, sin ayuda alguna, trataba de alejar al cerdo de los melocotones caídos y de sacarlo del terreno sin cercado, y era casi mediodía cuando, inocente y asombrado y compungido, apareció el propio Snopes (saliendo de donde la vecindad sospechaba que había estado escondido) con su cuerda de lazo, y cogió al cerdo y se lo llevó a su huerto.

Y a la mañana siguiente el viejo Meadowfill tenía el rifle —uno viejo y destartalado, de un solo tiro y del calibre 22—. Digamos que parecía de segunda mano sencillamente porque se hallaba en manos de Meadowfill, aunque esta vez nadie podía imaginar cuándo podía el viejo haber abandonado la silla de ruedas y la ventana (sin mencionar el cerdo de Snopes) el tiempo suficiente para localizar al chiquillo propietario del rifle y, tras regateos e intimidaciones, quitárselo de las manos. Porque (decía tío Gavin) uno no podía concebir que el viejo hubiera sido alguna vez un muchacho apasionado y orgulloso de poseer tal símbolo de nuestra valerosa y audaz tradición y herencia pionera, y que hubiera conservado el arma durante todos estos largos y secretos años, en memoria (y asimismo reproche) de aquel tiempo puro e inocente. Pero lo tenía, y también los cartuchos, no sólidas balas, sino cargados con minúsculos perdigones incapaces por completo de matar al cerdo, o de herirlo siquiera a tal distancia, y mucho menos de alejarlo de los melocotones. De donde deducimos que no quería ahuyentar al cerdo; que lo que sucedía era que en él también había prendido fatalmente ese virulento germen de contienda con uno mismo que en otra gente de su edad se manifiesta en el golf o en el croquet o en las loterías o en los anagramas.

Solía precipitarse sobre su silla de ruedas hacia la ventana en cuanto terminaba el desayuno, y allí se apostaba, inmóvil, como quien tiende una emboscada, hasta que aparecía el cerdo. Entonces (tenía que ponerse en pie para hacerlo) alzaba lenta y silenciosamente la ventana, cuyas guías laterales había engrasado para que no hicieran ruido, y apuntaba y disparaba; el cerdo daba un respingo y un salto convulsivos, pero luego se olvidaba y se calmaba, para recibir acto seguido un nuevo tiro, y al final hasta sus obtusos procesos mentales relacionaban la punzada con el estampido y, tras el siguiente disparo, se volvía a casa, y no regresaba hasta la mañana siguiente; y al final hasta a los propios melocotones los relacionaba con la noción de hostilidad. El cerdo no volvió en una semana, y empezó a correr entre el vecindario la hablilla de que el viejo Meadowfill había contratado al chico que repartía los periódicos de Memphis y Jackson (el viejo Meadowfill no compraba ni un periódico, pues no estaba interesado en noticias que costaran un dólar al mes) para que hurgara en los cubos de basura y pusiera cebos en su (de Meadowfill) huerto por la noche.

Nuestra expectación rebasaba ahora el mero preguntarnos lo que Snopes podría estar maquinando, pues lo lógico que se hubiera esperado de él, después del primer disparo de Meadowfill, era que atase al cerdo.

O incluso que vendiera al animal, pues aún estaba a tiempo: o atarlo o venderlo, aunque probablemente ningún comprador le daría el precio de mercado al ciento por ciento por un cerdo que durante meses había estado sometido a diario bombardeo. Pero al fin creímos haber dado con el propósito de Snopes: su esperanza de que algún día, bien por error o equivocación o acaso simplemente llevado, arrastrado por su vicio, como el borracho o el jugador lo es por el suyo, más allá de todo freno moral o miedo a las consecuencias, él (Meadowfill) pusiera una pesada bala en aquel rifle. Tras lo cual Snopes no solo lo demandaría por matar al cerdo; invocaría asimismo una antigua ordenanza municipal que prohibía disparar con armas de fuego dentro de los límites de la ciudad, y, merced a aquella doble amenaza, obligaría a Meadowfill a vender su huerto a la compañía petrolífera, y consiguientemente permitiría que la suya (la de Snopes) pudiera venderse también. Y entonces algo le sucedió a Essie Meadowfill.

El sargento de la marina. Nunca supimos dónde o cómo o cuándo se las arregló Essie para conocerle. Essie jamás había viajado a ninguna parte, salvo ocasionalmente a Memphis, pues todo el mundo en Jefferson, tarde o temprano, pasaba una tarde en Memphis una vez al mes. Jamás había faltado un solo día a su trabajo desde que entró en la compañía, salvo durante las vacaciones anuales, que por lo que sabíamos las había pasado en casa soportando parte de la carga de la silla de ruedas. Sin embargo, lo conoció.

Con los paquetes de la compra diaria, esperó en la estación hasta que el autobús de Memphis llegó y él descendió de él, y nadie en la ciudad lo había visto antes, y él llevaba los paquetes cuando caminaron por la calle, ella aquel día con una hora de retraso, pues la regularidad de su paso diario por la calle hubiera servido para poner en hora los relojes. Fue entonces cuando caímos en la cuenta de que a través de los años "tímida" no había sido la palabra, porque se veía a simple vista que ninguna chica podía haber florecido tanto, haberse convertido en tan turgente y tierna y femenina en tan corto período de tiempo, desde la llegada de aquel autobús de Memphis. Y nos alegramos de que "tranquila" tampoco fuera la palabra que se ajustaba a ella. Porque iba a necesitar decisión, lo supiera o no su sargento de marina: ambos entrando en la casa y yendo hasta la silla de ruedas, a un palmo de aquella furia, comparada con la cual el maldecir a chiquillos y arrojar piedras a los perros e incluso disparar cartuchos cargados contra el cerdo de Snopes no eran sino meros reflejos histéricos del momento, ya que aquel intruso amenazaba el sistema mismo de esclavitud a costa del cual vivía, y diciendo:

—Papá, éste es McKinley Smith. Vamos a casarnos.

Tal vez la tenía: salió a la calle con él cinco minutos después, y allí, a la vista de quien quisiera mirar, lo besó, quizá no era la primera vez que lo besaba, pero probablemente era la primera vez que besaba a alguien sin preocuparle (más aún, sin importarle) si era pecado o no. Tal vez la tenía él también: hijo de un colono de Arkansas, que probablemente apenas había oído hablar de Mississippi hasta que encontró a Essie Meadowfill un día, dondequiera que fuese, que, una vez que cayó en la cuenta de que, por culpa de la silla de ruedas y de la madre, ella no iba a cortar con su familia y casarse con él a pesar de todo, debería haber renunciado y vuelto a su Arkansas.

O mejor, ambos la tenían, por la sencilla razón de que tenían en común todo lo demás. Estaban en verdad predestinados fatalmente, fueran o no también malhadados; no solo creían y deseaban las mismas cosas, sino que actuaban incluso del mismo modo. Era evidente que él había decidido quedarse en Jefferson; y nosotros lo habíamos aceptado. Y como desde hacía años nuestra región se había visto inundada por ex soldados que seguían estudios aunque no estuvieran capacitados para ello o incluso aunque no lo desearan realmente, era lógico que él utilizara sus privilegios de ex soldado en nuestro instituto local, en donde a costa del gobierno podría ver a Essie todos los días, a la espera de que una postrera mezquindad matara al viejo Meadowfill. Pero él no solo no abandonó la educación tan inmediata y definitivamente como lo había hecho Essie, sino que pretendía sustituirla por lo mismo que Essie. Nos lo explicó: "He sido soldado durante dos años.

Lo único que aprendí fue lo siguiente: el único lugar del mundo en donde uno puede estar a salvo es un agujero privado, y preferiblemente con una tapa de hierro que pueda colocarse sobre la cabeza. Así que quiero poseer mi propio agujero. Pero ya no soy un soldado, luego puedo elegir dónde lo quiero, y hasta hacer que sea confortable. Me voy a construir una casa".

Y así lo hizo. Compró una pequeña parcela. Ella la eligió; no estaba lejos de donde había vivido toda su vida. De hecho, en cuanto la casa empezó a ascender, el viejo Meadowfill podía incluso (no le quedaba otro remedio, a menos que se volviera a la cama) mirar su progreso día a día desde la ventana. Pero para entonces ya sabíamos que ella no tenía intención de huir de él ni de abandonar a su madre. Así que dimos a su actitud la significación correcta: una constante advertencia y recordatorio al viejo: no debía atreverse a cometer la equivocación de morirse. Acaso por la emoción que le procuraba su "vendetta" con el cerdo de Snopes —podíamos haber añadido—, solo que aquella contienda había dejado de existir; no es que —comprendimos al fin— el viejo la hubiera abandonado al encontrar una víctima más tierna y vulnerable con la que ensañarse, sino que (y esto es lo que comprendimos al fin) era el propio cerdo quien se había rendido. O sea, Snopes. El cerdo había realizado su última incursión en uno de aquellos días en que Essie Meadowfill nos estaba sorprendiendo con el hecho de que al fin había encontrado un novio, y desde entonces no había vuelto a aparecer por el huerto del viejo. Snopes seguía siendo su dueño. Es decir, el vecindario sabía (probablemente por el olor cuando había buen viento) que el animal seguía en su patio trasero; parecía claro que Snopes se había dado al fin por vencido y había reparado la valla, o (según creíamos) había desistido de dejar la puerta entreabierta en los días que consideraba estratégicos. Aunque en realidad habíamos olvidado a Snopes y su cerdo, pues estábamos ocupados en la contemplación de la nueva contienda: una batalla de desgaste.

Él —McKinley— se estaba construyendo la casa él mismo; realizaba todo el trabajo duro y pesado, con la ayuda de un carpintero profesional que le marcaba los tablones que había de serrar. Nosotros observábamos: el furioso e impotente viejo, al acecho tras la ventana en su silla de ruedas, ya sin el cerdo siquiera contra el que desahogar su ira, mientras la casa ascendía día a día. Especulábamos acerca de si conservaría o no a mano y cargado el rifle del 22, acerca de cuánto tardaría —cuánto tiempo sería capaz de aguantar— en perder los estribos y disparar uno de aquellos cartuchos de perdigones contra cualquiera de ellos, McKinley, o incluso el carpintero. Pronto la víctima sería el carpintero a menos que el viejo Meadowfill empezara a utilizar la luz de un proyector. Porque un día (era ya primavera) supimos que McKinley tenía también una mula y que había arrendado una pequeña parcela de terreno, aproximadamente a una milla de la ciudad, donde cultivaba algodón.

La casa estaba casi terminada; faltaba tan solo el trabajo de taller —puertas y marcos y ventanas— que únicamente un carpintero profesional podía realizar. Así que McKinley partía en su mula cada mañana al amanecer, y no volvía hasta el anochecer.

Y ahora comprendíamos cuánto debió de haberse enfurecido el viejo Meadowfill: existía la posibilidad de que McKinley se hubiera descorazonado y rendido y hasta de que hubiera vendido la casa inacabada, sacando de la venta al menos el modesto beneficio derivado de la tasación de su propio trabajo, y hubiera abandonado Jefferson. Pero no era posible que hubiera vendido el algodón no recolectado, de modo que McKinley se quedaría siempre en Jefferson para mofarse y reírse de él, a quien solo le quedaba su vida o la muerte de su rival como salida ante el desastre.

Entonces volvió el cerdo. Reapareció, simplemente; probablemente una mañana, después de hacer rodar la silla de ruedas desde la mesa del desayuno a la ventana, el viejo Meadowfill, que no pensaba encarar nada salvo un interminable día más de iracunda e impotente recepción de agravios, vio allí al cerdo de nuevo, hozando en busca de los espectros de los melocotones del pasado otoño como si nunca se hubiera ausentado: no había mediado tiempo ni frustración ni angustia. Nosotros —yo, porque es aquí donde entro en escena— queríamos pensar que era eso lo que había sentido el viejo Meadowfill: el cerdo nunca había estado fuera, y consiguientemente todo lo que desde entonces había acontecido para ultrajarle había sido solo un sueño; e incluso el disparo que había a continuación iba a ser parte del sueño; como ejecutado por un trueno. Y lo hizo inmediatamente; al parecer estábamos en lo cierto y había tenido siempre a mano el rifle cargado; algunos de los vecinos aseguraban haber oído su maligno escupir cuando aún estaban en la cama.

Y (la noticia del disparo) llegó también al resto de la ciudad cuando algunos de nosotros estábamos aún desayunando. Sin embargo, como decía tío Gavin, él fue uno de los pocos que sintió realmente sus repercusiones. Era casi mediodía; se disponía a cerrar la oficina y a irse a casa a almorzar cuando oyó unos pasos que subían por la escalinata de afuera. Entonces entró Snopes, con el dinero en la mano, y fue hasta el escritorio y dejó sobre él el billete de cinco dólares, y dijo:

—Buenos días, abogado. No lo entretendré. Solo quiero un poco de consejo… por valor de unos cinco dólares.

Y luego habló. Tío Gavin no había llegado a tocar siquiera el billete; se limitó a mirar el dinero y luego a Snopes, a quien en todo el tiempo que había vivido entre nosotros no se le conocía pago alguno de cinco dólares sin saber de antemano que podía vender el objeto adquirido en un plazo de veinticuatro horas y con un beneficio mínimo de veinticinco centavos.

—Se trata de ese cerdo mío al que el viejo caballero, el viejo señor Meadowfill, se complace en disparar con esos pequeños perdigones.

—He oído hablar de ello —dijo tío Gavin—. De acuerdo. ¿Qué es lo que quiere a cambio de sus cinco dólares? —Y se lo dijo: Snopes estaba allí de pie, al otro lado del escritorio, ni reservado ni servil, sino blando, deferente, inescrutable—. ¿Por decirle lo que usted ya sabe? ¿Que, en cuanto lo demande por herir a su cerdo, invocará en contra de usted la ley que prohíbe que el ganado ande suelto dentro de los límites de la ciudad? Y eso contando con que pueda usted probar que han existido tales heridas. Y contando con que pueda justificar ante el juez de paz por qué tardó tanto en damandarlo. ¿Quiere que le diga lo que usted ya sabe desde el verano pasado, cuando el viejo disparó al cerdo el primer tiro? O arregla la valla o se deshace del cerdo.

—Cuesta bastante dinero alimentar a un cerdo —dijo Snopes.

—Entonces cómaselo —dijo tío Gavin.

—¿Un cerdo entero para una sola persona? —dijo Snopes.

—Entonces véndalo —dijo tío Gavin.

—Ese viejo caballero ha disparado tanto contra él que dudo que haya nadie que quiera comprarlo —dijo Snopes.

—Entonces regálelo —dijo tío Gavin. Y en cuanto lo dijo se calló, porque ya era demasiado tarde.

Snopes, sin inflexión alguna, dijo:

—Un momento, espere.

Y Snopes, aun entonces, se detuvo tan solo el tiempo suficiente para volverse y mirar el billete que tío Gavin empujaba hacia él sobre el escritorio.

—Vengo en busca de asesoramiento legal —dijo—, y debo pagar por él una minuta legal.

Y se fue. Y tío Gavin pensó entonces de prisa: no "¿Por qué me habrá elegido a mí?", porque era obvio: en razón de su mediación en la escritura de Essie, tío Gavin era la única persona en Jefferson ajena a su familia con la que el viejo Meadowfill hubiera tenido algo semejante a contacto humano en casi veinte años; ni "¿Por qué tenía necesidad de notificar a un extraño, abogado o no, que planeaba regalar el cerdo?"; ni siquiera: "¿Por qué me llevó a decir yo primero las palabras en cuestión, confiriéndoles así el carácter de consejo legal por el que se ha pagado?", sino, "¿Cómo, regalando el cerdo, va a obligar al viejo Meadowfill a vender su terreno?" Tío Gavin siempre decía que no estaba realmente interesado en la verdad, ni tan siquiera en la justicia; que lo único que quería saber, averiguar, si la respuesta le concernía o no de algún modo; y que todos los medios encaminados a tal fin eran válidos, siempre que no se dejaran testigos hostiles ni pruebas incriminatorias. Pero yo no le creía; algunos de sus métodos eran no solo demasiado duros, sino que llevaban demasiado tiempo; y existen cosas que uno no haría ni siquiera para averiguar algo. Pero él decía que estaba equivocado, que la curiosidad es una de esas amantes cuyos esclavos no declinan sacrificio alguno. Acaso "ésta" había de probar que ambos teníamos razón.

El problema estribaba, decía, en que no sabía lo que buscaba; disponía de dos métodos para tres frentes, y para descubrir algo que bien pudiera no reconocer a tiempo cuando diera con ello. No podía utilizar las pesquisas verbales, pues la única persona que sabía la respuesta ya le había dicho todo lo que quería que supiese. Y no podía optar tampoco por la observación del segundo frente, pues el cerdo, al igual que Snopes, podía moverse. Con lo que quedaba tan solo el inmóvil, la cantidad fija: el viejo Meadowfill.

De modo que a la mañana siguiente, al despuntar el día, se apostó él también al acecho dentro del coche aparcado, en un punto desde el que podía ver la casa y el huerto del viejo Meadowfill, y más allá la entrada principal de la casa de Snopes, y más allá la pequeña casa nueva que McKinley Smith casi había terminado. Durante las dos horas siguientes vio a McKinley partir sobre su mula en dirección a su pequeño algodonal, y más tarde el propio Snopes, que salía de casa y se alejaba hacia la plaza, a cumplir con su rutina de oportunismo usurario; pronto sería hora de que Essie Meadowfill saliera para el trabajo. En cuanto lo hizo, quedaron tan solo él en su coche y Meadowfill en su ventana, ambos (confiaba) invisibles el uno para el otro. Así que, de todos los elementos, solo el cerdo faltaba; suponiendo que fuera el cerdo lo que él estaba esperando, lo cual ni siquiera sabía todavía, y menos aún lo que haría en caso de que —o cuandoapareciera. De forma que pensó que quizás Snopes había reconocido realmente haber llegado a un callejón sin salida, y había renunciado y regalado el cerdo; y él, tío Gavin, no había hecho sino un descubrimiento ilusorio.

Y a la mañana siguiente sucedió lo mismo. Fue entonces cuando debería haber desistido. Salvo que debería haber desistido hacía dos días. Porque ya era demasiado tarde, y no es que él tuviera mucho en juego, pues ignoraba aún lo que estaba en juego, pero había invertido demasiado, aunque no fuera más que los dos días levantarse antes del alba, de permanecer sentado en un coche aparcado por espacio de dos horas sin una taza de café.

Y entonces, a la tercera mañana, vio al cerdo. McKinley y su mula habían partido a la hora acostumbrada; todo tan regular y como de costumbre que él no cayó en la cuenta de que no había visto a Snopes hasta que vio salir a Essie Meadowfill camino del trabajo; fue, explicó, una sacudida, un sobresalto, como cuando uno se sorprende despertándose sin saber siquiera que estaba dormido, y se bajaba ya del coche cuando vio al cerdo. Es decir, era el cerdo y estaba haciendo exactamente lo que él esperaba que hiciera: avanzar a aquel trote rápido y resuelto hacia el huerto del viejo Meadowfill. Solo que, al verlo por primera vez, el cerdo no se hallaba exactamente en el lugar en que debería haber estado. Se dirigía hacia donde él esperaba que se dirigiera, pero no venía exactamente de dónde él esperaba que viniera. Sin embargo, en aquel momento no prestó demasiada atención a este detalle, pues se encontraba en esa oleada inicial de aún—no—despierta, tardía alarma, y se apresuraba ya a cruzar la calle y el pequeño patio y a entrar en la casa y llegar hasta la silla de ruedas antes de que el viejo Meadowfill viera al cerdo y disparara y completara así el plan antes de que él, el tío Gavin, estuviera lo suficientemente cerca como para interpretar aquello, fuera lo que fuere, que Snopes había planeado que interpretara o no: lo uno o lo otro.

Pero lo hizo. No se habría detenido a llamar a la puerta aunque hubiera tenido tiempo para ello, pues a aquella hora la señora Meadowfill estaría en la cocina fregando los cacharros del desayuno. Pero hubo tiempo más que suficiente. Llegó a la puerta y vio al viejo Meadowfill echado hacia adelante en su silla de ruedas, tras la pantalla de la rejilla de la ventana, con el pequeño rifle ya medio alzado en una mano. Pero aún no se había puesto en pie para levantar la pantalla de la ventana; permanecía sentado, mirando al cerdo a través de ella, y —según dijo tío Gavin— su cara era terrible. Todos estábamos acostumbrados a ver en ella mezquindad y ánimo de venganza e ira; eran algo habitual. Pero aquello era gozo malévolo. Allí sentado, refocilándose, ni siquiera volvió la cabeza cuando tío Gavin avanzó hacia la silla, solo dijo:

—Acérquese. Tiene un asiento de tribuna.

Y entonces tío Gavin pudo oírle maldecir, no el rudo maldecir externo de la cólera o el combate, sino un quieto murmullo interno de vileza que, aunque el viejo Meadowfill hubiera conocido y usado alguna vez, sus cabellos grises deberían haber olvidado.

Luego se levantó de la silla de ruedas. En aquel preciso instante, tío Gavin advirtió el pequeño bulto, aproximadamente del tamaño de un ladrillo envuelto en un trozo de arpillera, atado al tronco de uno de los melocotoneros, a unos cuarenta pies de la ventana. Pero no le prestó atención, y se limitó a decir: "Basta ya, señor Meadowfill; basta ya", al tiempo que el viejo, ya de pie, dejaba el rifle al lado de la ventana, agarraba los pomos de la parte inferior de la pantalla y tiraba de ella hacia arriba; la pantalla ascendió entre sus guías engrasadas y se oyó el débil, seco, maligno escupir del disparo; tío Gavin —contó— estaba de hecho mirando hacia la pantalla cuando, repentinamente, la malla metálica se deshilachó y se esfumó ante la miríada de diminutos, invisibles perdigones. Y, si bien ello es imposible, dijo que le pareció realmente oírlos silbar por el vientre y el pecho del viejo Meadowfill, que medio brincó, medio cayó de espalda sobre la silla, la cual rodó hacia atrás al recibir el cuerpo, y dejó al viejo tirado en el suelo, donde permaneció unos instantes con semblante incrédulo y creciente agravio: no dolor, solo agravio, y en seguida trató de alcanzar el rifle y empezó a incorporarse sobre las rodillas.

—¡Me han disparado! —dijo con aquella agraviada e incrédula voz.

—No cabe duda —dijo tío Gavin—. Ha sido el cerdo. No trate de moverse.

—¿El cerdo? ¡Maldición! —dijo el viejo Meadowfill—. ¡Ha sido ese (puntos suspensivos) de McKinley Smith!

Y fue entonces cuando me reclutó tío Gavin. Cuando llegué, sin embargo, había devuelto ya al viejo Meadowfill a su silla de ruedas; para entonces la señora Meadowfill debía de haber pasado ya a un segundo plano, pero supongo que no me percaté de su existencia mucho más de lo que antes se había percatado tío Gavin. El viejo Meadowfill aún no se había calmado en absoluto, y seguía encolerizado y enloquecido como un avispón —no estaba herido; solo quemado, lleno de ampollas, sin apenas perdigones bajo la piel—, bramando y maldiciendo y tratando aún de alcanzar el rifle, que tío Gavin había alejado de él, pero al menos inmovilizado, bien por la fuerza moral de tío Gavin o tal vez solo porque tío Gavin estaba de pie.

Luego le contó a tío Gavin cómo Snopes, hacía dos días, le había dicho a Essie que había regalado el cerdo a McKinley, a modo de regalo para la inauguración de la casa, o tal vez hasta —confiaba Snopes— de regalo de bodas para un día no lejano. Tío Gavin tenía también el arma: una muy pulcra y casera trampa mortífera; también había sido en un tiempo un rifle barato, de un solo tiro y del calibre 22; con el cañón y la culata recortados, lo habían envuelto en el saco de pienso y atado al tronco del melocotonero; un cordel negro prácticamente invisible unía, a través de una serie de armellas, el marco de la pantalla de tela metálica con el gatillo, y la boca del cañón apuntaba al centro de la ventana, aproximadamente un pie por encima del alféizar. La señora Meadowfill estaba allí de nuevo, así que podíamos marcharnos.

—Si no se hubiera puesto de pie antes de tocar la pantalla, el disparo le habría dado en plena cara —dije.

—¿Crees que al que puso la trampa le importaba? —dijo tío Gavin—. ¿Que solo lo asustara y lo enfureciera hasta el punto de lanzarse contra Smith con ese pequeño rifle —ahora tenía una sólida bala dentro, y el cartucho era uno grande, de rifle largo; así es como el viejo Meadowfill pretendía cazar la próxima pieza—, obligando así a Smith a que le matara; o que el tiro lo dejara ciego o lo matara allí mismo, sobre la silla de ruedas, resolviendo así todo el problema?

—¿Resolviéndolo? —dije.

—Era un equilibrio —dijo él—. Una especie de delicado y atenuado e insoportable equilibrio de agravios; tan delicado que el peso más liviano, por trivial que fuera, no solo lo trastornaría sino que haría zozobrar, alteraría totalmente todas las calidades implicadas en él; todo lo reprimido dejaría de ser reprimido, todo lo no vendido dejaría de ser no vendido.

—Sí —dije—. Era muy inteligente.

—Peor que eso —dijo tío Gavin—. Era maligno. La gente pensaría; nadie salvo un veterano del Pacífico sería capaz de inventar una trampa con un arma de fuego, por mucho que el veterano lo negara.

—Sigue siendo inteligente —dije—. Hasta Smith estaría de acuerdo.

—Sí —dijo tío Gavin—. Por eso te telefoneé. También tú has sido soldado. Puede que necesite un intérprete para hablar con él.

—Solo fui mayor —dije—. Nunca tuve el rango suficiente para decirle nada a un sargento, y no digamos a un sargento de marina.

Pero no fuimos a buscar a Smith el primero; además, debía estar en su algodonal. Y, si yo hubiera sido Snopes, tampoco en su casa habría habido nadie. Pero sí había. Abrió él mismo la puerta; llevaba un delantal y una sartén, y en la sartén había incluso un huevo frito. Pero, en cualquier caso, planear esto de antemano no debía de haber costado gran esfuerzo a alguien que había planeado aquella trampa basada en el movimiento alternativo. Tampoco en su cara había nada.

—Caballeros —dijo—. Pasen.

—No, gracias —dijo tío Gavin—. No tardaremos tanto. Esto es suyo, según creo.

Había una mesa; tío Gavin dejó el saco de pienso encima de ella y lo sacudió de forma repentina, y el rifle mutilado se deslizó por la mesa hasta pararse.

Y seguía sin haber nada en absoluto en la cara o en la voz de Snopes.

—Esto es algo que ustedes los abogados llaman discutible, ¿no es cierto?

—Oh, sí —dijo tío Gavin—. También todo el mundo sabe hoy de huellas dactilares, al igual que sabe de vuelos espaciales y de trampas con armas de fuego.

—Sí —dijo Snopes—. ¿Me lo está dando o me lo está vendiendo?

—Se lo estoy vendiendo —dijo tío Gavin—. Por la escritura, a favor de Essie Meadowfill, de esa franja de terreno de usted que la compañía petrolífera quiere comprar, y una cesión de la franja del terreno de Meadowfill que la escritura de usted ampara. Ella le pagará lo que pagó usted por la franja, más un diez por ciento de lo que la compañía petrolífera le pague por ella.

Ahora, en verdad, Snopes no se movió; se quedó allí inmóvil, con el huevo frito frío en la sartén.

—Muy bien —dijo tío Gavin—. En tal caso, tendré que ver si McKinley quiere comprarlo.

Era inteligente, había que concederle eso: lo suficientemente inteligente como para saber con exactitud hasta dónde podía ir.

—¿Solo el diez por ciento? —dijo.

—Usted inventó esa cifra —dijo tío Gavin.

Y lo suficientemente inteligente como para saber cuándo debía abandonar.

Dejó con cuidado la sartén en el suelo y envolvió el rifle mutilado en el saco de pienso.

—Imagino que tendrá tiempo para pasar hoy por su oficina, ¿no es eso? —dijo.

Y esta vez fue tío Gavin quien se quedó atónito por espacio de un instante. Pero se limitó a decir:

—Voy allí ahora.

También podíamos haber encontrado a Smith en su casa al anochecer. Pero fue tío Gavin quien no quiso esperar.

No era todavía mediodía cuando, desde la cerca que había al lado de la carretera, vimos a Smith y a la mula acercarse por una larga y negra senda de tierra volteada que era como la estela inmovilizada de la vertedera del arado. Luego permaneció en pie, del otro lado de la cerca, desnudo de cintura para arriba a excepción del peto del mono, con botas de combate; y entonces recordé lo que tío Gavin había dicho aquella mañana acerca de que todo lo que estaba reprimido dejaría de estar reprimido. Tío Gavin le tendió a Smith la escritura.

—Tome —dijo.

Smith la leyó.

—Es de Essie —dijo.

—Entonces cásese con ella —dijo tío Gavin—. Podrán vender ese terreno y comprarse una granja. ¿No es lo que los dos desean? ¿No se ha traído una camisa o un jersey? Póngase lo que sea y venga a la ciudad en mi coche; Chick llevará la mula.

—No —dijo Smith. Al volverse hacia la mula, se metió la escritura, o mejor, la hundió atropelladamente en su bolsillo—. La llevaré yo. Pasaré por casa primero. No voy a casarme con nadie sin afeitarme y sin corbata.

Y hubo algo más, mientras esperábamos a que el pastor baptista se lavara las manos y se pusiera la chaqueta; la señora Meadowfill llevaba sombrero, el primero que le habíamos visto en toda la vida; tenía todo el aspecto de ser el primer sombrero confeccionado por el hombre.

—Pero papá… —dijo la que pronto iba a ser Essie Smith.

—Oh —dijo tío Gavin—. Te refieres a esa silla de ruedas. Ahora es mía. Fue el pago de la minuta legal. Te la voy a dar a ti como regalo de bodas.

MÚSICA NEGRA

I

Esto que sigue es cosa de Wilfred Midgleston, favorito de la fortuna, elegido por los dioses. A lo largo de cincuenta y seis años, un mero espesamiento de las antiguas y bravuconas compulsiones y circunscripciones de los relojes y las campanas, tan sobradas de redaños, se encontró por la vida, cuando iba de paseo, con la viva estampa de un individuo, un paseante de corta estatura, cabreadizo, anodino, al que ni hombre ni mujer se volvió jamás a mirar dos veces, reflejado en los monótonos escaparates de las calles monótonas y duras. Y entonces refulgió en lo más alto del firmamento, en lo insondable, su apoteosis, que para él cuando menos no fue breve, sobre su tierra perdida, como la del Elías de antaño.

Me lo encontré en Rincón, una localidad que no es grande; es más pequeña incluso que un petrolero de espaldar bamboleante, de los que descuellan sobre los muelles de acero de la Universal Oil Company, más largo en toda su eslora que una calle jalonada por las viviendas y las palmeras, empedrada de polvo, cuajada de huellas de pies planos, allí donde cae la violencia de la sombra en pleno día y la violencia de las estrellas grandes en plena noche.

—Vino de Estados Unidos —me dijeron—. Lleva aquí veinticinco años. No ha cambiado en absoluto desde el día en que llegó, quitando que la ropa que traía se le ha caído a trozos de puro vieja, y que no habrá aprendido más de diez palabras en español —solo por eso se notaba que era viejo, porque iba tirando a trancas y barrancas: prácticamente no había aprendido una sola palabra de la lengua que hablaban las personas con las que llevaba veinticinco años de convivencia, entre las que daba la impresión de que se había propuesto hallar la muerte y tener entierro. Daba la impresión: no tenía oficio ni beneficio, era un hombre mansurrón, sin remedio, que parecía un contable de los que aparecen en las fábulas satíricas de George Ade, aunque vestido como iría un mendigo a una reunión social de buen tono en una iglesia presbiteriana y en torno a 1890, y además parecía bastante contento.

Bastante contento y bastante pobre, dicho sea de paso.

—O es pobre de solemnidad o da el pego de maravilla. Pero ahora no hay quien le toque un pelo de la ropa. Eso se lo dijimos hace mucho, mucho tiempo, cuando vino por aquí. Anda, le dijimos, ¿por qué no te dedicas a lo tuyo y te lo gastas como quieras y lo disfrutas como se merece? Seguramente de todo eso ya se habrán olvidado a estas alturas. Y es que si yo me tomara la molestia y asumiera el riesgo del robo, y luego afrontara la adversidad de tener que pasar el resto de mis días en un agujero inmundo como éste, con toda seguridad disfrutaría bien a gusto de aquello que me había tomado la molestia de apropiarme.

—¿Disfrutar de qué? —dije yo.

—De la pasta. De la pasta que robó, que por eso tuvo que venir a dar aquí con sus huesos. Si no, ¿por qué cree que iba a haber venido, y encima a quedarse veinticinco años? ¿Solo por ver el paisaje?

—Pues no es que actúe como si fuera muy rico. No lo parece —dije.

—Eso es de cajón. Pero un tipo como ése, con esa cara… No creo ni que tuviera el seso suficiente para robar con bien. Ni creo que tuviera el seso suficiente para conservar el producto del robo. Supongo que tiene usted razón. Creo que lo único que sacó en claro fue el darse a la fuga y el cargar con la culpa. Eso sí, alguien que vive en el sitio del que huyó se está pegando la gran vida y además va a cantar dos veces por semana al coro de la iglesia.

—¿Es eso lo que sucede? —pregunté.

—Se lo digo yo que sí. Algún cabronazo, demasiado rico para poder permitirse el lujo de que lo pillen robando, se echa atrás y deja que ese pobre idiota le saque las castañas del fuego, un pobre idiota que ni siquiera en toda su vida había visto dos mil quinientos dólares juntos. Dos mil quinientos parecen una cantidad desmedida cuando es otro quien los tiene, pero cuando uno tiene que salir por piernas de la noche a la mañana y emprender una huida a lo largo de mil millas, corriendo con todos los gastos, ¿cuánto le parece a usted que pueden durar dos mil quinientos dólares?

—¿Cuánto le duraron? —pregunté.

—Unos dos años, por Dios se lo digo. Y luego ahí resulta que yo… —calló. Me miró fijamente, malencarado y eso que yo había pagado el café y el pan que estaba sobre la mesa, entre los dos. Me fulminó con la mirada—. ¿Usted quién se cree que es, a todo esto? ¿William J. Burns?

—No lo creo. No tenía intención de ofenderle. Solo tenía curiosidad por saber cuánto tiempo le duraron los dichosos dos mil quinientos dólares.

—¿Y quién ha dicho que tuviera dos mil quinientos dólares? Yo solo he puesto un ejemplo. Nunca llegó a tener nada, ni siquiera dos mil quinientos centavos. Y, si es que los tuvo, los escondió, y aquí se ha quedado desde entonces. Vino aquí a gorronearnos a nosotros, los blancos, y cuando se hartó de dar la lata le dio por gorronearles también a los nativos. Y un blanco ha tenido que caer muy bajo cuando es tan picajoso en sus tratos con los demás que prefiere vivir entre los indígenas antes de desenterrar sus dineros y vivir como un blanco decente.

—Es posible que nunca llegase a robar nada —dije.

—¿Y entonces qué demonios está haciendo aquí?

—Yo también estoy aquí.

—No sé yo si no se habrá dado usted a la fuga…

—Así es —dije—. No lo sabe.

—Pues claro que no, porque eso será asunto tuyo. Cada cual tiene sus propias cosas, sus asuntos privados, y eso no hay quien lo respete tan a rajatabla como yo. Lo que sí sé es que un hombre blanco tiene que tener razones de mucho peso… A lo mejor ahora ya no las tiene. Pero a mí no me venga con el cuento de que un blanco es capaz de venirse a vivir y a morir aquí si no tiene razones de mucho peso.

—¿Y piensa usted que el robo de un dinero es la única razón posible?

Me miró asqueado, con desprecio.

—¿Se ha traído un ama de cría con usted? Pues más le valdría, al menos hasta que entienda lo suficiente de la naturaleza de los hombres y pueda viajar solo. Y es que la naturaleza de los hombres, igual me da quién sea, igual me da que cante en el coro de la iglesia, lleva a los hombres a robar siempre y cuando piensen que pueden salirse con la suya. Si eso aún no lo ha entendido, más le vale volver por donde ha venido y quedarse en casita, donde los suyos puedan cuidar de usted.

Pero en ese momento había visto a Midgleston, que estaba al otro lado de la calle. Se había parado junto a un grupillo de niños desnudos que jugaban en medio de la polvareda, a la sombra: un hombre menudo, cabreadizo, con unos pantalones de dril bastante sucios, que además no estaban hechos para él.

—Sea lo que fuere —dije—, no parece preocuparle.

—Ah. Es él. Ni siquiera tiene seso suficiente para saber cuándo no tiene necesidad de preocuparse de nada.

Bastante contento y bastante pobre. Por fin le llegó el turno de compartir el café y el pan conmigo. No, eso no es así. Por fin logré escabullirme del resto de sus compatriotas venidos a menos, como era el caso de mi primer informante: hombres desaliñados, sucios, por lo común sin afeitar, que eran inevitables en las cantinas y en los cafés, bocazas, violentos, empeñados en mantener la superioridad de la raza blanca y su propio concepto de la injusticia y de la ofensa entre los dientes blancos, los rostros serios, oscuros, corteses, fatales, especulativos y extranjeros, y por fin invité a Midgleston a desayunar conmigo. Tuve que invitarle y tuve que insistir. Se presentó a la hora convenida con los mismos pantalones sucios, aunque con una camisa blanca, enterita, planchada, y vino además afeitado. Aceptó la invitación sin servilismo, sin desconfianza, sin avidez. Pero cuando levantó el tazón, que no tenía asa, vi que las manos le temblaban tanto que tardó bastante en llevársela a los labios. Vio que estaba observando el temblor de sus manos y me miró a la cara por vez primera y vi que sus ojos eran los ojos de un anciano.

—No he comido apenas nada en un día o algo más —dijo con un residuo de excusa por su torpeza.

—¿Quiere decir que no ha comido nada en dos días? —le dije.

—Este clima tan caluroso… No es mucho lo que se necesita. Uno se siente mejor cuando no come demasiado. Eso fue lo más engorroso cuando llegué. Antes, en mi tierra, siempre tuve un buen diente.

—Ah —dije. Ordené entonces que nos trajeran algo de carne a pesar de sus protestas. Pero se zampó el desayuno, se lo zampó enterito.

—Usted mire qué pinta tengo —dijo—. No he desayunado tanto como hoy desde hace veinticinco años. Pero cuando uno se las va apañando, es difícil abandonar los viejos hábitos. No, señor. Desde que me marché de mi tierra nunca había desayunado tanto como hoy.

—¿Tiene planes de regresar a su tierra? —le pregunté.

—Me temo que no, no. Aquí me encuentro bien. Puedo vivir con poca cosa, con sencillez, sin que se me amontone nada. Soy mi propio jefe durante todo el día; antes era delineante en el estudio de un arquitecto. No. No creo que vaya a regresar —me miró. Su rostro demostraba una gran atención; estaba vigilante incluso, como un niño a punto de contar algo, a punto de delatarse—. No adivinaría usted dónde duermo ni siquiera en cien años.

—No. No cuento con adivinarlo. Dígame, ¿dónde duerme?

—En un desván, encima de una cantina que hay por allá. El edificio es propiedad de la Compañía, y la señora Widrington, la esposa del señor, Widrington, el gerente, me permite dormir en el desván. Está bastante alto, es silencioso, solo hay alguna rata de vez en cuando. Allí donde fueres, ya se sabe, haz lo que vieres. Solo que esto no es precisamente Roma; más bien Villaconejos. Pero tampoco es eso —me miró—. No lo adivinaría jamás.

—No —dije—. No lo adivinaría jamás.

Me miró.

—Me refiero a la cama que ocupo.

—¿La cama que ocupa?

—Ya se lo he dicho: no lo adivinaría jamás.

—No —le dije—. No pienso intentarlo.

—La cama que ocupo es un rollo de papel encerado, del que se emplea para reforzar los techos.

—¿Un rollo de qué?

—De papel encerado, del que se emplea para reforzar los techos —lo dijo con el rostro iluminado, pacífico; lo dijo con voz sosegada, rebosante de contento y de tranquilidad—. A la noche lo desenrollo y me acuesto, y a la mañana siguiente lo enrollo y lo dejo apoyado en el rincón. Así tengo el cuarto limpio durante todo el día. ¿No le parece una idea estupenda? Nada de sábanas, no hay que hacer la colada, nada de nada. Enrollo la cama entera como si fuese un paraguas y me la llevo bajo el brazo cuando me apetece ir con la música a otra parte.

—Vaya —dije—. ¿Así que no tiene familia?

—No. Conmigo, no. No.

—Entonces, ¿tiene familia allá en su tierra?

Estaba muy reposado. No fingió que le ocupara nada de lo que había en la mesa. Tampoco puso los ojos en blanco, aunque meditó pacíficamente unos momentos.

—Sí. En mi tierra tengo esposa. Es probable que este clima no le sentara nada bien. Esto no le iba a gustar. Pero está estupendamente. Nunca he dejado de pagar las cuotas del seguro; he pagado bastante más de lo que supondrá usted que sería capaz de ahorrar un delineante de arquitecto con un salario de setenta y cinco dólares a la semana. Si le dijera la cantidad exacta le sorprendería. Ella me ha ayudado a ahorrar; es una buena mujer. Así que eso es lo que le queda. Se lo ha ganado, el mérito es suyo. Además, a mí el dinero no me hace falta.

—Entonces no tiene planes de regresar a su tierra.

—No —repuso. Se me quedó mirando; de nuevo puso una expresión parecida a la de un niño que está a punto de delatarse—. Dese cuenta, algo he hecho.

—Ah. Entiendo.

Habló entonces en voz baja:

—No es lo que usted piensa. No es lo que los otros —movió el mentón en un breve gesto con el que abarcó a los demás— piensan. Nunca he robado ningún dinero. Siempre se lo dije a Martha, que es mi esposa. «Verá usted, señora Midgleston: el dinero se gana tan fácil que no vale la pena arriesgarse, ni tomarse la molestia de robarlo. Basta con que uno trabaje. ¿Hemos sufrido alguna vez por ello?», le dije. «Desde luego, no vivimos como viven algunos. Pero es que unos han nacido para una cosa y otros para otra. Y el que ha nacido para ser un renacuajo lo pasará mal cuando se empeñe en ser salmón. Como mucho, será sanguijuela.» Eso es lo que le decía yo. Y ella ha cumplido con su parte y nos llevamos muy bien; si le dijera a cuánto asciende la póliza de mi seguro se iba a sorprender. No; ella no ha tenido que sufrir por ello. Ni lo piense.

—No —dije.

—Pero… algo he hecho. Sí, señor.

—¿Algo ha hecho? ¿Y no lo puede contar?

—Algo. Algo que no correspondería hacer si uno tuviera el sino de un simple mortal.

—¿Qué es lo que ha hecho?

Me miró.

—No me da ningún miedo contárselo. Nunca me ha dado ningún miedo contarlo. Lo que pasa es que estos tipos —volvió a sacudir levemente el mentón— nunca lo hubiesen entendido. Ni siquiera se habrían enterado de qué estaba hablando. Pero usted sí lo entenderá. Usted sí —me miró a la cara—. Hubo una época de mi vida en que fui un farno.

—¿Un farno?

—Un farno. ¿No se acuerda de los libros antiguos, en los que aparecían bebiendo vino tinto? ¿No se acuerda de que algunas veces los senadores de la Antigua Roma y de la Antigua Grecia decidían arrancar un viñedo, o talar un bosque de los que usaban los dioses? En él construían residencias de verano para correrse sus buenas juergas allí donde no los oyese la policía, y entonces los dioses tampoco los oían, aunque a los dioses no les iba a hacer ninguna gracia que se casaran con mujeres que iban corriendo por ahí en pelota picada, y por eso el dios de los bosques, que se llamaba…

—Pan —dije.

—Eso es, Pan. Era el que mandaba a esas criaturas que eran mitad hombre y mitad cabra para meterles miedo.

—Ah —dije—. Entiendo: un fauno.

—Eso es. Un farno. Eso es lo que fui en otra época de mi vida. Me educaron en la religión; nunca he consumido tabaco ni licores; ahora mismo no creo que termine por ir al infierno. Claro que la Biblia dice que aquellos hombrecillos eran seres mitológicos. Pero yo sé bien que no es así, y por eso he estado y estoy un tanto aislado del sino que ha de correr un simple mortal. Porque hubo un día, en otra época de mi vida, en el que fui un farno.

II

En el estudio en el que Midgleston había trabajado de delineante se hablaba mucho del lugar en sí y de los incomparables planes que para el lugar albergaba la señora Van Dyming a la vez que manufacturaban los proyectos correspondientes, los planos y esbozos. El terreno constaba de un prado, una loma con orientación sur, en la que crecían las vides, y un trecho de bosque.

—Una muy buena tierra, decían. Pero nadie quería vivir en ella.

—¿Y por qué no? —dije.

—Porque allí pasaban cosas. Se contaba que mucho tiempo atrás un hombre venido de Nueva Inglaterra se asentó en aquel paraje y plantó las vides para comercializar las uvas. Iba a hacer jalea, o algo así. La cosecha fue buena, pero cuando llegó la hora de la vendimia no pudo recoger la uva.

—¿Por qué no la pudo recoger?

—Porque se había roto una pierna. Tenía unas cuantas cabras y un carnero que no lograba mantener fuera del viñedo. Lo intentó de mil maneras, pero le fue imposible impedir que el carnero entrase en el viñedo. Y cuando el hombre fue al viñedo a recoger las uvas para preparar los tarros de jalea, el carnero arremetió contra él, lo embistió y se rompió una pierna. Así que a la primavera siguiente se marchó el hombre que había venido de Nueva Inglaterra.

»Y aún hablaban de otro hombre, de un italiano que vivía por la otra linde del bosque. Recolectaba las uvas y hacía vino con ellas, y le fueron bien las cosas vendiendo el vino. Pasado un tiempo las cosas le iban realmente tan bien que tenía más clientes que vino para suministrar. Por eso, cuando empezó a rebajar el vino y a adulterarlo con agua y alcohol, se fue haciendo rico de verdad. Al principio se servía de un caballo y una carreta para llevarse las uvas por un camino particular que atravesaba el bosque, pero al hacerse rico se compró un camión, y aún adulteró el vino un poco más que antes, y se hizo aún más rico y se compró un camión mayor. Y una noche cayó una tormenta cuando estaba fuera de su casa, recogiendo las uvas, y esa noche no llegó a casa. A la mañana siguiente lo encontró su mujer. El camión había patinado, se había salido de la carretera y había volcado. El italiano estaba muerto debajo del vehículo.

—No entiendo yo por qué todo eso ha dado mala fama al lugar —dije.

—Muy bien, como quiera. Yo me limito a contarle lo que sé. Los campesinos de los alrededores no pensaban igual que usted. Puede ser que fuese porque solo eran eso, simples campesinos. De todos modos, ninguno estaba dispuesto a vivir en aquel paraje, y por eso el señor Van Dyming compró el terreno que ni regalado. Para la señora Van Dyming. Un regalo, un juguete. Antes incluso de que terminásemos de trazar los planos, la señora se marchaba en un tren especial con muchas de sus amistades solo por echar un vistazo al terreno, y eso que entonces no había ni una cabaña construida, y la hierba del prado crecía hasta la estatura de un hombre, y la loma de las viñas estaba descuidada, las viñas todas enmarañadas. Sin embargo, allá que se iba y se plantaba con los demás ricachones de Park Avenue, para explicarles que allí se podría construir la casa comunal, que se iba a hacer de tal manera que recordase al Coliseo, y más allá el garaje de la comunidad, que se iba a hacer de tal manera que recordase a la Acrópolis, y que todas las viñas serían arrancadas de cuajo para aterrazar la loma y crear un teatro al aire libre, donde todos ellos podrían actuar en las obras teatrales de todos los demás. Y les contaba que en el prado habría un lago donde se podrían remolcar de una orilla a otra una galera romana por medio de un motor de gasoil, y en la galera habría colchonetas y demás para tenderse a la bartola mientras almorzaban.

—¿Y qué decía el señor Van Dyming de todo eso?

—No creo que dijera gran cosa. Se había casado con ella, ya lo entenderá. Una vez va y dice: «Oye, Mattie», y ella se da la vuelta en redondo, en medio del estudio del arquitecto, delante de todos, y le suelta: «Ni se te ocurra llamarme Mattie». Él se quedó callado un rato, pero luego dijo: «No ha nacido ella en Park Avenue. Ni tampoco en Westchester. Ella ha nacido en Poughkeepsie. Su apellido de soltera es Lumpkin».

»Pero nadie lo diría al verla. Cuando salía su foto en el periódico, con todos los diamantes que le había regalado Van Dyming, no se decía que la señora de Carleton Van Dyming había sido, de soltera, la señorita Mathilda Lumpkin, natural de una localidad de clase obrera como Poughkeepsie. No, señor. Eso no se atrevían a decírselo a la cara ni los periódicos. Y supongo que el señor Van Dyming tampoco se lo había dicho nunca, solo que aquel día en el estudio se le olvidó. Por eso, va ella y le suelta: "Ni se te ocurra llamarme Mattie". Y él se tuvo que callar y quedarse quieto, acoquinado. Se parecía más o menos a mí, según se decía. Y se quedó golpeando uno de sus cigarrillos carísimos contra el guante, con una cara que parecía que hubiera pensado en sonreír un poco, aunque enseguida se diese cuenta de que tampoco le iba a servir de nada.

»Primero se construyó la casa. Estaba muy bien; el señor Van Dyming había hecho los planos. Supongo que quizás esa vez llegó a decir algo más, que no solo la llamó Mattie. Y supongo que aquella vez a la señora Van Dyming no se le ocurrió soltarle a la cara ese "Ni se te ocurra llamarme Mattie". A lo mejor él le prometió que no iba a interferir en todo lo demás. De todos modos, la casa estaba realmente muy bien. Estaba en la loma, cerca de la linde del bosque. Estaba hecha de troncos.

Pero tampoco es que fuera muy de troncos. Quedaba muy bien en el paraje, encajaba con toda naturalidad. Con troncos donde había que poner troncos, y buen ladrillo de ciudad y planchas de madera allí donde no había que poner troncos. Estaba en su sitio, encajaba de maravilla, estaba realmente muy bien. No se trataba de que nadie se enojase, no sé si me explico.

—Sí, creo que ya entiendo lo que quiere decir.

—Pero en todo lo demás él no interfirió; la dejó hacer con su Acrópolis y todo lo demás —me miró con gran atención—. A veces pensaba yo que…

—¿Qué? ¿Qué dice que pensaba?

—Ya le he dicho que él y yo éramos de la misma talla, que nos parecíamos bastante —me miró—. Como si hubiésemos podido hablar de tú a tú a pesar de toda su ropa cara y su lujo de Park Avenue, a pesar de sus bancos y sus ferrocarriles, a pesar de ser yo un delineante con un salario de setenta y cinco dólares a la semana, que vivía en Brooklyn y que ya tampoco era joven. Como si en cualquier momento le hubiera podido decir lo que se me pasara por la cabeza, y él me hubiera podido decir a las claras lo que pensaba, y como si nos hubiéramos podido entender perfectamente. Por eso a veces me daba por pensar… —me miró con atención, pero no como si estuviera dando palos de ciego—. A veces los hombres son más sensatos que las mujeres. Saben qué es lo que hay que dejar en paz, y las mujeres no siempre saben cuándo es hora de olvidarse de algo y dejarlo estar. Para eso no hace falta ser religioso en el buen sentido ni religioso en el mal sentido. Ni siquiera hace falta ser religioso —me miró con atención. Al cabo de unos instantes habló en tono tajante, resuelto, irrevocable—. Esto le va a parecer una solemne tontería.

—No. Claro que no. No, ni mucho menos.

Me miró un momento y luego apartó la mirada.

—No. Le parecerá una tontería. Pero tómese su tiempo.

—No, no. Le aseguro que no, se lo juro. Quiero que me lo cuente. No soy yo uno de esos que creen que todo el mundo ya lo sabe todo —me miró—. Nos ha costado un millón de años hacer que las cosas sean como son —le dije—. Y un hombre se puede hacer y se puede agotar y puede acabar enterrado en menos de setenta años. ¿Cómo va a esperar nadie que un hombre sepa siquiera lo suficiente para dudar de todo?

—Eso es verdad —dijo—. Eso es muy verdad.

—¿Y qué era lo que a veces le daba por pensar?

—A veces me daba por pensar que de no haber sido por mí se habrían servido de él. Se habrían servido del señor Van Dyming tal como se sirvieron de mí.

—¿Quiénes? —nos miramos uno al otro, muy serios, muy callados.

—Sí, hombre. Los mismos que se sirvieron del carnero con aquel que vino de Nueva Inglaterra y de la tormenta con el italiano.

—Ah. Habrían utilizado al señor Van Dyming en su lugar… si no hubiera estado usted presente. ¿Y cómo lo utilizaron?

—Eso es lo que le voy a contar. Le voy a contar cómo me eligieron y cómo se sirvieron de mí. No sabía yo que me habían elegido. Pero me eligieron para hacer algo que está más allá del sino que ha de correr un simple mortal. Fue el día en que el señor Carter (que era el jefe, el arquitecto) recibió del señor Van Dyming un mensaje para que se diera prisa. Creo que ya le he contado que la casa estaba terminada, y habían ido muchos de sus amigotes para ver los trabajos de los obreros, que ya habían empezado la construcción del Coliseo y de la Acrópolis. Llegó entonces el mensaje para que se acelerasen los planos y las obras. Ella quería ante todo los planos del teatro, el que se había de construir en la ladera en la que crecían las vides. Era lo que quería que se construyese primero, para que luego sus acompañantes se pudieran instalar a contemplar la construcción de la Acrópolis y el Coliseo. Ya había dado la orden de que se arrancasen de raíz todas las viñas, y el señor Carter puso entonces los planos del teatro en una cartera y me dio libre el fin de semana para que se los llevara en mano.

—¿Dónde estaba ese lugar?

—No lo sé. Estaba en los montes, en los montes apacibles en los que nunca han vivido demasiadas personas. Se respiraba una especie de aire verde, y gélido, y soplaba el viento. Cuando soplaba entre los pinos sonaba como un órgano, solo que era un sonido no tan domesticado como el de un órgano. Ni domesticado ni manso; sonaba asilvestrado. Pero no sé del todo bien dónde estaba. El señor Carter tenía el billete listo, y me dijo que alguien saldría a recibirme cuando llegara a la estación de ferrocarril.

»Así que llamé por teléfono a Martha y fui a casa a preparar mis cosas para el viaje. Cuando llegué, mi mujer tenía mi mejor traje recién planchado, el de los domingos, y mis zapatos bien lustrados. No me pareció que fuera lo más sensato, puesto que mi intención era solo llevar los planos y volver. Pero Martha me dijo que yo ya le había dicho qué clase de personas me iba a encontrar allí. "Y tienes que estar tan elegante como el que más", me dijo. "Porque todos ellos son ricos y salen en los periódicos, pero tú vales lo mismo que cualquiera de ellos." Fue lo último que me dijo antes de montar en el tren, con mi mejor traje y la carpeta de los planos: "Tú vales lo mismo que cualquiera de ellos, por más que salgan en los periódicos". Y así empezó la cosa.

—¿Qué fue lo que empezó? ¿El viaje? ¿El tren se puso en marcha?

—No. El tren llevaba en marcha un buen rato; ya estábamos en el campo. Yo aún no sabía que me habían elegido. Iba sentado cómodamente en el tren, con la carpeta encima de las rodillas, donde no la perdiera de vista. Cuando fui al coche restaurante a tomar un vaso de agua no sabía que me habían elegido a mí. Me llevé la carpeta y estaba allí de pie, mirando por la ventana y bebiendo despacio en un vasito de papel. Había un ribazo junto al cual corría el tren, y una valla blanca que lo cercaba, y del otro lado de la valla vi algunos animales, pero el tren circulaba a demasiada velocidad, y no pude ver qué clase de animales eran.

»Me volví a llenar el vaso de papel y estaba bebiendo a sorbos, mirando el ribazo y la valla y los animales que estaban del otro lado del cercado, cuando de golpe y porrazo me sentí como si me hubieran arrancado de la tierra. Veía el ribazo y veía la cerca, pero los vi dar vueltas a lo lejos. Y fue entonces cuando la vi. Y nada más verla fue como si me hubiese reventado dentro de la cabeza. ¿Sabe qué fue lo que vi?

—¿Qué fue lo que vio?

Me miró.

—Vi una cara. Una cara en el aire, que me estaba mirando por encima de la valla blanca, en lo alto del ribazo. No era la cara de un hombre, porque tenía cuernos, y no era la cara de una cabra, porque tenía barba y me miraba con ojos como los de un hombre, y tenía la boca abierta como si me dijese algo cuando reventó dentro de mi cabeza.

—Sí. ¿Y entonces…? ¿Qué hizo después?

—Usted se está diciendo: «Éste vio una cabra del otro lado de la valla». Ya lo sé. Pero yo no le he pedido que lo crea, téngalo bien presente. Y es que hace veinticinco años que no me tomo la molestia de que la gente me crea o no. A mí con eso me basta. Y supongo que eso es todo lo que importa.

—Sí —le dije—. ¿Qué hizo después?

—Me encontré tendido, con la cara empapada y la boca y el gaznate como si los tuviera en llamas. El hombre retiraba en ese momento la botella de mi boca (allí había dos hombres, el revisor y el mozo de cuerda) e intenté sentarme. «En esa botella hay whiskey», dije.

»"Pues claro que no, caballero", dijo el hombre. "Sabe usted de sobra que no le daría yo una gota de whiskey a un hombre como usted. Solo con verle está bien claro que usted no se ha tomado una copa en toda su vida. ¿Sí o no? Diga, diga." Le dije que no. "Pues claro que no", me dijo. "Por la manera en que se cayó con esa curva está clarísimo que es usted de la Asociación de Damas Abstemias. De todos modos, se ha llevado un buen golpetazo en la cabeza. ¿Qué tal se encuentra ahora? Tenga, tome otro sorbo de este reconstituyente."

»"Me parece que eso es whiskey", dije.

—¿Y era whiskey?

—No lo sé. Lo he olvidado. A lo mejor entonces sí lo supe. A lo mejor supe qué era cuando me tomé otra dosis. Pero eso es lo de menos, porque entonces la cosa ya había empezado.

—¿Había empezado por efecto del whiskey?

—No. Aquello era mucho más fuerte que el whiskey. Como si fuese aquello lo que bebía de la botella, aquello, y no yo. Y es que los hombres sostuvieron la botella en alto y uno dijo: «Pues, la verdad, se lo bebe usted como si no fuera whiskey. Pero seguro que enseguida sabrá si es o no es, ¿verdad?».

»Cuando el tren se detuvo en la estación indicada en el billete, todo estaba de un color verde intenso, la luz y los montes. Allí estaba la carreta; los dos hombres me ayudaron a bajar del tren y me pusieron en la mano la carpeta, y entonces me quedé parado y tan solo dije: "Adelante, en marcha". Eso es lo que dije: "Adelante, en marcha". Y los dos hombres se me quedaron mirando igual que me está mirando usted.

—¿Como le estoy mirando yo?

—Sí. Pero usted no tiene por qué creerme. Y les indiqué que esperasen mientras iba yo a por un silbato.

—¿Un silbato?

—Allí había un colmado. Un colmado y el depósito de mercancías, y luego los montes, y el frío intensamente verde, sin un rayo de sol, y una polvareda tirando a pálida en medio de la cual esperaba la carreta. Entonces arr…

—Pero ¿y el silbato? —dije.

—Lo compré en el colmado. Era de hojalata, con varios agujeros. No supe muy bien cómo cogerle el tranquillo. Eché la carpeta con los planos a la carreta y dije: «Adelante, en marcha». Eso fue lo que dije. Uno de ellos tomó la carpeta de la carreta y me la devolvió. «Oiga usted, caballero», me dice, «¿esto no tiene ningún valor?». Yo la volví a echar al interior de la carreta y dije: «Adelante, en marcha».

»Íbamos todos juntos en el pescante, yo en medio de los dos. Cantamos. Hacía frío, y circulamos por la orilla del río, cantando, hasta llegar al molino, donde nos detuvimos. Mientras uno de los dos entraba en el molino empecé a quitarme toda la ropa.

—¿A quitarse la ropa?

—Sí. El traje de los domingos. Me lo quité todo y lo fui echando al polvo, por Dios mismo se lo juro.

—¿Y no hacía frío?

—Pues claro que hacía frío. Claro que sí. Cuando me desnudé del todo sentí el frío en el cuerpo. Uno de ellos volvió del molino con un jarro y bebimos del jarro…

—¿Y qué había en el jarro?

—No lo sé. No me acuerdo. No era whiskey. Lo sé por la pinta que tenía. Era transparente como el agua clara.

—¿Y no supo qué era por el olor?

—Es que yo no tengo olfato. No sé cómo se llama exactamente eso, pero ya desde niño no lograba captar determinados olores. Dicen que por eso me he quedado viviendo aquí veinticinco años.

»Total, que bebimos y me fui caminando hasta la barandilla del puente. Y en el momento mismo en que me asomé me vi en el agua. Y en ese momento supe que había sucedido. Lo supe porque mi cuerpo era tan humano como el de cualquier hombre, pero mi cara era la misma cara que había reventado dentro de mi cabeza cuando estaba a bordo del tren, la cara que tenía barba y cuernos.

»Cuando volví a la carreta volví a beber del jarro y aún cantamos, solo que al cabo de un rato me puse por fin la ropa interior y los pantalones porque ellos se empeñaron, y así seguimos camino, cantando.

»Cuando avistamos la casa salté de la carreta. "Seguro que no querrá usted bajarse aquí", me dijeron. "Estamos justo en el pasto donde tienen encadenado al toro." A mí me dio lo mismo. Me bajé de la carreta con mi traje de los domingos y mi chaleco y la carpeta en la mano, y la flauta de hojalata.

III

Calló. Me miró muy serio, muy quieto.

—Sí —dije—. Sí. ¿Y entonces… qué?

Me siguió mirando.

—Yo nunca le he pedido que crea nada, ¿verdad que no? Eso se lo tengo que decir tantas veces como sea preciso —tenía la mano en la pechera—. La verdad es que hasta ahora ha tenido mucho que tragar, y no habrá sido fácil. Pero no se apure, porque le voy a ahorrar la tensión.

Del bolsillo de la pechera sacó una cartera de lona. Estaba toscamente cosida, con torpeza, y estaba ensuciada por el exceso de uso.

La abrió. Pero antes de que extrajera el contenido me volvió a mirar con atención.

—¿Suele ser usted indulgente?

—¿Indulgente?

—Con los demás. Con lo que creen ver los demás. Y es que no hay nada que sea exactamente igual para dos personas distintas. Una cosa nunca resulta igual a dos personas, pues todo depende del lado desde el que se mire.

—Ah —dije—. Indulgente, claro. Sí. Sí.

De la cartera sacó una hoja de periódico doblada. La hoja estaba amarillenta por la antigüedad que tenía, los dobleces rotos y cuidadosamente pegados con hilos sucios. La desdobló con todo cuidado, con el máximo esmero, y le dio la vuelta y la depositó sobre la mesa para que yo la viera.

—No la vaya a coger —dijo—. Es bastante vieja, y es el único ejemplar que tengo. Léala.

La miré: la tinta desleída, la página emborronada, con una fecha de veinticinco años atrás:

UN MANÍACO ANDA SUELTO EN LOS MONTES DE VIRGINIA
DESTACADA DAMA DE LA SOCIEDAD NEOYORQUINA ATACADA EN SU PROPIO JARDÍN

La señora de Carleton Van Dyming, de Nueva York y Newport, atacada por un loco semidesnudo y un toro enfurecido en el jardín de su residencia de verano. El maníaco logra escapar. La señora Van Dyming, muy afectada.

A partir de ahí seguía, con sus imágenes y sus dibujos, para relatar que la señora Van Dyming, que estaba esperando a un propio del estudio de su arquitecto, que debía llegar de Nueva York, hubo de levantarse de la mesa en que estaba cenando con sus invitados para recibir, según supuso, al recadero del arquitecto. El relato continuaba con las palabras de la propia señora Van Dyming:

Fui a la biblioteca, adonde había indicado que hicieran pasar al recadero del arquitecto, pero allí no había nadie. Estaba a punto de tocar la campanilla para llamar al lacayo cuando se me ocurrió salir a la puerta de la casa, puesto que es costumbre entre los lugareños acercarse a la entrada y negarse a pasar y a marcharse hasta que aparezca el señor o la señora de la casa. Fui hasta la puerta y allí no había nadie.

Salí al porche. La luz estaba encendida, pero no vi a nadie. Me dispuse a volver al interior de la casa, pero el lacayo me había dicho con toda claridad que la carreta había regresado al pueblo, por lo que pensé que el hombre al que esperaba tal vez se hubiera alejado por el césped, desde donde podría ver el lugar en que se estaba construyendo el teatro, en donde aquel mismo día los obreros habían empezado a allanar el terreno arrancando las viejas vides. Me encaminé en aquella dirección. Casi había llegado al final del césped cuando algo me llevó a darme la vuelta. Vi, silueteado entre el porche, donde estaba encendida la luz, y el punto en que me encontraba, a un hombre agachado y que saltaba a la pata coja, y vi con espanto, o más bien entendí, que se encontraba a punto de quitarse los pantalones.

Grité para llamar a mi esposo. Cuando lo hice, el hombre liberó la otra pierna y se dio la vuelta y vino corriendo hacia mí, con un cuchillo en alto (vi el relumbre de la luz del porche en la larga hoja del cuchillo), y un objeto plano y cuadrado en la otra mano. Me di la vuelta y eché a correr, chillando, hacia el bosque.

Perdí por completo el sentido de la orientación. Sencillamente eché a correr como una loca para salvar la vida. Descubrí que me encontraba en donde estuvo el antiguo viñedo, entre las viñas, y que iba corriendo de tal modo que me alejaría de la casa. Oía al hombre correr detrás de mí, y de pronto le oí emitir un extraño sonido. Era como si un niño se empeñase en tocar un silbato de baratillo, y entonces me di cuenta de que era el silbido de su respiración, pues llevaba la hoja del cuchillo sujeta entre los dientes.

De repente, algo me sobrepasó y me adelantó con un tremendo rugido entre los matorrales. Pasó a toda velocidad tan cerca de mí que le pude ver los ojos resplandecientes, y vi la forma de una bestia enorme, con cuernos, en la que poco después reconocí al toro de raza Durham más apreciado que tiene Carleton [el señor Van Dyming], un animal tan peligroso que el señor Dyming se ve obligado a mantenerlo encerrado y atado. Se encontraba en libertad y pasó de largo y se me escapó, con lo que por ese lado no podía seguir yo mi huida, mientras el loco del cuchillo me cortaba la retirada. Estaba rodeada; me detuve de espaldas a un árbol y me puse a gritar pidiendo auxilio.

—¿Cómo se escapó el toro? —le pregunté.

Me estaba mirando muy atento a la cara mientras leía el periódico, como si fuese yo un profesor a punto de ponerle nota a un trabajo de clase.

—Cuando yo era pequeño, me encargaba de vender suscripciones para la Police Gazette, y por cada una que vendía me daban una recompensa. Una de las recompensas que me dieron fue una maquinita que al parecer abría todos los cerrojos. Ya no la uso nunca, pero aún la llevo en el bolsillo, a manera de amuleto o algo así, digo yo. En cualquier caso, aquella noche la llevaba encima —miró el periódico que seguía sobre la mesa—. Supongo que todo el mundo cuenta lo que cree haber visto. Por eso tiene uno que creer lo que ellos piensan que creen. Pero en ese periódico no se cuenta cómo se quitó las chinelas (por poco me parto el pescuezo al resbalar cuando pisé una de las dos) para correr más deprisa, ni cómo la oía en mi interior yo haciendo ump—ump—ump como un caballo de tiro, ni cómo cuando por fin aflojó la marcha daba yo otro silbido con la flauta de hojalata para que apretase el paso por el miedo.

»Ni siquiera fui capaz de seguirla de cerca, porque llevaba encima la carpeta y además tenía que tocar cada tanto el silbato; era como si no fuese capaz de cogerle el tranquillo, no sé cómo. Pero a lo mejor fue porque tuve que empezar a tocarlo muy de repente, sin haber tenido tiempo de ensayar mejor, y además a todo correr. Total, que tiré la carpeta y entonces sí la alcancé, estaba de espaldas contra un árbol, y el toro no paraba de correr dando vueltas alrededor del árbol, sin molestarla, solo dando vueltas alrededor, armando un alboroto de cuidado, y ella estaba allí apoyada y murmuraba "Carleton, Carleton", como si le diera miedo despertarlo.

El relato del periódico continuaba así:

Me quedé apoyada contra el árbol, cada vez más convencida de que con cada vuelta que daba el toro tarde o temprano terminaría por descubrir mi presencia. Por eso dejé de dar voces. Entonces llegó el hombre a donde estaba yo, y lo pude ver a las claras por primera vez. Se paró delante de mí; durante un momento de espanto y de alborozo pensé que era el señor Van Dyming.

—¡Carleton! —dije en voz baja.

No me respondió. De nuevo estaba agachado; vi entonces que algo hacía con el cuchillo que tenía en la mano.

—¡Carleton! —grité.

—A saber cómo se le cogerá el tranquillo a este cacharro —murmuró, ajetreado con el cuchillo asesino.

—¡Carleton! —grité—. ¿Tú estás loco?

Entonces me miró. Vi que no era mi esposo, vi que estaba a merced de un loco, de un maníaco, y de un toro enfurecido. Vi que el hombre se llevaba el cuchillo a los labios, y de nuevo emitió un alarido pavoroso. Y me desmayé.

Y eso era todo. La crónica del periódico pasaba a referir tan solo que el loco se había esfumado sin dejar ni rastro, y que la señora Van Dyming se encontraba sujeta a cuidados de su médico particular, y que un tren especial esperaba para transportarla junto con todos sus criados e invitados, sin que faltara ni uno, de vuelta a Nueva York; y que en una breve entrevista el señor Van Dyming había informado a la prensa de que sus planes para introducir diversas mejoras en el lugar quedaban definitivamente suspendidos, y que de hecho había puesto el terreno a la venta.

Doblé el periódico con el mismo esmero que hubiese puesto él.

—Vaya —dije—. Así que eso es todo.

—Sí. Desperté al día siguiente ya con el sol en el cielo, en algún punto del bosque. No supe ni cuándo me había dormido ni, al principio, en dónde estaba. No pude recordar al principio qué había hecho. Pero eso no es de extrañar. Supongo que un hombre no puede perder un día de su vida sin enterarse al menos. ¿No le parece?

—Sí —dije—. Es lo mismo que opino yo.

—Y es que sé que no soy tan perverso, a ojos de Dios, como me temo que parezco a ojos de muchos hombres. Y supongo que ni los mismos demonios ni esas cosas y tampoco el Diablo en persona son tan perversos a ojos de Dios como lo son según muchos hombres que afirman saber un montón de los asuntos divinos. ¿No le parece que es así?

La cartera se hallaba abierta encima de la mesa. Pero no devolvió el periódico a su interior, no de inmediato. Entonces dejó de mirarme, y en su rostro se pintó la desconfianza, de nuevo con un deje infantil. Extendió la mano a la cartera, pero no la retiró de inmediato.

—Eso no es todo, o no lo es exactamente —dijo con la mano dentro de la cartera, la vista baja, y en su rostro esa expresión mansurrona, anodina, en la que asomaba un bigotillo poco poblado—. Cuando era niño me gustaba mucho leer, y leía mucho. ¿Usted suele leer mucho?

—Sí. Bastante —le dije, solo que no me escuchaba.

—Yo leía historias de piratas y vaqueros, y me imaginaba que era el jefe de los piratas o de los vaqueros, y eso que era un pobre chavalillo que no había visto el océano más que en Coney Island, como no había visto un árbol más que en Washington Square, y solo muy de vez en cuando. Pero leía aquellas historias y creía, como cualquier otro chiquillo, que un buen día… la vida no le gastaría una broma tan pesada como era el hecho de que me diera la vida y luego… Cuando llegué a casa aquella mañana para prepararme a coger el tren, va Martha y me dice: «Tú vales lo mismo que cualquiera de esos Van Dyming, por más que salgan en los periódicos. Si todos los que se lo merecen salieran en los periódicos, no cabrían ni en Park Avenue ni en Brooklyn», me dice.

Retiró la mano de la cartera. Esta vez extrajo solo un recorte, de una columna, que me pasó, amarillento y emborronado, no muy extenso:

MISTERIOSA DESAPARICIÓN
SE SOSPECHA DE INTIMIDACIÓN CON VIOLENCIA
Wilfred Middleton, arquitecto de York, desaparece en la casa de campo de un millonario.

La policía busca el cadáver del arquitecto, pues se cree que puede haber sido asesinado por un loco en los montes de Virginia.

El suceso podría estar relacionado con el misterioso ataque sufrido por la señora Van Dyming.

El vecindario de los montes colindantes, aterrorizado.

… Virginia, 8 de abril de…

Wilfred Middleton, de 56 años, arquitecto de la Ciudad de Nueva York, desapareció misteriosamente en algún momento del pasado 6 de abril cuando iba de camino a la casa de campo del señor Carleton Van Dyming, en las inmediaciones. Llevaba en su poder unos valiosos dibujos que aparecieron esta mañana cerca de la finca de Van Dyming, con lo que se dispone así de la primera pista. El jefe de la policía, Elmer Harris, se ha hecho cargo del caso, y en estos momentos espera la llegada de una brigada de la policía de Nueva York, momento en el cual promete una rápida solución del caso si cuenta con la ayuda de diestros criminólogos.

Lo más desconcertante en toda su experiencia

«Cuando resuelva esta desaparición —ha dicho el jefe Harris—, también hallaré la solución al ataque que sufrió la señora Van Dyming en la misma fecha».

Middleton deja esposa, la señora Martha Middleton, residente en la calle…, de Brooklyn.

Me estaba observando con atención.

—No hay más que un error en toda la crónica —dijo.

—Sí —repuse—. Han escrito mal su apellido.

—Me estaba preguntando si se daría usted cuenta. Pero no, ése no es el error… —tenía en la mano otro recorte, que en ese momento desdobló. Era como los otros dos; amarillento, apenas legible. Lo miré, miré la borrosa y apacible letra impresa a través de la cual, como si fuese una red fina y podrida, de algún modo se había filtrado la violencia de antaño, sin dejar siquiera el gesto inerte caer en el polvo apaciguado—. Lea, lea esto. Pero no se trata del error en el que estoy pensando, porque eso en su momento no lo podían saber...

Yo ya estaba leyendo sin escucharle. Era una carta reimpresa, de la sección en la que se daban consejos y se hacían reclamaciones:

Nueva Orleáns, Louisiana
10 de abril de...

Al señor director, New York Times
Nueva York, N. Y.

Estimado señor director:

En el número del pasado 8 de abril de este año se han equivocado en uno de los nombres. Se trata de Midgleston, no Middleton. Le agradecería que corrigiera este error en las secciones de Local y Metropolitana, por ser la prensa un arma al servicio del bien y también del mal que llega a los hogares de todos los norteamericanos. Y un poder de semejante calado no se puede permitir el lujo de incurrir en errores, ni siquiera sobre personas tan bondadosas como lo son tantos hombres y tantas mujeres aun cuando no salgan a diario en los periódicos.

Agradeciéndole de nuevo la atención prestada, le saluda atentamente,

UN AMIGO

—Oh —dije—. Entiendo. Usted lo corrigió.

—Sí. Pero ése no es el error. Si lo hice, fue por ella. Ya sabe usted cómo son las mujeres. Seguro que hubiese preferido no verlo en los periódicos antes que verlo mal escrito.

—¿De quién me habla?

—De mi esposa. De Martha. El error es más bien si los recibió o si no.

—No termino... Mejor será que me lo cuente.

—Eso es precisamente lo que estoy haciendo. Yo recibí dos del primero, el que relataba la desaparición, pero aguardé hasta que se publicara la carta. Entonces los metí los dos en un papel, y puse encima de los dos «Un amigo», para meterlo todo en un sobre y enviárselo. Pero no sé si los llegó a recibir o no. Ése fue el error.

—¿El error?

—Sí. Ella se mudó. Se mudó a vivir a Park Avenue cuando le pagaron el monto del seguro. Lo vi en un periódico ya después de llegar aquí. Refería que la señora Martha Midgleston, de Park Avenue, se había casado con un joven que estuvo relacionado con la Maison Payot de la Quinta Avenida. No se decía en qué momento se mudó, así que no sé si llegó a recibirlos o no.

—Ah, vaya —dije. Estaba guardando los recortes con todo cuidado en la cartera de lona.

—Sí, señor. Las mujeres son así. A un hombre no le cuesta mucho seguirles la corriente de vez en cuando, tenerlas contentas. Y es que se lo merecen; lo pasan muy mal. Solo que no era yo. A mí me hubiera dado lo mismo cómo lo escribieran. ¿Qué es un apellido para un hombre que ha hecho algo, que ha estado fuera del sino que corresponde a los simples mortales?

MI ABUELA MILLARD

I

Era por lo general después de cenar, justo antes de que nos levantásemos de la mesa. Al principio, desde el día en que se recibió la noticia de que los yanquis habían tomado Memphis, lo hicimos durante tres noches seguidas. Pero después, a medida que lo fuimos haciendo mejor, a medida que lo fuimos haciendo más deprisa, con hacerlo una vez por semana a la Abuela le bastaba. Luego, después de que la prima Melisandre por fin se marchase de Memphis y se viniese a vivir con nosotros, solo se hacía una vez al mes, y cuando el regimiento de Virginia votó para que el Padre dejase de ejercer el coronelato y por tanto se volvió a casa, donde pasó tres meses y recogió la cosecha y se le pasó el enfado y organizó una tropa de caballería para ponerla a las órdenes del general Forrest, dejamos de hacerlo ya del todo. Mejor dicho, lo hicimos también una vez en que estaba el Padre, mirando, y esa noche Ringo y yo le oímos reír a carcajadas en la biblioteca, la primera vez que se le oyó reír desde que volvió a casa, hasta que al cabo de medio minuto salió la Abuela remangándose las faldas y subió las escaleras como alma que lleva el diablo. Por eso no lo volvimos a hacer hasta que el Padre organizó a sus tropas y se marchó de nuevo a la guerra.

La Abuela doblaba la servilleta y la ponía junto al plato. Hablaba con Ringo, que estaba de pie, detrás de su silla, sin volver siquiera la cabeza.

—Ve a llamar a Joby y a Lucius.

Y allá que volvía Ringo a la cocina sin detenerse siquiera.

—Muy bien —decía la Abuela—. Atentos todos —lo decía a espaldas de Louvinia y se dirigía sobre la marcha a la cabaña y volvía no solo con Joby y Lucius y el farol prendido, sino también con Philadelphia, aun cuando Philadelphia no fuese a hacer otra cosa que permanecer allí de pie, atenta a lo que sucediera, y seguirnos después al huerto y otra vez a la casa, hasta que la Abuela dijera que por esa vez ya habíamos terminado y ella y Lucius pudieran entonces volver a la casa e irse a dormir. Y bajábamos del desván el baúl enorme (tantas veces lo habíamos hecho ya que ni necesitábamos el farol para ir al desván a buscar el baúl) cuya cerradura tenía yo por trabajo engrasar todos los lunes por la mañana con una pluma empapada en grasa de gallina, y Louvinia venía de la cocina con la plata sin limpiar que se había usado en la cena, un par de fuentes bajo un brazo y el reloj de la cocina bajo el otro, y dejaba el reloj y las dos fuentes en la mesa y sacaba del bolsillo del delantal un par de medias de la Abuela aún enrolladas y la Abuela las desenrollaba y de la puntera de una de las dos sacaba un trapo y abría el trapo que estaba hecho un gurruño y de dentro sacaba la llave del baúl y se desabrochaba el reloj que llevaba colgado del cuello y lo envolvía con el trapo y colocaba el trapo en la puntera de la media y enrollaba las dos medias haciendo una bola y colocaba la bola en el baúl. Luego, mientras la miraban la prima Melisandre y Philadelphia y también el Padre aquella vez en que estuvo presente, la Abuela se quedaba de frente al reloj con las dos manos en alto, a un palmo una de la otra, el cuello ladeado, para ver bien la esfera del reloj por encima de la montura de sus anteojos, hasta que la mayor de las manecillas llegase a la hora más cercana.

Los demás le mirábamos las manos. Ella no volvía a decir ni pío. No le hacía ninguna falta. Bastaba con el único y leve y sonoro ¡chas! de sus manos en el momento en que la manecilla llegase a la hora más cercana; a veces ya nos poníamos en movimiento antes de que uniese las manos en ese aplauso, todos nosotros, claro está, salvo Philadelphia. La Abuela nunca le dejaba ayudar en nada, por culpa de Lucius, aun cuando era Lucius el que se había encargado de cavar casi todo el hoyo y el que se ocupaba de transportar todas las veces el baúl.

Pero Philadelphia tenía que estar presente. La Abuela solo se lo tuvo que decir una vez.

—Quiero también aquí a las mujeres de todos los hombres libres —dijo la Abuela—. Quiero que todos vosotros, los hombres libres, veáis qué es lo que todos los demás, los que no somos libres, tenemos que hacer para que las cosas sigan siendo como son.

Todo esto empezó hace ocho meses. Un día reparé en que algo le había pasado a Lucius. Luego me enteré de que Ringo ya lo había visto y que sabía de qué iba la cosa, así que cuando por fin vino Louvinia y se lo dijo a la Abuela no fue como si Lucius hubiera desafiado a su madre a que se lo dijese a ella, sino como si más bien hubiese obligado a alguien, sin importarle a quién, a que se lo dijese a ella. Él lo había dicho más de una vez, en la cabaña, una noche acaso por vez primera, y luego se lo dijo en otros sitios a otras personas, incluidos los negros de otras plantaciones. Memphis ya había caído para entonces, y luego fue Nueva Orleáns, y todo lo que nos quedó del río fue Vicksburg, y aunque entonces fuera imposible de creer, tampoco la íbamos a conservar por mucho tiempo. Total que una mañana vino Louvinia a donde estaba la Abuela cortando los pantalones desgastados del uniforme que el Padre trajo cuando vino a casa desde Virginia, arreglándolos para que me sirvieran a mí, y le cuchicheó a la Abuela que Lucius no hacía más que decir que los yanquis muy pronto iban a quedarse con todo Mississippi y también con el condado de Yoknapatawpha, y que todos los negros iban a ser libres, y que cuando eso pasara a él ya no lo iban a encontrar ni debajo de las piedras. Lucius estaba trabajando en el huerto aquella mañana. La Abuela salió por la galería de atrás, sin soltar ni los pantalones ni la aguja. Ni siquiera se subió los anteojos sobre el puente de la nariz.

—Tú, Lucius —le dijo una sola vez, así, en seco, y Lucius salió del huerto con la azada en la mano y la Abuela se le quedó mirando por encima de los anteojos, que era como solía mirar todo lo que miraba, ya fuera su lectura o su costura o ya fuera la esfera del reloj cuando llegaba el instante de ponerse a enterrar la plata—. Ya te puedes marchar —le dijo—. No hace falta que esperes a que vengan los yanquis.

—¿Que me marche? —dijo Lucius—. Si no soy libre.

—Eres libres desde hace ya casi tres minutos —dijo la Abuela—. Márchate.

Lucius pestañeó durante tanto tiempo que se podría haber contado hasta diez.

—¿Y adónde me marcho? —dijo.

—Eso yo no lo sé —le dijo la Abuela—. Yo no soy libre. Pero digo yo que tendrás todas las tierras de los yanquis para ir donde te plazca.

Lucius aún siguió pestañeando. Ya no miraba a la Abuela.

—¿Y eso es todo lo que quería? —preguntó.

—Sí —dijo la Abuela.

Así que se volvió al huerto y eso fue lo último que supimos de sus ganas de ser libre. Mejor dicho, se le dejó de notar en la manera en que actuaba, y si aún habló alguna vez más del asunto, ni siquiera a Louvinia le pareció que valiera la pena molestar a la Abuela contándoselo. Era más bien la Abuela quien se lo recordaba sobre todo a Philadelphia, y más aquellas noches en que nos colocábamos como los caballos de carreras en los cajones de salida, atentos a las manos de la Abuela y al momento en que dieran la palmada.

Todos y cada uno de nosotros sabía con toda exactitud qué era lo que tenía que hacer. Yo subía a la primera planta a buscar el alfiler de oro que usaba la Abuela con los sombreros, y su sombrilla de empuñadura de plata y el sombrero de plumas de los domingos, porque los pendientes y el broche ya los había enviado mucho antes a Richmond, y subía también a la habitación del Padre a buscar sus cepillos de mango de plata, y al cuarto de la prima Melisandre, después de que se viniera a vivir con nosotros, a recoger sus cosas, porque la única vez que la Abuela dejó que la prima Melisandre echase una mano, la prima Melisandre bajó cargada con todos sus vestidos sin olvidarse uno solo. Ringo iba al salón a por los candiles y a por el dulcémele de la Abuela y el medallón de la otra abuela, la madre del Padre, que era natural de Carolina. Y volvíamos corriendo al comedor, donde Louvinia y Lucius ya tenían el aparador casi del todo despejado, y la Abuela aún seguía allí de pie, pendiente de la esfera del reloj y del baúl, con las dos manos listas para dar otra palmada, y daba la palmada y Ringo y yo parábamos en la puerta de la bodega lo justo para recoger las azadas y echar a correr al huerto y despejar los matojos y los hierbajos y los palos entrecruzados del fondo y tener la zanja abierta y lista para el momento en que los viésemos llegar: primero, Louvinia con el farol; luego, Joby y Lucius con el baúl, y la Abuela al lado, y la prima Melisandre y Philadelphia (y aquella vez en que estuvo pues también el Padre, que iba caminando a la par, y riendo sin parar) detrás del todo. Y aquella primera noche el reloj de la cocina ni siquiera iba dentro del baúl. La Abuela lo llevaba, mientras era Louvinia la que llevaba en alto el farol para que la Abuela pudiese ver bien la manecilla, y la Abuela nos indicó que pusiéramos el baúl en la zanja y que le echásemos tierra encima y que la alisáramos y que dejásemos los matojos y los hierbajos por encima y que luego sacásemos de debajo de los matojos y los hierbajos y la tierra el baúl y lo llevásemos de vuelta a la casa. Y una noche pareció como si hubiésemos bajado el baúl desde el desván y hubiésemos metido dentro la plata y lo hubiésemos llevado a la zanja y hubiésemos abierto la zanja y luego la hubiésemos cerrado y hubiésemos dado la vuelta y vuelta a empezar, sacando el baúl de la zanja para llevárnoslo a la casa y sacar la plata y colocar cada cosa en el sitio del que la habíamos tomado, y así todo el invierno y todo el verano; una noche, y no sé a quién se le ocurrió el primero, puede que se nos ocurriese a todos a la vez. Pero pasó de todos modos la aguja del reloj cuatro marcas de la esfera antes de que la Abuela diera una palmada para indicarnos a Ringo y a mí que echásemos a correr y abriésemos la zanja. Y llegaron con el baúl y Ringo y yo no habíamos tenido tiempo de apartar la última brazada de matojos y de palos, para ahorrarnos el tener que agacharnos otra vez, y Lucius ni siquiera había dejado en el suelo su parte del baúl por la misma razón y digo yo que Louvinia era la única que sabía la que se avecinaba, porque lo que es Ringo y yo nunca supimos que el reloj de la cocina estaba en la mesa del comedor. Y entonces habló la Abuela. Fue la primera vez que le oí decir algo entre el momento en que le decía a Ringo «Ve a llamar a Joby y a Lucius» y el momento en que nos decía a los dos, una media hora más tarde, «Haced el favor de lavaros los pies e iros a la cama». No lo dijo en alto, y no habló mucho; nada más que fueron dos palabras o, si bien se mira, una sola:

—Enterradlo.

Y bajamos el baúl a la zanja y Joby y Lucius echaron la tierra encima y ni siquiera por ésas nos movimos Ringo y yo con los matojos hasta que la Abuela volvió a decir algo, tampoco esta vez ni muy alto, ni mucho:

—Adelante. Esconded la zanja.

Y apartamos los matojos y dijo la Abuela:

—Desenterradlo.

Y desenterramos el baúl y lo llevamos de vuelta a la casa y colocamos cada cosa en el sitio del que la habíamos tomado y fue entonces cuando vi que el reloj de la cocina estaba sobre la mesa del comedor. Y allí nos quedamos todos mirando las manos de la Abuela hasta que por fin dio una palmada y para ese momento llenamos el baúl y lo sacamos al huerto y lo bajamos a la zanja mucho más deprisa que nunca.

II

Y cuando llegó la hora de enterrar de veras la plata, ya era demasiado tarde. Cuando todo terminó y la prima Melisandre y el primo Philip por fin se casaron y el Padre se hartó de reír todo lo que quiso, dijo el Padre que eso era lo que sucedía siempre que una colección heterogénea de personas cohesionadas tan solo por un sencillo deseo de libertad se engranaban en una máquina tiránica. Dijo que así se pierden siempre las primeras batallas, y que si hay inferioridad numérica y todo hace pensar que las condiciones tampoco ayudan a cualquiera que venga de fuera le parecerá que lo van a perder todo. Pero no tiene por qué ser así. No se les puede derrotar; solo con que deseen con todas sus fuerzas esa libertad, solo con que la deseen tantísimo que estén dispuestos a sacrificar lo que sea a cambio de la tranquilidad y las comodidades y la gordura del espíritu y lo que sea, hasta que les bastara todo lo que pudiera quedar, por escaso que fuese lo que quedase de esa libertad, esa misma libertad al final habría de imponerse a la máquina, igual que podría acabar con ella cualquier fuerza negativa, ya fuera una sequía, ya fuera una inundación. Y más tarde aún, al cabo de otros dos años más, cuando ya sabíamos que íbamos a perder la guerra, seguía él diciendo lo mismo.

—Yo no lo he de ver, pero vosotros sí —decía—. Lo veréis en la siguiente guerra que desate, y lo veréis en todas las guerras que los norteamericanos tengan que librar de entonces en adelante. Habrá hombres del Sur en el frente de todas las batallas, e incluso llegarán a encabezar la vanguardia en algunas, ayudando a los que nos conquistaron a defender la misma libertad que creían habernos arrebatado.

Y así había sido: treinta años después fue así, y el general Wheeler, al que el Padre habría tachado de apóstata, estuvo al mando en la guerra de Cuba, aun cuando el general Early sí lo llamó apóstata y matricida para colmo en el despacho de un director de periódico, en Richmond, cuando dijo:

—Me hubiera gustado vivir tanto que cuando me llegue la hora vuelva a encontrarme con Robert Lee. Pero como no es el caso, pienso pasármelo en grande viendo cómo le quema el Demonio esa casaca azul a Joe Wheeler según se la arranca de la piel.

No tuvimos ni tiempo. Ni siquiera nos enteramos de que estaban los yanquis en Jefferson, y menos aún a una milla de Sartoris. Nunca hubo muchos. Entonces no había ferrocarril, ni tampoco un río con calado suficiente para barcos grandes, y tampoco había en Jefferson nada que les hubiese apetecido aun cuando hubiesen venido, puesto que esto fue antes de que el Padre tuviese tiempo siquiera de preocuparse lo suficiente porque el general Ulysses S. Grant había emitido una orden decretando una recompensa por su captura. Así que nos habíamos ido acostumbrando a la guerra. Nos parecía que era una cosa tan definitiva, tan fija, tan inamovible, como lo son las vías del tren, o como lo es un río, cuando de hecho se desplazaba hacia el este en paralelo al ferrocarril de Memphis y hacia el sur, bordeando el río, hacia Vicksburg. Habíamos oído contar cuentos sobre el pillaje y el saqueo a los que se daban las tropas de los yanquis, y casi todo el mundo, en Jefferson y alrededores, estaba más que preparado para enterrar la plata a todo correr, aunque no creo que nadie llegara a ensayarlo tanto como nosotros. Pero nadie, que nosotros supiéramos, era ni de lejos parentela de alguien que sí había sufrido el saqueo, así que mucho dudo que ni siquiera Lucius esperase de veras que aparecieran los yanquis, o no al menos hasta que llegó aquella mañana.

Eran más o menos las once. La mesa ya estaba puesta para el almuerzo y todo el mundo empezaba quien más quien menos a aflojar para asegurarse de oír el momento en que Louvinia saliera a la galería de atrás y tocase la campana, cuando llegó Ab Snopes sin resuello y, para variar, a lomos de un caballo un tanto extraño. Era miembro de la tropa que estaba a las órdenes del Padre. No era miembro combatiente; se hacía llamar capitán de caballos, a saber lo que quería decir con eso, aunque nosotros teníamos una idea bastante exacta, y ninguno de nosotros sabía qué estaba haciendo en Jefferson cuando la tropa tenía que estar en Tennessee a las órdenes del general Bragg, y es probable que nadie supiera la verdad verdadera de cómo se apoderó del caballo que en ese momento entró al galope en la propiedad y pisoteó uno de los arriates de la Abuela porque digo yo que supuso que trayendo un mensaje podía correr el riesgo, y acto seguido pasó a la trasera, porque con mensaje o sin él más le valía no entrar por la puerta de casa de la Abuela dando alaridos de esa manera, a lomos de un caballo extraño y medio despanzurrado, con el hierro del ejército de los Estados Unidos en la grupa, que se le veía a trescientos metros de distancia, y gritándole a la Abuela que el general Forrest estaba en Jefferson, pero que había un regimiento de caballería de los yanquis a menos de media milla de allí.

Así que nunca tuvimos ni tiempo. Después, el Padre reconoció que el error de la Abuela no había sido de estrategia, ni de táctica tampoco, aun cuando lo hubiera copiado de otro. Y es que dijo que ya pasaba mucho tiempo desde la última vez en que la originalidad fue ingrediente indispensable de un éxito militar. Simplemente fue todo muy deprisa. Fui a buscar a Joby y a Lucius y a Philadelphia porque la Abuela mandó a Ringo por el camino, con un trapo que debía ondear cuando los tuviera a la vista. Luego me mandó a la ventana del salón, desde donde podría ver bien a Ringo. Cuando volvió Ab Snopes del sitio en que se hubiera escondido con su nuevo caballo yanqui, se ofreció a subir a la primera planta, a recoger las cosas. La Abuela desde mucho antes nos había dicho que ni se nos pasara por la cabeza dejar que Ab Snopes pusiera un pie en la casa, a no ser que alguien lo acompañara. Dijo que prefería tener a yanquis en la casa, el día que fuese, porque al menos darían mayores muestras de delicadeza, aunque fuera solo por elemental sensatez, que para robar una cuchara o un candil y luego intentar vendérselos a cualquier vecino se las pintaba solo Ab Snopes. Ni siquiera le respondió.

—Tú quédate ahí mismo, pegado a esa puerta, y no se te ocurra moverte —le dijo a bocajarro. Así que la prima Melisandre a fin de cuentas subió a la primera planta y la Abuela y Philadelphia fueron al salón a buscar los candiles y el medallón y el dulcémele, y esta vez no solo echó una mano Philadelphia, fuese libre o no, sino que la Abuela tampoco echó mano del reloj.

Todo sucedió de golpe. Estaba sentado Ringo junto al poste de la cancela, atento al camino, y a renglón seguido se había puesto de pie y agitaba el trapo y eché a correr y a dar voces hacia el comedor, y recuerdo los blancos de los ojos de Joby y de Lucius y de Philadelphia y recuerdo los ojos de la prima Melisandre, apoyada en el aparador y con el dorso de la mano en la boca, y la Abuela y Louvinia y Ab Snopes mirándose los unos a los otros alrededor del baúl y aún oigo la voz de Louvinia, que resonó aún más fuerte que la mía:

—¡Señá Cawmpson! ¡Señá Cawmpson!

—¿Cómo? —exclamó la Abuela—. ¿Qué? ¿La señora Compson?

De pronto nos acordamos todos. Fue cuando la primera patrulla yanqui que vino de exploración entró en Jefferson, más de un año antes. La guerra acababa de empezar y digo yo que el general Compson era el único soldado de Jefferson del que habían tenido noticia los yanquis. Fuera como fuese, el oficial preguntó a alguien, en la plaza del pueblo, dónde vivía el general Compson, y el viejo doctor Holston mandó a su chico, al negro, por las callejuelas, y atravesando parcelas y solares, para avisar a tiempo a la señora Compson, y se contaba que el oficial yanqui mandó a algunos de sus hombres a la casa desierta y que él mismo entró a caballo por la parte de atrás, donde se encontró a la vieja tía Roxanne delante de la caseta del retrete, tras la puerta cerrada de la cual estaba sentada la señora Compson, vestida por completo, incluso con sombrero y parasol, encima de la cesta de mimbre en la que se encontraba toda la plata, incluso la cubertería.

—La señás tallá —dijo Roxanne—. Usté se para en donde pisa.

Y contaba la historia que el oficial de los yanquis le dijo así:

—Discúlpeme usted —y se quitó el sombrero e incluso obligó a su montura a recular unos cuantos pasos antes de darse la vuelta y ordenar a sus hombres que se marcharan.

—¡En el retrete! —exclamó la Abuela.

—¡El fuego del infierno, señá Millard! —dijo Ab Snopes.

Y la Abuela no dijo nada de nada. No es que no se hubiese enterado, porque lo estaba mirando de frente. No es que le diese igual; eso lo podría haber dicho ella misma. Y eso demuestra cómo eran entonces las cosas: es que no tuvimos tiempo para nada.

—El fuego del infierno —dijo Ab Snopes—, ¡que eso ya se sabe por to el norte de Mississippi! No queda ni una señá blanca de aquí a Memphis que no haya puesto a buen recaudo toa la plata que tenga.

—Pues va a ser que llegamos tarde —dijo la Abuela—. Daos prisa.

—¡Un momento! —dijo Ab Snopes—. ¡Un momento! ¡Hasta los mismos yanquis habrán caído ya en la cuenta!

—Pues entonces esperemos que estos yanquis no sean los mismos yanquis de la otra vez —intervino la Abuela—. Vamos, daos prisa.

—Pero… ¡señá Millard! —gritó Ab Snopes—. ¡Espere, espere un momento!

Claro que ya oíamos a Ringo dar voces desde la cancela, y me acuerdo de Joby y de Lucius y de Philadelphia y de Louvinia y de las faldas como globos mecidos por la brisa que llevaba la prima Melisandre cuando echaron a correr por la trasera de la casa, con el baúl en algún lugar entre todos ellos; me acuerdo de que Joby y Lucius volcaron el baúl del otro lado de la puerta de la caseta, alta y estrecha, y frágil, y de que Louvinia empujó no sé si queriendo o sin querer a la prima Melisandre y cerró de un portazo y entonces sí que oímos a Ringo dar voces como loco, casi en la misma casa, y volví yo a la ventana del salón y los vi en el momento en que daban la vuelta a la casa en medio de la polvareda, seis hombres de azul, galopando veloces, aunque con algo curioso en las acciones de los caballos, como si no solo fuesen sujetos por parejas con un yugo, sino también todos ellos enganchados a una sola vara de carro, y Ringo entonces llegó a pie y ya sin dar gritos, y al final del todo el séptimo jinete, con la cabeza descubierta y de pie sobre los estribos y con el sable en ristre. Volví entonces a la galería de atrás, me planté junto a la Abuela y, por encima del tumulto de hombres y caballos en la propiedad, resulta que se equivocó.

Fue como si aquéllos no solo fueran los mismos que visitaron a la señora Compson el año anterior, sino como si además alguien les hubiera dicho dónde estaba exactamente la caseta del retrete. Los caballos iban sujetos por parejas, pero no enganchados a una vara de carro, sino a un poste, casi un tronco de unos seis metros de largo, sujeto de silla en silla entre las tres parejas de jinetes; y recuerdo los rostros, sin afeitar y macilentos y no tanto burlones cuanto más bien frenéticos en su alborozo, mirándonos ceñudos un instante antes de que los hombres desmontasen de un salto y descolgasen el poste y apartasen a los caballos y enarbolasen el poste, tres por cada lado, y echasen a correr por la parcela con el poste a la vez que el último de los jinetes apareció por la casa, de uniforme gris (un oficial: era el primo Philip, aunque claro está que eso nosotros no lo sabíamos aún, y se iba a armar un considerable alboroto y no menor confusión hasta que por fin se supo que era el primo Philip, aunque claro está que eso él tampoco lo sabía aún), el sable desenvainado, en ristre, y no ya de pie sobre los estribos, sino prácticamente tumbado sobre el cuello del caballo. Los seis yanquis nunca lo llegaron a ver. Y nosotros solíamos ver al Padre cuando hacía la instrucción con su tropa en el prado de atrás, pasando de columna en columna por el frente de la tropa a galope tendido, y se oía su voz incluso por encima del ruido de los cascos al galope, aunque no fuese más sonora que la de la Abuela.

—¡Que ahí dentro hay una señora! —dijo ella.

Pero los yanquis no la oyeron, como tampoco habían visto aún al primo Philip, todo el alboroto que se armó, los seis a la carrera con el poste y el primo Philip a caballo, asomándose por encima de ellos con el sable en ristre, atravesando veloces la parcela hasta que la punta del poste se estampó contra la puerta de la caseta. No es que se volcase, sino que reventó. Estaba ahí donde siempre estuvo, alta y estrecha, y enclenque, y acto seguido había desaparecido y todo era un barullo de hombres con casaca azul que no paraban de gritar y acoquinarse y esquivar los embates que les tiró el primo Philip con el sable en ristre, hasta que hallaron ocasión de darse la vuelta y salir corriendo. Entonces se desparramaron los tablones y las tejas de madera y la prima Melisandre apareció sentada al lado del baúl y en medio del barullo, con todo el miriñaque extendido y la falda sujeta con las manos y la boca abierta y al poco se oyó un tenue restallido de disparos que llegaban desde el arroyo, aunque apenas resonasen ni parecieran más belicosos que un niño que hubiera prendido unos buscapiés.

—¡Ya decía yo que esperasen ustedes! —dijo Ab Snopes detrás de nosotros—. ¡Ya decía yo que los yanquis estaban al tanto de eso!

Después de que Joby y Lucius y Ringo y yo terminásemos de enterrar el baúl en la zanja y ocultásemos las huellas de las azadas, me encontré con el primo Philip en el cenador de verano. Había dejado el sable y el cinto apoyados contra la pared, pero no creo que ni él mismo supiera qué se hizo de su sombrero. Se había quitado también la casaca y la estaba limpiando con el pañuelo y miraba a la casa por el rabillo del ojo. Cuando llegué, se irguió del todo y al principio creí que me miraba a mí. Luego no supe qué era lo que estaba mirando.

—Qué moza tan bella —dijo—. Ve a buscarme un peine.

—Le están esperando en la casa —le dije—. La Abuela quiere que se le diga qué está pasando.

La prima Melisandre ya estaba del todo repuesta. Hicieron falta Louvinia y Philadelphia y al final también la Abuela para convencerla de que entrara en la casa, pero Louvinia trajo el vino de saúco antes de que la Abuela tuviera tiempo de mandarle que lo trajera y la prima Melisandre y la Abuela esperaban en el salón.

—Será hermana tuya —dijo el primo Philip—. Y un espejo de mano.

—No, señor —le dije—. Solo es una prima nuestra. Es de Memphis. La Abuela dice…

Pero es que él no conocía a la Abuela. Ya le iba bien esperar en cualquier momento a quien fuese, solo que él no me dejó terminar.

—Qué moza tan bella, y qué tierna —dijo—. Y manda a un negro con una jofaina llena de agua y una toalla —me volví hacia la casa. Esta vez, al darme la vuelta para mirarlo, ya no vi que mirase por el rabillo del ojo al interior de la casa—. Y un cepillo para la ropa —añadió.

La Abuela no pensaba esperar mucho más. Estaba en la entrada.

—¿Y ahora qué? —preguntó. Se lo dije—. ¿Es que se cree el hombre que aquí vamos a dar un baile a plena luz del día? Dile que entre y pase a asearse en la galería de atrás, como todos los demás. Louvinia va a servir el almuerzo y ya se nos hace tarde —pero es que la Abuela tampoco conocía al primo Philip. Se lo volví a decir. Me miró—. ¿Qué ha dicho? —preguntó.

—No ha dicho nada —le dije—. Solo… Qué moza tan bella.

—Es todo lo que a mí me dijo —dijo Ringo. No lo había oído entrar—. Además de pedir agua y jabón. Solo… Qué moza tan bella.

—¿Y te estaba mirando a ti cuando lo dijo? —pregunté.

—No —dijo Ringo—. Por un momento pensé que sí.

La Abuela nos miró a Ringo y a mí.

—Ajá —dijo, y solo después, cuando me hice mayor, descubrí que la Abuela ya conocía al primo Philip, que le bastaba con mirar a uno de ellos para saber cómo eran todas las primas Melisandre y todos los primos Philip sin tener que verlos con detalle—. A veces pienso que las balas son casi lo menos fatal de todo lo que vuela, y más en la guerra. De acuerdo —dijo—, llévale el agua y el jabón, pero date prisa.

Así lo hicimos. Esta vez no dijo «Qué moza tan bella». Lo dijo dos veces. Se despojó de la casaca y se la pasó a Ringo.

—Cepíllamela bien —dijo—. Es hermana tuya, según has dicho.

—No, eso no lo he dicho yo —repliqué.

—Da lo mismo —dijo—. Quiero un ramillete. Para llevárselo en mano.

—Esas flores son de la Abuela —le dije.

—Me da igual —dijo él. Se remangó y comenzó a asearse—. Aunque sea pequeño. Solo una docena de capullos en flor. Que algunos sean de color rosa.

Fui a buscarle las flores. No sé si la Abuela seguía apostada en la puerta o no. Es posible que no lo estuviera. Al menos, no dijo nada más. Así que cogí las flores que el caballo nuevo y yanqui de Ab Snopes ya había pisoteado, y limpié un poco el polvo y las enderecé como pude y volví al cenador de verano, en donde Ringo sostenía el espejo de mano mientras el primo Philip se peinaba y se acicalaba. Se puso la casaca y se cerró la hebilla del cinto y envainó el sable y extendió los pies, primero uno y luego el otro, para que Ringo le lustrase las botas con el trapo, y Ringo se dio cuenta. Yo no hubiera dicho nada, porque ya siempre se nos hacía tarde para almorzar, y así habría sido aunque no hubieran estado los yanquis de visita en la propiedad.

—Se ha desgarrado los pantalones con esos yanquis —dijo Ringo.

Así que volví a la casa. La Abuela estaba de pie en el vestíbulo.

—¿Sí? —dijo esta vez, pero casi sin levantar la voz.

—Se ha desgarrado los pantalones —dije. Y ella ya sabía del primo Philip más de lo que Ringo llegaría a averiguar solo mirándolo. Tenía ya la aguja enhebrada en la pechera del traje. Y volví al cenador de verano y luego volvimos a la casa, pero solo hasta la puerta, y esperé a que entrase en el vestíbulo, pero no lo hizo, y se quedó plantado con el ramillete en una mano y el sombrero en la otra, no muy mayor, o al menos en ese momento no pareció que fuera mucho mayor que Ringo y yo a pesar de los galones y el fajín y las botas y las espuelas, ni siquiera tras dos años de gastar la misma planta que todos nuestros soldados y casi todos los del otro bando: tenía toda la pinta de que hubiera pasado tanto tiempo desde que pudo comer cuanto quisiera de una sentada que hasta su memoria y su paladar lo hubieran olvidado del todo, y solo el cuerpo recordase, allí de pie con el ramillete en la mano y la sonrisa embobada del que no para de decir «qué moza tan bella», como si no fuera capaz de ver nada por más que lo mirase.

—No —dijo—. Anúnciame. Debería ser tu negro, pero no importa.

Dijo su nombre completo, los dos nombres y el apellido, y lo dijo dos veces, como si creyera que se me podía olvidar antes de llegar al salón.

—Adelante —dije—. Le están esperando. Le están esperando desde antes de que se diera cuenta de que lleva los pantalones desgarrados.

—Tú anúnciame —dijo. De nuevo dijo su nombre—. De Tennessee. Teniente, del batallón de Savage, a las órdenes de Forrest, Ejército Provisional, Departamento Oeste.

Así lo hice. Atravesamos el vestíbulo hasta el salón, donde estaba la Abuela entre la silla de la prima Melisandre y la mesa en la que descansaba la damajuana con vino de saúco y tres vasos limpios y hasta un platillo con pastas de té, las que había aprendido a hacer Louvinia con harina de maíz y melaza, y él de nuevo se detuvo en la puerta y me di cuenta de que no era capaz de mirar a la prima Melisandre durante un minuto, aunque ya no tuviera ojos para nada más que para ella.

—El teniente Philip St.—Just Backhouse —dije. Lo dije bien alto, porque me lo había repetido tres veces, para asegurarse de que lo diría bien, y quise decirlo bien y a su entero gusto, puesto que aun cuando nos hubiera retrasado casi una hora el almuerzo, al menos había salvado la plata—. De Tennessee —dije—. Del batallón de Savage, a las órdenes de Forrest, Ejército Provisional, Departamento Oeste.

Hasta cinco pudimos contar y no pasó nada. Entonces la prima Melisandre soltó un chillido. Se irguió del todo en la silla que ocupaba, igual que cuando estuvo sentada junto al baúl en medio del desastre de los tablones y las tejas, en la trasera de la casa, por la mañana, con los ojos cerrados y la boca abierta, en pleno chillido.

III

Así que llegamos con otra media hora de retraso a almorzar, aunque esta vez bastó con el primo Philip para que la prima Melisandre subiese las escaleras. Le bastó con intentar hablar con ella de nuevo.

—Bueno —dijo la Abuela al bajar—, si no queremos olvidarnos del asunto y empezar a hablar de la cena, más valdrá que pasemos al comedor, y a ver si lo conseguimos al menos dentro de la próxima hora y media.

Así que entramos en el comedor, donde ya esperaba Ab Snopes. Digo yo que llevaba más tiempo de espera que nadie, porque a fin de cuentas la prima Melisandre no era pariente suya. Ringo acercó la silla de la Abuela y nos sentamos. Parte del almuerzo estaba frío. El resto llevaba tanto tiempo en los fogones que al comérnoslo no se sabía si estaba frío o no. Pero al primo Philip no pareció que le importase. Y es posible que no tardase mucho su memoria en recordar qué se sentía al comer todo lo que le apeteciera comer, aunque no creo que su paladar llegase a degustar nada de lo que probó. Estuvo allí sentado, comiendo como si nunca hubiese visto comida de ninguna clase, o como si no la hubiera visto al menos en una semana, y como si esperase que todo lo que llevara en el tenedor se desvaneciera en el aire antes de poder llevárselo a la boca. Y se paraba con el tenedor a medio camino y se quedaba embobado mirando el plato vacío de la prima Melisandre, riéndose. Mejor dicho, no sabría cómo llamarlo si es que no era risa. Hasta que por fin dije:

—¿Y si se cambiara de apellido?

La Abuela también dejó de comer. Me miró por encima de los anteojos. Luego alzó ambas manos y se subió los anteojos hasta que pudo mirarle a través de ellos. Y aún se los subió más, hasta la frente, y me miró de hito en hito.

—Ésa es la primera cosa de veras sensata que alguien ha dicho en esta casa desde que eran las once de la mañana —dijo—. Es tan sensato y tan sencillo que solo se le podía haber ocurrido a un niño —lo miró luego a él—. En efecto, caballero: ¿por qué no se lo cambia?

Él aún se rió más. Mejor dicho, hizo con la cara el mismo gesto de antes, y de la boca le salió el mismo ruido.

—Mi abuelo estuvo en King's Mountain, con Marion, y en todo el camino hasta Carolina. A mi tío lo derrotó en la campaña para gobernador de Tennessee un contubernio corrupto y traidor de taberneros y de Abolicionistas Republicanos, y mi padre murió en Chapultepec. A fin de cuentas, no soy quién para cambiar el apellido que han llevado todos ellos. Ni siquiera mi propia vida me pertenece, al menos mientras mi país se desangre ante los saqueos y yazga pisoteado por la bota de hierro de un ejército invasor —entonces dejó de reírse, o lo que quiera que fuese. En su rostro pareció que se pintase la sorpresa, y la sorpresa se desdibujó al principio deprisa, y luego más deprisa, pero no mucho más deprisa, igual que el calor desaparece de un pedazo de hierro en el yunque del herrero, hasta que en su rostro se pintó el asombro y la quietud y casi el sosiego—. A no ser que la pierda en la batalla —dijo.

—Eso no le pasará mientras siga aquí sentado —dijo la Abuela.

—No —dijo. Pero no creo que llegase a entrarle nada por los oídos. Se puso en pie. Hasta Ab Snopes lo miraba atentamente, con el cuchillo detenido en el aire, unas cuantas verduras en el extremo de la hoja—. Sí —dijo el primo Philip.

En su rostro asomó de nuevo el aire embobado del que solo sabe decir «qué moza tan hermosa».

—Sí —dijo. Dio las gracias a la Abuela por el almuerzo. Mejor dicho, digo yo que eso es lo que dijo a su boca que dijera. Para nosotros no es que tuviera mucho sentido, pero no creo que estuviera prestando ninguna atención a lo que dijo. Inclinó la cabeza. No estaba mirando a la Abuela ni a nada. Dijo «Sí» por tercera vez. Y entonces salió. Ringo y yo lo seguimos hasta la puerta y lo vimos montar en su caballo y permanecer un minuto inmóvil, con la cabeza descubierta, mirando a las ventanas de la primera planta. Era la habitación de la Abuela la que miraba, al lado de la cual estaba la mía y la de Ringo. Pero es que la prima Melisandre no lo podría haber visto ni siquiera estando en ninguna de las dos, puesto que se había acostado en una habitación que daba a la otra parte de la casa, y Philadelphia probablemente aún escurría los paños en el agua fría para ponérselos en la cabeza. Tenía buena estampa montado a caballo, y montaba bien: liviano, tranquilo, bien echado para atrás en la silla y con las punteras para dentro y la pierna en perpendicular de la rodilla al tobillo, tal como me había enseñado el Padre. Y era un buen caballo.

—Es un caballo cojonudo —dije.

—Ve a buscar el jabón, malhablado —dijo Ringo.

Pero también entonces me volví deprisa a mirar a la entrada, aun cuando oyese a la Abuela hablar con Ab Snopes en el comedor.

—Sigue estando ahí —dije.

—Ajá —dijo Ringo—. Yo ya probé el sabor del jabón por haber dicho una palabra mucho menos malsonante.

Entonces el primo Philip espoleó el caballo y se fue. O eso pensamos Ringo y yo. Dos horas antes ninguno de nosotros habíamos oído hablar de él; la prima Melisandre lo había visto dos veces y las dos se quedó paralizada, con los ojos cerrados, chillando a pleno pulmón. Pero más adelante, cuando fuimos mayores, Ringo y yo caímos en la cuenta de que el primo Philip era seguramente el único de todos nosotros que de veras llegó a creer que se había despedido para siempre, que no solo la Abuela y Louvinia lo entendieron mejor, sino que también lo entendió la prima Melisandre, igual daba que tuviese la mala suerte de tener el apellido que tenía.

Volvimos al comedor. Entonces reparé en que Ab Snopes había estado a la espera de que regresáramos. Los dos nos dimos cuenta de que algo le iba a pedir a la Abuela, porque nadie quería estar solo cuando le tocaba pedir algo a la Abuela, aun cuando no se supiera si la petición iba a dar lugar a problemas o no. Conocíamos a Ab desde ya algo más de un año. Debería haber sabido de qué se trataba, tal como ya lo sabía la Abuela. Se puso en pie.

—Pues verá, señá Millard —dijo—. Y digo yo que ahora estará a salvo y más que bien con Bed Forrest y sus chicos ahí mismo, acuartelaos en Jefferson. Pero hasta que no se calmen un poquito más las cosas, voy a dejar los caballos en su parcela al menos un día o dos.

—¿Qué caballos? —dijo la Abuela. No era que Ab y ella se mirasen uno al otro. Era que no se quitaban los ojos de encima.

—Pues los caballos capturados esta misma mañana —dijo Ab.

—¿Qué caballos? —dijo la Abuela. Y Ab lo tuvo que decir.

—Mis caballos —dijo, y la observó.

—¿Y eso por qué? —dijo la Abuela. Pero Ab ya entendía a qué quiso referirse.

—Yo aquí soy el único hombre adulto —dijo. Y dijo—: Yo los vi primero. Me iban persiguiendo antes… —y, hablando muy deprisa, con los ojos vidriosos durante un segundo, aunque de pronto se le volvieron a iluminar, como si en medio de la barba color rastrojo parecieran dos esquirlas de un plato roto en un felpudo desgastado—: ¡Botín de guerra! ¡Los he traído yo! ¡Los he metido yo: una emboscada militar en toda regla! Y por ser yo el único soldado confradrado y militar de rango entre los presentes…

—Usted no es soldado —dijo la Abuela—. Se lo dijo usted mismo al coronel Sartoris y yo estaba delante. Usted mismo le dijo que estaba dispuesto a ser su capitán de caballos independiente, pero nada más.

—¿Y no va a ser exactamente eso lo que intento ser? —replicó—. ¿No va a ser que me traje yo a los seis caballos en mi poder, igual que si los trajera del ronzal?

—Ajá —dijo la Abuela—. Ese botín de guerra, o cualquier clase de botín, ya puestos, no pertenece a nadie, ni hombre ni mujer, a menos que se lo pueda llevar a su casa y dejarlo allí con la conciencia tranquila. Usted no ha tenido tiempo de llevarse a su casa ni siquiera el caballo que montaba. Usted se coló por la primera cancela abierta que se encontró, sin pararse a pensar de quién era.

—Sí, solo que me equivoqué de cancela —dijo él. Sus ojos dejaron de parecer de porcelana. Ya no se parecieron a nada. Pero igual su cara sí que aún se parecía a un felpudo viejo, incluso después de que se pusiera muy pálido—. Así que digo yo que vía tener que irme a pie hasta el pueblo —dijo—. La mujer que ro… —calló en seco. La Abuela y él se miraron a los ojos.

—Ni se le ocurra decirlo —dijo la Abuela.

—No se apure… —dijo. No lo dijo— a un hombre con siete caballos no es probable que le preste una mula.

—Claro que no —dijo la Abuela—. Pero no tendrá que ir a pie.

Salimos todos al terreno de delante de la casa. No creo que Ab se diera cuenta hasta ese instante de que la Abuela ya había descubierto el sitio en el que creía él haber escondido el primer caballo, y se lo había llevado al terreno donde estaban los otros seis. Claro que al menos ya tenía él su silla y sus riendas. Pero era demasiado tarde. Seis de los caballos pastaban sueltos por el terreno. El séptimo estaba amarrado por dentro de la cancela con un cordel. No era el caballo en el que había aparecido Ab, porque ése tenía una mancha blanca en la testuz. Ab conocía a la Abuela desde hacía mucho tiempo. Tendría que haber recelado. Acaso recelase, pero al menos probó su suerte. Abrió la cancela.

—Bueno —dijo—, no se está haciendo más pronto que antes, ¿eh? Digo yo que lo mejor…

—Espere —dijo la Abuela. Miramos entonces al caballo que estaba atado a la cerca. A primera vista parecía el mejor de los siete. Había que fijarse bien para darse cuenta de que una de las patas traseras se le había combado un poco, a lo mejor por haber tenido que soportar demasiado peso siendo demasiado joven—. Llévese ese mismo —dijo la Abuela.

—Si ése no es mío —dijo Ab—. Es uno de los de usted. Yo solo qui…

—Llévese ése —dijo la Abuela. Ab la miró a fondo. Se podría haber contado hasta diez.

—El fuego del infierno, señá Millard —dijo.

—Ya le he dicho antes lo que pienso de las palabras malsonantes en esta casa —dijo la Abuela.

—Sí, señá —dijo Ab. Y volvió a decir—: El fuego del infierno.

Se fue al terreno y le calzó el bocado al caballo que estaba atado y le encajó la silla y arrancó el cordel y lo tiró por encima de la cerca y se montó y la Abuela se quedó en donde estaba hasta que él se largó del terreno y Ringo cerró la cancela y ésa fue la primera vez en que reparé en que había una cadena y un candado en la puerta del ahumadero y Ringo lo cerró y le dio la llave a la Abuela y Ab permaneció un minuto montado, mirándola.

—Pues ná, que tenga usté un buen día —dijo—. Espero por el bien de la Confradración que Bed Forrest no se las tenga que ver con usté en un lío así, porque con todos los caballos que tiene… —y lo volvió a decir, esta vez acaso aún peor, porque ya estaba a caballo e iba camino de la cancela—: O, si no, lo va dejá usté tieso, sin más que un jodido pelotón de infantría y sin darle tiempo a escupir dos veces.

Y se largó. Quitando que a la prima Melisandre se la oía de cuando en cuando, y quitando los seis caballos marcados con el hierro de los Estados Unidos en la grupa, y que aún pastaban en el terreno, todo aquello podría no haber ocurrido. Ringo y yo al menos creímos que eso había sido todo. De cuando en cuando Philadelphia bajaba con el jarro y sacaba del pozo más agua fría para ponerle paños mojados a la prima Melisandre, pero creímos que pasado un rato también aquello acabaría. Entonces volvió a bajar Philadelphia y fue a donde estaba la Abuela cortando y arreglando unos pantalones de los yanquis que el Padre había usado la última vez que estuvo en casa, para que los pudiera usar Ringo. No dijo nada. Se quedó plantada en la puerta hasta que la Abuela le dirigió la palabra.

—Ya, ya. ¿Y ahora qué pasa?

—Es que quiere el banjo —dijo Philadelphia.

—¿Cómo? —dijo la Abuela—. ¿Mi dulcémele? Si no lo sabe tocar… Anda ya, vete arriba.

Pero Philadelphia no se movió.

—¿No le pueo pedí a la mami que me venga ayudá?

—No —dijo la Abuela—. Louvinia está descansando. Ya ha aguantado con todo esto más de lo que quiero que aguante. Anda ya, vete arriba. Si no se te ocurre nada mejor, pues le das un poco de vino —y a mí y a Ringo nos dijo que nos largásemos a otra parte, a donde nos diese la gana, pero es que desde toda la parcela se oía a la prima Melisandre hablar con Philadelphia. Y una vez incluso oímos a la Abuela, aunque sobre todo se oía a la prima Melisandre contándole a la Abuela que ya la había perdonado, que no había pasado nada de nada, y que lo único que quería era paz y tranquilidad. Y al cabo de un rato llegó Louvinia desde la cabaña sin que nadie la hubiera mandado venir, y subió a la primera planta y empezó a parecer que también se iba a retrasar la cena. Pero al final bajó Philadelphia y preparó la cena y se llevó arriba la bandeja para la prima Melisandre y entonces dejamos de cenar; oíamos a Louvinia trajinar arriba, ahora en el cuarto de la Abuela, y al cabo bajó y dejó la bandeja intacta en la mesa y se plantó junto a la silla de la Abuela con la llave del baúl en la mano.

—De acuerdo —dijo la Abuela—. Ve a llamar a Joby y a Lucius.

Sacamos el farol y las azadas. Fuimos al huerto y apartamos los matojos y sacamos el baúl de la zanja y sacamos el dulcémele y enterramos el baúl y echamos los matojos por encima y le llevamos la llave a la Abuela. Y Ringo y yo bien que la oímos desde nuestra habitación, y vaya si tenía razón la Abuela. La oímos durante un buen rato y la Abuela tenía toda la razón que se puede tener; aquello era mucho peor de lo que dijo. Salió la luna al cabo de un rato y desde nuestra ventana se veía el jardín, el trozo en donde la prima Melisandre se había sentado en un banco, donde la luz de la luna brillaba en la taracea de nácar del dulcémele, y Philadelphia estaba acuclillada en el escalón de la cancela, con el delantal por encima de la cabeza. A lo mejor se había dormido, porque ya era tarde. Pero no creo que pudiera.

Por eso no oímos a la Abuela hasta que ya estuvo en el cuarto, con el echarpe por encima del camisón y con una palmatoria en la mano.

—De aquí a un minuto me parece que me voy a hartar de aguantar todo lo que en este momento estoy aguantando —señaló—. Ve a despertar a Lucius y le dices que ensille la mula —le dijo a Ringo—. Me traes la pluma, el tintero y una hoja de papel.

Se lo llevé. No se sentó. Siguió de pie delante del secreter mientras yo le sostenía el candil, y escribió con letra regular, firme, no mucho, y estampó su firma y dejó que la hoja se secase hasta que llegó Lucius.

—Ab Snopes dijo que el señor Forrest está en Jefferson —dijo a Lucius—. Vas y me lo encuentras. Le dices que lo quiero ver mañana a la hora de desayunar y que se traiga a ese chico —había conocido al general Forrest en Memphis antes de que llegara a ser general. Él tenía tratos con el comercio que regentaba el abuelo Millard, y a veces venía incluso a pasar un rato sentado con el Abuelo en la galería de la entrada, y a veces hasta comía con ellos—. Vas y le dices que he capturado seis caballos y que son para él —dijo—. Y no te preocupes por los paturulleros ni por los soldados. ¿O no llevas mi firma en ese papel?

—No me preocupan esos que van a la caza de los fugitivos —dijo Lucius—. Pero suponga usté que los yanquis…

—Ah, ya veo —dijo la Abuela—. Ajá, se me había olvidado. Tú no haces más que esperar a los yanquis, ¿sí o sí? Pero no sé qué me da que los de esta mañana bastantes complicaciones tenían para seguir libres, así que no es que tuvieran mucho tiempo para hablar de lo tuyo, ¿sí o no? Pues dímelo hilando —dijo—. ¿Tú te crees que alguno de los yanquis se va a atrever a olvidar lo que ni de broma olvidaría un soldado del Sur o incluso un paturullero? Y luego te vas a la cama —dijo.

Nos tumbamos los dos en el jergón de Ringo. Oímos a la mula cuando Lucius se marchó. Luego oímos a la mula y al principio no supimos que nos habíamos dormido, la mula ya de regreso y la luna que empezaba a descender por el oeste y la prima Melisandre y Philadelphia que ya no estaban en el jardín, habiendo ido a donde Philadelphia al menos podría dormir mejor que acuclillada en un peldaño con el delantal por encima de la cabeza, o donde al menos no hubiese tanto ruido. Y oímos a Lucius enredar en las escaleras, pero nunca oímos a la Abuela, porque ya estaba arriba, hablando con el ruido que Lucius intentaba armar.

—Habla más alto —le dijo—. No estoy dormida, pero tampoco sé leer los labios. No al menos con esta oscuridad.

—El genirral Faurrest dice que sus respetos —dijo Lucius—, y que no pué vení a desayuná porque se tié que marchá a dale pal pelo al genirral Smith en la encrucijá de Tallahatchie má o meno a esa hora. Pero dice que siempre y cuando no saya alargao mucho por donde no es, y cuando termine lo que tié pendiente con el genirral Smith, estará encantao de aceptá su invitasión la próxima vez que pare por estos pagos. Y pregunta que qué chico.

Hasta cinco se podría haber contado, que la Abuela no dijo ni pío.

—¿Cómo dices? —dijo.

—Pregunta que qué chico —dijo Lucius.

Entonces se podría haber contado hasta diez. Solo oímos respirar a Lucius.

—¿Has restregado bien a la mula? —dijo entonces la Abuela.

—Sí, señá —dijo Lucius.

—¿La has llevado al prado?

—Sí, señá —dijo Lucius.

—Pues ve a dormir —dijo la Abuela—. Y vosotros también —añadió.

El general Forrest averiguó qué chico era. Esta vez tampoco nos enteramos de que nos habíamos dormido, y ya no hubo mula que nos despertase. Estaba saliendo el sol. Cuando oímos a la Abuela y nos asomamos a la ventana, del día anterior no quedaba ni punto de comparación. Había al menos cincuenta, todos ellos de gris; toda la propiedad estaba llena de hombres a caballo, con el primo Philip al frente de todos ellos, a horcajadas de su caballo casi exactamente en el mismo sitio en que estuvo el día anterior, mirando a la ventana de la Abuela y sin verla, sin ver tampoco nada más. Llevaba un sombrero, pero lo llevaba sujeto sobre el pecho, y no se había afeitado, y eso que el día anterior parecía más joven que Ringo, porque Ringo siempre había parecido diez años mayor que yo. En ese momento, con los primeros rayos del sol dándole un halo de blandura en la barba de color de oro, aún parecía más joven que yo, y estaba macilento, demacrado, como si no hubiera pegado ojo en toda la noche, y algo más se le notaba en la cara, como si no solo no hubiera pegado ojo, sino que tampoco, ni por diez, fuese a pegar ojo esa noche, al menos mientras de él dependiera.

—Adiós —dijo—. Adiós.

Y volvió la grupa de su montura, espoleando al caballo a la vez que alzaba el sombrero nuevo por encima de la cabeza, igual que el día anterior enarboló el sable, y todos ellos se fueron pisoteando los arriates y el césped hacia la cancela, mientras la Abuela los miraba en camisón desde su ventana, con una voz más potente que la de cualquier hombre de la tierra, igual me da quién fuese o qué estuviera haciendo:

—¡Backhouse! ¡Backhouse! ¡Usted, Backhouse!

Así que desayunamos temprano. La Abuela mandó a Ringo, aún en camisón, a que despertase a Louvinia y a Lucius. Y Lucius tuvo la mula ensillada antes de que Louvinia prendiese los fogones. Esta vez la Abuela no le escribió un papel.

—Ve a la encrucijada de Tallahatchie —le dijo a Lucius—. Te sientas allí y lo esperas si es necesario.

—¿Y si yan empezao la batalla? —dijo Lucius.

—¿Y qué más da si ya han empezado? —dijo la Abuela—. ¿A ti o a mí qué nos importa? Me encuentras a Bedford Forrest. Le dices que es importante, y que no llevará mucho tiempo. Pero no se te ocurra asomar la jeta por aquí si no vienes con él.

Lucius se marchó en la mula y estuvo cuatro días fuera. Ni siquiera volvió a tiempo para la boda; apareció por la avenida cuando ya se ponía el sol, al cuarto día, con dos soldados, en una de las carretas de abastecimiento del general Forrest, la mula atada a la trasera. No sabía dónde había estado y no llegó a verse enzarzado en la batalla.

—Yo ni me enteré —nos dijo a Joby y a Lucius y a Louvinia y a Philadelphia y a Ringo y a mí—. Si las guerras van siempre tan deprisa y van tan lejos, no veo yo cómo van a tener tiempo de guerrear.

Pero para entonces todo había terminado. Fue al segundo día después de que se fuese Lucius. Esta vez fue después de almorzar, y para entonces ya estábamos acostumbrados a ver soldados. Solo que éstos eran distintos, eran solo cinco, y hasta esa vez nunca habíamos visto tan pocos, y habíamos terminado por pensar que los soldados o montan o desmontan de los caballos a la entrada o van de un lado para otro pisoteando los arriates de la Abuela a galope tendido. Éstos eran oficiales todos ellos, y no sé por qué me da que a lo mejor no había visto yo tantos soldados, porque nunca vi tantos entorchados. Llegaron por la avenida al trote, como quien sale a dar un paseo, y se detuvieron a la entrada sin pisotear un solo arriate, y el general Forrest desmontó y vino caminando hacia donde lo esperaba la Abuela, en la galería de la entrada, un hombretón cubierto de polvo con una barba bien poblada y tan negra que casi parecía azul y los ojos como los de un búho adormilado, quitándose el sombrero antes de llegar.

—Señora Rosie, usted dirá —dijo.

—No me llame Rosie —dijo la Abuela—. Adelante, pase. Diga a sus hombres que desmonten y que entren.

—Esperarán en donde están —dijo el general Forrest—. Es que, verá, vamos con un poco de prisa. Mis planes se han… —y entraron en la biblioteca. No se quiso sentar. Parecía cansado, pero siempre tenía más vivacidad que cansancio—. Usted dirá, señora Rosie —dijo—. Yo…

—Que no me llame Rosie —dijo la Abuela—. ¿O es que no sabe decir Rosa?

—Sí, señora —dijo. Pero no podía. Al menos, no lo dijo nunca—. Supongo que los dos estamos hartos de esto. Ese chico…

—Ajá —dijo la Abuela—. Anteanoche me decía usted qué chico. ¿Dónde está? Le envié recado para que lo trajera consigo.

—Está arrestado —dijo el general Forrest. Estaba mucho más que cansado—. Me he pasado cuatro días intentando que Smith estuviera donde yo quería que esté. Después, hasta ese chico podía haber librado la batalla —hablaba que no se le entendía mucho, pero claro que cuando uno librase las batallas como él a lo mejor ni siquiera a la Abuela le importaba gran cosa su manera de hablar—. No le voy a molestar con los detalles. Él tampoco los conocía. Bastaba con que hiciera exactamente lo que le ordené hacer. Se lo dije con toda claridad, solo me faltó dibujarle un mapa en el faldón de la casaca, nada más y nada menos, explicándole todos los pasos, desde el momento en que se fuese hasta el momento en que volviese a verme: bastaba con que hiciera contacto con el enemigo y se replegase. Le di exactamente el número idóneo de hombres para que no pudiera hacer otra cosa. Le dije con toda exactitud a qué velocidad tenía que replegarse y qué escaramuzas tenía que intentar y le dije incluso cómo llevarlo a cabo. ¿Y qué cree usted que le dio por hacer?

—Eso se lo puedo decir yo —dijo la Abuela—. Ayer a las cinco de la mañana montó en su caballo y apareció en mi propiedad con un montón de hombres, para despedirse a gritos.

—Dividió a sus hombres y a la mitad los mandó a internarse por la maleza, a hacer ruido, y con la otra mitad, que eran lo más parecido a un hatajo de tontos de remate, encabezó una carga a sable contra la avanzadilla enemiga. No hizo un solo disparo. Se lanzó a la carga con el sable en ristre contra el grueso de las fuerzas de Smith, y a Smith lo asustó tanto la iniciativa que sacó toda su caballería y la colocó en retaguardia, y ahora ya no sé si estoy a punto de cogerlo por sorpresa o si es él quien va a sorprenderme a mí. Mi capitán de la policía militar por fin le echó el guante ayer noche. Al chico. Había vuelto sobre sus pasos y se llevó a los otros treinta hombres de su compañía y ya se había adelantado una veintena de millas, otra vez igual, empeñado en encontrar lo que fuera, algo contra lo cual encabezar una carga. «Pero ¿es que quiere que le maten?», le dije. «Pues no en particular», dijo él. «Mejor dicho, no tengo particular deseo de que sea de un modo o de otro.» «Pues yo tampoco», le dije, «pero ha puesto usted en grave riesgo a todos los hombres de una compañía a mis órdenes». «¿Y no es ésa la razón de que se hayan alistado?», me dijo. «Se han alistado en una compañía militar cuyo único propósito es disponer de cada uno de los hombres solo a cambio de un provecho. O a lo mejor no me considera usted bastante astuto como tratante de carne humana.» «Eso no sabría decírselo», me dijo. «Desde anteayer no he pensado mucho en su manera de gestionar esta guerra. Ni en la suya ni en la de nadie he pensado, la verdad.» «¿Y se puede saber qué hizo usted anteayer, y a qué viene ese cambio de ideas y costumbres?», le dije. «Pues anteayer luché un rato en esta guerra», dijo. «Dispersando al enemigo.» «¿En dónde?», le dije. «En casa de una señora, a pocas millas de Jefferson», dijo. «Uno de los negros la llamaba la Abuela, al igual que el chiquillo blanco. Los demás la llamaban señora Rosie» —esta vez la Abuela no dijo nada. Se limitó a esperar.

—Siga, siga —le dijo.

—«Pues yo sigo intentando ganar batallas», le dije, «aunque usted desde anteayer no lo intente. Lo voy a mandar a las órdenes de Johnston, a la ciudad de Jackson», le dije. «Ya lo meterá él dentro de Vicksburg, donde podrá dedicarse a lanzar todas las cargas que le da la gana, por su cuenta, día y noche sin parar si quiere.» «Y un infierno», dijo él. Y yo le dije, discúlpeme usted, «y un infierno que no».

Y la Abuela no dijo nada. Fue igual que dos días antes con Ab Snopes: no es que no le hubiese oído, sino que más bien fue como si le diese igual, como si ninguna de las dos veces valiera la pena tomarse ninguna molestia.

—¿Y lo hizo usted? —dijo ella al fin.

—No puedo, y él lo sabe. No se puede castigar a un hombre que arremete contra una fuerza enemiga cuatro veces superior con el fin de dispersarla. Qué iba yo a decir de regreso a Tennessee, si es que los dos siguiésemos vivos, y para qué decir nada de ese tío del chico, ese al que derrotaron en las elecciones a gobernador de hace seis años y que ahora está en el estado mayor de Bragg, y que asoma la jeta por encima del hombro de Bragg todas las veces que Bragg abre un despacho que acaba de llegar o cuando empuña la pluma. Yo sigo intentando ganar batallas. Pero no puedo. Y todo por culpa de una moza, una sola hembra solitaria que contra él no tiene nada, nada bajo el sol, salvo que como tuvo él la desgracia de salvarla de un pelotón enemigo en una incursión fortuita y en una situación que todo el mundo, salvo la moza, prefiere olvidar, parece pues incapaz de oír el apellido del chico. Así es, por eso ha sido: todas las batallas que pueda planear de ahora en adelante estarán a merced de un memo barbilampiño que pueda resolver lanzarse a la carga por su cuenta todas las veces que pueda dar órdenes a voz en cuello así sea a una pareja de soldados de gris que puedan emprenderla en su misma dirección —calló. Miró a la Abuela—. ¿Y bien? —dijo.

—Así que ahora la tiene bien liada —dijo la Abuela—. ¿Y bien qué, señor Forrest?

—Pues bien claro está: hay que acabar con esta tontería. Ya le he dicho que tengo al chico y que lo tengo arrestado, vigilado por un guardia con la bayoneta calada. Pero aquí no habrá complicaciones. Ayer por la mañana supuse que no estaba en sus cabales. Pero calculo que ha debido de entrar en cintura desde que la policía militar lo apresó ayer noche, calculo que ahora se hace a la idea de que yo me sigo considerando su comandante, por más que él no me considere así. Por todo lo cual lo que necesito es que tome usted cartas en el asunto y que las tome muy seriamente. Ahora mismo. Usted es la abuela de la moza. Ella vive en su casa de usted. Y no sé qué me da que va a vivir en su casa bastante tiempo, hasta que de Memphis la llame su tío, o quien sea el que se considere su tutor. Tome usted cartas en el asunto. Oblíguela, se lo ruego.

El señor Millard ya lo habría hecho, con seguridad, si estuviera aquí. Y ya sé cuándo. Habría sido hace un par de días.

La Abuela esperó hasta que hubiese terminado. Estaba plantada con los brazos cruzados, un codo sujeto en cada mano.

—¿Eso es todo lo que quiere que haga? —dijo.

—Sí —dijo el general Forrest—. Si no quiere la moza hacerle caso al principio, a lo mejor, al ser yo el comandante del chico…

La Abuela ni siquiera dijo «ajá». Ni siquiera me mandó a buscar nada ni a nadie. Ni siquiera se paró a la entrada a llamar. Fue derecha a la primera planta y me pareció que a lo mejor iba a bajar con el dulcémele, y pensé que si fuese yo el general Forrest volvería en el acto a buscar al primo Philip para obligarle a estar sentado en la biblioteca hasta la hora de la cena, aguantando a la prima Melisandre, mientras ella tocase el dulcémele y canturrease. Luego ya podrían llevarse al primo Philip para que terminase la guerra sin más preocupaciones.

No vino con el dulcémele. Solo bajó con la prima Melisandre. En cuanto llegaron, la Abuela se hizo a un lado con los brazos cruzados, sujetándose los codos con las manos.

—Aquí la tiene —dijo—. Dígaselo. Éste es el señor Bedford Forrest —dijo a la prima Melisandre—. Dígaselo —dijo al general Forrest.

No tuvo ni tiempo. Al poco de venirse a vivir con nosotros, la prima Melisandre quiso leernos en voz alta a Ringo y a mí. No fue gran cosa. Mejor dicho, lo que insistía en leernos no era del todo malo, aunque fueran más que nada cosas de señoritas que se asomaban por las ventanas y que tocaban un instrumento (a lo mejor hasta era un dulcémele) mientras alguien estaba lejos y luchaba en la guerra. Era por su manera de leer. Cuando la Abuela le presentó al señor Forrest, a la prima Melisandre se le puso la cara exactamente igual que sonaba su voz cuando nos leía. Dio dos pasos al entrar en la biblioteca e hizo una reverencia extendiendo bien el miriñaque antes de incorporarse.

—General Forrest… —dijo—. Tengo un conocido que tiene relación con usted. ¿Tendrá el general la bondad de mandarle mis más sinceros deseos de que alcance la victoria en la guerra y el triunfo en el amor, siendo como soy alguien que no ha de volver a verle? —y de nuevo hizo una reverencia y extendió el miriñaque y salió.

—¿Y bien, señor Forrest? —dijo la Abuela al cabo de un rato.

El general Forrest carraspeó. Con una mano se levantó el faldón de la guerrera y se llevó la otra al bolsillo, como si fuese a sacar un mosquetón, pero sacó el pañuelo y tosió un poco protegiéndose la boca. No es que estuviera muy limpio. Parecía más o menos como aquel con el que el primo Philip quiso limpiarse la guerrera en el cenador de verano dos días atrás. Luego guardó el pañuelo. Tampoco él dijo «ajá».

—¿Se puede llegar al camino de Holly Branch sin tener que pasar por Jefferson? —preguntó.

La Abuela cambió de postura.

—Abre el cajón del escritorio —dijo—. Saca una hoja de papel.

Así lo hice. Y recuerdo cómo me planté a un lado del escritorio y el general Forrest al otro, viendo a la Abuela empuñar la pluma con firmeza, no muy despacio, y rasgar el papel, porque nunca le costaba demasiado decir lo que fuese, igual daba qué tuviera que decir, tanto hablando como por escrito. Aunque entonces no lo vi, aunque solo después la viese, cuando estuvo colgada y enmarcada y protegida por un cristal, en la repisa de la prima Melisandre y el primo Philip, la firme y fina caligrafía sesgada de la Abuela quedó rematada por la firma recargada del general Forrest: al pie de sus palabras, una firma tan extensa que parecía incluso una carga de un regimiento de caballería:

El Teniente P. S. Backhouse, de la Compañía D, Caballería de Tennessee, fue en el día de hoy ascendido al rango honorario de Comandante general sin derecho a la paga correspondiente, y murió en combate con el enemigo; en su lugar se nombra a Philip St.—Just Backus Teniente de la Compañía D, Caballería de Tennessee.

N. B. Forrest, general

Entonces no la vi. El papel lo tomó el general Forrest.

—Ahora mismo he de librar otra batalla —dijo—. Saca otra hoja, chaval.

Se la puse sobre el escritorio.

—¿Una batalla? —dijo la Abuela.

—Para dar justificación a Johnston —dijo él—. Maldita sea, señá Rosie... ¿Es que no se da usted cuenta de que yo solo soy un simple mortal que intenta por todos los medios ejercer el mando militar de acuerdo con ciertas normas fijas e inviolables, sin que importe que todo ello pueda parecerles una rematada estupidez a las personas superiores que lo miran desde fuera?

—De acuerdo —dijo la Abuela—. Ya han librado la batalla. Yo misma la presencié.

—Y yo —dijo el general Forrest—. Ajá. La batalla de Sartoris.

—No —dijo la Abuela—. En mi casa no.

—Todo el tiroteo fue por ahí abajo, en el arroyo —dije.

—¿En qué arroyo? —dijo él.

Así que se lo dije. Corría por los pastos. Se llamaba arroyo del Huracán, aunque ni siquiera los blancos lo llamaban así, «huracán», quitando a la Abuela. El general Forrest tampoco tomó asiento para escribir cuando redactó el informe para el general Johnston, acuartelado en Jackson:

Una unidad a mi mando, en servicio de destacamento, se enfrentó con las fuerzas enemigas, a las que obligaron a retirarse, dispersándolas a día de hoy, 28 de abril de 1862, en el arroyo del Curricán. Sufrió la pérdida de un hombre.

N. B. Forrest, general

Eso sí que lo vi. Se lo vi escribir. Luego se enderezó y dobló ambas hojas para guardárselas en el bolsillo, y se encaminó a la mesa en la que había dejado el sombrero.

—Un momento —dijo la Abuela—. Saca otra hoja —dijo—. Vuelva acá, señor Forrest.

El general Forrest se detuvo y se dio la vuelta.

—¿Otra hoja?

—¡Sí! —dijo la Abuela—. Un permiso, un pase, o como lo quieran llamar ustedes en sus muy ajetreados mandos militares. Una licencia para que John Sartoris pueda venir a casa el tiempo suficiente para… —y lo dijo ella misma, me miró de frente e incluso retrocedió un paso y lo dijo como si quisiera asegurarse de que no había ningún margen de duda—. Para que pueda venir a casa y ser el padrino de esa dichosa novia.

<h3 style="text-align:center">IV</h3>

Pero el general Forrest no estaba entre ellos, y el primo Philip no iba esposado a nadie, y no había bayoneta, y ni siquiera un soldado, porque todos los que llegaron también eran oficiales. Y estuvimos en pie en el salón mientras las velas, fabricadas en casa, ardían en los candiles con la caída de la tarde, los candiles a los que Philadelphia y Ringo y yo habíamos sacado brillo con el resto de la plata porque la Abuela y Louvinia estaban las dos ajetreadas en la cocina, e incluso la prima Melisandre sacó algo de brillo a la plata, aunque Louvinia sabía distinguir las piezas que había abrillantado ella sin tener que mirarlas dos veces, y se las pasaba a Philadelphia para que las volviera a abrillantar: la prima Melisandre con el vestido que no hizo ninguna falta arreglar porque la Madre no era mucho mayor que la prima Melisandre cuando murió, el vestido que la Abuela aún se podía abotonar como el día en que lo estrenó para casarse, y el capellán y el Padre y el primo Philip y los otros cuatro con sus uniformes grises, de gala, y sus sables y entorchados, y la prima Melisandre con la cara como la tenía que tener y el primo Philip lo mismo, porque seguía con esa cara de embeleso, la cara del que solo piensa «qué moza tan bella», y ninguno de nosotros vimos jamás que se le pusiera una cara distinta. Luego cenamos, y Ringo y yo llevábamos tres días esperando al banquete, y así como llegó se terminó, se diluyó un poco día a día, hasta que el paladar no alcanzó a recordarlo y solo se nos hacía la boca agua cuando nombrábamos el uno y el otro los platos que habíamos paladeado, hasta que el agua que se nos hacía en la boca fue siendo cada vez menos y hacía falta que algo que tuviésemos la esperanza de probar llegara a servirse un día si es que terminaban de una vez de combatir, y solo así se nos haría la boca agua.

Y eso fue lo que hubo. El último chirrido de las ruedas y los últimos ruidos de los cascos se desvanecieron a lo lejos, Philadelphia salió del salón con los candiles, apagando las velas a la vez que llegaba, y Louvinia puso el reloj de la cocina sobre la mesa y recogió los restos de la plata usada en la cena en una bandeja, y fue como si nunca hubiese ocurrido lo que ocurrió.

—Bueno —dijo la Abuela. No se movió; como mucho, apoyó los antebrazos un poco en la mesa, y eso fue algo que nunca le habíamos visto hacer. Habló con Ringo sin volverse a mirarlo—: Ve a llamar a Joby y a Lucius —y ni siquiera cuando bajamos con el baúl y lo dejamos apoyado contra la pared y abrimos la tapa, ni siquiera entonces movió un dedo. Ni siquiera miró a Louvinia—. Meted el reloj dentro —dijo—. No creo que esta noche nos vayamos a tomar la molestia de medir el tiempo que tardamos.

V

Sam Fathers volvió a prender la pipa. Lo hizo con delectación, sacando de la forja, entre el índice y el pulgar, un rescoldo encendido. Y luego fue a sentarse donde estaba. Se iba haciendo tarde. Caddy y Jason habían vuelto del arroyo; vi al Abuelo y al señor Stokes conversar junto al coche, y en ese momento, como si acabara de percibir que lo miraba, el Abuelo se volvió y me llamó por mi nombre.

—¿Y qué hizo tu padre entonces? —pregunté.

—Herman Cesto y él levantaron la valla —dijo Sam Fathers—. Herman Cesto contó que Doom les ordenó clavar dos estacas en el suelo y atravesar un retoño de árbol de la una a la otra. Allí estaban el negro y mi padre. Doom aún no les había dicho nada de la valla. Herman Cesto dijo que fue igual que cuando él y mi padre y Doom eran chicos y dormían en el mismo jergón, y Doom se despertaba de noche y los obligaba a despertar y a levantarse para ir de caza con él, o como cuando los hacía ponerse en pie y luchar a puñetazos, solo por divertirse, hasta que Herman Cesto y mi padre se escondían de Doom.

»Fijaron el retoño, puesto de través sobre las dos estacas, y Doom dijo al negro: "Esto es una valla. ¿La puedes saltar?".

»Herman Cesto dijo que el negro posó la mano en el retoño y saltó la valla como si volase.

»Doom dijo a mi padre: "Salta esa valla".

»"La valla es demasiado alta para saltarla", dijo mi padre.

»"Tú salta la valla y la mujer es tuya", dijo Doom.

»Herman Cesto dijo que mi padre miró la valla un buen rato.

»"Deja que la pase por debajo", dijo.

»"No", dijo Doom.

»Herman Cesto me contó que mi padre hizo amago de sentarse en el suelo.

»"No es que no me fíe de ti", dijo mi padre.

»"Levantaremos una valla de esta altura", dijo Doom.

»"¿Qué valla?", preguntó Herman Cesto.

»"La valla, alrededor de la cabaña de este hombre negro", dijo Doom.

»"No puedo yo levantar una valla que no pueda saltar", dijo mi padre.

»"Te ayudará Herman", dijo Doom.

»Herman Cesto dijo que fue igual que cuando Doom los despertaba y los obligaba a ir de caza con él. Dijo que los perros los encontraron a mi padre y a él a la mañana siguiente, a mediodía, y que comenzaron a levantar la valla esa misma tarde. Me contó que tuvieron que talar los retoños en la llanura, cerca del río, y arrastrarlos entre los dos, porque Doom no les permitió utilizar una carreta. Por eso, a veces colocar una estaca les llevaba tres o cuatro días.

»"Da lo mismo", dijo Doom. "Tiempo tenéis de sobra. Y con tanto ejercicio es seguro que Craw—ford duerme a pierna suelta al caer la noche."

»Me contó que se pasaron todo el invierno trabajando en levantar la valla, y hasta el verano siguiente, hasta después de que llegara y se marchara el tratante que vendía whiskey. Entonces sí la terminaron. Dijo que el día en que clavaron la última estaca, el negro salió de su cabaña y puso la mano sobre una de las estacas (al final no fue una valla, sino una empalizada, con estacas clavadas en el suelo, pero sin remate) y la saltó como si volara.

»"Es una buena valla", dijo el negro. "Espera. Hay una cosa que he de enseñarte."

»Herman Cesto dijo que volvió a saltar por encima de la valla y entró en la cabaña y volvió. Herman Cesto dijo que traía en brazos un hombre nuevo y que lo sostuvo en vilo para que lo vieran por encima de la valla.

»"¿Qué te parece el color? No está mal, ¿eh?"

El Abuelo me volvió a llamar. Esta vez me levanté. El sol ya se había ocultado tras los melocotoneros. Yo tenía doce años, y a mí no me pareció que la historia fuese a ninguna parte, ni que tuviera pies ni cabeza. Pero obedecí al Abuelo, y no porque estuviera cansado de la cháchara de Sam Fathers, sino con la inmediatez con que los niños se espantan y huyen provisionalmente de algo que no terminan de entender del todo, además de obrar con la instintiva presteza con que obedecíamos todos al Abuelo, no por temor a la impaciencia o a la reprimenda, sino porque todos creíamos que todo lo hacía bien, que su vida era pasar de una bonita estampa (de una estampa incluso un tanto grandiosa) a la siguiente.

Estaban en el coche, me estaban esperando. Monté. Los caballos arrancaron en el acto, impacientes por regresar al establo. Caddy había pescado un pez diminuto y se había mojado hasta la cintura. Los caballos ya iban al trote. Cuando pasamos por delante de la cocina del señor Stokes nos llegó el olor del jamón que guisaban. El aroma nos siguió hasta la cancela. Al enfilar la calzada de regreso ya casi se había puesto el sol. Dejamos de percibir entonces el olor a jamón guisado.

—¿De qué hablabais Sam y tú? —dijo el Abuelo.

Seguimos camino en esa extraña suspensión del crepúsculo, sutilmente siniestra, que me llevó a creer que aún veía a Sam Fathers sentado ante su banco de carpintero, preciso, inmóvil, completo, como algo que se conserva después de mucho tiempo bañado en una solución en un museo. Eso era. Yo tenía doce años, y tendría que esperar a que pasara a través y más allá de la suspensión del crepúsculo. Supe entonces que entonces lo sabría. Pero para entonces Sam Fathers habría muerto.

—De nada, señor —le dije—. Solo charlábamos por pasar el rato.

¡HE AHÍ!

El Presidente se encontraba inmóvil en la puerta del vestidor presidencial, completamente vestido, pero sin haberse puesto aún las botas. Eran las seis y media de la mañana y nevaba; ya había pasado una hora entera ante la ventana, viendo nevar. Se encontraba ahora junto a la puerta de acceso al pasillo, completamente inmóvil, en calcetines, levemente encorvado por su delgadez y su estatura, como si estuviera pendiente de algo y aguzase el oído, en el rostro una expresión atenta, pero sin rastro de humor, puesto que el humor había abandonado su situación y su visión de la misma casi tres semanas antes. En el puño, pegado al flanco, bajo, lacio, sujetaba un espejo de mano de elegante diseño francés, tal como el que debiera haber estado descansando sobre el tocador de una señora: desde luego, a esa hora de un día del mes de febrero.

Por fin posó el puño sobre el pomo de la puerta y la abrió infinitesimalmente; bajo el peso de su mano, la puerta se abrió unos centímetros sin hacer ningún ruido; aún con ese mismo silencio infinitesimal arrimó el ojo a la rendija y vio, sobre la gruesa, lujosa alfombra del pasillo, un hueso. Era un hueso cocinado, una costilla; aún tenía adheridas unas hebras de carne en las que eran visibles en dos medias lunas mudas, superpuestas, las huellas de unos dientes humanos. Con la puerta abierta también le llegaron las voces. Aún sin hacer ruido, con un cuidado extremo, elevó y adelantó el espejo. Por un instante se fijó en su reflejo y se detuvo un rato, y con una suerte de fría incredulidad examinó su rostro, el rostro del luchador taimado y corajudo que había sido, del experto punto menos que infalible a la hora de anticiparse a los demás, de controlar al hombre y sus fechorías, en ese momento inscrito en el aturdimiento desamparado de un niño. Luego inclinó un poco el espejo hasta ver el pasillo reflejado. Sentados en el suelo, acuclillados sobre la alfombra, uno enfrente del otro como si mediara entre ellos un arroyo, vio a dos hombres. No reconoció sus rostros, si bien conocía el Rostro, puesto que lo había contemplado de día y había soñado con él de noche durante tres semanas ya. Era un rostro achatado, oscuro, tirando a plano, mongoloide: secreto, decoroso, impenetrable, grave. Lo había visto repetido hasta la saciedad, hasta que dejó de contar, de calcular incluso cuántos eran; también entonces, aun cuando vio a los dos hombres acuclillados, aunque oyó las dos voces hablando quedas, le pareció que en algún momento de idiotez, a fuerza de insomnio atenuado, de esfuerzo, estaba mirando a un solo hombre que se viese en un espejo.

Llevaban gorros de piel de castor y levitas nuevas; quitando el detalle menor de los cuellos y los chalecos iban vestidos de manera impecable —aunque aún era temprano para tales galas— con antelación a la hora, al menos hasta la cintura. Pero es que de ahí para abajo la credulidad y el sentido del decoro eran objeto de un ultraje. De un simple vistazo cualquiera hubiese dicho que habían salido intactos de la Inglaterra picwickiana, quitando que las ropas ceñidas, de colores claros, no estaban rematadas por los consiguientes botines, ni por calzado de ninguna clase, sino por unos pies descalzos, casi negros. En el suelo, junto a cada uno de los dos, había un hatillo de tela oscura perfectamente enrollado; junto a cada uno de los hatillos, a su vez, mudos, punta con punta y tacón con tacón, como si los ocupasen centinelas invisibles enfrentados uno con otro en el pasillo, había dos pares de botas sin estrenar. De un cesto de mimbres de roble de Virginia, junto a uno de los dos hombres acuclillados, asomó de súbito la cabeza como de serpiente y el cuello de un gallo de pelea, que miró al tenue destello del espejo con un ojo amarillo, ofendido. De allí le llegaban las voces plácidas, decorosas, quedas:

—Ese gallo de poca cosa ha servido por aquí.

—Muy cierto. Con todo, ¿quién sabe? Además, no pude dejarlo allá en casa, con esos malditos indios perezosos. A la vuelta no encontraría ni una pluma. Eso lo sabes ya. Pero es un engorro tener que andar con esta jaula de acá para allá y llevarla a cuestas a todas horas.

—Es que todo esto es un engorro, si quieres que te diga lo que pienso.

—Tú lo has dicho. Pasarnos la noche entera aquí sentados delante de esta puerta, sin un arma ni nada. Supón que los malos quisieran entrar en plena noche: ¿qué podríamos hacer nosotros? Eso, claro, si es que alguien quisiera entrar. Porque yo no.

—Nadie quiere. Es un honor.

—¿Honor de quién? ¿Tuyo? ¿Mío? ¿De Frank Weddel?

—Honor del hombre blanco. Tú a los blancos no los entiendes. Son como niños: hay que manejarlos con cuidado, nunca se sabe qué van a hacer después. Así que si es norma que los invitados se pasen la noche entera acuclillados aquí, a la fresca, delante de la puerta de ese hombre, no nos queda otra. Además, ¿no estás mejor aquí dentro que ahí fuera, con la nevada que está cayendo, en una de esas dichosas tiendas?

—Tú lo has dicho. Vaya clima. Vaya país. Yo no me quedaría con esta ciudad ni así me la regalaran.

—Pues claro que no. Pero es que los blancos son así: no hay quien entienda sus gustos. Mientras tengamos que estar aquí, tendremos que actuar como creen los blancos que tienen que actuar los indios. Y es que nunca se sabe, hasta que ya es tarde nunca se sabe qué ha hecho uno para insultarlos o asustarlos. Como es tener que hablar a todas horas como habla el hombre blanco…

El Presidente retiró el espejo y cerró la puerta sin hacer ruido. Una vez más permaneció en silencio, inmóvil, en medio de la estancia, cabizbajo, meditando, desconcertado y a pesar de todo indomable, puesto que no era la primera vez que había de poner al mal tiempo buena cara; desconcertado porque había de dar la cara no a un enemigo en campo abierto, sino que estaba cercado en su propio despacho, encumbrado y solitario, por aquellos para quienes era como un padre por designación legal, si no divina. En el férreo silencio del amanecer invernal, clarividente a través de los muros, le pareció que fuese ubicuo, uno con el despertar de la solemne Casa. Invisible, y preso de una suerte de horror producido por tanta cavilación, era como si formase parte de cada uno de los grupos de sus visitantes sureños —el que se había instalado ante la puerta, el otro más grande, como figuras talladas en piedra, acampado en la rotonda misma de esa apoteosis concreta y visible en que se alzaba la cúpula del orgullo de la juvenil Nación— con sus gorros de piel de castor y sus levitas y su ropa interior de lana. Con los pantalones bien enrollados bajo el brazo y los zapatos vírgenes en la otra mano, decorosos, serenos, tras las caras de asombro y los entorchados de oro, las espadas, las condecoraciones, las estrellas de los diplomáticos europeos.

—Maldita, maldita, maldita sea —dijo el Presidente en voz baja. Atravesó la estancia deteniéndose a coger sus notas de donde las había dejado, junto a una silla, y se acercó a la puerta contraria. De nuevo se detuvo y abrió la puerta con demasiado esmero, con demasiado sigilo, por la fuerza de la costumbre adquirida en tres semanas de fatalismo expectante, aunque del otro lado solo estuviera su esposa durmiendo plácidamente en la cama. Atravesó también el dormitorio con las botas en la mano, deteniéndose a dejar el espejo en el tocador, entre las demás piezas con las que constituía un juego que la recién renovada República de Francia había obsequiado a su antecesor, y de puntillas salió a la antesala, donde un hombre de largo capote se puso en pie, también descalzo. Se miraron uno a otro con sobriedad.

—¿Está despejado el campo? —dijo el Presidente en voz baja.

—Sí, General.

—Bien. ¿Y usted ha…? —el otro le mostró un capote largo, sencillo—. Bien, bien —dijo el Presidente. Se echó el capote sobre los hombros antes de que el otro se pudiera mover—. Ahora el…

Esta vez se anticipó el otro; el Presidente se encasquetó el sombrero inclinándolo bien sobre la frente. Salieron de puntillas, con las botas en la mano.

En la escalera de atrás hacía frío; los dedos de los pies de ambos, mal protegidos por los calcetines, se encogieron alejándose de los peldaños, el vaho del aliento de ambos vaporizado tenuemente. Bajaron en silencio, se sentaron en el último peldaño y se calzaron las botas.

Seguía nevando, copos invisibles entre el cielo del color de la nieve y la nieve que daba color a la tierra, que parecían materializarse con brusquedad violenta y callada sobre el oscuro orificio de los establos. Cada arbusto, cada matojo, parecía un globo blanco cuyos contornos oscuros, velados, descendieran leves, inmóviles, hasta la tierra blanca. Dispersadas a su vez entre ellos, con cierta irregularidad, había una docena de tiendas, de cuyas cúspides ascendía una fina columna de humo en medio de la nieve que seguía cayendo sin el concurso del viento, como si la nieve misma estuviera en un estado de plácida combustión. El Presidente las miró una sola vez, pesaroso.

—Vamos allá —dijo. El otro, cabizbajo, con el capote ceñido en torno al rostro, avivó el paso y se coló a hurtadillas en los establos. Malhadado sea el día en que esas dos palabras se apliquen al militar al mando de una partida, de una nación, aunque el Presidente caminaba tan cerca de él que el aliento de ambos formaba una sola nube. Y malhadado fuese el día en que así se hubiese de aplicar la palabra huida, si bien apenas penetraron en el establo salieron ya montados y al trote, y atravesaron la extensión de hierba, las tiendas escondidas bajo la nieve, camino de la cancela que daba acceso a una avenida todavía embrionaria, que con el tiempo había de ser escenario sobre el cual cada cuatro años desfilara la orgullosa panoplia del codicioso haber de los hombres de la joven Nación para admiración y envidia y pasmo del cansino mundo. En cambio, en ese momento, la cancela estaba ocupada por esos augures más inmediatos que espléndidos.

—Vaya con cuidado —dijo el otro, y tensó las riendas. Se hicieron a un lado, el Presidente se cubrió el rostro con el capote, y dejaron paso a la partida: los hombres chaparros, de anchos hombros y rostro oscuro, oscuros sobre la nieve, los gorros de castor, las levitas de etiqueta, las piernas macizas y cubiertas del muslo al tobillo por unos calzones de lana. Entre ellos se movían tres caballos a cuyos lomos habían afianzado las osamentas de seis ciervos. Pasaron de largo, cruzándose con los dos jinetes sin mirarlos.

—Maldita, maldita, maldita sea —dijo el Presidente—. Han tenido buena caza —añadió en voz alta.

Uno de los del grupo lo miró un instante.

—Más o menos —dijo con cortesía, con placer, sin inflexión de la voz, siguiendo su camino.

—No he visto que porten armas —dijo el otro cuando siguieron.

—Ya —dijo el Presidente pesaroso—. Eso también tengo que verificarlo. Di órdenes estrictas… Maldita, maldita, maldita sea —dijo contrariado—. ¿También llevan los pantalones enrollados bajo el brazo cuando van de caza? ¿Lo sabe usted?

El Secretario estaba desayunando, aunque no comía nada. Rodeado de platos que no quiso probar, estaba sentado en batín, sin afeitarse, con un gesto de preocupación excesiva a la vez que ojeaba el periódico junto al plato vacío. Ante el fuego de la chimenea estaban dos hombres: uno, un jinete con nieve sin derretir aún sobre el capote, sentado en un asiento de madera; el otro en pie, obviamente el secretario del Secretario. El jinete se levantó al entrar el Presidente y su acompañante.

—Siéntese, siéntese —dijo el Presidente. Se acercó a la mesa despojándose del capote, que el secretario se acercó a recoger—. Denos algo de desayunar —dijo el Presidente—. Ni nos atrevemos a ir a casa —tomó asiento; el Secretario le sirvió en persona—. ¿Y ahora qué pasa? —inquirió el Presidente.

—¿Y usted me lo pregunta? —dijo el Secretario. Tomó el periódico y lo miró con el ceño fruncido—. Esta vez, de Pensilvania —golpeó el periódico—. Maryland, Nueva York y ahora Pensilvania. Al parecer, lo único que los arredra es la temperatura del agua en el río Potomac —hablaba con aspereza, irascible—. Quejas, quejas y más quejas. Vea, un granjero de los alrededores de Gettysburg. Su esclavo negro estaba en el establo, ordeñando a la luz de un farol, de noche, cuando —el negro sin duda pensó en doscientos, puesto que el granjero calculó que eran diez o doce— saltaron de pronto en la oscuridad, con sus sombreros de copa, cuchillo en mano, desnudos de la cintura para abajo. Resultado, el de siempre: un establo, con todo su heno y su vaca, destruido al derribar el farol, además de un esclavo capaz al que se vio por última vez abandonar el escenario a una velocidad de espanto, camino del bosque, a estas alturas sin duda muerto de miedo o por intervención de los animales salvajes. Adeuda el Gobierno de Estados Unidos: por el establo y el heno, cien dólares; por la vaca, quince; por el esclavo negro, doscientos. Los exige en metálico.

—¿Es eso? —dijo el Presidente, comiendo con voracidad—. Supongo que el negro y la vaca los tomaron por los espectros de los soldados que allí batallaron antaño.

—Me pregunto si no pensaron que la vaca era un ciervo —dijo el jinete.

—Sí —dijo el Presidente—. Ésa es otra cosa que quiero...

—¿Y quién no los iba a tomar por cualquier cosa que haya en la tierra? —dijo el Secretario—. Todo el litoral del Atlántico al norte del río Potomac está en manos de seres que visten gorros de piel de castor y levitas y calzones de lana, que aterran a las mujeres y a los niños, que pegan fuego a establos y graneros y se llevan a los esclavos, matando ciervos...

—Sí —dijo el Presidente—. Algo querría yo decir al respecto. Al salir me encontré con una partida que regresaba. Seis ciervos traían. Creí haber dado órdenes estrictas de que no se permitiera el uso de armas de fuego.

Volvió a tomar la palabra el jinete.

—No usan armas de fuego.

—¿Cómo? —dijo el Presidente—. Pero si yo mismo he visto...

—No, señor. Usan cuchillos. Rastrean el paradero de los ciervos, los localizan, les cortan el cuello.

—¿Cómo? —dijo el Presidente.

—Como se lo cuento, señor. He visto uno de esos ciervos. No tenía otra marca que el cuello rajado hasta el hueso de un solo tajo.

—Maldita, maldita, maldita sea —volvió a decir el Presidente. Calló, y el Soldado maldijo a sus anchas un rato. Los demás escuchaban con seriedad, apartando la mirada con cuidado, salvo el Secretario, que había tomado otro periódico—. Si pudiera usted convencerlos de que no se quiten los pantalones... —dijo el Presidente—. Al menos estando en la Casa...

El Secretario lo miró con asombro, el cabello encrespado como el de una cacatúa irritada, gris plomizo.

—¿Yo, señor? ¿Convencerlos yo?

—¿Por qué no? ¿Acaso no dependen de su departamento? Yo solo soy el Presidente. Condenación. Si hemos llegado al extremo en que mi esposa ni sale de su dormitorio, ni se atreve a recibir a otras señoras... ¿Cómo le voy a explicar al embajador de Francia, por ejemplo, por qué no se atreve su señora esposa a visitar a la mía, porque resulta que los pasillos y la entrada misma de la Casa están bloqueados por indios chickasaw semidesnudos, que duermen en el suelo o mordisquean unas costillas medio crudas? Y yo mismo he de esconderme y huir de mi mesa y pedir un desayuno, mientras el representante oficial del Gobierno no tiene nada que hacer además de…

—… además de explicar de nuevo, todas las mañanas, al Tesoro —dijo el Secretario con ira subida—, por qué hay que dar otros trescientos dólares en metálico a otro granjero holandés de Pensilvania en reparación por la destrucción de su granja y su ganado, y explicar al Departamento de Estado que la capital no está sitiada por unos demonios llegados del infierno, y explicar al Departamento de Guerra por qué hay que abrir de un tajo a cuchillo un agujero de ventilación en doce tiendas de campaña nuevecitas, del ejército, de un tajo a cuchillo…

—De eso ya me he percatado —dijo el Presidente con suavidad—. Lo olvidé.

—Ja. Su Excelencia se había percatado —dijo con vehemencia el Secretario—. Su Excelencia lo vio y lo olvidó. Yo ni lo he visto ni me puedo permitir el lujo de olvidarlo. Y ahora Su Excelencia se pregunta por qué no les convenzo yo de que no se quiten los pantalones.

—Parece que no sería difícil —dijo el Presidente contrariado—. El resto de su vestimenta parece que les place mucho. Claro que de gustos no hay quien entienda —siguió comiendo. El Secretario lo miró a punto de decir algo, pero no lo hizo. Mientras miraba al olvidadizo Presidente afloró en su rostro una expresión curiosa, disimulada; su cabello crespo, gris y airado, dio la impresión de desinflarse. Cuando habló lo hizo en un tono conciliador. Los otros tres miraban al Presidente con expresiones curiosas, disimuladas.

—Desde luego —dijo el Secretario—. De gustos no hay quien entienda. Aunque sí parece que cuando a uno se le ha obsequiado un disfraz en prueba de honor y de estima, por no decir de decoro, y el obsequio se lo hace además el jefe de una… bueno, de una tribu…

—Es justo lo que pensaba yo —dijo el Presidente con toda inocencia. Dejó de masticar—. ¿Eh? —dijo de pronto, y alzó la mirada. Los tres subalternos apartaron los ojos, pero el Secretario siguió mirando al Presidente con esa expresión conciliadora, secreta—. ¿Qué demonios quiere decir?

Bien sabía lo que quiso decir el Secretario, al igual que los otros tres. Uno o dos días después de que llegara su invitado sin anunciarse, y cuando la sorpresa inicial había disminuido, el Presidente ordenó que les dieran ropa nueva. Con cargo a su propio bolsillo indicó a los sastres y sombrereros que lo hicieran, tal como hubiese ordenado actuar a los armeros y fabricantes de munición en caso de emergencia de guerra; a la sazón, así pudo calcular cuántos eran, al menos los hombres, y en cuarenta y ocho horas transformó al séquito abigarrado y taciturno de su invitado, dándole al menos una apariencia de decoro. Luego, dos mañanas después, el invitado —a medias chickasaw, a medias francés, un hombre chaparro, obeso, con el rostro de un bandolero de Gascuña y los modales de un eunuco mimado, con encajes deslucidos en el cuello y en los puños, que durante tres semanas lo tuvo obsesionado en sus horas de vigilia y en sus sueños interrumpidos con blanda ineluctabilidad— acudió formalmente a verle cuando su esposa y él aún estaban en cama, a las cinco de la mañana, con dos de sus acompañantes que portaban un fardo y con lo que al Presidente le parecieron al menos otros cien, mujeres y niños incluidos, que se apelotonaron en silencio en el dormitorio, al parecer resueltos a ver cómo se lo ponía, y es que era un disfraz —incluso en el espanto y en el sobresalto del momento el Presidente tuvo tiempo para preguntarse enloquecido en qué rincón de la capital lo habría encontrado Weddel (o Vidal)—, una masa, una red de entorchados de oro, con su cinto y su vaina, sus hombreras, su fajín y su espada, sujetos unos con otros de mala manera por medio de una tela verde, brillante, que le obsequió en correspondencia a su obsequio. A eso se refería el Secretario mientras el Presidente lo miraba enojado y mientras los otros tres, a espaldas de ambos, miraban el fuego con inmóvil gravedad.

—Haga su chiste —dijo el Presidente—. Cuanto antes. ¿Ha terminado ya de reírse?

—¿Me río yo? —dijo el Secretario—. ¿De qué?

—Bien —dijo el Presidente. Empujó los platos apartándolos—. Ahora podemos ponernos manos a la obra. ¿Tiene usted algún documento al que necesite referirse?

Se acercó el secretario del Secretario.

—¿Traigo los demás papeles, señor?

—¿Papeles? —dijo el Secretario, y volvió a erizársele la cresta—. ¿Para qué demonios necesito yo ningún papel? ¿En qué otra cosa llevo tres semanas pensando de noche y de día?

—Bien, bien —dijo el Presidente—. Suponga que repasa un momento la cuestión, no sea que se me haya olvidado algún detalle más.

—Su Excelencia es un hombre afortunado si de veras logra olvidarse —dijo el Secretario. Del bolsillo del batín sacó unas antiparras con montura de acero, pero las usó tan solo para mirar de nuevo al Presidente con su enojo de cacatúa crestada—. Ese individuo, el tal Weddel, o Vidal, o como se llame, con su familia o su clan o lo que sea, reclaman de su propiedad toda la región de Mississippi que se halla en la orilla oeste del río en cuestión. Ah, la concesión está en regla, de eso se encargó su padre, un francés de Nueva Orleáns. Bien, pues resulta que frente a sus tierras o plantación o lo que sea se encuentra el único vado que hay en un tramo de unas trescientas millas.

—Todo eso ya lo sé —dijo el Presidente con impaciencia—. Como es natural, lamento que exista siquiera una forma de cruzar el río. Por lo demás, no termino de entender qué...

—Ellos tampoco —dijo el Secretario—. Hasta que llegó el hombre blanco.

—Ah —dijo el Presidente—. El hombre que fue ases...

El Secretario alzó una mano.

—Espere. Permaneció un mes con ellos dedicado ostensiblemente a la caza, puesto que se ausentaba durante todo el día, aunque es evidente que lo que hizo fue asegurarse de que no hubiera otro vado en las inmediaciones. Nunca regresó con las piezas cobradas. Me imagino que se tuvieron que reír de él como se suelen reír ellos.

—Sí —dijo el Presidente—. A Weddel tuvo que hacerle mucha gracia.

—... o Vidal, comoquiera que se llame —dijo el Secretario con nerviosismo—. No parece que sepa ni que le importe cómo se llama.

—Siga —dijo el Presidente—. Estábamos en lo del vado.

—Sí. Un día, pasado un mes, el hombre blanco se ofreció a comprar parte de las tierras del tal Weddel, Vidal, maldita...

—Llamémoslo Weddel —dijo el Presidente.

—... del tal Weddel. No es que fuera gran cosa: una parcela del tamaño de esta sala, por la cual Weddel o Vi... le pidió un precio exorbitante. No por deseo de explotarlo, entiéndame; no cabe duda de que Weddel hubiese dado al hombre aquella parcela sin que mediase pago, o la hubiese perdido jugando al hinque, puesto que a ninguno de los dos se les había pasado aparentemente por la cabeza que la parcela que deseaba el hombre contenía la única entrada o salida posible al vado. No cabe duda de que la negociación se dilató por espacio de varios días, semanas tal vez, como si fuese un juego o un mero pasatiempo en las tardes o noches de ocio, con los testigos riendo a carcajadas, contentos, ante tan feliz escena. Tuvieron que reírse una barbaridad, sobre todo cuando el hombre pagó a Weddel el precio acordado; tuvieron que reírse como locos, ya lo creo, cuando después vieron al hombre blanco bajo el sol, construyendo una verja en torno a su propiedad, pues sin duda no se les pasó por la cabeza que el hombre blanco había vallado la única entrada del vado.

—Sí —dijo el Presidente—, pero no termino de ver...

El Secretario volvió a alzar la mano, pontifical, admonitorio.

—Ni ellos. No al menos hasta que llegó el primer viajero y cruzó el vado. El hombre blanco había construido una valla para cobrar peaje.

—Ah —dijo el Presidente.

—Sí. Y tuvo que resultarles sin duda divertido ver cómo el blanco se sentaba a la sombra, pues había colgado un bolso de piel de ciervo en un poste, para que los viajeros depositaran sus monedas, y tenía la valla dispuesta de modo que la accionaba por medio de una cuerda, desde el porche de su domicilio, de una sola estancia, sin tener que levantarse. Y así empezó a adquirir propiedades. Entre ellas, el caballo.

—Ah —dijo el Presidente—. Ahora veo por dónde vamos.

—Sí. A eso llegaron deprisa. Parece que la competición se disputó entre el caballo del hombre blanco y el caballo del sobrino, y en liza estuvo el vado y el peaje, que el blanco se jugó contra unos mil acres de tierra. Perdió el caballo del sobrino. Y esa noche…

—Ah —dijo el Presidente—. Creo que ya entiendo. Y esa noche el hombre blanco fue ases…

—Digamos que murió —dijo el Secretario con gazmoñería—, que es lo que se dice en el informe que redactó el agente encargado de supervisar a los indios de la región, aunque en un comunicado privado añadió que la causa de la muerte del hombre blanco parece que fue una fractura de cráneo. Pero eso no está ni aquí ni allá.

—No —dijo el Presidente—. Está allá mismo, en la Casa —donde llevan ya tres semanas, hombres, mujeres, niños y esclavos negros, que han venido desde más de mil quinientas millas de distancia en lentas carretas, viajando desde el día de finales del otoño en que el agente de los chickasaw parece que inquirió sobre la muerte del hombre blanco. Mil quinientas millas recorridas, por los pantanales y ríos, en invierno, atravesando la espina dorsal del este del continente, por donde no hay caminos, conducidos por ese déspota manso, obeso, mestizo y patriarcal, dormitando en su carruaje, su sobrino al lado, y una mano gordezuela, cargada de anillos, bajo la catarata de encajes deslucidos, puesta sobre la rodilla del sobrino para que diera la cara ante el delito del que se le acusaba—. ¿Por qué no se lo impidió el agente? —añadió.

—¿Impedírselo? —exclamó el Secretario—. Tuvo que rebajarse al final y adquirir el compromiso de que el sobrino fuese juzgado in situ, por los propios indios, reservándose tan solo la intención de desmantelar la casamata del peaje, puesto que nadie conocía al hombre blanco. Pero ni por ésas. El sobrino ha de comparecer ante usted, para que usted en persona lo absuelva o lo condene.

—¿Y no pudo impedir el agente que vinieran los demás? ¿No pudo evitar que los demás…?

—¿Impedírselo? —volvió a exclamar el Secretario—. Escúcheme. Se trasladó hasta allí y vivió… Weddel, Vi… ¡Maldita sea! ¡Maldita sea! A ver, ¿por dónde iba? Ah. Weddel le dijo que la casa era suya; pronto lo fue. ¿Cómo iba a darse cuenta de que cada mañana eran menos los presentes, menos que la noche anterior? ¿Se hubiera dado cuenta usted? ¿Se daría cuenta ahora?

—Ni siquiera lo intentaría —dijo el Presidente—. A lo sumo, proclamaría un día de acción de gracias en toda la Nación. Así que se le fugaban por la noche.

—Sí. Weddel y el carruaje y unas cuantas carretas fueron los primeros en partir. Llevaban un mes de ausencia antes de que el agente se diera cuenta de que todas las mañanas mermaba el número de los que aún quedaban por allí. Cargaban las carretas y se largaban de noche. Familias enteras, con los abuelos, los padres, los hijos, los esclavos, los enseres, los perros… Con todo. ¿Por qué no? ¿Por qué iban a abstenerse de estas vacaciones a expensas del Gobierno? ¿Por qué se iban a perder, siendo el precio un simple viaje de mil quinientas millas y en lo más duro del invierno, los privilegios y placeres que comportan unas cuantas semanas o meses de estancia, con sus nuevos gorros de piel de castor, con sus levitas de buen paño, con su ropa interior, en la residencia del benefactor, del Padre Blanco?

—Sí —dijo el Presidente—. ¿Y usted le ha dicho que aquí al sobrino no se le acusa de nada?

—Sí. Y que si vuelven a sus tierras el agente en persona proclamará públicamente la inocencia del sobrino en la ceremonia que ellos consideren más idónea. Y me dijo… ¿cómo lo dijo? —el Secretario había adoptado un tono plácido, casi cadencioso, en imitación del hombre al que citaba—: Todo lo que deseamos es que se haga justicia. Si este estúpido muchacho ha asesinado a un hombre blanco, creo que deberíamos saberlo.

—Maldita, maldita, maldita sea —dijo el Presidente—. De acuerdo. Que se dé curso a la investigación. Que vengan aquí, acabemos de una vez con todo esto.

—¿Aquí? —dijo el Secretario sobresaltándose—. ¿En mi casa?

—¿Por qué no? Yo los he tenido en la mía por espacio de tres semanas. Alójelos usted durante una hora   —se volvió a su acompañante—. Deprisa. Dígales que los esperamos aquí para celebrar el juicio de su sobrino.

Y así el Presidente y el Secretario se sentaron tras la mesa despejada y miraron al hombre que permanecía en pie, enmarcado entre las puertas abiertas por las que había entrado, sujetando al sobrino de la mano como un tío que por vez primera guiase a un pariente joven y provinciano por un museo metropolitano de figuras de cera. Inmóviles, contemplaban al hombre barrigudo, blando, de frente a ellos con su rostro blando, mansurrón, inescrutable, la nariz alargada, monacal, los párpados soñolientos, las mejillas fláccidas, color de café con leche, por encima de una espuma de encajes deslucidos, de una elegancia pasada de moda cincuenta años antes, esfumada, y una boca carnosa, muy roja. Con todo, algo había tras su expresión facial, tras su tedioso desencanto, como lo había tras la voz mansa y los modales casi femeninos, algo acechante, distinto: algo terco, taimado, impredecible, despótico. Tras él se habían apiñado, en silencio, serios, decorosos, los miembros de su oscuro séquito, con sus gorros de castor y sus levitas de buen paño y sus calzones de lana, cada uno con los pantalones bien enrollados bajo el brazo.

Permaneció en pie un poco más, mirando de uno en uno hasta dar con el Presidente.

—Ésta no es tu casa —le dijo en tono de blando reproche.

—No —repuso el Presidente—. Ésta es la casa de este jefe, al que yo mismo he nombrado para que sea quien imparta justicia entre mi pueblo indio y yo. Él administrará la justicia.

—Eso es todo lo que deseamos —dijo el tío con una imperceptible inclinación.

—Bien —dijo el Presidente. En la mesa, ante sí, tenía un tintero, una pluma, una caja de arenilla secante y muchos papeles orlados, con sellos de oro, muy a la vista, aunque nadie podría haber precisado si con aquella mirada tan circunspecta había parado mientes en ellos. El Presidente miró al sobrino. Joven, delgado, el sobrino permanecía en pie con la muñeca de la mano derecha sujeta por la gordezuela mano del tío, sobre la que caía la espuma del encaje que le adornaba el puño, y contemplaba al Presidente con serenidad, con seriedad, con reposada atención. El Presidente mojó la pluma en el tintero—. ¿Es éste el hombre al que se le…?

—¿El que incurrió en este asesinato? —dijo el tío con placidez—. Para descubrirlo hemos hecho este largo viaje de invierno. Si lo hizo, si ese hombre blanco verdaderamente no se cayó del caballo nervioso que tenía, y si tal vez no se dio con la cabeza contra una piedra afilada, a este sobrino mío habría que castigarle. No creemos nosotros que sea bueno asesinar hombres blancos como hacen los cherokees o los creek en su perpetua confusión.

Perfectamente inescrutable, perfectamente decoroso, miró a los dos enaltecidos personajes que interpretaban del otro lado de la mesa el zafio engaño con los papeles de pega. Por un instante, el Presidente se encontró con los ojos soñolientos y bajó la mirada. El Secretario, en cambio, permanecía erguido, la cresta como un penacho en alto mientras miraba al tío.

—Habría que haber disputado esa carrera de caballos a través del vado —dijo—. El agua no hubiera causado esa brecha en la cabeza del hombre blanco.

El Presidente levantó la vita de golpe y vio la densa y disimulada cavilación pintada en el rostro del Secretario, en su lúgubre especulación. Pero el tío tomó la palabra casi en el acto.

—Desde luego. Pero es que en tal caso el hombre blanco habría exigido a mi sobrino, seguro, una moneda de dinero para pasar su valla —rió de buen humor, plácido, decoroso—. Acaso hubiera sido mejor que ese hombre blanco hubiese permitido pasar gratis a mi sobrino. Pero eso ya no está ni acá ni allá, ya es lo de menos.

—Desde luego —dijo el Presidente casi con brusquedad, de modo que volvieron a mirarlo. Tenía la pluma en alto sobre el papel—. ¿Cómo es el nombre exactamente? ¿Weddel o Vidal?

Volvió a oírse la voz plácida, sin inflexiones.

—Weddel o Vidal. ¿Qué más da qué nombre quiera darnos el Jefe Blanco? Nosotros somos indios: ayer recordados, mañana olvidados.

El Presidente escribió algo en el papel. La pluma, constante, rasgó el silencio en el que solo llegaba otro sonido: un sonido tenue, constante, menor, que parecía proceder del grupo oscuro e inmóvil, a espaldas del tío y del sobrino. Secó lo que había escrito con arenilla y dobló el papel poniéndose en pie, y dando tiempo a que lo mirasen y viesen en él al soldado que había tomado el mando de los hombres, con acierto, en muchas otras ocasiones.

—Su sobrino no es culpable de este asesinato. Mi jefe, al que he nombrado yo para que imparta justicia entre nosotros, dice que regrese a su tierra y que nunca vuelva a hacer esto, porque la próxima vez no será de su agrado.

Al apagarse, su voz dio paso a un silencio estremecido. En ese instante hasta los párpados soñolientos se movieron, a la vez que desde el gentío oscuro, a su espalda, también quedó suspendido un instante el sonido tenue, incesante, de la fricción engendrada por el calor y la lana, como el tenue, constante batir de las olas del mar. El tío habló en tono de incredulidad y estremecimiento.

—¿Mi sobrino es libre?

—Es libre —dijo el Presidente. La perpleja mirada del tío recorrió la sala.

—¿Tan deprisa? ¿Y… aquí? ¿En esta casa? Yo había pensado… Pero no importa —lo observaron; su rostro de nuevo era suave, enigmático, manso—. Solo somos indios; de seguro que estos ajetreados hombres blancos apenas tienen tiempo para nuestros asuntos de poca monta. Tal vez ya los hayamos incomodado más de la cuenta.

—No, no —dijo el Presidente al punto—. Para mí, mi pueblo indio y mi pueblo blanco son iguales —pero la mirada del tío de nuevo recorría veloz la estancia. De pie uno junto al otro, el Presidente y el Secretario sintieron mutuamente la alarma que aumentaba en ambos—. ¿Dónde había esperado —dijo al cabo el Presidente— que tuviera lugar esta audiencia?

—Te divertirá —dijo el tío mirándolo—. En mi ignorancia, siempre hubiera dicho que hasta un asunto de poca monta como el nuestro hubiera concluido en… Pero no importa.

—¿En dónde? —dijo el Presidente.

El rostro manso, blando, cargado, volvió a detenerse en mirarlo.

—Te reirás. No obstante, yo te obedezco. Pensé que sería en la gran casa del consejo de los blancos, bajo el águila de oro.

—¿Cómo? —exclamó el Secretario con otro sobresalto—. ¿En el… Capitolio?

El tío apartó la mirada.

—Ya dije que te iba a divertir. Pero no importa. De todos modos, tendremos que esperar.

—¿Esperar? —dijo el Presidente—. ¿A qué?

—Esto sí que tiene gracia —dijo el tío, y volvió a reír en un tono jocoso, desapasionado—. Hay otros de mi tribu, muchos más, que están al llegar. Podemos esperarlos, puesto que su deseo es ver y oír —nadie exclamó entonces, ni siquiera el Secretario. Se limitaron a mirarlo fijamente mientras seguía perorando con su blanda voz—. Parece que algunos se han equivocado de ciudad. Oyeron cuál es el nombre de la capital del Jefe Blanco pero resulta que en nuestra región hay un pueblo que tiene ese mismo nombre, así que cuando algunos de la tribu preguntaron por el camino les indicaron mal la dirección y allí que fueron, pobres indios ignorantes —rió con complacencia, jocoso, tolerante, resguardado tras el rostro enigmático y soñoliento—. Pero ha llegado un mensajero; los demás llegarán en una semana. Ya veremos entonces si se castiga a este muchacho tan tozudo —sacudió ligeramente al sobrino por el brazo. Solo que el sobrino no se movió, pendiente del Presidente con una mirada grave, sin pestañear.

Durante un largo instante no se oyó nada más que el rascar constante y tenue de los indios. Entonces tomó la palabra el Secretario con paciencia, como si hablase con un niño.

—Veamos. Tu sobrino es libre. En este papel pone que él no asesinó al hombre blanco y que nadie lo volverá a acusar de eso, pues de lo contrario tanto yo como el gran jefe que tengo a mi lado montaremos en cólera. Puede volver a su tierra de inmediato. Vuelvan todos ustedes a su tierra cuanto antes. ¿Acaso no es acertado decir que las tumbas de nuestros padres nunca descansan en nuestra ausencia?

Volvió a reinar el silencio.

—Además —añadió el Presidente—, la gran casa del consejo de los blancos, bajo el águila de oro, se utiliza ahora para un consejo de jefes que allí son más poderosos que yo.

El tío levantó la mano; espumeante de encaje deslucido, meneó el dedo índice en un gesto de reproche y deprecación.

—No le pidas siquiera a un indio ignorante que se crea una cosa así —dijo. Sin cambiar de inflexión, de tal modo que el Secretario no se dio cuenta de que le hablaba a él y no lo supo hasta que luego se lo aclaró el Presidente, añadió—: Y estos jefes de seguro ocuparán durante un buen rato la choza del consejo de los blancos, claro.

—Sí —dijo el Secretario—. Hasta que las últimas nieves del invierno se hayan derretido entre las flores y la hierba reverdezca.

—Bien —dijo el tío—. Pues entonces esperaremos. Así el resto de la tribu tendrá tiempo de llegar.

Y de ese modo por la avenida llamada a un gran destino avanzó la comitiva bajo la nieve que seguía cayendo, encabezada por el carruaje en que viajaron el Presidente y el tío y el sobrino, seguido por un segundo carruaje en el que viajaba el Secretario y su secretario, seguido a su vez por los soldados en fila de a dos, entre las cuales iba la nube oscura y decorosa de los hombres, las mujeres y los niños, a pie y en brazos; de ese modo, tras la mesa del presidente de la cámara que había de engendrar y contemplar el enaltecido sueño de un destino superior a la injusticia de los acontecimientos y a la necedad del género humano, el Presidente y el Secretario se acomodaron mientras allá abajo, cercados por los manipuladores vivos del destino, y entremezclados con los espectros augustos y vigilantes de los soñadores del mismo destino, el tío y el sobrino permanecieron en pie, tras ellos el oscuro gentío formado por parientes y amigos y conocidos de cuyo seno llegaba el constante, irrefrenable, tenue sonido de la lana y la carne en fricción. El Presidente se inclinó hacia el Secretario.

—¿Tienen preparado el cañón? —susurró—. ¿Seguro que me ven desde la puerta? Supongamos que esas malditas armas revientan. No se han disparado desde que Washington ordenó disparar contra Cornwallis. ¿Me destituirán?

—Sí —masculló el Secretario.

—Pues que Dios nos asista. Deme el libro —el Secretario se lo pasó: eran los sonetos de Petrarca, que el Secretario había tomado al pasar de su mesa—. Esperemos que no se me haya olvidado del todo el latín y que no suene como hablan ellos en inglés o en chickasaw —dijo el Presidente. Abrió el libro, y convertido de nuevo en el Presidente, el conquistador de tantos hombres, el vencedor de batallas diplomáticas, legales y marciales, se irguió y contempló los rostros oscuros, inmóviles, atentos, expectantes; cuando habló, su voz fue la voz que antes que sucediera todo esto había bastado para que los hombres se detuvieran a escuchar y obedecer—. Francis Weddel, jefe de la Nación chickasaw, y tú, sobrino de Francis Weddel, que algún día habrás de ser jefe de la Nación chickasaw, escuchad mis palabras —comenzó a leer con voz sonora, por encima de los rostros oscuros, haciéndose eco en la augusta cúpula, en sílabas profundas y solemnes. Leyó diez sonetos. Luego, con el brazo en alto, peroró. Su voz se extinguió profunda, a lo lejos, y bajó el brazo. Instantes después, desde fuera del edificio, llegó una descarga de artillería. Y por vez primera todo el oscuro gentío se estremeció; en su seno creció un sonido, un murmullo de asombro complacido. El Presidente tomó la palabra—: Sobrino de Francis Weddel, eres libre. Regresa a tu tierra.

Y entonces habló el tío, con el dedo en alto entre la espuma del encaje.

—Muchacho inconsciente —dijo—. Repara en los quebrantos que has causado a estos hombres tan ajetreados —se volvió hacia el Secretario casi con brusquedad; volvió a hablar con placidez, en tono casi jocoso—. Y ahora, en lo tocante a esta cuestión de poca monta que es el maldito vado…

Con el sol del otoño tibio y agradable sobre los hombros, el Presidente puso fin a sus palabras.

—Eso es todo —dijo tranquilamente, y volvió a su mesa a la vez que se marchaba el secretario. Al tomar la carta y abrirla cayó el sol sobre sus manos y sobre la hoja, con su inferencia del espléndido ocaso del año, de la cercanía de las cosechas, de las columnas de sosegado humo de leña, serenos pendones de paz, en las pacíficas chimeneas de la tierra.

De pronto el Presidente se sobresaltó, se puso en pie con la carta en la mano, mirándola con alarma y consternación, mientras aquellas mansas palabras parecían explotar una por una, en su entendimiento, como salvas de mosquetes.

Estimado señor y amigo,

Esto sí que tiene gracia. Este sobrino cabezota, que debe de haber heredado su carácter de la familia de su padre, puesto que mío no es, ha vuelto a causarnos un apuro. Otra vez el maldito vado. Otro hombre blanco viene a vivir entre nosotros, a cazar en paz, pensábamos, puesto que los bosques de Dios y los ciervos que Él ha puesto en ellos nos pertenecen a todos. Pero también éste se obsesionó con la idea de ser dueño de este vado, por haber oído algún cuento entre los suyos, y a la manera curiosa e inquieta de los hombres blancos considera que una de las orillas del agua es superior a cualquier otra, tanto como para pedir monedas de dinero por el privilegio de alcanzarla. Zanjamos el asunto como deseaba este hombre blanco. A lo mejor hice mal, usted dirá. Pero… ¿tendré que decírselo? Soy un hombre sencillo y algún día espero llegar a viejo, y la continua interrupción de estos hombres blancos que desean atravesar el río y anhelan la recolección y el cuidado de las monedas de dinero no es más que un engorro. ¿Qué puede ser para mí el dinero, si mi destino aparentemente consiste en gastar mis años de declive a la sombra de los árboles familiares, a cuya sombra apacible mi gran amigo y jefe blanco ha suprimido la sombra de todo enemigo, salvo la de la muerte? Eso pensaba yo, pero cuando siga leyendo se dará cuenta de que no había de ser así.

Una vez más ha sido este muchacho precipitado e inconsciente. Parece ser que desafió a este nuevo hombre blanco que teníamos entre nosotros (o el hombre blanco lo desafió: la verdad la dejo en manos de su sabiduría infalible, con la que la sabrá desentrañar) a una carrera a nado en el río, jugándose este maldito vado el uno y unas millas de terreno el otro, que (esto le hará gracia) mi sobrino ni siquiera poseía. Tuvo lugar la carrera, pero por desgracia nuestro hombre blanco no logró salir del río hasta que estuvo muerto. Y ahora ha llegado su agente de usted y parece considerar que esta carrera a nado nunca tendría que haberse disputado. Y así ahora no tengo más que hacer, además de sacudir huesos viejos y llevar a este muchacho precipitado a su presencia para que usted le dé una reprimenda. Llegaremos más o menos dentro de…

El Presidente corrió a tirar con violencia del cordón de la campanilla. Cuando entró el secretario, lo sujetó por los hombros y lo hizo volverse a la puerta.

—Que venga el Secretario de Guerra, que traiga mapas de todo el país, la zona desde aquí hasta Nueva Orleáns. ¡Deprisa!

Y así lo volvemos a ver: el Presidente se ausenta y ahora es el Soldado el que se reúne con el Secretario de Guerra ante una mesa sembrada de mapas, mientras los contemplan los oficiales de un regimiento de caballería. En la mesa, su secretario escribe sin descanso mientras el Presidente mira por encima del hombro.

—Escriba con letra grande y clara. Que los indios lo entiendan bien. Sepan todos por la presente —cita— que Francis Weddel y sus herederos, descendientes y nombrados, de ahora y en perpetuidad… con tal (¿Ha anotado ya «con tal»? Bien) con tal de que ni él ni los suyos vuelvan nunca a cruzar al este del río antes descrito… Y ahora al dichoso agente —dijo—. El cartel, por duplicado, a ambos lados del vado. En Estados Unidos no se aceptará ninguna responsabilidad por ningún hombre, mujer o niño, blanco, negro, amarillo o de piel roja, que cruce este vado, y ningún hombre blanco podrá comprarlo, alquilarlo o aceptarlo como donación, salvo sometiéndose a la pena más severa que la ley contemple. ¿Eso lo puedo hacer?

—Me temo que no, Excelencia —dijo el Secretario.

El Presidente reflexionó deprisa.

—Maldita sea —dijo—. Entonces, tache «en Estados Unidos» —el Secretario así lo hizo. El Presidente dobló los dos papeles y se los entregó al coronel de caballería—. Al galope —le dijo—. Sus órdenes son tajantes: impida que lleguen.

—¿Y si se niegan? —dijo el coronel—. ¿Abrimos fuego contra ellos?

—Sí —dijo el Presidente—. Abran fuego contra todos los caballos, mulas y bueyes. Sé que no vendrán a pie. Adelante, váyase —el Presidente volvió a examinar los mapas, el Soldado de nuevo: ansioso, contento, como si cabalgase él al frente del regimiento, o como si al menos en espíritu ya lo hubiera desplegado con la astucia con la que sabía discernir y elegir la ubicación más en desventaja para el enemigo y anticiparse a él—. Ha de ser aquí —dijo. Puso el dedo en el mapa—. Un caballo, General, para que pueda hacerle frente aquí y volver por su flanco y empujarlo.

—Eso está hecho, General —dijo el Secretario.

ARTISTA EN CASA

Roger Howes era un hombre tirando a grueso, afable, anodino, de unos cuarenta años, que había llegado a Nueva York procedente de algún lugar de la Cuenca del Mississippi para ser redactor en una agencia de publicidad; allí se casó y se hizo novelista, y vendió bien un libro y compró una casa en el valle de Virginia para nunca más volver a Nueva York, ni siquiera de visita. Con su esposa Anne y sus dos hijos había vivido a lo largo de cinco años en una vieja casa de ladrillo, en la que recibían a las señoras de cierta edad a la hora de tomar el té, llegadas siempre en coche de caballos, cuando no enviaban ellas sus coches de caballos para recogerle, o bien enviaban con un criado negro, en el coche de caballos, esquejes y ramos de flores y tarros de encurtidos o de mermelada y ejemplares de sus libros para que se los dedicase de puño y letra.

No volvía nunca a Nueva York, aunque de vez en cuando Nueva York iba a visitarle: las personas que había conocido y tratado, los artistas y los poetas y otros por el estilo, a los que conoció antes de comenzar a ganar tanto que necesitó un buen armario donde guardarlo. Los pintores, los escritores que no habían vendido un libro, ni un cuadro, tipos que se dejaban barba para ocultar el cuello desgastado de la camisa, iban a verle y se ponían sus camisas y sus calcetines, dejándolos escondidos bajo la cómoda al marcharse, y las mujeres con vestidos holgados, aunque a veces no: las flacas, ansiosas, carnívoras pregoneras y tamborileras del Arte.

Al principio se le hizo cuesta arriba negarles el permiso, pero ahora aún resultaba más difícil avisar a su esposa de que iban a llegar. A veces ni siquiera él mismo sabía con alguna antelación que estaban al caer. Tenían por costumbre mandarle un telegrama, habitualmente a cobro revertido, el día mismo en que tenían previsto presentarse allí. Vivía a cuatro millas del pueblo, y las ventas del libro no habían devengado ganancias suficientes para tener también coche, y estaba un tanto grueso, con exceso de peso, de modo que a veces pasaban dos o tres días antes de que fuese al pueblo a recoger su correspondencia. A lo mejor esperaba a que las visitas siguientes trajeran la correspondencia. Al cabo del primer año, el hombre de la estación (era el agente de telégrafos y el encargado de la estación, y era en cierto modo el agente de Roger en el pueblo, todo en una) llegó a tal punto que los reconocía nada más verlos.

Se quedaban parados en el pequeño andén, con aire inexpresivo, sin nada que mirar, salvo la estación pequeña, pintada de amarillo, y el furgón de cola de un tren que arrancaba y unos montes en los que empezaba a oscurecer, y el agente salía de su cubil con un puñado de cartas y un paquete o dos, además del telegrama.

—Vive a unas cuatro millas de aquí, según se sube por el valle. No tiene pérdida.

—¿Quién vive a cuatro millas, en el valle?

—Howes. Si van todos ustedes a su casa, pensé que tal vez no les importaría llevarle estas cartas. Una de ellas es un telegrama.

—¿Un telegrama?

—Ha llegado esta mañana. Pero hace dos o tres días que no baja al pueblo. Pensé que tal vez pudieran llevárselo.

—¿Un telegrama? Demonios. Démelo.

—Son cuarenta y ocho centavos lo que hay que pagar.

—Pues entonces quédeselo. Demonios.

Así que se lo llevaban todo salvo el telegrama, y subían a pie las cuatro millas, hasta la casa de Howes, con lo que llegaban después de la cena. Lo cual tampoco era mala cosa, porque las mujeres estarían demasiado contrariadas para comer nada, incluida la señora Howes, Anne. Al cabo de dos días, alguien mandaba un coche de caballos para recoger a Roger, y hacía un alto en el pueblo para pagar el telegrama en el que se le comunicaba cómo iban a llegar sus invitados, cómo llegaron dos días antes.

Total, que cuando el poeta de la chaqueta azul celeste baja del tren, el agente sale de su cubil con el telegrama en la mano.

—Vive a unas cuatro millas de aquí —le dice—, según se sube por el valle. No tiene pérdida. He pensado que a lo mejor podría llevarle este telegrama. Ha llegado esta mañana, pero hace un par de días que no viene por el pueblo. Puede llevárselo. Está pagado.

—Eso ya lo sé —dice el poeta—. Demonios. ¿Y dice que queda a cuatro millas?

—Siguiendo el camino. No tiene pérdida.

Así que el poeta tomó el telegrama y el agente lo vio desaparecer por el camino del valle, con otros dos, tal vez tres individuos que salieron a la puerta de sus casas para ver tal vez la chaqueta azul. El agente resopló.

—Cuatro millas —dijo—. Para ese menda, eso significa lo mismo que si le hubiera dicho cuatro palancas de guardavía. Claro que a lo mejor con esa chaquetilla por vestimenta es capaz de convertirse en pájaro y echar a volar, quién sabe.

Sobre este poeta Roger no había dicho nada a su esposa, Anne, tal vez porque ni siquiera él lo sabía. De todos modos, ella no supo nada al respecto hasta el momento en que el poeta apareció cojeando por el jardín en donde estaba ella cortando flores para adornar la mesa del comedor, y él le dijo que le debía cuarenta y ocho centavos.

—¿Cuarenta y ocho centavos? —le preguntó Anne.

Le dio el telegrama.

—No hace falta que lo abras ahora, claro —dijo el poeta—. Basta con que me devuelvas los cuarenta y ocho centavos, y ni siquiera tendrás que abrirlo —lo miró con las flores en una mano y las tijeras de podar en la otra, así que al final tal vez se le ocurrió a él decirle quién era—. Soy John Blair —dijo—. Esta mañana envié este telegrama para anunciaros que venía a veros. Me ha costado cuarenta y ocho centavos. Pero ahora que ya estoy aquí ni siquiera tenéis necesidad del telegrama.

Así que Anne se queda en donde está, sujetando las flores y las tijeras, murmurando «maldita sea, maldita sea, maldita sea», mientras el poeta le explica que sería aconsejable que fuese a recoger el correo más a menudo.

—Hay que estar al tanto de lo que pasa —le dice, y ella murmura «maldita sea, maldita sea, maldita sea», hasta que al final él le dice que solo se quedará a cenar y que luego volverá a pie al pueblo si de veras le molesta tanto.

—¿A pie? —dice, y lo mira de hito en hito—. ¿Has venido a pie? ¿Hasta aquí, desde el pueblo? No me lo creo. ¿Y dónde está tu equipaje?

—Lo llevo encima. Dos camisas, y un par de calcetines de más en el bolsillo. Tu cocinera también hace la colada, ¿no?

Ella lo mira con las flores y las tijeras en la mano. Le dice entonces que entre en la casa, que no se prive, que se quede a vivir para siempre si eso le apetece. Solo que no le dice exactamente eso.

—Así que te gusta caminar, ¿eh? Tonterías. Me parece que estás enfermo. Anda, pasa, siéntate, descansa —luego fue a buscar a Roger, a decirle que bajase el cochecito del niño del desván. Claro está que tampoco le dijo eso exactamente.

Roger no le había dicho nada de este poeta; no había visto aún el telegrama. Tal vez por eso lo puso ella a caer de un burro esa misma noche: porque no había visto aún el telegrama.

Estaban en el dormitorio. Anne se estaba peinando. Los niños habían ido a pasar el verano en Connecticut, con la familia de Anne. Su padre era pastor protestante.

—La última vez me dijiste que iba a ser la última. No hace ni siquiera un mes. Menos, porque cuando se largaron los de la última hornada tuve que pintar los muebles del cuarto de invitados otra vez para disimular las marcas de los cigarrillos en el canto de la cómoda y los antepechos de las ventanas. Y en un cajón encontré un peine al que le faltaba un montón de dientes, un peine que ni siquiera le hubiera dicho a Pinkie —Pinkie era la cocinera negra— que recogiese, y dos calcetines desparejados, que te regalé en invierno, y un calcetín huérfano que ni siquiera yo pude reconocer que era mío. Me sueles decir que la Pobreza cuida de los suyos, y por mí estupendo, pero… ¿por qué hemos de ser nosotros instrumentos de la Pobreza?

—Éste es poeta. Entre los de la última hornada no había poetas. No hemos tenido poetas en casa desde hace ya tiempo. Este sitio está perdiendo todos sus matices y sutilezas… ¿cómo diría? Sí, melifluas; eso es.

—¿Y qué me dices de aquella mujer que no se quería bañar en el cuarto de baño, la que insistía en ir al arroyo todas las mañanas sin traje de baño, hasta que la mujer de Amos Crain —un granjero que vivía al otro lado del arroyo— tuvo que mandarme aviso de que a Amos le daba miedo ir a labrar los campos de más abajo? ¿Qué se han creído esas frescas que es el campo, la vida al aire libre? Yo no lo entiendo, así como tampoco entiendo por qué tienes la sensación de que debes dar de comer y además alojar…

—Bueno, eso no fue más que un momento de pánico, seguramente a Amos le tuvo que sentar bien. Una buena sacudida, un meneo para salirse un poco de su rutina, para que no se quede alelado.

—Esa rutina es la que le ha valido para ganar el pan de cada día, seis días por semana, para dárselo a su mujer y a sus hijos. Pero es peor aún. Amos es joven. Seguramente aún tenía ilusiones al pensar en las mujeres hasta el día en que vio a esa pelandusca en pelota picada.

—Bueno, tú formas parte de la mayoría, tú y la señora Crain —le miró a la nuca, a las manos con que se peinaba, y ella seguramente lo miró por el espejo sin que él lo supiera, con todo y con ser artista—. Éste es un hombre y es un poeta.

—Entonces imagino que se negará a salir del cuarto de baño. Supongo que tendrás que llevarle una bandeja a la bañera al menos tres veces al día. ¿Por qué te sientes obligado a dar alojamiento y comida a toda esa gente? ¿No te das cuenta de que te consideran un blandengue, de que se comen lo que les sirves y se ponen tu ropa y nos consideran unos burgueses sin remedio solo por tener comida suficiente para alimentar a otros, y un poco débiles mentales por regalarla? Y ahora viene éste vestido con su chaquetilla azul celeste.

—Es que eso de ser poeta desgasta una barbaridad. Me parece que no te has dado cuenta.

—Ni me importa. Que se vista si quiere con una pantalla de lámpara o una sartén. ¿Qué es lo que de ti pretende? ¿Consejos, o comida y alojamiento gratis?

—Consejos no. Durante la cena te habrás dado cuenta de cuál es la opinión que tiene de mi mentalidad.

—Dejó muy claro cuál es su propia mentalidad. Lo único que le ha gustado de toda la casa es el pañuelo de colores que llevaba Pinkie en la cabeza.

—Consejos no —dijo Roger—. Ni siquiera sé por qué me da a leer sus cosas. Lo hace tal como tú darías caviar a un elefante.

—Y, cómo no, tú aceptas su sentencia a cuento del elefante. Y supongo que además conseguirás que le publiquen su libro.

—Es que tiene algunas cosas que no están nada mal, de veras. Y… ¿quién sabe? A lo mejor, si se lo publican empieza a tener ocupaciones. Trabajo, quiero decir. O a lo mejor alguien consigue cabrearlo tanto que al final realmente escriba algo de una puñetera vez. Algo con entrañas. Tiene dentro lo que hay que tener. A lo mejor no es más que un poema, pero lo tiene. A lo mejor, si consigue abstenerse de hablar durante el tiempo suficiente le será posible sacarlo de dentro. Y pensé que si viniese aquí, donde tiene que caminar cuatro millas para encontrar a alguien con quien hablar, cuando Amos llegue a reconocer esa chaqueta azul…

—Ah —dijo Anne—. Así que le escribiste para invitarle a venir. Ya lo suponía, pero me alegro de oírtelo reconocer por tu propia voluntad. Anda, vámonos a la cama —dijo—. Hoy no has dado ni un palo al agua, y solo Dios sabe cuándo volverás a ponerte a trabajar.

De ese modo seguía su curso la vida a su manera, antigua y plácida. Y es que los poetas son todos distintos entre sí, o éste al menos lo parecía, aunque bien pronto sale a relucir que Anne no ve a este poeta, apenas lo ve. Parece que ni siquiera es capaz de saber que se encuentra en la casa, a no ser que lo oiga roncar de noche. Por eso tuvieron que pasar dos semanas hasta que volvió a sulfurarse. Y esta vez ni siquiera se está peinando.

—¿Hace solo dos semanas que está aquí, o hace ya dos años?

Está sentada ante el tocador, pero no está haciendo nada, cosa que cualquier marido, incluso si es artista, sabe que no puede ser buena señal. Cuando uno ve a una mujer sentada y a medio vestir ante un tocador, con un espejo en el que ni siquiera se mira a la vez que habla, es hora de reconocer que huele a chamusquina.

—Lleva aquí dos semanas, pero si no me da por ir a la cocina ni lo veo, puesto que prefiere la compañía de Pinkie antes que estar con nosotros. Y cuando no apareció aquella primera noche, el miércoles, que era la noche libre de Pinkie, al principio me dije… «vaya, qué tacto tiene». Eso fue antes de enterarme de que había cenado con la familia de Pinkie, en su casa, y que fue con ellos a orar a la iglesia. Y volvió el domingo por la noche, y de nuevo el pasado miércoles por la noche, y esta noche (por más que me diga que carezco de inteligencia y de imaginación) le sorprendería saber que ahora mismo me imagino esa chaquetilla azul celeste en una iglesia, un edificio de madera, llena de negros sudorosos, sin que haya en ello la menor incongruencia.

—Sí, todo un cuadro, ¿que no?

—Pero dejando a un lado esa clase de inconveniencias que no tienen la menor importancia, como es no saber dónde está nuestro invitado, y soportar armada de paciencia una cantidad no menor de ridículos y vergüenzas ajenas, es un acompañante francamente agradable. Instructivo, edificante, modesto. Nunca me entero de que esté en la casa, nunca, a no ser que te oiga teclear, porque en ese caso caigo en la cuenta de que no eres tú, ya que tú no has escrito un renglón en… ¿son dos semanas, o ya son dos años? Entra en esa habitación en donde los niños tienen absolutamente prohibida la entrada y pone un solo dedo en esa máquina de escribir que ni siquiera Pinkie puede tocar con un paño para quitarle el polvo, y escribe un poema sobre la libertad y te lo pone delante de las narices para que lo elogies y aplaudas. ¿Cómo lo dice él?

—Tú sabrás. Está muy bien.

—Te lo planta delante de las narices como… como… Espera, espera que ya lo tengo: como quien da de comer caviar a un elefante, y va y dice: «¿Se venderá?». No pregunta si es bueno, o si te gusta. Te pregunta si se venderá. Y tú…

—Sigue, sigue. No se me ocurriría competir contigo.

—Tú lo lees con toda tu atención. A lo mejor es el mismo poema, no lo sé; recientemente he sabido gracias a una autoridad inapelable que no tengo la inteligencia necesaria para acceder a la poesía por mis propios medios. Tú lo lees con toda tu atención y le dices: «A la fuerza tiene que vender. Ahí tienes sellos, en el cajón del escritorio» —se dirigió a la ventana—. No, todavía no he evolucionado lo suficiente para entender la poesía tal cual es. No la capto. Me la tienen que dar a cucharadas, si es que a él le queda tiempo, en los ratos que pasa en la terraza después de cenar, las noches en que no hay reunión de culto en la iglesia de Pinkie. Libertad. Igualdad. Pero en palabras sencillitas, porque parece que, por ser mujer, no quiero libertad y no sé qué significa la igualdad, por lo menos hasta que tú lo pillas por banda y le demuestras con palabras de buen profesional que no es tan sabio, aunque es sabio de sobra para callarse entonces y dejarte que nos demuestres a los dos que tú tampoco eres tan sabio como crees —la ventana daba al jardín. Estaba acortinada. Ella se encontraba entre las cortinas, mirando al exterior—. Así que el joven Shelley todavía no ha roto el molde.

—Todavía no. Pero lo lleva dentro. Tú dale tiempo y verás.

—Me alegro de oírlo. Lleva ya dos semanas aquí. Me alegro de que lo suyo sea la poesía, una cosa que se puede perpetrar en dos renglones. De lo contrario, al paso que va… —estaba entre las cortinas, que se mecían lentamente con la brisa—. Maldita sea, maldita sea, maldita sea. No come nada bien.

Así fue Roger a colocar otro cojín en el cochecito del niño. Solo que ella no dijo eso exactamente, y él tampoco hizo exactamente eso.

A ver si nos entendemos. Aquí es donde empieza la cosa. Los días en que no había reunión de culto en la iglesia de los negros, al poeta le ha dado por ir como idiotizado tras ella, por todo el jardín, mientras corta flores para adornar la mesa a la hora de la cena, y habla con ella de la poesía, o de la libertad, o acaso habla de las flores. Habla de algo en todo caso; a lo mejor, cuando esa noche deje de hablar de golpe, cuando los dos vayan caminando por el jardín después de la cena, ella tendría que haberse dado por avisada. Pero no. O, al menos, cuando llegaron al final del sendero y dieron la vuelta, a ella le dio la impresión, de pronto, de que él había puesto la jeta a punto para que ella le soltara un puñetazo en todo el morro. Fuera como fuese, ella no se movió hasta que terminó el achuchón. Entonces retrocedió de golpe con la mano en alto.

—¡Serás idiota…! —dice.

Él tampoco se mueve, como si le quisiera dar una buena oportunidad.

—¿Qué satisfacción vas a encontrar en darme una bofetada en toda la jeta? —dice él.

—Eso ya lo sé —dice ella. Le asesta un puñetazo en el pecho, no muy fuerte, de lleno, aunque conteniéndose pese a todo: enfurecida y atenta al mismo tiempo—. ¿Por qué has tenido que hacer semejante estupidez?

Pero de él no saca nada en claro. Él sigue en donde está, ofreciéndole una diana fácil de alcanzar; tal vez ni siquiera la está mirando, con el cabello revuelto y la chaqueta azul celeste que le queda como a un caballo una manta corta. Tómese un gallo, un gallo viejo. Un toro viejo es otra cosa. Hay que verlo allí donde el resto de vacas y toros lo ha dejado atrás, ciego y achacoso, con sus esparavanes, aunque no por eso deja de tener pinta de estar aún casado. Como si dijera: «En fin, chicos, ahora ya me podéis mirar a la cara, aunque yo en mis buenos tiempos he sido marido y padre». En cambio, un gallo viejo… Parece que no haya tenido pareja nunca, que sea un soltero innato. Un soltero innato en un mundo en el que no hay gallinas, y además lo ha descubierto hace tanto que ni siquiera se acuerda de que no hay gallinas.

—Vamos —dice ella, y se vuelve muy envarada, y el poeta va idiotizado tras ella. A lo mejor fue eso lo que le delató. En cualquier caso, ella se vuelve a mirarlo y frena el paso. Se detiene—. Así que te crees irresistible, ¿no? Y te crees que se lo voy a decir a Roger, ¿no?

—No lo sé —dice él—. No había pensado en eso.

—¿Quieres decir que te da igual que se lo diga o que no?

—Sí.

—¿Sí? ¿Sí qué?

Parece que ella no sabe del todo si él la mira o no, si la ha mirado alguna vez. Sigue en donde está, idiotizado, casi el doble de alto que ella.

—Cuando era pequeño, los domingos nos daban un sorbete —dice—. Con un poquito de limón nada más. Olía como los narcisos, me acuerdo bien. Creo que me acuerdo. Tendría cuatro… no, tres años. Murió mi madre y nos mudamos a una ciudad. Una pensión. Una pared de ladrillos. Había una ventana, como un tuerto con el ojo legañoso. Y un gato muerto. Pero antes hubo muchos árboles, como tienes tú. Me sentaba en los escalones de la cocina a última hora de la tarde, a ver la luz de los domingos en la enramada, tomándome el sorbete.

Ella lo está mirando. Al cabo se vuelve y echa a andar deprisa. Él la sigue idiotizado, algo más atrás, de modo que cuando se detiene a la sombra de unos arbustos con la expresión inmóvil de quien espera un beso, él se queda como un idiota hasta que ella lo toca. Y ni siquiera entonces lo entiende. Ella tiene que decirle que se dé prisa. Entonces sí lo entiende. Parece que el poeta es humano, como cualquier otro hombre.

Pero no es eso. Eso se puede ver en cualquier película. Se trata de esto otro, de lo bueno de veras.

Más o menos en este momento, coincidiendo con el segundo achuchón, Roger sale de detrás de ese arbusto. Aparece como si fuese por casualidad, contento, tranquilo, tras salir a estirar las piernas a la luz de la luna para asentar bien la cena. Los tres vuelven paseando a la casa, Roger en medio. Llegan tan deprisa que nadie piensa en decir buenas noches cuando Anne entra y sube al piso de arriba. O tal vez sea porque es Roger quien habla en ese momento, como si el valor de la poesía hubiese caído en picado.

—Claro de luna —dice Roger, y mira la luna como si también fuera suya—. Es algo que ya no aguanto. Me tropiezo con las paredes, busco un interruptor de la luz. Es decir, que un claro de luna antes me hacía sentir triste, envejecido, y así me sentía. Pero ahora mucho me temo que ya ni siquiera me hace sentirme solo. Supongo que he envejecido.

—Eso es cierto —dice el poeta—. ¿Dónde podemos hablar?

—¿Hablar? —dice Roger. Pareció en ese instante un jefe de camareros: algo calvo, colorado, cuando se presenta en la mesa y levanta una tapa y da la impresión de que vaya a decir: «En fin, pueden comerse esta bazofia si es que quieren además pagar por ello»—. Por aquí —añade. Van a su despacho, a la habitación en la que escribe sus libros, en donde ni siquiera se permite que entren los niños. Se sienta tras la máquina de escribir y carga de tabaco la pipa. Ve entonces que el poeta no se ha sentado—. Siéntate —le dice.

—No —dice el poeta—. Escucha. Esta noche he besado a tu mujer. Si puedo, pienso repetirlo.

—Ah —dice Roger. Está ajetreado llenando la pipa y al parecer no mira al poeta—. Siéntate.

—No —responde.

Roger enciende la pipa.

—Bueno —dice—, me temo que eso es algo en lo que no te puedo dar consejos. Algo de poesía he escrito, pero nunca he sabido seducir a una mujer —mira al poeta en ese momento—. Oye una cosa —dice—. Tú no estás bien. Ve a la cama. Ya hablaremos mañana de esto.

—No —dice el poeta—. No puedo dormir bajo tu mismo techo.

—Anne no deja de decir que no estás bien —dice Roger—. ¿Tienes idea de qué es lo que te pasa?

—No lo sé —dice el poeta.

Roger da una calada. Parece que le cuesta trabajo que la pipa tire bien. A lo mejor por eso la estampa contra la mesa, a lo mejor es que también él es humano, como un poeta. En cualquier caso, estampa la pipa contra la mesa, de modo que el tabaco salta y arde entre los papeles. Allí están: el marido calvo con la harina de maíz y la carne de vacuno para la semana siguiente ya a la vista, el destroza—hogares necesitado de un buen corte de pelo, con una de esas chaquetas azul celeste que antes llevaban las señoras con un gorrito de tocador, de encaje, cuando estaban indispuestas y comían en cama.

—¿Qué demonios te has propuesto —dice Roger— viniendo a mi casa a comer mi comida y a molestar a Anne con tu maldita…?

Pero no hubo más. Y es que hasta eso fue provechoso para un escritor, un artista; a lo mejor eso es todo lo que cabría esperar de ambos. O a lo mejor fue porque el poeta ni siquiera le prestaba atención.

—Ni siquiera está aquí —se dice Roger. Como ya le había dicho al poeta, tiempo atrás escribía poesía él también, así que sabía lo que se decía—. Está ahí arriba, en la puerta del dormitorio de Anne, arrodillado ante la puerta —y en esa misma puerta, durante un tiempo, estuvo el punto de máximo acercamiento a Anne que logró Roger. Pero eso fue después; ahora el poeta y él están en el despacho, mientras él trata de lograr que el poeta deje de darle a la sinhueso y se largue a la cama, mientras el poeta se niega.

—No puedo dormir bajo tu mismo techo —dice el poeta—. ¿Puedo ver a Anne?

—Podrás verla por la mañana. A la hora que quieras. Durante todo el día, si te apetece. No digas gilipolleces.

Así que Roger sube y se lo dice a Anne y regresa y se sienta tras la máquina de escribir y entonces baja Anne y Roger la oye y el poeta sale por la puerta de la calle. Al poco tiempo, Anne vuelve sola.

—Se ha marchado —dice.

—¿En serio? —dice Roger como si no la oyera. Y salta—. ¿Cómo que se ha marchado? No puede, es tardísimo. Dile que vuelva.

—No volverá —dice Anne—. Déjalo en paz.

Y sube. Cuando subió Roger un poco más tarde, se encontró con la puerta cerrada con llave.

A ver si nos entendemos. La cosa es como sigue. Volvió al despacho, introdujo una hoja en el carro de la máquina y se puso a escribir. No fue muy deprisa al principio, pero cuando rayaba el alba de allí salía un ruido como el de cuarenta gallinas cuando se les da de comer sobre una lámina de hierro, y las hojas escritas se iban acumulando sobre la mesa.

Ni vio ni supo nada del poeta en dos días. Pero el poeta seguía en el pueblo. Amos Crain lo vio y fue a decírselo a Roger. Parece ser que Amos había ido a la casa por la razón que fuera, porque solo de esa forma pudo alguien dar con Roger y decirle algo a lo largo de dos días con sus noches.

—Oí la máquina de escribir antes de cruzar el arroyo —dice Amos—, vi esa chaquetilla azul celeste ayer mismo en el hotel.

Esa noche, mientras Roger estaba trabajando, bajó Anne por la escalera. Se asomó a la puerta del despacho.

—Voy a ir a verle —dijo.

—¿Le vas a decir que vuelva? —dijo Roger—. ¿Le dirás que eso es lo que quiero que tenga en cuenta?

—No —dijo Anne.

Y lo último que oyó ella cuando salió y cuando volvió al cabo de una hora y subió a su dormitorio y cerró con llave (Roger dormía en el porche donde echaba la siesta, en una cama plegable del ejército) fue el tableteo de la máquina de escribir.

Y así siguió su curso la vida a su manera, antigua y plácida, y feliz. Se veían con cierta frecuencia, a menudo dos veces al día, después de que Anne dejara de bajar a desayunar. Solo que uno o dos días más tarde echó de menos el ruido de la máquina de escribir, tal vez echó de menos que le impidiera dormir.

—¿Ya lo has terminado? —dijo—. ¿Está terminado el relato?

—Oh, no. No, aún no está terminado. Lo voy a dejar posar un día o dos.

Mercado al alza en materia de mecanografía, se podría decir.

Siguió al alza durante unos cuantos días. Tomó por costumbre acostarse temprano, estar ya en la cama plegable, en el porche, cuando Anne volvía a la casa. Una noche salió ella al porche donde echaba la siesta y se lo encontró leyendo en la cama.

—No pienso volver —le dijo ella—. Me da miedo.

—¿Miedo de qué? ¿No te basta con dos niños? O más bien tres, contándome a mí.

—No lo sé —la lámpara era de lectura, el rostro de ella quedaba en la sombra—. No lo sé —giró la pantalla para que la luz le diera en la cara, pero antes de que llegase se levantó y salió corriendo. Él llegó a tiempo de que le diera con la puerta en las narices.

—¡Ciego! ¡Estás ciego! —dijo ella tras la puerta—. ¡Fuera de aquí! ¡Largo!

Se marchó, pero no pudo dormir. Al poco tiempo retiró la pantalla metálica de la lámpara y forzó con ella la ventana del cuarto en que dormían los niños. La puerta de comunicación con el cuarto de Anne no estaba cerrada. Anne dormía. No había hecho ningún ruido, pero ella despertó y lo miró sin mover un músculo.

—Nunca ha tenido nada, nada de nada. Lo único que recuerda de su madre es el sabor de los sorbetes los domingos por la tarde. Dice que mi boca sabe igual. Dice que mi boca es su madre —se echó a llorar. No se movió, siguió tendida boca arriba, sobre la almohada, los brazos bajo la sábana, mientras lloraba. Roger se sentó al borde de la cama y la tocó y ella se encogió con la cara pegada a las rodillas, llorando.

Estuvieron hablando hasta el amanecer.

—No sé qué hacer. El adulterio no me dará la entrada, ni se la dará a nadie, al sitio en que vive, si es que vive, porque nunca ha vivido. Es… él es… —respiraba despacio, la cara vuelta a un lado, aún contra la rodilla, y él le acariciaba el hombro—. ¿Tú me acogerías si vuelvo contigo?

—No lo sé —le acarició el hombro—. Sí. Sí. Claro que te acogería.

Y así remontó el vuelo el mercado de la mecanografía. Tuvo una buena racha aquella misma noche, tan pronto Anne se durmió llorando, y el mercado de valores en materia de mecanografía se mantuvo al alza durante tres o cuatro días sin cerrar de noche, ni siquiera cuando Pinkie le dijo que el teléfono estaba estropeado y él localizó en qué punto estaban cortados los cables y supo además dónde encontrar, basta con que quiera, las tijeras con que se hizo el estropicio. No va al pueblo ni una sola vez, ni siquiera cuando alguien podría llevarlo gratis. Prefiere pasar la mañana entera sentado junto al camino, a la espera de que pase alguien que le traiga un paquete de tabaco, o azúcar, o lo que sea.

—Si voy al pueblo, es posible que él no esté —se dijo.

Al quinto día, Amos Crain le llevó el correo. Ése fue el día en que empezó a llover. Había una carta para Anne. «Evidentemente, en este asunto no quiere él mis consejos —se dijo—. A lo mejor ya lo ha vendido». Dio la carta a Anne. La leyó una sola vez.

—¿La quieres leer? —le dijo.

—Ni de broma —dijo él.

Pero el mercado de la mecanografía sigue con buen temple, así que cuando empezó a llover por la tarde tuvo que encender la luz. Llovía con tanta fuerza sobre la casa que llegó a ver cómo los dedos (empleaba solo dos o tres) golpeaban las teclas sin oír el ruido que estaba armando. Pinkie no fue a la casa, así que al cabo de un rato dejó la máquina y preparó algo de comer en una bandeja, que subió y dejó en una silla, junto a la puerta de Anne. Él no descansó para comer nada.

Después de anochecido bajó ella por primera vez. Seguía lloviendo. La vio pasar ante la puerta, deprisa, con impermeable y sombrero de caucho. La pilló cuando abrió la puerta de la calle, cuando la lluvia se colaba dentro a rachas.

—¿Adónde vas? —dijo él.

Ella quiso soltarse con una sacudida.

—Déjame en paz.

—No puedes salir con la que está cayendo. ¿Qué pasa?

—Déjame en paz, te lo pido por favor —dio una sacudida con el brazo, tirando de la puerta que él sujetaba.

—No puedes. ¿Qué pasa? Yo me ocupo. ¿Qué pasa?

Pero ella lo miró tan solo, dando una nueva sacudida para que la soltase a la vez que tiró del pomo de la puerta.

—Tengo que ir al pueblo. Por favor, Roger.

—No puedes. Es de noche, está lloviendo a cántaros.

—Por favor, por favor —él la sujetó—. Por favor, por lo que más quieras —pero él la siguió sujetando, y ella soltó el pomo de la puerta y volvió al piso de arriba. Y él volvió a la máquina de escribir, a ese mercado que seguía yendo viento en popa.

Sigue dale que te pego a medianoche. Esta vez Anne aparece con un albornoz. Se queda en la puerta, con el pomo en la mano. Lleva el pelo suelto.

—Roger —dice—. Roger.

Él se acerca a ella bastante deprisa para ser un hombre más bien grueso; tal vez cree que ella está enferma.

—¿Qué es? ¿Qué te pasa?

Ella acude a la puerta y la abre. La lluvia vuelve a colarse a rachas.

—Ahí —dice—. Ahí fuera.

—¿Qué?

—Es él. Blair.

Él la obliga a retroceder. La lleva al despacho, se pone el impermeable, toma el paraguas y sale.

—¡Blair! —llama—. ¡John!

Sube entonces la persiana del despacho, la ha subido Anne, llevando la lámpara de mesa a la ventana además de encender la luz del porche, y ve a Blair bajo la lluvia, sin sombrero, con la chaqueta azul celeste como si se la hubiera puesto un empapelador de paredes con demasiada prisa, el rostro alzado hacia la ventana de Anne.

Y ahí estamos una vez más: el marido calvo, la ricachona del medio rural, el joven gallardo, el poeta destroza—hogares. Los dos caballeros son asimismo artistas: uno que no quiere que el otro se empape bajo la lluvia, otro cuya conciencia no le permite destrozar el hogar desde dentro. Ahí estamos, mientras Roger trata de sostener uno de esos paraguas femeninos, de seda verde, sobre su cabeza y la del poeta, a la vez que forcejea y tira del brazo de éste.

—¡Serás idiota, condenado! ¡Entra en casa ahora mismo!

—No —su brazo cede un poco con los tirones que le da Roger, pero él no se mueve.

—¿O es que te quieres ahogar bajo la lluvia? ¡Venga, hombre! ¡Vamos dentro!

—No.

Roger tira del brazo del poeta como quien tira de un muñeco de serrín encharcado. Y se pone a gritar hacia la casa.

—¡Anne! ¡Anne!

—¿Ha dicho ella que entre? —dice el poeta.

—Yo… Sí, sí. Vamos, entra. ¿O es que estás loco?

—Me estás mintiendo —dice el poeta—. Déjame en paz.

—¿Qué es lo que pretendes? —dice Roger—. No te puedes quedar aquí con la que está cayendo.

—Sí, sí que puedo. Entra tú. Te vas a resfriar.

Roger vuelve corriendo a la casa; antes tienen una discusión, porque Roger quiere que el poeta se quede con el paraguas, y el poeta dice que no. Roger vuelve a la casa. Anne está en la puerta.

—Será idiota —dice Roger—. No puedo…

—¡Ven adentro! —grita Anne—. ¡John! ¡Por favor te lo pido!

Pero el poeta ya no está donde llega la luz, ha desaparecido.

—¡John! —lo llama Anne.

Se echó entonces a reír, mirando a Roger con los ojos medio tapados por el pelo, que se alisaba con las manos.

—Estaba… Parecía… Estaba t… tan gr… gracioso…

Dejó entonces de reírse y Roger tuvo que sostenerla en pie. La llevó arriba y estuvo sentado con ella hasta que pudo contener el llanto. Volvió entonces a su despacho. La lámpara aún estaba en la ventana, y cuando la retiró y se desplazó el foco vio de nuevo a Blair en el jardín. Estaba sentado en la hierba, apoyado de espaldas contra la base de un árbol, la cara vuelta arriba, hacia la lluvia, hacia la ventana de Anne. Roger salió con toda la rapidez que pudo, pero cuando llegó ya no estaba Blair donde lo había visto. Roger permaneció bajo el paraguas llamándole un rato, pero no encontró respuesta. A lo mejor quiso intentar por segunda vez que el poeta se quedara con el paraguas. Por eso, a lo mejor no sabía cómo son los poetas, o no al menos en la medida en que creía saberlo. A lo mejor estaba pensando en Alexander Pope. Pope seguramente hubiera llevado un paraguas.

Nunca más volvieron a ver al poeta. A ése, claro está. Y es que de todo esto hace seis meses, y aún viven allí. Pero a ése no lo volvieron a ver. A los tres días, Anne recibe la segunda carta, remitida desde el pueblo. Es un menú del café Elite, o a lo mejor lo llaman el Palace. Estaba ya autografiada por las moscas que suelen comer allí, y el poeta había escrito al dorso. Anne la dejó en el escritorio de Roger y salió, y fue entonces cuando la leyó Roger.

Parece que ése fue el hachazo. El que Roger siempre afirmó que estaba esperando. Da lo mismo. Las revistas que no traen fotos publicaron el poema, robándoselo unas a otras mientras el interés, o lo que fuera, devoró el dinero que el poeta nunca llegó a percibir a cambio del mismo. Pero la cosa tampoco estuvo nada mal, pues para entonces Blair ya estaba muerto.

La mujer de Amos Crain les contó que el poeta se había marchado del pueblo. Una semana después se marchó Anne. Se fue a Connecticut a pasar el resto del verano con sus padres, en cuya casa estaban los niños. Lo último que oyó al marcharse de casa fue la máquina de escribir.

Pero pasaron dos semanas desde que Anne se marchó hasta que Roger lo dio por terminado, puso la última palabra. En un primer momento quiso incluir el poema, el poema escrito en el menú, un poema que no trataba tampoco sobre la libertad, aunque al final no lo hizo. La conciencia, si así puede llamarse, pudo con las ganas de buscar camorra, y Roger aguantó la embestida sin inmutarse, como un hombrecito hecho y derecho, y mandó el poema a las revistas, para que se hablara de él, y cosió las páginas que había escrito y también las envió a las revistas. ¿Y qué fue lo que se había dedicado a escribir? Él, Anne y el poeta. Palabra por palabra, entre un compás de espera y el siguiente, hasta saber qué escribir a continuación, con algunos retoques aquí y allá, cómo no, porque las personas de carne y hueso no suelen ser el mejor material narrativo, siendo material mucho más interesante las habladurías, ya que en su mayor parte no son verdad.

Así que cosió las páginas y las envió y le enviaron un dinero. Llegó justo a tiempo, porque se avecinaba el invierno y aún adeudaba cierta cantidad por la hospitalización de Blair y su entierro. Saldó las deudas y, con el resto del dinero, le compró a Anne un abrigo de pieles, y compró para los niños y para él ropa interior de invierno.

Blair murió en septiembre. Anne y los niños seguían fuera cuando recibió el telegrama con tres o cuatro días de retraso, ya que aún no había llegado la siguiente hornada de visitas. Así que ahí está, escribiendo en su mesa, en la casa vacía, con todo el trabajo de mecanografía terminado y el telegrama en la mano.

—Shelley —dice—. Su vida entera no fue una imitación muy lograda de la vida misma. Incluyendo la cantidad de agua que le hizo falta para ahogarse.

A Anne no le dijo nada del poeta hasta después de que llegase el abrigo de pieles.

—Viste si él... —dijo Anne.

—Sí. Le dieron una buena habitación. Tuvo una buena enfermera. El médico al principio no quiso que tuviera una enfermera especial. Maldito matasanos...

A veces, cuando uno piensa en que obligan a los poetas y a los artistas y a otros por el estilo a pagar esos impuestos que, según dicen, indican que un hombre es libre, que es mayor de edad, que es capaz de mirar por sus asuntos en esta encarnizada competencia de los unos con los otros, da la impresión de que ganasen el dinero que a duras penas ganan con argucias y falsedades. Sea como fuere, aquí va lo que siguió, lo que hicieron después.

Él le lee a ella el libro, el relato, y ella no dice nada hasta que ha terminado.

—Así que esto es lo que estabas haciendo —dijo ella.

Él tampoco la mira; está ocupado cuadrando las hojas, alisándolas bien.

—Es tu abrigo de pieles —dijo.

—Ah —dice ella—. Sí, claro. Mi abrigo de pieles.

Llega entonces el abrigo de pieles. ¿Y qué hace ella entonces? Lo regala. Sí, se lo regaló a la señora Crain. Se lo dio a la señora Crain, que estaba en la cocina batiendo mantequilla, con el pelo por la cara, retirándoselo con una muñeca que parecía un jamón magro.

—Caramba, señora Howes… —dice—. No puedo. De veras que no.

—Tendrá que aceptarlo —dice Anne—. Nosotros… Bueno, yo lo conseguí con malas artes, no me lo merezco. Usted siembra el pan y lo cosecha, yo no. Por eso no puedo llevar un abrigo como éste.

Y así lo dejan estar, y el abrigo queda con la señora Crain y vuelven a casa caminando. Solo que hacen un alto a plena luz del día y la señora Crain los mira desde la ventana, y se dan un abrazo y se besan porque en ese momento es lo que desean.

—Me siento mejor —dice Anne.

—Yo también —dice Roger—. Porque Blair no estaba ahí y no vio la cara de la señora Crain cuando le regalaste el abrigo. En eso no es que haya libertad, ni hay igualdad tampoco.

Pero Anne no le escucha.

—Por no pensar —dice— que él… para vestirme yo con las pieles de unos animalillos aniquilados… Tú lo has puesto en un libro, pero no lo llegaste a terminar. No sabías nada de ese abrigo, ¿verdad que no? Esta vez Dios te ha ganado, Roger.

—Sí, así es —dice Roger—. Dios me gana muchas veces. Pero en esto hay una cosa más. Sus hijos son mayores que los nuestros, y ni siquiera la señora Crain podría ponerse mi ropa interior, así que todo queda en su sitio.

Claro. Todo quedó en su sitio. Pronto llegaría la Navidad y después la primavera, y luego el verano, el largo verano, los largos días del verano.

CENTAURO DE LATÓN

I

En el pueblo en que vivimos, Flem Snopes tiene ahora un monumento erigido en su honor, un monumento de latón, no menos resistente al paso del tiempo por el hecho de que, si bien se halla de continuo a la vista de todo el pueblo, si bien es visible desde tres o cuatro puntos situados a varias millas de distancia, en el campo, solo hay cuatro personas, dos blancos y dos negros, que saben que se trata de su monumento, o que es en todo caso un monumento.

Llegó a Jefferson procedente del campo, acompañado de su esposa y su hija recién nacida, precedido por la fama de sus astutos tejemanejes y sus ardides secretos. Vive en nuestro condado un agente de ventas llamado Suratt, que tenía en propiedad la mitad de las acciones de un pequeño restaurante sito en una calleja, y que tampoco era manco en el oportunismo técnicamente impecable que entre los campesinos —y también entre las gentes de pueblos y ciudades— pasa por ser ejercicio de astuta honradez.

Viaja por el campo de continuo, de firme, tanto que gracias a él tuvimos las primeras noticias de las andanzas de Snopes: así supimos que luego de ser al principio dependiente en un simple colmado de un pueblo perdido, un buen día, y con total asombro por parte de todos, Snopes se casó con la hija del dueño del colmado, una muchacha que era tenida por la más guapa de toda la región. Se casaron de repente, el mismo día en que los antiguos pretendientes de la bella abandonaron el condado y nunca más se supo de ellos.

Poco después de la boda, Snopes y su esposa se mudaron a Texas, de donde regresó la esposa al cabo de un año con una niña ya crecidita. Al cabo de un mes regresó el propio Snopes, acompañado de un forastero que gastaba sombrero de ala ancha y una reata de potros mustang medio salvajes, que el forastero subastó uno por uno, para embolsarse el dinero y marchar. Los compradores descubrieron solo entonces que a ninguno de los potros se les había puesto jamás una brida encima. Pero nunca se llegaron a enterar de que Snopes hubiera tenido, o no, arte y parte en el negocio, tal como tampoco supieron si se embolsó, o no, parte de las ganancias.

Lo siguiente que de él se supo en el pueblo fue que apareció un día con su familia en una carreta en la que había cargado todos sus enseres domésticos, y con un documento por el cual se formalizó la venta de la mitad de la propiedad del restaurante que estuvo en poder de Suratt. Éste nunca llegó a contar cómo obtuvo tal documento legal, y nunca llegamos a saber sino que de algún modo estuvo en danza en todo este asunto la propiedad de un terreno que no tenía ningún valor y que había sido parte de la dote de la señora de Snopes. Sin embargo, siendo como era un hombre hablador, de buen talante, siempre dispuesto a reírse hasta de su sombra, tanto como reía con las bromas que se les gastaran a los demás, Suratt jamás contó a nadie en qué consistió el negocio. En cambio, cada vez que después de aquello mencionaba el nombre de Snopes, siempre lo hacía con un tono de salvaje admiración, teñida de humor sardónico y sin un ápice de rencor.

—Sí, señor —decía—. Flem Snopes fue más listo que yo. Y si hay alguien capaz de tal cosa, ojalá fuese yo, y más si tiene todo este Estado de Mississippi para campar a sus anchas.

En el negocio del restaurante parece que a Snopes le fueron bien las cosas. Esto es, no tardó en eliminar a su socio, como tampoco tardó en desentenderse del restaurante, contratando a un encargado que se ocupase de llevarlo, y en el pueblo nos dio entonces por pensar que sabíamos cuál era su principal fuente de ingresos, la razón de su ascenso y su buena suerte. Supusimos que era su mujer; aceptamos sin demasiados recelos la maldad que los pueblecitos perdidos, como el nuestro, suelen insuflar incluso en hombres que son de buena fe y que tienen buenas ideas por más que les pese. Al principio, ella echaba una mano en el restaurante. La veíamos detrás del mostrador de madera, alisado como el cristal por los codos de las sucesivas generaciones de asiduos que acudían a comer al restaurante: lozana, con el vivo colorido de un calendario de pared; un rostro impecable, sin mácula de pensamiento, sin imperfección de ninguna clase, de atractivo inmediato y profundo y ajeno a todo cálculo, a toda vergüenza, con algo de esa belleza inmensa, serena, impermeable (por ser inmaculado, no por su tamaño), que posee la falda de una montaña virgen que recubre la nieve, escuchando, sin sonreír, mientras el coronel Hoxey, el solterón adinerado y de mediana edad que había en el pueblo, licenciado por Yale, y que próximamente, sin mucha dilación, había de ser el alcalde, incongruente entre los clientes de camisa sin cuello, los de pantalón de peto, los rostros campesinos al comer, se tomaba a sorbos el café y charlaba con ella.

No es que fuera inexpugnable: era impermeable, o acaso impertérrita. Por eso, falta no hizo ningún cotilleo, ningún infundio, cuando vimos cómo fue el ascenso de Snopes, que pronto dejó atrás el restaurante y pasó a ser el complemento perfecto del coronel Hoxey en la gestión de los asuntos municipales, tanto que en menos de seis meses desde que fue nombrado alcalde Hoxey, si bien nunca tuvo Snopes seguramente ninguna proximidad con ninguna máquina que no fuese la rueda del molino, al menos hasta que se mudó al pueblo, fue nombrado director de la central eléctrica. La señora Snopes era desde que nació una de esas mujeres que tienen por único barómetro de su buen nombre las hazañas y la buena estrella de sus maridos, pues para hacerle justicia nunca hubo otro asidero para los infundios que el ascenso de su marido en la administración de Hoxey.

Pero seguía estando en el aire ese algo intangible: en parte, algo que tenía en su semblante, en los aires que se daba; en parte, lo que ya habíamos oído contar sobre los métodos de Flem Snopes. O acaso fuese todo lo que sabíamos o creíamos saber sobre Snopes; tal vez, aquello que nos parecía la sombra de su señora fuese tan solo la sombra de su marido, tal como se proyectaba en ella. Fuera como fuese, cuando veíamos juntos a Snopes y a Hoxey pensábamos en ellos a la vez que pensábamos en el adulterio, y pensábamos en los dos a la vez que los imaginábamos caminando y conversando amistosamente, cada cual con su parte de la consabida cornamenta. Tal vez, y ya lo dije antes, fuese culpa del pueblo. Con toda certeza, culpa del pueblo fue que solo de pensar en su amistosa relación nos sintiéramos más ofendidos que con la idea misma del adulterio. Parecía algo foráneo, decadente, perverso: el adulterio lo podríamos haber aceptado, y quién sabe si no condonado, de haber sido los dos enemigos lógicos y naturales.

Pero no lo eran. Con todo, a ninguno de los dos se les podría haber considerado verdadero amigo del otro. Snopes no tenía amigos; no había entre nosotros hombre ni mujer, ni siquiera Hoxey, ni la señora Snopes, capaces de creerlo —sé bien cómo piensa él—, y menos aún entre quienes lo veían de vez en cuando, sentado cerca del fogón en la trasera de un tenducho maloliente, de cuarta categoría, escuchando sin charlar, una hora o un par, dos o tres noches por semana. Y así dimos en creer que, al margen de lo que pudiera ser, su mujer no le estaba engañando. Era otra mujer la que se encargaba de eso: era una negra, la flamante y joven esposa de Tom—Tom, el fogonero que hacía el turno de día en la central eléctrica.

Tom—Tom era negro: un hombre como un torazo, que pasaba de los cien kilos, rondaba los sesenta años y parecía que tuviera cuarenta. Llevaba un año más o menos casado con su tercera esposa, una joven a la que guardaba con la severidad de un turco y llevaba más tiesa que una vela en una cabaña, a dos millas del pueblo y de la central eléctrica, en la que pasaba doce horas al día con una pala y una palanca.

Una tarde acababa de terminar la limpieza de la ceniza de las calderas y se había sentado en la vagoneta del carbón, a descansar un rato y fumarse una pipa, cuando llegó Snopes, su director, patrón y jefe. Tenía limpios los fogones y el vapor de nuevo estaba casi a tope, y la válvula de seguridad de la caldera del medio estaba pitando.

Entró Snopes: insignificante y entrado en carnes, de edad indefinida, ancho de espaldas, chaparro, con una camisa blanca y limpia, aunque sin cuello, y una gorra de cuadros. Tenía la cara redonda y lisa, y absolutamente impenetrable o absolutamente inexpresiva. Tenía los ojos del color del agua estancada; la boca, un costurón tenso, sin labios. Mascando sin cesar, miró las válvulas de seguridad que silbaban.

—¿Y cuánto pesa ese silbato? —dijo al cabo de un rato.

—Pues debe de pesar cerca de cinco kilos —dijo Tom—Tom.

—¿Es de latón macizo?

—Si no lo es, es que no he visto yo latón macizo en la vida —dijo Tom—Tom.

Snopes no había mirado a Tom—Tom ni una sola vez. Siguió con la vista levantada a lo alto, hacia el silbido agudo, penetrante, incesante, que emitía la válvula. Escupió y se fue de la sala de calderas.

II

Fue construyendo su monumento bien despacio. Claro que siempre desconcierta ver a qué extremos tan enredados y tan complejos es capaz de recurrir un hombre con tal de robar algo. Es como si estuviese en funcionamiento una fuerza social intangible e invisible que militara en su contra y confundiera su propia astucia con sus taimados ardides, distorsionando en su entendimiento el valor mismo del objeto de su codicia, que con toda probabilidad, de haberse parado a escogerlo y a llevárselo abiertamente y a la vista de todos, a nadie hubiera suscitado el menor comentario, a nadie hubiese importado nada. Claro que una cosa así no hubiera sentado bien a Snopes, ya que a todas luces no tenía ni la visión encumbrada del estafador ni la valentía a prueba de bomba que tiene un bandolero.

Al principio, su visión, su objetivo acaso, ni siquiera llegaba a tener tanta altura; apenas sobrepasaba la del vagabundo que por un casual hace un alto en el camino para robar tres huevos de debajo de una gallina ponedora. O tal vez ni siquiera llegó a ser consciente de que en verdad había un mercado floreciente en el que sería viable comerciar con el latón, porque el siguiente paso que dio fue cinco meses después de que Harker, encargado de las máquinas en el turno de noche, entrase en servicio una tarde y descubriese que los tres silbatos de seguridad habían desaparecido, y que los boquetes de salida del aire estaban taponados con unas tuercas de acero de una pulgada de grosor, capaces de soportar una presión de casi quinientos kilos.

—¡Y esos tres pitorros de caldera se podían traspasar con una paja de refrescos! —dijo Harker—. ¡Y el maldito fogonero del turno de noche, Turl, que ni siquiera sabía leer la hora en un reloj, no hacía otra cosa que echar más carbón a la caldera! Cuando vi el manómetro de la primera caldera, pensé que no llegaría a tiempo a la última, a tiempo de alcanzar el inyector.

»Así que cuando por fin le pude meter a Turl en la cabezota que cien en la esfera del manómetro significaba no solo que Turl se iba a quedar sin trabajo, sino que además lo iba a perder tan en serio que ni siquiera iban a encontrar un trabajo para dárselo al próximo hijo de mala madre que creyera que el vapor vivo es lo que uno sopla sobre un cristal cuando hace frío, me sosegué lo suficiente para preguntarle adónde demonios habían ido a parar las válvulas de seguridad.

»"Pues se las llevó el señor Snopes", va y me dice Turl.

»"¿Y para qué cuernos…?"

»"Yo eso no lo sé. Solo le digo lo que me dijo Tom—Tom. Dijo que el señor Snopes dice que el flotador de cierre del depósito no tiene el peso suficiente. Dice que cualquier día el depósito empezará a perder, y que por eso iba a sujetar las tres válvulas de seguridad al flotador, para hacerlo más pesado."

»"Quieres decir que…", le digo. Pero no llegué más allá. "Quieres decir que…"

»"Eso es lo que dice Tom—Tom. Yo de todo eso no sé nada."

»Pero habían desaparecido. Hasta esa misma noche, Turl y yo echábamos de cuando en cuando una cabezada cuando andábamos cansados y la cosa estaba tranquila. Pero por todos mis muertos que esa noche nunca dormimos ni un minuto. Esa noche la pasamos enterita los dos encima de la pila de carbón, desde donde veíamos de sobra los tres manómetros. Y a partir de la medianoche, al bajar la demanda de fluido eléctrico, no tuvimos vapor suficiente en las tres calderas, en total, para que juntas las tres tostasen unos cuantos cacahuetes. Y ni siquiera al meterme en la cama, ya en casa, ni por ésas pude pegar ojo. Nada más cerrar los ojos veía un manómetro del tamaño de una bañera, con una aguja roja y grande como una pala, que se acercaba a la raya del cien, y me despertaba dando gritos y sudando como un pollo.

Pero también esa historia fue cayendo en el olvido al cabo de un tiempo, y entonces Turl y Harker volvieron a echarse alguna que otra cabezada. A lo mejor llegaron a la conclusión de que Snopes había robado sus tres huevos, y asunto concluido. A lo mejor concluyeron que se había asustado de la facilidad con que se llevó los huevos, porque pasaron cinco meses antes de que tuviese lugar el siguiente acto.

Entonces, hubo una tarde en que, con las calderas limpias y a todo meter, Tom—Tom, fumándose una pipa sobre la montonera del carbón, vio entrar a Snopes, y lo vio con un objeto en la mano que, según dijo Tom—Tom después, creyó que era la herradura de una mula. Vio a Snopes retirarse a un rincón mal iluminado detrás de las calderas, donde se había acumulado una pila de despojos metálicos de todo tipo, todos ellos cubiertos de suciedad: juntas, válvulas, varas y tuercas y demás, y allí arrodillado comenzó a clasificar las piezas, tocándolas una por una con la herradura de la mula, y de cuando en cuando retirando una de ellas y arrojándola a su espalda, al pasillo de acceso.

Tom—Tom lo vio probar con el imán todos los pedazos sueltos que había en la sala de calderas, separando los de hierro de los que eran de latón: solo entonces ordenó Snopes a Tom—Tom que recogiera las piezas de latón que había separado y le indicó que las llevara a su despacho.

Tom—Tom recogió las piezas en una caja. Snopes estaba esperando en el despacho. Miró una sola vez la caja y escupió.

—¿Tú qué tal te llevas con Turl? —le dijo. Turl, más vale que lo repita, era el fogonero del turno de noche; también era negro, aunque del color del cuero, mientras que Tom—Tom era muy negro, y en vez de los cien kilos de Tom—Tom, contando incluso la pala bien cargada, Turl apenas habría llegado a setenta.

—Yo me ocupo de mis asuntos —dijo Tom—Tom—. Lo que haga Turl con los suyos no es cosa mía.

—Eso no es lo que Turl piensa —dijo Snopes sin dejar de mascar, mirando a Tom—Tom, que miraba a Snopes con idéntica fijeza, aunque desde mayor altura—. Turl quiere que yo le dé tu turno, el turno de día. Dice que está harto de cuidar las calderas de noche.

—Que siga cuidando las calderas durante tanto tiempo como llevo yo, y entonces que se lo quede —dijo Tom—Tom.

—Turl no quiere esperar tanto tiempo —dijo Snopes, mascando y mirando a la cara a Tom—Tom. Entonces le dijo a Tom—Tom que Turl tenía planeado robar algo de hierro de la central para dejarlo delante de la puerta de Tom—Tom y así conseguir que a Tom—Tom lo despidieran. Y Tom—Tom siguió en donde estaba, enorme, inmenso, la cabeza pequeña y redonda y dura—. Eso es lo que se trae entre manos —dijo Snopes—. Por eso quiero que te lleves todo esto a tu casa y lo escondas donde Turl no lo pueda encontrar. Y en cuanto tenga pruebas suficientes contra Turl, lo voy a despedir.

Tom—Tom esperó a que Snopes hubiese terminado. Parpadeaba despacio. Y entonces dijo al punto:

—Sé de una manera mucho mejor.

—¿Qué manera? —dijo Snopes. Tom—Tom no respondió. Siguió en pie, grandullón, sin un ápice de humor, malencarado; callado; bastante implacable, aunque sin acalorarse—. No, no —dijo Snopes—. Eso no me sirve de nada. A la mínima que tengas con Turl, os despido a los dos ipso facto. Tú haces lo que te estoy diciendo a no ser que estés harto de tu trabajo y quieras que se lo quede Turl. ¿Estás harto de tu trabajo?

—Aún no se ha quejado nadie de la presión que le meto a las calderas —dijo Tom—Tom malhumorado.

—Pues entonces haz lo que te estoy diciendo. Te llevas toda esa morralla a tu casa esta misma noche. Que no te vea nadie; que no te vea ni siquiera tu esposa. Y si no lo quieres hacer, me lo dices. Supongo que ya encontraré a alguien que se encargue.

Y eso fue lo que hizo Tom—Tom. Y se guardó también su opinión incluso más adelante, al ver que de nuevo se acumulaban las juntas y las piezas descartadas, cuando observaba cómo las probaba Snopes una por una con el imán, clasificándolas, hasta hacerse con otro alijo que debía llevarse a casa a esconderlo. Y es que llevaba cuarenta años dando candela a esas calderas, desde el día en que se hizo un hombre. En aquel entonces no había más que una caldera, y ganaba doce dólares al mes por atizarla, pero ahora ya eran tres, y ganaba sesenta dólares al mes; y tenía sesenta años, y era dueño de una cabaña y de un maizal enano, y de una mula y una carreta en la que iba al pueblo, a la iglesia, dos veces cada domingo, con su joven y flamante y última esposa a su lado, y con un reloj de oro con su leontina.

Y Harker entonces tampoco lo sabía, aunque veía acumularse la chatarra en un rincón y la veía desaparecer de la noche a la mañana, hasta que ésa llegó a ser la broma que gastaba todas las noches, al llegar con su aire atareado, bullicioso, y decir a Turl:

—Vaya, Turl. A lo que se ve, esta caldera sigue funcionando. Hay un buen puñado de latón en los rodamientos de los ejes y en las bielas, pero no sé qué me da que van demasiado deprisa para arrimar el imán —y seguía con más sobriedad, con bastante sobriedad, sin rastro de humor, sin asomo de ironía, puesto que en Harker había bastante de Suratt—. ¡Maldito individuo! Digo yo que cualquier día vendería también las calderas si supiera de qué modo podríais Tom—Tom y tú mantener el vapor sin calderas.

Y Turl no dijo nada. Y es que para entonces ya tenía Turl sus propias preocupaciones y sus tentaciones particulares, las mismas que Tom—Tom, de las cuales Harker tampoco era consciente.

Entre tanto, llegó el primer día del año y se hizo una auditoría en el consistorio.

—Aquí vinieron dos —dijo Harker—, los dos con gafas. Examinaron los libros de contabilidad y metieron el hocico por todas partes, contando todo lo que estaba a la vista y anotando las cantidades. Fueron luego al despacho y allí seguían a las seis, cuando empieza mi turno. Parece que algo no cuadraba; parece que algunas piezas viejas de latón estaban consignadas en los libros, solo que ese latón al parecer faltaba, o algo así. En los libros sí que estaba, y las válvulas nuevas y las cosas con que se había sustituido estaban ahí. Pero no hubo maldita manera de encontrar una sola de las piezas viejas, quitando un viejo grifo estropeado que se había perdido en el banco de trabajo a saber cómo. Aquello era extraño. Así pues, volví con ellos y sostuve la luz en alto mientras volvían a rebuscar por todos los rincones, llevándose un buen puñado de grasa y de hollín, aunque todo ese latón siguió naturalmente faltando. Así que se marcharon.

»Y volvieron a la mañana siguiente, bien temprano. Esta vez vino con ellos el contable municipal y llegaron antes que el señor Snopes, así que tuvieron que esperar a que apareciese con su gorra a cuadros y el tabaco de mascar, mascando y mirándolos cuando se lo dijeron. Lo sentían mucho; carraspearon y balbucieron bastante sintiéndolo mucho. Pero no les iba a quedar más remedio que volver a verlo, puesto que era el director de la central; ¿quería que nos detuviesen a Turl y a Tom—Tom y a mí sobre la marcha, o le iba mejor que fuese al día siguiente? Y él estaba allí delante, mascando sin parar, con los ojos como dos grumos de grasa lubricante en un puñado de masa cruda, y ellos insistían en decirle que lo sentían muchísimo.

»"¿A cuánto asciende en total?", les dice.

»"A trescientos cuatro dólares con cincuenta y dos centavos, señor Snopes."

»"¿Ése es el total?"

»"Hemos verificado dos veces la suma, señor Snopes."

»"De acuerdo", dice. Y se mete la mano en el bolsillo y saca la pasta y les paga los trescientos cuatro dólares con cincuenta y dos centavos en efectivo y les pide un recibo.

Y así llegó el verano siguiente, Harker muerto de risa y feliz de ver lo que estaba viendo, y viendo muy poca cosa, pensando que todos se engañaban los unos a los otros mientras él se limitaba a ver, cuando era él quien estaba siendo víctima de un engaño. Y es que aquel verano las cosas maduraron, estuvieron en sazón. O a lo mejor es que Snopes decidió recoger su primera cosecha de heno, despejar el prado para volver a sembrar. Y es que nunca hubiese creído que el día mismo en que mandó llamar a Turl colocó su capital en su monumento y comenzó a la vez a derribar el andamiaje.

Fue a primera hora de la noche. Volvió a la central después de cenar y mandó llamar a Turl; una vez más, los dos, un blanco y un negro, se miraron mutuamente en el despacho.

—¿Qué es lo que pasa contigo y con Tom—Tom? —dijo Snopes.

—¿Conmigo y con quién? —dijo Turl—. Si Tom—Tom cuenta conmigo para meterse en un lío, más le vale dejar de ser fogonero y meterse a camarero. Hacen falta dos para meterse en un lío, y Tom—Tom no es más que uno, igual me da que sea un grandullón.

Snopes observó a Turl.

—Tom—Tom cree que tú quieres quedarte con el turno de día.

Turl bajó la vista. Miró un momento a la cara de Snopes; le miró a los ojos inmóviles, al mentón que no dejaba de mover con lentitud, y de nuevo bajó la vista.

—Echo al fuego tanto carbón como Tom—Tom —dijo.

Snopes lo miró: un rostro moreno, liso, que miraba de soslayo.

—Tom—Tom eso ya lo sabe. Sabe que se está haciendo viejo. Pero también sabe que solo tú podrías hacerle sombra.

Y sin dejar de observar el rostro de Turl, Snopes le dijo que Tom—Tom llevaba dos años robando piezas de latón de la central, con el fin de cargarle el mochuelo a Turl y lograr que lo despidieran; le dijo que justamente ese día Tom—Tom le había ido con el cuento de que Turl era el ladrón.

Turl levantó los ojos del suelo.

—Eso es mentira —dijo—. A mí no hay negro que me acuse de robar cuando no he robado, igual me da que sea un grandullón.

—Seguro —dijo Snopes—. Por eso, lo que hay que hacer es recuperar ese latón.

—Si es Tom—Tom quien se lo ha llevado, me parece que es el señor Buck Conner el más indicado para recuperarlo —dijo Turl. Buck Conner era el jefe de la policía municipal.

—En tal caso, seguro que vas a la cárcel. Tom—Tom dirá que no sabía que estuviera allí. Tú serás el único en saber que allí estaba. ¿Qué crees que va a pensar Buck Conner? Tú serás el único que sabía dónde estaba escondido, y Buck Conner se dará cuenta de que hasta los tontos tienen más seso, y que a nadie se le ocurre robar algo y guardarlo donde guarda el maíz. Lo único que puedes hacer es recuperar todo ese latón. Ve allí de día, cuando Tom—Tom esté en el trabajo, y lo consigues y me lo traes y ya lo guardaré yo para utilizarlo como prueba concluyente contra Tom—Tom. A no ser que no quieras el turno de día, claro. Dímelo, dime que no. Supongo que no me será difícil encontrar a otro que sí lo quiera.

Y Turl se mostró de acuerdo en hacerlo. No había atizado calderas durante cuarenta años. No había hecho nada en absoluto durante tantísimo tiempo, porque acababa de pasar de los treinta. Pero aun cuando tuviese cien, no habría nadie capaz de acusarlo nunca de haber hecho nada que sumase cuarenta años en limpio.

—A no ser que las rondas de noche a que se dedica Turl lleguen a sumar tanto —dijo Harker—. Si alguna vez Turl se llega a casar, no tendría necesidad de poner puerta a su casa: no sabría para qué sirve una puerta. Si no pudiera colarse por las ventanas para requebrar a las chicas, no sabría a qué pegarle. ¿Verdad que no, Turl?

Así que a partir de ahí la cosa es bien simple, puesto que los aciertos de un hombre, como sus errores, por lo común son bien simples. En particular los aciertos. Tal vez por eso se suelen pasar por alto: no son fáciles de advertir.

—Su error no fue otro que elegir a Turl para que le sacara las castañas del fuego —dijo Harker—. Pero lo de Turl ni siquiera fue tan grave como el segundo de los errores que cometió al mismo tiempo y sin enterarse. Y es que se olvidó de la negrita de piel clara que era la esposa de Tom—Tom. Cuando me enteré de que había escogido a Turl precisamente, con todos los negros que hay en Jefferson, a sabiendas de que Turl ha rondado al menos una vez (o al menos lo ha intentado) a todas las mozas que viven en diez millas a la redonda, alrededor del centro del pueblo, y que le había encargado que fuera a casa de Tom—Tom a sabiendas en todo momento de que Tom—Tom iba a estar allí metido en las calderas, echando paletadas de carbón hasta las siete de la tarde, y que luego le quedaban dos millas a pie para llegar a su casa, y que contaba con que Turl pasara el tiempo allí en busca de cualquier cosa que no estuviera escondida en la cama de Tom—Tom, y cuando pienso en que Tom—Tom estaría aquí abajo, atizando las calderas con la misma amistosa cornamenta, como dijo aquel tío al hablar del señor Snopes y del coronel Hoxey, robando el latón para impedir que Turl le quitase el empleo, y Turl allá lejos y pendiente de los asuntos domésticos de Tom—Tom al mismo tiempo, a veces creo que me va a dar un soponcio.

»Aquello no podía durar mucho. Lo único que quedaba por saber era qué pasaría antes: si Tom—Tom iba a cazar a Turl o si el señor Snopes iba a cazar a Turl, o si cualquier noche a mí me iba a reventar una vena de tanto reír. En resumidas cuentas, fue Turl. Parecía que le costara demasiado esfuerzo localizar el latón; llevaba ya tres semanas en busca del alijo, y todas las noches llegaba a trabajar un poco tarde, con lo que Tom—Tom se tenía que quedar en su puesto, esperando a que llegara Turl, antes de poder marcharse a casa. Puede que fuera eso. O puede ser que el señor Snopes fuese en persona un día y se escondiese entre la maleza a la espera de que anocheciera (ya casi era abril); puede ser que se escondiera a un lado de la casa de Tom—Tom, mientras Turl acudía sigilosamente por el maizal, del otro lado. Fuera como fuese, aquí que volvió una noche y se puso a esperar, y Turl llegó con media hora de retraso, como de costumbre, y Tom—Tom estaba ya listo para marcharse a casa en cuanto llegase Turl. El señor Snopes mandó llamar a Turl y le preguntó si lo había encontrado.

»"¿Encontrarlo? ¿Cuándo?", dice Turl.

"Mientras andabas ahí, a la busca del asunto, cuando anochecía", dice el señor Snopes. Y Turl se queda preguntándose hasta dónde está enterado el señor Snopes, y si puede o no arriesgarse a decir que se ha pasado el día entero en la cama, en su casa, desde las seis y media de la mañana, o que a lo mejor ha ido a Mottstown por asuntos de negocios. "A lo mejor es que sigues buscándolo donde no puede estar", dice el señor Snopes, y observa a Turl, que no mira al señor Snopes salvo, si acaso, de vez en cuando. "Si Tom—Tom ha escondido ese hierro en su cama, tendrías que haberlo encontrado hace ya tres semanas", dice el señor Snopes. "Así que supón que miras en ese maizal, que es donde te dije que buscaras bien."

»Total, que Turl fue a buscar una vez más. Pero tampoco pareció que fuera capaz de encontrarlo en el maizal. Cuando menos, eso es lo que le dijo al señor Snopes cuando el señor Snopes por fin fue a buscarlo y lo trajo aquí corriendo una noche a eso de las nueve. Turl se había metido en una bien gorda, como quien dice. Tendría que esperar hasta que anocheciera para ir a la casa, y eso que Tom—Tom llevaba ya días refunfuñando a cuenta de los retrasos de Turl, que no llegaba puntual a empezar su turno ni a tiros. Y en cuanto encontrase el latón tendría que empezar a presentarse en la central a las siete de la tarde, y los días eran cada vez más largos.

»Así que Turl vuelve a hacer una intentona más, por ver de encontrar las pruebas del robo del latón. Pero sigue sin dar con nada. Debe de haber buscado debajo de todos los hilos de la funda del colchón de Tom—Tom, pero sin conseguir nada más que lo que consiguieron en las dos inspecciones. Era como si le resultara del todo imposible localizar esas pruebas. Así que el señor Snopes dice que solo piensa dar a Turl una oportunidad más, y que si esta vez no encuentra las pruebas, el señor Snopes piensa decir a Tom—Tom que se le está colando un gato pardo todas las noches por la parte de atrás. Y siempre que un negro que esté casado en Jefferson oye una cosa así, se informará de cuál es el paradero de Turl antes de ponerse a afilar la navaja. ¿Estamos o no estamos, Turl?

»A la noche siguiente Turl sale de nuevo a buscar. Esta vez se va a dejar la piel en el intento. Se cuela sigiloso por el bosque cuando cae el sol, que es la mejor hora del día para encontrar latón, sobre todo porque esa noche hay luna llena. Allá que llega, sigiloso por el maizal, hasta el porche de atrás, que es donde está el catre, y nada más llegar se da cuenta de que hay alguien tumbado en el catre, alguien que lleva un camisón blanco. Pero ni por ésas se levanta Turl y echa a andar; Turl no hace así las cosas. Turl sigue las reglas del juego. Se arrastra con sigilo y para entonces ya está oscuro del todo, y la luna empieza a brillar un poco, y avanza con cuidado, con sigilo, y ronda como un gato por el porche de atrás y se acerca al catre y pone la mano sobre la carne desnuda y dice: "Preciosidad, ha llegado papaíto".

IV

Al oírlo en completo silencio me pareció tomar parte en ese momento de la sorpresa espeluznante que se llevó Turl. Y es que era Tom—Tom el que estaba en el catre: Tom—Tom, por más que Turl estuviera seguro de que en ese instante se encontraba a dos millas de distancia, esperando a que llegase Turl para relevarlo en la central eléctrica.

La noche anterior, al volver a casa, Tom—Tom se había llevado una sandía del año pasado, que el carnicero de la localidad había guardado todo el invierno en el congelador y que había regalado a Tom—Tom, pues le daba miedo comérsela, junto con una pinta de whiskey. Tom—Tom y su esposa consumieron ambos regalos y se fueron a la cama, donde una hora después ella despertó a Tom—Tom con sus chillidos. Estaba violentamente enferma, y temerosa de que se fuese a morir. Tuvo tanto miedo que no dejó que Tom—Tom se marchase en busca de ayuda, y mientras él la medicó lo mejor que supo, ella le confesó lo suyo con Turl. Nada más contárselo se sintió mejor y se pudo dormir, bien antes de tener tiempo de entender la enormidad de lo que había hecho, o bien cuando aún estaba demasiado pendiente de seguir viva para que realmente le importase.

Pero Tom—Tom no lo vivió así. A la mañana siguiente, tras haberse asegurado de que su esposa se encontraba bien, le recordó lo que le había dicho ella. La mujer lloró un rato y trató de retractarse; recorrió todo el espectro que va de las lágrimas a la ira, pasando por el desmentido y las cucamonas para volver a llorar de nuevo. Pero es que en todo momento tuvo que mirar la cara de Tom—Tom, así que al cabo de un rato se sosegó y se quedó tendida en la cama, viéndolo preparar metódicamente el desayuno, el suyo y el de ella, sin decir palabra, aparentemente olvidado de todo, incluso de su presencia. Luego le dio de comer, la obligó a comer con el mismo desapasionamiento, implacable y sin acalorarse. Ella estaba esperando a que él se marchase a trabajar; no tenía entonces ninguna duda, tal como tampoco las tuvo durante todo el tiempo en que estuvo inventando y descartando recursos prácticos de todo tipo; tan ajetreada estuvo que fue mediada la mañana cuando se dio cuenta de que él no tenía intención de ir al pueblo, aunque no sabía que se las había ingeniado para mandar aviso a la central eléctrica, a las siete de la mañana, para tomarse el día libre.

Así que se quedó quieta en la cama, bastante quieta, los ojos bastante abiertos, inmóvil como un animalillo, mientras él preparaba la comida y de nuevo le daba de comer con esa atención desmañada e implacable. Y poco antes de que se pusiera el sol la encerró en el dormitorio, sin que ella aún dijera ni palabra, sin preguntarle qué estaba tramando, mirándole ella sin más, con los ojos quietos, impávidos, atenta a la puerta, hasta que se cerró y sonó el clic de la llave. Entonces Tom—Tom se puso uno de sus camisones y, con un cuchillo de carnicero al alcance de la mano, se tumbó en el catre del porche de atrás. Y allí estaba, sin haberse movido durante casi más de una hora, cuando apareció Turl con todo su sigilo y lo tocó.

En el acto puramente reflejo de volverse Turl para emprender la huida, Tom—Tom se puso en pie con el cuchillo en la mano y saltó a por Turl con toda el alma. Se le subió al cuello, a los hombros, y su peso fue el ímpetu que mandó a Turl fuera del porche, ya corriendo como un poseso cuando tocaron sus pies la tierra, llevándose consigo, en la retina de su miedo, un solo y pavoroso destello de la luz de la luna en la hoja del cuchillo en alto, y así cruzó la parcela y, con Tom—Tom a la espalda, se internaron los dos por los árboles como una extraña y enfurecida bestia de dos cabezas, con un solo par de piernas, cual centauro invertido que apretase el paso fantasmagórico, por delante de los faldones de la camisa de Tom—Tom, como una estela, y por debajo del brillo plateado del cuchillo en alto, bosque a través, con la luna de abril.

—Tom—Tom es un torazo de hombre —dijo Turl—. Es el triple que yo. Pero vaya si cargué con él. Y cada vez que veía el brillo de la luna en ese cuchillo de carnicero, habría sido capaz de cargar con otros dos como él sin pararme siquiera a pensarlo —dijo que al principio solo se limitó a correr, y que solo cuando se encontró entre los árboles se le ocurrió que su única esperanza consistía en quitarse de encima a Tom—Tom sacudiéndolo al pasar contra uno de los troncos—. Pero se me agarraba tan fuerte con un brazo que cada vez que trataba de golpearlo contra un tronco tenía yo que darme también de bruces contra el tronco. Y rebotábamos los dos y volvía a ver el brillo de la luna en la hoja del cuchillo, y bien podría haberme echado a la espalda a otros dos como Tom—Tom.

»Fue más o menos entonces cuando Tom—Tom se puso a chillar a voz en cuello. Como se me sujetaba con las dos manos me di cuenta de que al menos me había librado del cuchillo de carnicero, a saber cómo. Pero ya llevaba tomada mucha carrerilla; mis pies no hicieron ni caso de los gritos de Tom—Tom, que chillaba pidiendo que parase y le dejase bajar, como tampoco hicieron caso de mí. Entonces Tom—Tom me sujetó por la cabeza con las dos manos y quiso torcérmela como si fuese yo una mula desbocada que él montase a pelo, pero fue entonces cuando vi la zanja. Más de diez metros de profundidad tenía, y parecía que de ancho pasara de un kilómetro, pero ya era demasiado tarde. No quisieron mis pies aflojar la marcha que llevaban. Corrieron un trecho como… desde aquí a esa puerta de allá volando por el aire antes de que nos precipitásemos en la caída. Y seguían mis pies agarrándose a la luz de la luna cuando Tom—Tom y yo dimos contra el fondo.

Lo primero que quise saber fue qué había usado Tom—Tom en vez del cuchillo de carnicero que se le cayó. No usó nada. Turl y él se quedaron tirados en el fondo de la zanja y charlaron. Y es que hay un refugio más allá de la desesperación para cualquier bestia que se haya atrevido a todo, un lugar sagrado que incluso ha de respetar su enemigo más mortal. O a lo mejor tan solo fue la naturaleza del negro. De todos modos, allí sentados, a lo mejor jadeando un poco mientras charlaban, a los dos les quedó perfectamente claro que el hogar de Tom—Tom había sido insultado, claro, pero no por el engaño de Turl, sino por Flem Snopes; los dos se dieron cuenta de que la vida y la integridad de Turl había corrido grave peligro, pero no por la amenaza de Tom—Tom, sino por Flem Snopes. Tan claro lo vieron los dos que se quedaron tranquilamente sentados en el fondo de la zanja, recobrando el resuello, charlando un poco, sin acalorarse, como dos conocidos que se cruzaran en la calle; tan claro lo vieron que concertaron un plan sin recurrir a palabras precisas sobre el asunto pendiente de resolver. Meramente cambiaron impresiones; es posible que los dos se riesen un poco de sí mismos. Luego treparon a cuatro patas para salir de la zanja y volvieron a la cabaña de Tom—Tom, donde éste sacó de su encierro a su esposa y Turl se sentó ante el fogón mientras la mujer les preparaba a los dos algo de comer, que ambos devoraron en silencio y sin pérdida de tiempo: serios los dos, los dos con la cara arañada y arrimada a la misma lámpara, sobre los mismos platos, mientras la mujer los miraba desde el fondo, en sombra, a cubierto, muda.

Tom—Tom se la llevó al granero para que les echase una mano y entre los tres cargaron el alijo de latón en la carreta, donde Turl habló por vez primera desde que salieron de la zanja en amistosa y consabida relación de cornamenta, según dijera Harker:

—Pero… hombre, por Dios, ¿cuánto tiempo te ha costado traer aquí todo esto?

—No mucho —dijo Tom—Tom—. Llevo en este lío unos dos años.

Cuatro viajes tuvieron que hacer con la carreta; había amanecido cuando dispusieron del último cargamento, y el sol estaba alto cuando apareció Turl por la central eléctrica, con once horas de retraso.

—¿Tú dónde carajo te habías metido? —dijo Harker.

Turl se quedó mirando los tres manómetros, la cara arañada con una expresión de seriedad simiesca.

—Echándole una mano a un amigo mío.

—¿Una mano? ¿A qué amigo tuyo?

—Un chico que se llama Turl —dijo Turl sin dejar de mirar los manómetros.

V

—Y eso fue todo lo que dijo —dijo Harker—. Y yo le miraba la cara toda llena de rasguños, y luego vi la pareja de esa cara, la que trajo Tom—Tom a las seis en punto. Pero Turl entonces no me contó nada. Y no soy yo el único al que no le contó nada esa mañana, porque el señor Snopes apareció por allí antes de las seis, antes de que Turl se fuese. Mandó llamar a Turl y le preguntó si había encontrado el latón y Turl le dijo que no.

»"¿Cómo es que no lo has encontrado?", dijo el señor Snopes.

»Turl esta vez no apartó la mirada.

»"Porque no hay latón que encontrar allí, más que nada por eso."

»"¿Cómo sabes que no hay nada que encontrar?", dice el señor Snopes.

»Y Turl va y lo mira de frente a los ojos.

»"Porque dice Tom—Tom que allí no hay nada", dice Turl.

»A lo mejor tuvo que darse cuenta entonces. Pero es que un hombre es capaz de llegar ni se sabe adónde con tal de engañarse; se dirá toda clase de cosas y se las creerá a pie juntillas, y eso que se pondría de los nervios y despotricaría contra cualquier otro que se las creyese. Total, que va y manda llamar a Tom—Tom.

»"Yo de latón no tengo nada", dice Tom—Tom.

»"Pues entonces… ¿dónde está?"

»"Justamente donde dijo usted que lo quería."

»"¿Dónde dije yo que lo quería? ¿Cuándo he dicho yo eso?"

»"Cuando se llevó los silbatos de las calderas", dice Tom—Tom.

»Eso fue lo que lo dejó hecho mixtos. No se atrevió a despedir a ninguno de los dos, ya lo ve. Y por eso tuvo que ver a uno o al otro durante todo el día y todos los días, y saber que el otro estaba allí la noche entera todas las noches; tuvo que ser consciente de que durante cada día que pasara, las veinticuatro horas, uno u otro estaba allí, y además recibiendo su paga, pagados, fíjese, por horas, por vivir allí la mitad de sus vidas, debajo del depósito donde estaban los cuatro cargamentos de latón que ahora le pertenecían por derecho de compra, y que no podía reclamar, porque había esperado mucho más de la cuenta.

»Y tanto que esperó más de la cuenta. Pero es que con el siguiente año nuevo aún se le hizo más tarde. Llega el año nuevo y el municipio vuelve a hacer la auditoría de turno; vuelven a asomar por aquí la jeta los dos tipos de gafas, que vuelven a verificar los libros, y se largan y vuelven no solo con el contable del ayuntamiento, sino también con Buck Conner, con una orden de detención contra Turl y otra contra Tom—Tom. Y allá que van, carraspeando y balbuciendo y diciendo cuánto lo sienten, animándose uno al otro a hablar. Parece que dos años antes habían cometido un error, y que en vez de trescientos cuatro con cincuenta y dos dólares de latón que se evapora eran quinientos veinticinco dólares, con lo que queda un descubierto de más de doscientos veinte dólares. Y allá que va Buck Conner con la orden de detención, resuelto a echarles el guante a Turl y a Tom—Tom en cuanto lo dijera, y resulta que Turl y Tom—Tom estaban los dos en la sala de calderas en ese momento, cambiando de turno.

»Total, que Snopes les pagó lo debido. Escarbó en el bolsillo y aflojó la mosca y les pagó a los dos los doscientos veinte y se quedó con la factura. Y unas dos horas después por un casual pasé yo por su despacho.

Al principio no vi a nadie, porque la luz estaba apagada. Por eso pensé que a lo mejor se había fundido la bombilla, ya que esa luz estaba encendida siempre. Pero no, no estaba fundida; estaba solo apagada. Justo antes de encenderla lo veo allí sentado. Por eso no encendí la luz. Preferí salir sin más y dejarlo allí sentado, sentadito y quieto en su sillón.

VI

En aquellos tiempos Snopes vivía en una casita nueva, casi en las afueras del pueblo, y cuando poco después de año nuevo dimitió de su puesto de director en la central eléctrica, cuando fue mejorando el tiempo de cara a la primavera, lo veían a menudo en su parcela enana, sin hierba ni árboles. Era un vecindario compuesto por idénticas casitas sin remedio, habitadas la mitad por negros, con acequias de arcilla y zanjas llenas de automóviles de desguace y latas viejas, una panorámica nada plácida. Pero allí pasaba gran parte de su tiempo, sentado en las escaleras de la entrada, mano sobre mano. Por eso se preguntaban unos y otros qué podía estar mirando, puesto que no había nada que ver sobre la masa de los árboles que daban sombra al pueblo, con la excepción de un trozo de la central eléctrica y el depósito del agua. Y el depósito estaba ya condenado, porque el agua de pronto se había emponzoñado dos años antes, y el pueblo contaba con un nuevo embalse subterráneo.

Pero el depósito del agua era robusto, y el agua seguía siendo útil para el riego de las calles, de modo que el consistorio lo dejó en pie, rechazando en su día una oferta bastante generosa, aunque anónima, para adquirirlo y desmontarlo.

Por eso extrañaba tanto lo que pudiera estar mirando Snopes. No sabían que estaba contemplando su monumento: la columna, más alta que todo lo que había a la vista, llena de un líquido transitorio y simbólico, que ni siquiera era apto para el consumo humano, pero que en virtud de su misma transitoriedad era más duradero, por su fluidez y su ciega renovación constante, que el alijo de latón que lo había emponzoñado, más resistente incluso que una columna de basalto o de plomo.

EL BROCHE

I

Le despertó el teléfono. Despertó ya con prisa, tanteando a oscuras en busca de la bata y las zapatillas, porque sin despertar aún del todo supo que la cama de al lado estaba sin ocupar, y el aparato estaba en la planta baja, frente a la puerta tras la cual su madre llevaba cinco años apoyada y encajada entre los almohadones, en cama, y porque supo nada más despertar que llegaría demasiado tarde, puesto que su madre ya lo habría oído, tal como oía todo lo que pasara en la casa, fuera la hora que fuese.

Era viuda, y él, su único hijo. Cuando se fue a la universidad, ella se fue con él; tuvo casa en Charlottesville, Virginia, durante los cuatro años que pasó él de estudiante. Era hija de un acaudalado comerciante. Se casó con un viajante de comercio que llegó al pueblo un verano con cartas de recomendación: una, para el pastor de la iglesia, la otra para su padre. En tan solo tres meses, el viajante y la hija se habían casado. Él se apellidaba Boyd. Dejó su empleo en menos de un año, se instaló en casa de su esposa y se dedicó a pasar el día sentado frente al hotel, con los abogados y los dueños de las plantaciones de algodón, un tipo oscuro, con una manera tan galante como chulesca de quitarse el sombrero para saludar a las damas. Durante el segundo año nació el hijo. Seis meses después Boyd se largó. Se fue como si tal cosa, dejando a su mujer una nota en la que le dijo que ya no era capaz de soportar la sola idea de pasar la noche tendido en cama, viéndola enrollar en carretes vacíos el cordel que ahorraba de los paquetes comprados en las tiendas. Su mujer nunca más volvió a saber de él, aunque se negó a que su padre tramitara la anulación matrimonial y cambiara el apellido de su hijo.

Murió entonces el acaudalado comerciante, legando todas sus propiedades a la hija y al nieto que, si bien desde que tuvo siete u ocho años ya no vestía trajecitos al estilo del pequeño Lord Fauntleroy, a los doce lucía incluso entre semana trajes que le daban un aire no de niño, sino de enano; es probable que no hubiese podido mantener relaciones más o menos duraderas con otros niños ni siquiera si su madre se lo hubiese permitido. A su debido tiempo, su madre encontró un colegio masculino en el que el chiquillo pudo vestir con total impunidad chaqueta de uniforme y sombrero rígido, de hombre, aunque para cuando ambos se mudaron a Charlottesville con la idea de pasar allí cuatro años el hijo no tenía ninguna pinta de enano. Parecía más bien un personaje tomado de la Divina comedia, un hombre algo más enclenque que su padre, aunque en parte tenía la buena presencia, si bien oscura, que tuvo el padre, e iba siempre con prisa, con una mirada esquiva, aun cuando su madre no estuviera con él, al pasar por la calle, delante de las chicas, no solo en Charlottesville, sino también en el villorrio perdido en Mississippi al que con el tiempo regresaron, con una expresión en la cara como la de los novicios o los ángeles en las alegorías del siglo XV. Entonces sufrió su madre el ataque, y no tardaron sus amigas en llevarle a la cama en que estaba postrada, casi a diario, informes detallados sobre la clase de chica con la que habría querido o esperado la madre no solo que el hijo se relacionase, sino también que, llegado el día, contrajera matrimonio.

Se llamaba Amy y era hija de un revisor de ferrocarriles que perdió la vida en un accidente de tren. Vivía con una tía suya que tenía una pensión, y era una jovencita vivaracha y desafiante, cuya reputación, con el tiempo, fue más bien imputable a las necesidades y las desventajas de su casta, las propias de un villorrio del Sur, que a la maldad propiamente dicha, y que al final sin lugar a dudas fue más humo que fuego; su nombre, aunque siempre recibiera invitaciones para acudir a los bailes más públicos, corría de boca en boca y se tomaba muy a la ligera sobre todo entre las mujeres de mayor edad, hijas de las familias de más alcurnia y ya en decadencia, como aquella en que vino al mundo su futuro esposo.

Así las cosas, el hijo adquirió cierta destreza en el acto de entrar en casa y pasar por delante del dormitorio en que yacía postrada su madre, encajada entre almohadones, y subir la escalera a oscuras hasta su habitación. Pero hubo una noche en que no lo logró. Cuando entró en casa, el dintel de la puerta del dormitorio de su madre estaba a oscuras, como siempre, y aunque no hubiera sido así no habría tenido forma de saber que aquélla fue la tarde en que las amigas de la madre fueron a verla y le hablaron de Amy, tras lo cual su madre pasó cinco horas incorporada, tiesa, encajada entre los almohadones, a oscuras, atenta a la puerta invisible. Él entró con sigilo, como de costumbre, con los zapatos en la mano, pero sin haber cerrado aún la puerta de la calle la oyó llamarle por su nombre. No levantó la voz. Lo dijo una sola vez:

—Howard.

Abrió la puerta. En ese instante se encendió la lámpara de la mesilla de noche, junto a la cual había un reloj de mesa con la esfera como la cara de una muerta. Detener las manecillas del reloj fue lo primero que hizo la madre en cuanto pudo, dos años antes, mover las manos. Se acercó a la cama desde la cual lo miraba una mujer gruesa, con un rostro del color del sebo y los ojos negros, en apariencia sin pupilas y sin iris, bajo el cabello perfectamente blanco.

—¿Qué pasa? —dijo—. ¿Te encuentras mal?

—Acércate —dijo ella, y él se acercó. Se miraron. Entonces él pareció entenderlo; tal vez se lo esperase.

—Ya sé quién ha venido a hablar contigo —dijo—. Esas malditas buitronas.

—Vaya, me alegro de saber que solo es carroña —dijo ella—. Ahora me puedo quedar tranquila, sabiendo que no la traerás a nuestra casa.

—No te prives. Di que es tu casa.

—No es preciso. No la llevarás a cualquier casa en la que viva una dama —se miraron a la luz constante de la lámpara, que poseía el rancio relumbre de las luces que hay en los cuartos de los enfermos—. Tú eres un hombre, y no te lo reprocho. Ni siquiera me sorprende. Solo quiero advertírtelo antes de que hagas el ridículo. No confundas la casa con el establo.

—¿Con el…? ¡Ja! —dijo. Dio un paso atrás y abrió la puerta de un tirón, con un gesto que remedó la chulería teatral de su padre—. Con tu permiso —añadió. No cerró la puerta. Ella permaneció incorporada sobre los almohadones, mirando el vestíbulo a oscuras, escuchándole ir al teléfono, llamar a la chica y pedirle que se casara con él al día siguiente, sin más dilación. Volvió entonces a la puerta—. Con tu permiso —dijo otra vez con una chulería que recordaba la de su padre, y cerró la puerta. Al cabo de un rato la madre apagó la luz. Para entonces ya era de día.

No se casaron al día siguiente.

—Me da miedo —dijo Amy—. Tu madre me da miedo. ¿Qué dice de mí?

—No lo sé. Nunca he hablado de ti con ella.

—¿Ni siquiera le has dicho que me amas?

—¿Y eso qué más da? Casémonos.

—¿Y vivir allí con ella? —se miraron a los ojos—. ¿Te pondrás a trabajar para que tengamos una casa propia?

—¿Para qué? Tengo dinero suficiente. Y la casa es grande.

—Es su casa. Es su dinero.

—Serán míos… serán nuestros algún día. Anda, por lo que más quieras.

—Vamos. Hagamos otro intento, vamos a bailar —esto fue en el salón de la pensión, donde ella intentó enseñarle a bailar, aunque sin éxito. La música no significaba nada para él; el ruido que le envolvía, o tal vez el contacto con el cuerpo de ella, desbarataban la poca coordinación que pudieran tener sus movimientos. Pero la llevó a los bailes del Club de Campo; se supo que se habían prometido. Ella siguió absteniéndose de bailar, pero salía con otros hombres a los coches aparcados en la oscuridad, a la entrada. Él intentó hablar con ella de esa costumbre y de la bebida.

—Ven a mi coche a beber conmigo —le dijo.

—Estamos prometidos. Contigo no tiene gracia.

—Ya —dijo él con la docilidad con que aceptaba todas sus negativas. De pronto se detuvo y se encaró con ella—. ¿Qué es lo que no tiene gracia conmigo? —ella retrocedió cuando él la sujetó por el hombro—. ¿Qué es lo que no tiene gracia conmigo?

—Ay —dijo ella—. Me haces daño.

—Ya lo sé. ¿Qué es lo que no tiene gracia conmigo?

Llegó entonces otra pareja y él la soltó. Pasada una hora, durante un descanso de la orquesta, la sacó a rastras, a pesar de sus alaridos y de su resistencia, de un coche a oscuras, y la arrastró por la pista de baile donde solo estaban alineadas las señoras de compañía de las jóvenes como el público de un teatro, y tomó una silla para sentarse y ponérsela de través en el regazo y darle unos azotes. Con la luz del alba se habían alejado en el coche una veintena de millas, a otra localidad, donde se casaron.

Esa misma mañana Amy llamó «madre» a la señora Boyd por primera y (con una sola excepción, y acaso por efecto de la sorpresa, o acaso del alborozo) última vez, aunque ese mismo día la señora Boyd hizo a Amy un obsequio: le regaló el broche, un objeto antiguo, un incordio, pero sin embargo valioso. Amy se lo llevó a su dormitorio y él la vio de pie mirándolo con perfecta frialdad, perfectamente impertérrito. Lo guardó en un cajón. Lo sostuvo entre dos dedos sobre el cajón abierto y lo soltó, y se frotó los dos dedos contra el muslo.

—Alguna vez tendrás que ponértelo —dijo Howard.

—Descuida, que me lo pondré. Le daré muestra de mi gratitud, no te preocupes.

No tardó él en percibir que a ella le complacía ponérselo. Es decir, empezó a ponérselo a menudo. Luego se dio cuenta de que no era complacencia, sino una incongruencia vengativa; se lo puso durante toda una semana en el escote de un vestido de cuadros, de andar por casa, poco más que un delantal. Siempre se lo ponía donde la señora Boyd lo viera, siempre que ella y Howard se habían arreglado para salir y procedían a dar las buenas noches a la madre.

Vivían en el piso de arriba, donde al cabo de un año nació su hijo. Llevaron al niño abajo, a que lo viese la señora Boyd. Volvió la cabeza sobre el almohadón y lo miró una sola vez.

—Ah —dijo—. Nunca llegué a conocer al padre de Amy que yo sepa. Claro que tampoco viajé mucho en tren.

—Será... será vieja, la vieja... —exclamó Amy con un estremecimiento, abrazándose a Howard—. ¿Por qué me odia tanto? ¿Qué le he hecho yo? Mudémonos a otra casa, ponte a trabajar.

—No. Tampoco vivirá ella para siempre.

—Sí, vivirá para siempre. Para siempre, solo con tal de odiarme.

—No —dijo Howard. Al año siguiente murió el niño. Amy intentó una vez más convencerle de que se mudaran.

—Adonde sea. No me importa cómo tengamos que vivir.

—No. No puedo dejarla aquí, tirada en la cama, sin ayuda de nadie. Tú lo que tienes que hacer es salir a divertirte de nuevo, salir a bailar. Ya verás como se arregla todo.

—Sí —dijo ella más calmada—. Eso tendré que hacer. Esto no puedo soportarlo.

Uno dijo «tú», la otra dijo «yo». Ninguno de los dos dijo «nosotros». Así, los sábados por la noche Amy se arreglaba y Howard se echaba por encima el abrigo y la bufanda, a veces sobre la camisa, sin más, y bajaban la escalera para hacer un alto en la habitación de la señora Boyd, y Howard acompañaba a Amy al coche y la veía marcharse. Luego volvía a la casa con los zapatos en la mano, como tantas veces hizo antes de casarse, pasando por delante del dintel iluminado. Poco antes de dar la medianoche, de nuevo con abrigo y bufanda, bajaba las escaleras con sigilo, pasaba por delante del dintel todavía iluminado y esperaba en el porche a que llegase Amy. Entraban en la casa y se asomaban a la habitación de la señora Boyd para darle las buenas noches.

Una noche dio la una antes de que regresara. Llevaba una hora esperándola en pijama y zapatillas, en el porche. Era noviembre. El dintel de la habitación de la señora Boyd no estaba iluminado, y no se detuvieron.

—Es que unos aguafiestas, unos zascandiles, atrasaron el reloj —le dijo. No le miró; se desvistió deprisa, arrojando de cualquier manera el broche con el resto de sus alhajas sobre la cómoda—. Tuve la esperanza de que no fueses tan tonto y no te quedaras ahí fuera esperándome.

—Puede que la próxima vez que atrasen el reloj no te esté esperando.

Ella se quedó quieta de pronto, perfectamente inmóvil, mirándole por encima del hombro.

—¿Lo dices en serio? —dijo. Él no la estaba mirando; la oyó acercarse y luego la notó acercarse y quedarse a su lado. Ella le tocó el hombro—. ¿Howard? —dijo. Él no movió un músculo. En un abrir y cerrar de ojos ella se le había abrazado con todas sus fuerzas, se había lanzado sobre su regazo, lloraba de una manera incontenible—. ¿Qué nos está pasando? —exclamó, chocando una y otra vez contra él con desenfreno—. ¿Qué nos pasa, qué nos pasa? —él la tuvo abrazada hasta que se calmó, aunque después de acostarse cada uno en su cama (ya dormían en camas separadas) la oyó y luego la notó cruzar el espacio de separación y lanzarse de nuevo contra él con ese pavoroso desenfreno, con abandono, pero no de mujer, sino propio más bien de un niño a oscuras, y lo envolvió en sus brazos susurrándole—: No tienes por qué confiar en mí, Howard. ¡Puedes confiar! ¡No estás obligado! ¡Es que puedes confiar en mí, en serio!

—Sí —dijo él—. Lo sé. No pasa nada. No pasa nada.

Después de aquella noche, justo antes de dar las doce él se echaba por encima el abrigo y la bufanda, bajaba con sigilo la escalera, pasaba por delante del dintel iluminado, abría y cerraba la puerta de la calle haciendo ruido y se asomaba a la puerta de la habitación de su madre, donde la encontraba apoyada, encajada entre los almohadones, con el libro abierto y boca abajo sobre las rodillas.

—¿Ya estáis de vuelta? —decía la señora Boyd.

—Sí. Amy ya ha subido. ¿Necesitas alguna cosa?

—No. Buenas noches.

—Buenas noches.

Subía y se acostaba y al cabo de un rato (a veces) dormía. Pero antes, a veces, llevándoselo esas veces al sueño, pensaba y se decía con el pesimismo reposado y fatalista de los impotentes que son por añadidura inteligentes, «pero es que esto no puede seguir así para siempre. Cualquier noche pasará algo. Ella cazará a Amy. Y sé bien lo que hará. ¿Y yo qué le voy a hacer?». Creía que en el fondo sí lo sabía. Es decir, una parte de su ser, la conciencia acaso, le aseguraba que lo sabía, pero prefería no tenerlo en cuenta: de nuevo la inteligencia: no lo entierres, no lo escondas, es mejor que huyas de eso; prefiriendo no tenerlo en cuenta, la inteligencia hablaba desde la impotencia: y es que no hay hombre que sepa qué hará en una situación dada, según circunstancias precisas: los sabios acaso, tal vez los otros, extraigan conclusiones, pero no así el implicado. A la mañana siguiente, Amy se encontraba en la cama de al lado; a la luz del día, se había esfumado el mal presagio. Pero de vez en cuando, e incluso con la luz del día, retornaba, y con el distanciamiento de sus cavilaciones, con la actividad cerebral que inconsciente contemplaba su vida, esa totalidad defectuosa un tercio de la cual habían producido los dos, si bien no eran capaces de salvar la ausencia de ese tercio, volvía a decirse: «Sí, sé bien lo que hará ella, y sé lo que Amy me pedirá que haga yo, y sé que eso no lo haré. Pero ¿qué he de hacer?». No duraba mucho; volvía a decirse que por el momento no había ocurrido, y que de todos modos quedaban seis largos días hasta el sábado siguiente: ya solo la impotencia, ya ni siquiera el intelecto.

II

Así que cuando despertó con el estridente timbrazo ya supo que la cama de al lado aún estaba sin ocupar, tal como supo, al margen de la prisa que se diera en alcanzar el teléfono, que ya sería demasiado tarde. Ni siquiera se paró a ponerse las zapatillas; bajó corriendo, descalzo, las escaleras heladas, viendo el dintel de la puerta de su madre encenderse al pasar, y fue al teléfono y descolgó.

—Ay, Howard. Cuánto lo siento. Soy Martha Ross. Siento muchísimo molestarte, pero es que sabía que Amy estaría muy preocupada. Lo encontré en el coche, díselo, cuando volvimos a casa.

—Sí —dijo él—. Entendido, en el coche.

—En nuestro coche. Después de que ella se diera cuenta de que había perdido la llave del coche. La llevamos nosotros a casa, hasta la esquina. La invitamos a que viniera a la nuestra, era lo mejor, a tomarse unos huevos con jamón, pero ella... —se apagó la voz. Howard tenía el frío receptor del teléfono pegado a la oreja y oía al otro lado de la línea el silencio, un silencio colmado de una especie de consternación, como una respiración contenida: algo instintivo y femenino y protector de sí mismo. Pero la propia pausa apenas fue una pausa; casi de inmediato la voz siguió perorando, aunque había cambiado por completo y era inexpresiva, átona, reservada—. Amy estará en la cama, supongo.

—Sí, está acostada.

—Ah. Pues siento mucho haberte despertado, siento muchísimo molestarte. Pero es que sabía que estaría muy preocupada, ya que era de tu madre, era un recuerdo de familia. Claro que... si todavía no lo ha echado en falta, no tienes por qué decírselo —la línea zumbaba, tensa— . No le digas que he llamado ni nada —la línea zumbaba—. Eh, ¿Howard?

—No —dijo—. Esta noche no le diré nada, mejor no molestarla. Llámala mañana por la mañana.

—Sí, claro. Cuánto lo siento, perdona por haberte molestado. Espero no haber despertado a tu madre.

Colgó. Estaba helado. Notó cómo se le retraían los dedos de los pies alejándose del suelo helado mientras permanecía inmóvil, mirando la puerta impávida tras la cual estaría su madre apoyada, encajada entre los almohadones, recta, con la cara pálida como el sebo y los ojos negros e inescrutables y el pelo que, según Amy, recordaba el algodón astroso, junto al reloj cuyas manecillas había parado ella a las cuatro menos diez aquella tarde, cinco años antes, en que por fin pudo moverse de nuevo. Cuando abrió la puerta la imagen resultó exacta, casi hasta la posición de las manos sobre la colcha.

—Ella no está en esta casa —dijo la señora Boyd.

—Claro que sí. Está acostada. Sabes muy bien cuándo llegamos. Se olvidó uno de los pendientes en casa de Martha Ross, y es Martha quien acaba de llamar para decírselo.

Al parecer, su madre ni siquiera le había escuchado.

—Así que juras que en este instante ella está en esta casa.

—Sí, claro que sí. Está durmiendo, te lo aseguro.

—Pues dile que baje ahora mismo a darme las buenas noches.

—No digas tonterías. Eso sí que no.

Se miraron uno a otro por encima del pie de la cama.

—¿Te estás negando?

—Claro que me niego.

Aún se miraron unos instantes más. Él hizo entonces ademán de volverse; notó que ella lo miraba con insistencia.

—Entonces dime otra cosa. Es el broche lo que había perdido.

Tampoco a esto le contestó. Se limitó a mirarla a la vez que cerraba la puerta: los dos tenían una curiosa semejanza, enemigos mortales e implacables en la encarnizada e íntima antipatía de los lazos de sangre. Salió.

Regresó a su dormitorio y encendió las luces; encontró las zapatillas y se dirigió a la chimenea para añadir carbón a las ascuas y atizarlas hasta que prendieran. El reloj de la repisa indicaba la una menos veinte. Al poco tuvo un buen fuego, con llama; había dejado de temblar. Volvió a la cama y apagó la luz, dejando solo el titilar de las llamas, el relumbre en los muebles, el apagado destello en los frascos y los espejos sobre la cómoda del tocador, y en el espejo más pequeño que había sobre su propia cómoda, junto al cual se hallaban las tres fotografías en marcos de plata, dos más grandes, de Amy y de él, y otro marco más pequeño, en medio, vacío. Se tumbó. No estaba pensando en nada. Una sola vez pensó, en silencio, «así que es esto. Ahora supongo que lo sabré, ahora averiguaré qué es lo que voy a hacer», y no volvió a pensarlo, ni siquiera eso.

La casa parecía estar aún colmada por el estridente timbre del teléfono, como un eco terco. Comenzó entonces a escuchar el reloj de la repisa, reiterativo y frío y no muy ruidoso. Encendió la luz y tomó el libro que tenía boca abajo en la mesilla, junto a la almohada, pero descubrió que no lograba concentrarse en las palabras por culpa del sonido del reloj, así que se levantó y fue a la repisa. Las manecillas indicaban las dos y media. Paró el reloj y lo volvió de cara a la pared, llevándose el libro junto a la chimenea, donde descubrió que sí era capaz de concentrarse en las palabras, de captar el sentido, de leer sin que el paso del tiempo le alterase. Por eso no podría haber precisado en qué momento se dio cuenta de que había dejado de leer, de que dio una sacudida con la cabeza. No había oído nada, si bien supo que Amy estaba en casa. No supo cómo lo supo: permaneció sentado, conteniendo la respiración, inmóvil, con el libro apacible en alto, quieto, a la espera. Oyó entonces la voz de Amy.

—Soy yo, madre.

«Ha dicho "madre" —pensó sin moverse todavía—. La ha vuelto a llamar "madre"». Se movió: dejó el libro cuidadosamente, abierto boca abajo, aunque al cruzar la habitación lo hizo con naturalidad, sin empeñarse en amortiguar sus pasos. Llegó hasta la puerta, la abrió y vio que Amy acababa de salir del dormitorio de la señora Boyd. Comenzó a subir las escaleras caminando también con toda naturalidad, acompañándose con el ruido de los tacones finos, que resonó de una manera antinatural en la casa atenazada por la noche. Debía de haberse detenido cuando su madre la llamó, con lo que seguramente volvió a calzarse, supuso él. Ella aún no lo había visto y subía los peldaños a buen paso, su rostro difuso, como un pétalo, a la escasa luz del vestíbulo, sobre el cuello de su abrigo de piel, proyectando por delante de ella, hacia donde él la esperaba, una especie de fragancia rosada, hialina, el aroma de la noche helada, de la que acababa de surgir. Lo vio entonces en lo alto de la escalera. Durante un solo segundo, un instante, se paró en seco, aunque había vuelto a avanzar antes de que pudiera decirse que fue una pausa, hablando ya a la vez que pasaba por delante de él y entraba en el dormitorio.

—¿Se ha hecho muy tarde? He estado con los Ross. Me acaban de dejar en la esquina. Perdí la llave del coche en el club. A lo mejor se ha despertado con el ruido del coche.

—No. Ya estaba despierta. La despertó el teléfono.

Ella se dirigió a la chimenea y extendió las manos al calor del fuego sin haberse quitado el abrigo. No parecía que le hubiese oído, sonrosado el semblante a la luz del fuego, y de su presencia emanaba ese olor a frío, la escarchada fragancia que la precedió al subir las escaleras.

—Ya me lo suponía. La luz de su habitación estaba encendida. Supe en cuanto abrí la puerta de la calle que nos hemos caído con todo el equipo. Ni siquiera entré del todo en la casa cuando la oí decir «Amy», a lo que dije: «Soy yo, madre», y ella dijo: «Entra un momento, por favor», y estaba con esos ojos que no tienen contorno, con ese pelo que parece que alguien se lo haya sacado a tirones de una bala de algodón del año pasado, y dijo: «Como es natural, entenderás que tienes que marcharte de esta casa inmediatamente. Buenas noches».

—Sí —dijo él—. Estaba despierta desde las doce y media más o menos. No pude hacer otra cosa que insistir en que ya estabas acostada, y fiarme a la buena suerte.

—¿Quieres decir que no ha dormido ni un momento?

—Eso es. La despertó el teléfono, ya te lo he dicho. A eso de las doce y media.

Con las manos extendidas aún ante el fuego, lo miró de reojo por encima del hombro que le cubrían las pieles del abrigo, el rostro rosado, los ojos a la vez iluminados y cargados, los ojos de una mujer después del placer, con una suerte de conmiseración desatenta y conspiradora.

—¿El teléfono? ¿Aquí? ¿A las doce y media? Qué asco de… En fin, da lo mismo —se volvió de frente a él, como si solo hubiera estado esperando a entrar en calor, el opulento abrigo sobre el frágil rielar de su vestido; en esos momentos había en ella algo de veras hermoso, no la belleza del rostro cuya réplica impecable mira desde la portada de mil revistas todos los meses, y tampoco la de la figura, la silueta de esa provocación intencionalmente epicena en la que kilómetros y kilómetros de celuloide han constreñido el cuerpo femenino de toda una raza, sino una cualidad por completo femenina, de una manera tan antigua como eterna, primitiva y confianzuda y despiadada, según se acercó a él con los brazos ya alzados—. ¡Sí! ¡También yo digo que es suerte! —afirmó, y lo rodeó con los brazos al tiempo que echaba hacia atrás todo el torso para mirarlo a la cara, triunfal su semblante, con un olor cálido, femenino, en el que la fragancia escarchada se había evaporado del todo—. Dijo que inmediatamente. ¿Lo ves? ¿No lo entiendes? Ahora podemos irnos. Déjale a ella el dinero, que se lo quede todo. No nos ha de importar. Ya encontrarás trabajo; me da lo mismo dónde y cómo tengamos que vivir. Ahora ya no tienes que quedarte aquí, con ella. Ella te ha… ¿cómo se dice eso? Te ha exonerado en persona, te libera de toda obligación. Solo que he perdido la llave del coche. Pero eso no importa, podemos irnos a pie. Sí, vayámonos a pie. Vayámonos con lo puesto, sin llevarnos nada suyo. Igual que vinimos.

—¿Ahora? ¿Esta misma noche?

—¡Sí! Ella dijo que inmediatamente. Tiene que ser esta noche.

—No —dijo él. Eso fue todo, sin dar indicio de qué pregunta era la que había contestado, qué era lo que negó. Pero tampoco tuvo necesidad, porque ella seguía abrazada a él; tan solo había cambiado la expresión de su rostro. No era que se hubiese apagado aún, no era que delatase terror: tan solo resultó incrédulo, con una incredulidad como la de una niña.

—¿Me estás diciendo que tampoco ahora te irás? ¿Que no piensas dejarla? ¿Que prefieres llevarme a pasar la noche a un hotel y que mañana volverás? ¿O quieres decir que ni siquiera piensas pasar la noche conmigo en un hotel? ¿Me estás diciendo que me llevarás a un hotel y que me dejarás allí y que tú…? —lo abrazaba, lo miraba—. Espera, espera. Tiene que haber alguna razón, algo que… —empezó a decir—. Espera —exclamó. Seguía mirándolo con insistencia, las manos en tensión, las pupilas como dos cabezas de alfiler, la furia pintada en el semblante—. Es eso. Ésa es la razón. ¿Quién llamó por teléfono para hablar de mí? ¡Dímelo! Te desafío a que me lo digas. Yo te lo explicaré. ¡Dímelo!

—Fue Martha Ross. Dijo que te acababa de dejar en la esquina.

—¡Te ha mentido! —vociferó al punto, sin esperar apenas a oír el nombre—. ¡Te ha mentido! Me trajeron a casa, claro que sí, pero aún era temprano, por eso decidí ir con ellos a su casa, a tomarme unos huevos con jamón. Llamé a Frank antes de que doblase la esquina y fui con ellos. ¡Frank te lo podrá confirmar! ¡Ella te ha mentido! ¡Acaban de dejarme en la esquina, claro que sí, pero ha sido ahora mismo!

Lo miró. Se miraron durante un largo instante, un instante lleno, inmóvil.

—Entonces —dijo él—, ¿dónde está el broche?

—¿El broche? —repuso—. ¿Qué broche? —él ya había visto cómo alzaba la mano por debajo del abrigo; además, le vio la cara y la vio quedarse boquiabierta, como una niña que se queda sin resuello antes de echarse a llorar desconsolada y con desenfreno incontenible y sin embargo inmóvil, con una incondicional entrega, de modo que habló a despecho del llanto, y lo hizo con el jadeo sofocado de una niña, rindiéndose del todo en su desesperación—. ¡Oh, Howard…! ¡Yo nunca te haría eso! ¡Nunca te lo haría! ¡Nunca!

—De acuerdo —dijo él—. Anda, calla. Calla, Amy. Que te va a oír.

—De acuerdo, ya lo intento —pero seguía de frente a él con el rostro contraído a la par que curiosamente rígido bajo su increíble fluir de humedad, como si no tanto los lagrimales, sino más bien todos los poros hubiesen manado a la vez. Habló directamente según pensaba, sin referirse al asunto ni a las circunstancias, sin más añadidos de desafío o de negativa—. ¿Habrías venido conmigo si no lo hubieras descubierto?

—No. Ni por ésas. Yo no la dejaré. No dejaré de estar a su lado hasta que haya muerto. Tampoco me marcharé de esta casa, no. No puedo. Yo… —se miraron uno al otro, ella con intensidad, como si en sus pupilas viese no su propio reflejo, sino el rostro apergaminado de la planta baja, borrada su propia imagen por algo que iba más allá de la simple ceguera: por una cualidad de determinación invencible y crucificada.

—Sí —le dijo. De alguna parte extrajo un trozo de muselina y se secó los ojos con delicadeza, poniendo instintivo cuidado en preservar el maquillaje que se le había corrido a regueros—. Nos ha vencido. Ahí tumbada en la cama, sin levantarse, y nos ha vencido —se volvió y fue al armario, de donde sacó un bolso de viaje, dentro del cual introdujo los objetos de cristal del tocador, y abrió un cajón—. Ahora no me lo puedo llevar todo. Tendré que…

Él también cambió de sitio. De la cómoda en donde estaba el marco vacío tomó la cartera y sacó los billetes, para volver y depositar el dinero en la mano de ella.

—No creo que aquí haya mucho. Pero hasta mañana no te hará falta el dinero.

—Sí —dijo ella—. Ya me harás llegar entonces el resto de mis cosas.

—Sí —repuso. Dobló los billetes y los alisó entre los dedos; no le miró entonces. Él no supo qué estaba mirando; solo supo que no era el dinero—. ¿No tienes un bolso de mano o algo donde llevarlo?

—Sí —dijo ella. Pero no dejó de doblar y alisar los billetes, aun sin mirarlos, como si no tuviera conciencia de ellos, como si no tuviesen ningún valor y los hubiera tomado entre las manos sin ser consciente de ello—. Sí —dijo—. Nos ha vencido. Ahí tumbada en esa cama de la que no se moverá nunca, hasta que vengan a llevársela algún día. Tomó ese broche y nos ha vencido a los dos —se echó a llorar. Lloró con tanto reposo como había hablado hasta entonces—. Mi pequeño —dijo—. Mi niñito querido…

Él ya ni siquiera le dijo que callara. Aguardó hasta que se hubo secado los ojos casi con demasiada furia, animada, con una expresión que casi era una sonrisa, su rostro, el maquillaje, el semblante arreglado con todo detalle para la noche y hecho una ruina, a regueros, macilento, con las secuelas fatigadas y apacibles de las lágrimas.

—En fin —dijo ella—. Se hace tarde —se agachó, pero él se le adelantó y tomó el bolso de viaje. Bajaron juntos las escaleras; vieron el dintel iluminado sobre la puerta de la señora Boyd.

—Es una pena que no tengas el coche —dijo él.

—Sí. Perdí la llave en el club. Pero ya he llamado por teléfono al garaje. Lo traerán mañana temprano.

Se detuvieron en el vestíbulo mientras él llamaba para pedir un taxi. Esperaron, hablando de vez en cuando en voz queda los dos.

—La verdad es que estoy cansada. No paré de bailar.

—¿Qué tal la música? ¿Estuvo bien?

—Sí. No sé. Supongo. Una cuando baila no se suele fijar si la música está o no está…

—Claro, ya me lo imagino —llegó el taxi. Salieron al porche, él con pijama y bata; la tierra estaba helada, dura como el hierro, el cielo glacial y brillante. La ayudó a subir.

—Anda, vuelve corriendo a casa —dijo ella—. Ni siquiera te has puesto el abrigo.

—Sí, será lo mejor. Te llevaré tus cosas al hotel. Mañana temprano.

—Que no sea demasiado temprano. Anda, corre —ya se había arrellanado en el asiento, con el abrigo bien cerrado. Él ya había reparado en que en algún momento, estando aún en el dormitorio, su cálido olor a mujer había vuelto a desaparecer, y que de nuevo emanaba aquella tenue y rosada fragancia, frágil, efímera, abatida; se marchó el taxi y él no se volvió a mirar. Cuando estaba cerrando la puerta de la calle lo llamó su madre. Pero no se detuvo, ni siquiera miró a la puerta. Subió las escaleras como si tal cosa, alejándose de aquella voz opacada, átona, insomne, perentoria. Se había apagado el fuego en la chimenea: un resplandor rosáceo y potente, apacible, sosegado, cálidamente reflejado en espejos y madera encerada. El libro estaba donde lo dejó, en la butaca. Lo tomó y fue a la mesilla que había entre ambas camas para buscar y encontrar el envoltorio de celofán que un día contuvo limpiapipas, y que utilizaba a modo de marcapáginas, para introducirlo en el libro antes de dejarlo. Era Verdes mansiones en una edición de bolsillo, la de la Modern Library. Había descubierto el libro en la adolescencia; desde entonces lo leía a menudo. En aquel entonces solo leyó la parte que trata del viaje de las tres personas en busca de Riolama, que no existía; buscaba esa parte y la leía en secreto, tal como un chico normal se hubiera dedicado al erotismo o la obscenidad normales y convencionales, y así ascendía el monte yermo con Rima, hacia la cueva, sin saber que era el símbolo de la cueva lo que buscaba, escapando de él en el último instante por medio del deseo mismo, de la necesidad de huir, de fugarse, que sintió Rima, y así la seguía más allá de la cueva, hasta el lugar en que se encontraba sin haberle esperado siquiera, fugitiva como la llama de una cerilla, e igual de débil, bajo la luna fría y sin pesares. En su inocencia de entonces creía con una suerte de júbilo urgente y desesperado que el misterio que la envolvía no era un misterio, puesto que era algo físico; que era corpóreamente impenetrable, un ser incompleto; con apacible desesperación justificaba y vindicaba incluso lo que había vivido él (o así lo creía), seguro de que no había sido culpa suya, cifrándolo en lo leído en los libros, como suelen los jóvenes. Pero después de casarse no volvió a leer el libro hasta que murió el niño y dieron comienzo las noches de los sábados. Y entonces rehuyó el viaje a Riolama tal como en su día lo había anhelado. Leyó entonces solo el pasaje en que Abel (el único hombre en toda la tierra que sabía que estaba solo) vagaba en el bosque infranqueable y prohibido, acompañado por los trinos de las aves. Fue entonces a la cómoda y abrió de nuevo el cajón en que guardaba la cartera y se apoyó un instante con la mano en el borde del cajón.

—Sí —se dijo en alto, con voz queda—, parece que con tanto cavilar nunca estuve yo muy lejos de lo que he de hacer.

El cuarto de baño estaba al final del pasillo, agregado a la casa con posterioridad a su construcción. Allí dentro hacía calor, pues había dejado el calefactor eléctrico encendido pensando en la hora a la que llegase Amy, pero lo había olvidado. Era allí donde guardaba el whisky. Había empezado a beber poco después de que su madre sufriese el ataque, al comienzo de lo que creyó que había de ser su libertad, y desde la muerte del niño dio en guardar en el cuarto de baño un barril con capacidad de dos galones, lleno de whisky de maíz. Aunque estaba separado de la casa en sí, y a la máxima distancia del dormitorio de su madre, no obstante con todo esmero introdujo varias toallas en la rendija del marco de la puerta, y por debajo, y luego las recogió y volvió al dormitorio y tomó la colcha de la cama de Amy y volvió al baño e introdujo las toallas alrededor y por debajo de la puerta y colgó la colcha delante. Pero ni siquiera así se dio por contento. Permaneció pensativo, meditabundo, un tanto gordezuelo (nunca había hecho ejercicio desde que desistió de aprender a bailar, y con lo que bebía a diario poco o nada quedaba en él de aquel novicio jovenzuelo e italianizante que fue), sin sujetar apenas la pistola en la mano. Dio en mirar en derredor. Su mirada se posó en la alfombrilla de la bañera, doblada sobre el borde. Se envolvió la mano con que sujetaba la pistola y la pistola misma con la alfombrilla y apuntó a la pared del fondo y disparó, la detonación amortiguada, seca, pero sin estrépito apenas. A pesar de todo permaneció a la escucha, como si contase con oír algo desde tan lejos. Nada oyó tampoco cuando, tras liberar la puerta, recorrió con sigilo el pasillo y con sigilo bajó las escaleras hacia el punto en que con toda claridad veía el dintel a oscuras de la habitación de su madre. Tampoco se detuvo esta vez. Volvió a las escaleras con sigilo, escuchando el frío e impotente raciocinio, pero sin hacerle caso. Igual que tu padre, parece que no eres capaz de vivir con ninguna de las dos; al contrario que tu padre, parece que no puedes vivir sin ellas, y se dijo en silencio: «Sí, parece que tanto cavilar en todo momento acertó. Parece que nos conociera a nosotros mejor que yo mismo», y cerró la puerta del cuarto de baño e introdujo con esmero las toallas alrededor y por debajo. Pero esta vez no colgó la colcha. Se la echó por encima y se acurrucó, se envolvió en ella, con el cañón de la pistola entre los dientes como si fuera una pipa, arropándose con la colcha gruesa y suave la cabeza, presuroso, veloz, porque ya empezaba a ahogarse.

EL OTOÑO DEL DELTA

Pronto entrarían en el delta. La sensación le era familiar; una sensación renovada cada última semana de noviembre por espacio de más de cincuenta años: la última colina, a cuyo pie empezaba la rica e intocada llanura de aluvión como empezaba el mar en la base de sus acantilados, se diluía bajo la despaciosa lluvia de noviembre tal como el propio mar se hubiera diluido. Al principio habían viajado en carros: las armas, los enseres de cama, los perros, los víveres, el whisky, la expectación de la caza; los jóvenes, que eran capaces de conducir durante toda la noche y todo el día siguiente bajo la lluvia fría, y armar el campamento en medio de la lluvia y dormir en las mantas húmedas y levantarse con el alba a la mañana siguiente para cazar. Había habido osos entonces, y se disparaba a una gama o a un cervato tan presto como a un ciervo, y en las tardes se tiraba contra los pavos salvajes con pistola para probar la pericia en la caza al acecho y la buena puntería, y se daba a los perros todo salvo las pechugas. Pero aquéllos eran tiempos ya pasados y ahora viajaban en coches, y conducían más rápido cada año, pues las carreteras eran mejores y debían ir más lejos, ya que los territorios en los que aún existía la caza se alejaban más y más año tras año, tal como la vida de él se iba acortando año tras año, hasta que a la sazón había llegado a ser el último de los que un día hicieron el viaje en carro, sin acusar cansancio, y ahora quienes le acompañaban eran los hijos y hasta los nietos de aquellos hombres que habían manejado los carros durante veinticuatro horas bajo la lluvia y el aguanieve, tras las mulas rezumantes de vapor, y ahora le llamaban tío Ike, y él ya no decía nunca a nadie cuán cerca en verdad estaba de los setenta, pues sabía tan bien como ellos que ya nada tenía que hacer en tales expediciones, ni siquiera viajando en automóvil. Ahora, de hecho, en la primera noche de acampada, mientras yacía insomne y dolorido, entre las mantas ásperas, con la sangre sólo ligeramente caldeada por el único y suave whisky con agua que se permitía, solía decirse año tras año que aquella vez habría de ser la última. Pero acababa soportando el eventual último viaje (seguía disparando casi tan bien como solía; seguía cobrando casi tantas de las piezas que veía como antaño; ya no podía recordar cuántos ciervos habían caído ante su escopeta), y el violento y largo calor del verano siguiente lo hacía revivir en cierto modo. Así, llegaba de nuevo noviembre y volvía a encontrarse en el coche con dos de los hijos de sus viejos camaradas, a quienes había enseñado no sólo a distinguir entre las huellas de un ciervo y de una gama, sino también los ruidos que hacían ambos al moverse, y miraba hacia delante, más allá del arco brusco del limpiaparabrisas, y veía cómo la tierra se allanaba repentinamente, diluyéndose bajo la lluvia como se diluiría el propio mar, y decía: «Bien, muchachos, henos aquí otra vez».

En esta ocasión, sin embargo, no tuvo tiempo de hablar. El conductor detuvo el automóvil sin previo aviso, haciéndolo patinar sobre el resbaladizo pavimento, y el viejo McCaslin, que había estado mirando hacia la carretera desierta, dirigió una mirada penetrante, más allá del hombre que había en medio de ellos, al rostro del conductor, el rostro más joven de todos ellos: tétricamente aquilino, bello y saturnino y cruel, miraba fijamente hacia delante con ojos sombríos a través de los humeantes limpiaparabrisas gemelos que chasqueaban una y otra vez.

—No tenía intención de venir aquí esta vez —dijo.

Su nombre era Boyd. Tenía poco más de cuarenta años. El coche era suyo, lo mismo que dos de los tres perros Walker que viajaban a su espalda, en la plataforma descubierta, al igual que poseía, o gobernaba al menos a su antojo, cualquier cosa —animal, máquina, ser humano— que por una razón u otra estuviera utilizando.

—Dijiste eso la semana pasada en Jefferson —dijo McCaslin—. Luego cambiaste de opinión. ¿Has vuelto a cambiar ahora?

—Oh, Don también viene —dijo el tercer hombre. Su nombre era Legate. Parecía no dirigirse a nadie—. Si recorriera toda esta distancia sólo por un ciervo… Pero aquí tiene una gama. Sobre dos piernas…, cuando está de pie. De piel muy clara, además.

La misma que perseguía aquellas noches, el otoño pasado, cuando decía que iba a cazar mapaches. La misma, imagino, que seguía persiguiendo cuando en enero pasado se fue de caza un mes. —Rió entre dientes, con la misma voz no dirigida a nadie, no enteramente burlona.

—¿Qué? —dijo McCaslin—. ¿Qué es lo que estás diciendo?

—Vamos, tío Ike —dijo Legate—, se trata de algo en lo que un hombre de su edad se supone dejó de interesarse hace veinte años.

Pero McCaslin ni siquiera había dirigido la mirada a Legate; seguía mirando la cara de Boyd, con los ojos empañados de los viejos tras las gafas, unos ojos todavía bastante penetrantes, que podían ver aún el cañón de la escopeta y lo que corría ante él tan bien como cualquiera de ellos. Entonces recordó: el año anterior, durante la etapa final en motora en dirección al lugar donde acamparían, perdieron una caja de alimentos que cayó al agua por la borda; Boyd, el segundo día de campamento, había ido a la población más cercana en busca de provisiones, y a su vuelta, tras pernoctar en ella, algo había cambiado en él: se internaba con su escopeta en los bosques cada amanecer, como los otros, pero McCaslin, al observarle, supo que no estaba cazando.

—Está bien —dijo—. Llévanos a Will y a mí al refugio; allí esperaremos al camión y tú podrás volverte.

—Me quedo yo también —dijo Boyd con aspereza—. También yo conseguiré mi pieza. Porque esta vez será la última.

—¿Te refieres al final de la caza del ciervo, o al de la caza de la gama? —dijo Legate.

Pero esta vez McCaslin ni siquiera prestó atención a sus palabras; siguió mirando el rostro fiero e inmóvil de Boyd.

—¿Por qué? —dijo.

—¿No terminará Hitler con todo ello? O Yokohama o Pelley o Smith o Jones o comoquiera que vaya a llamarse en este país.

—En este país lo detendremos —dijo Legate—. Aunque se llame George Washington.

—¿Y cómo? —dijo Boyd—. ¿Cantando el Dios bendiga a América a medianoche en los bares y llevando en la solapa banderitas de tienda barata?

—Así que es eso lo que te preocupa… —dijo McCaslin—. No he notado todavía que este país se haya encontrado falto de defensores cuando los ha necesitado. Tú mismo pusiste tu grano de arena hace veinte años, y muy bien, por cierto, si es que significan algo las medallas que trajiste a casa. Este país es una pizca mayor y más fuerte que cualquier hombre o grupo de hombres, tanto de fuera como de dentro.

Creo que podrá entendérselas con un empapelador austríaco, se llame como se llame.

Mi padre y algunos hombres más, mejores que cualquiera de los que has nombrado, trataron una vez de dividirlo en dos con una guerra, y fracasaron.

—¿Y qué te ha quedado? —dijo Boyd—. La mitad de la gente sin empleo y la mitad de las fábricas cerradas por las huelgas. Demasiado algodón y maíz y demasiados cerdos, pero sin que haya lo suficiente para que la gente se vista y coma.

Demasiada falta de mantequilla e incluso de armas…

—Tenemos un campamento para cazar ciervos. Si es que alguna vez llegamos…

—dijo Legate—. Y eso sin mencionar a las gamas.

—Es un buen momento para mencionar a las gamas —dijo McCaslin—. A las gamas y a los cervatos. La única lucha que en cualquier lugar o tiempo haya merecido algún tipo de bendición divina ha sido la emprendida por el hombre para proteger a gamas y cervatos. Si ha de llegar la hora de luchar, es algo que conviene mencionar y recordar.

—¿No has descubierto en sesenta años que las mujeres y los niños son algo de lo que nunca hay escasez? —dijo Boyd.

—Tal vez sea ésa la razón por la cual lo único que me preocupa ahora es que nos queden todavía dieciséis kilómetros de río por delante antes de que podamos acampar —dijo McCaslin—. Así que continuemos.

Siguieron adelante. Pronto avanzaban de nuevo a gran velocidad, una velocidad, habitual en Boyd, acerca de la cual no había pedido opinión a ninguno de ellos, lo mismo que no les había advertido antes, cuando detuvo el coche bruscamente.

McCaslin se relajó de nuevo, y se puso a mirar, como había hecho noviembre tras noviembre durante más de cincuenta años, la tierra que había visto cambiar. Al principio habían sido sólo las viejas poblaciones diseminadas a lo largo del río y las viejas poblaciones diseminadas en la ladera de las colinas, desde las cuales los plantadores, con sus cuadrillas de esclavos primero y de jornaleros después, habían arrebatado a la selva impenetrables terrenos de acuáticos cañaverales y cipreses, gomeros y acebos y robles y fresnos, retazos de algodonales que con el tiempo se convirtieron en campos y luego en plantaciones, al igual que las sendas de los osos y los ciervos se convirtieron en carreteras y luego en autopistas, a cuyos flancos brotaron a su vez ciudades, como a lo largo de las orillas de los ríos Tallahatchie y Sunflower, que se unían y daban lugar al Yazoo, el Río de los Muertos de los choctaws, los cursos negros, espesos, lentos, intocados por el sol, casi sin corriente, que una vez al año dejaban de hecho de fluir y reculaban, expandiéndose, anegando la rica tierra, para descender de nuevo y retirarse, dejándola aún más rica.

Aquellas cosas, en su mayoría, pertenecían al pasado. Ahora un hombre tenía que conducir trescientos kilómetros desde Jefferson antes de encontrar espacios vírgenes donde poder cazar; la tierra se extendía abierta desde las apaciguadoras colinas del este hasta las murallas de los diques del oeste, cubierta de algodón alto como un hombre a caballo y destinado a los telares del mundo, tierra negra y rica, vasta e inmensurable, fecunda hasta los umbrales mismos de las cabañas de los negros que las trabajaban y las mansiones de los blancos que las poseían, que esquilmaba la vida cazadora de un perro en un año, la vida de labor de un mulo en cinco y la de un hombre en veinte, tierra en la cual el neón de las innumerables y pequeñas poblaciones pasaba vertiginosamente a un costado y el ininterrumpido tráfico de los automóviles modelo—de—

este—año discurría a gran velocidad por las anchas e impecablemente rectas autopistas, tierra en la cual, sin embargo, la sola y permanente señal de ocupación por el hombre parecían ser las enormes desmotadoras, construidas sin embargo en una semana y en cobertizos de chapa de hierro, ya que nadie, por millonario que fuera, levantaría allí para vivir más que un techado y unas paredes, con equipo de acampada en su interior, porque sabía que más o menos una vez cada diez años su casa se inundaría hasta el segundo piso, y todo lo que hubiera en ella quedaría destruido; tierra en la que no se oía ya el rugido de la pantera, sino el largo silbido de las locomotoras: trenes increíblemente largos tirados por una sola máquina, pues no había en el terreno pendientes ni otras elevaciones que las levantadas por olvidadas manos aborígenes como refugio contra las crecidas anuales, y utilizadas luego por sus sucesores indios como sepulcro de los huesos de sus padres; y todo lo que quedaba de aquel antiguo tiempo eran los nombres indios de las pequeñas poblaciones, con frecuencia relacionados con el agua: Aluschaskuna, Tillatoba, Homachitto, Yazoo.

Para primeras horas de la tarde estaban sobre el río. En el último pueblecito con nombre indio, donde acababa el camino pavimentado, habían aguardado la llegada del otro coche y de los dos camiones, uno con los enseres de cama y las tiendas, el otro con los caballos. Luego dejaron atrás el hormigón y, alrededor de un kilómetro después, también la grava, y avanzaron trabajosamente en caravana a través de la incesante disolución de la tarde, sobre las ruedas con cadenas, dando bandazos y chapoteando en los charcos, hasta que al poco tuvo la sensación de que el movimiento retrógrado de su memoria había cobrado una velocidad inversa a su lento avance, y que aquella tierra no se hallaba ya a unos minutos del último tramo de grava, sino años, décadas atrás, y que retrocedía más y más hacia la que había sido cuando la conoció por vez primera: el camino que seguían volvía a ser una vez más la antigua senda de osos y ciervos, los menguantes campos que iban dejando atrás volvían a ser una vez más arrancados tramo a tramo y con dolor a la meditabunda e inmemorial maraña mediante hacha y sierra y arado tirado por mulas, en lugar de los despiadados paralelogramos de más de un kilómetro de anchura obra de la maquinaria para las acequias y sus presas.

Dejaron los coches y los camiones en el embarcadero; los caballos seguirían por tierra río abajo, hasta llegar a la orilla opuesta al lugar del campamento, donde cruzarían el río a nado, y los hombres y los enseres de cama y los víveres y las tiendas y los perros ocuparían la motora. Luego, con su vieja escopeta de percusión de dos cañones —que tenía más de la mitad de los años que él tenía— entre las rodillas, contempló también las últimas e insignificantes huellas del hombre —cabañas, calveros, campos pequeños e irregulares que hacía un año habían sido selva y en los que los tallos desnudos del algodón se alzaban casi tan exuberantes y altos como las cañas que los precedieron, como si el hombre, para conquistar la tierra salvaje, hubiera tenido que maridar con ella sus formas de cultivo—, que se fueron alejando y desapareciendo, hasta que al fin discurrió la tierra salvaje a ambas orillas, como él la recordaba: las marañas de zarzales y cañaverales, herméticas incluso a seis metros, el alto y formidable vuelo de los robles y gomeros y fresnos y nogales americanos que jamás resonaron bajo hacha alguna salvo la del cazador, que jamás devolvieron eco a máquina alguna salvo al latido de los viejos barcos de vapor que atravesaban aquella tierra, o a los gruñidos de las motoras de quienes —como ellos—se adentraban para habitar en ella una o dos semanas precisamente porque seguía siendo una tierra salvaje. Aún quedaban algunas espesuras vírgenes, pero para encontrarlas, había que recorrer trescientos kilómetros desde Jefferson, mientras que en un tiempo habían sido sólo cincuenta. Él la había visto no tanto siendo conquistada o destruida cuanto retirándose, ya que su designio se había ya cumplido y su tiempo era un tiempo anticuado, retirándose hacia el sur a través de aquel territorio de forma peculiar, entre las colinas y el río, hasta que lo que había quedado de ella parecía ahora concentrado y momentáneamente detenido en una tremenda densidad de meditabunda e inescrutable impenetrabilidad en la extremidad última del cono.

Llegaron al lugar donde habían montado el campamento el año anterior cuando aún faltaban dos horas para la puesta de sol.

—Usted vaya bajo ese árbol, el más seco, y siéntese —le dijo Legate—. Haremos esto los jóvenes y yo.

Pero él no le hizo caso. Se puso a dirigir, en impermeable, la descarga de la motora, las tiendas, el hornillo, los enseres de cama, la comida que habrían de consumir ellos y los perros hasta que hubiera carne en el campamento. Mandó a dos negros a cortar leña; había hecho ya levantar la tienda del cocinero y asentar el hornillo y encender una hoguera, y había ya una comida cocinándose; entretanto, seguían clavando las estacas de la tienda grande. Luego, al comienzo del crepúsculo, cruzó en la motora hasta donde esperaban los caballos, que reculaban y resoplaban ante la presencia del agua. Cogió los extremos de las riendas y sin otro peso en la mano y ayudado de su voz condujo a los caballos hasta el agua, y una vez dentro de ella los mantuvo junto a la motora y con sólo la cabeza por encima de la superficie, como si estuvieran suspendidos de sus frágiles y endebles manos, y la motora volvió a cruzar el río y los caballos avanzaron en hilera sobre las aguas poco profundas, trémulos y jadeantes, con los ojos inquietos a la luz del crepúsculo, y al cabo la misma mano sin peso y la voz queda volvieron a aunarse y a ascender salpicando y abriéndose paso orilla arriba.

Al rato la comida estuvo lista. La última luz se había esfumado; sólo quedaba ya de ella un tenue tinte atrapado en alguna parte entre la lluvia y la superficie del agua.

Él tenía en la mano el vaso de whisky aguado; ellos comían de pie sobre el suelo de barro, bajo la lona alquitranada. El negro más viejo, Isham, se había hecho ya la cama, el catre de hierro sólido y desvencijado, el colchón con manchas y no demasiado confortable, las ajadas y descoloridas mantas que abrigaban menos cada año. Luego, mientras los otros se acostaban y la cháchara última daba paso a los ronquidos, él acomodó su cuerpo delgado en la vieja y gastada grieta abierta entre el colchón y las mantas, vistiendo sólo su ropa interior de lana, holgada y con bolsas, con las gafas plegadas en el gastado estuche, bajo la almohada, al alcance de la mano, y se quedó boca arriba, con las manos cruzadas sobre el pecho y los ojos cerrados.

Después abrió los ojos y siguió allí tendido, mirando la panza inmóvil de la lona sobre la que murmuraba la lluvia constante, sobre la que el fulgor de la estufa de chapa agonizaba lentamente y llegaría casi a extinguirse si el negro más joven, acostado sobre tablas delante de ella, no cumpliera su cometido de incorporarse y alimentarla de nuevo y volver a echarse.

Habían tenido una casa en un tiempo. Hacía veinte y treinta y cuarenta años, cuando la gran ciénaga estaba a sólo cincuenta kilómetros de Jefferson y el viejo mayor de Spain —que había sido el comandante del regimiento de caballería de su padre en el 61 y el 62 y el 63 y el 64, y que le había llevado a los bosques por primera vez— poseía ocho o diez partes del total de su extensión. En aquel tiempo aún vivía el viejo Sam Fathers, mitad indio chickasaw, nieto de un jefe, y mitad negro, que fue quien le enseñó cómo y cuándo disparar; en un amanecer de noviembre, tal como el que habrían de vivir al día siguiente, le había conducido directamente hasta el gran ciprés, y él había sabido que el ciervo pasaría exactamente por allí, porque algo corría por las venas de Sam Fathers que corría también por las venas del ciervo, y habían permanecido apoyados contra el enorme tronco, el viejo y el chico de doce años, y nada había salvo el alba, y de pronto el ciervo estaba allí, salido de la nada con su color de humo, magnífico en su veloz avance, y Sam Fathers dijo: «Ahora. Dispara rápido y dispara despacio», y la escopeta se alzó sin prisa y hubo un estampido y él fue hasta el ciervo, que yacía intacto y conservando el ademán de su velocidad magnífica, y lo sangró con su propio cuchillo y Sam Fathers empapó sus manos en la sangre caliente y le marcó la cara con ella para siempre mientras él trataba de no temblar, humilde y orgulloso a un tiempo, aunque a sus doce años no había sabido expresarlo con palabras: «Te he matado; mi proceder no debe deshonrar tu vida, que te abandona. Mi conducta, ya para siempre, ha de traducirse en tu muerte». Habían tenido una casa en un tiempo. Aquel techo, las dos semanas que cada otoño habían pasado bajo él, se había convertido en su hogar. Y, pese a que desde aquel tiempo hubieran vivido las dos semanas de otoño bajo tiendas y no siempre en el mismo sitio un año y el siguiente, pese a que en la actualidad sus compañeros fueran los hijos e incluso los nietos de aquellos con quienes vivió en la casa, pese a que la casa misma no existiera ya, la convicción, el sentimiento de hallarse en el hogar se había sencillamente transferido al ámbito interior de aquella lona. Poseía una casa en Jefferson, en la cual tuvo en un tiempo una mujer y unos hijos, perdidos ya, y al cuidado de ella estaba ahora la sobrina de su mujer muerta y su familia, y él se sentía cómodo en ella, pues sus deseos y necesidades eran atendidos por una sangre emparentada al menos con la sangre elegida por él de entre la tierra entera para amar.

Pero el tiempo que pasaba en ella era a la espera de noviembre, pues aquella tienda de suelo embarrado y cama sin demasiada blandura ni abrigo era su hogar, y aquellos hombres —a algunos de ellos no los veía sino aquellas dos semanas— eran más su familia que ningún otro pariente. Porque aquélla era su tierra...

Se alzó la sombra del negro más joven, que hizo desaparecer del techo de la tienda el fulgor mortecino de la estufa; los leños cayeron pesadamente en ella, y al cabo el fulgor saltó a lo alto y brilló en torno a la lona. Pero la sombra del negro seguía allí, y transcurrido un momento McCaslin se incorporó sobre un codo y vio que no era el negro, sino Boyd; el viejo habló y, al volverse el otro, vio a la luz roja de la lumbre su perfil sombrío y cruel.

—Nada —dijo Boyd—. Vuelve a dormirte.

—Desde que lo mencionó Will Legate —dijo McCaslin—, he recordado que el pasado otoño también te era difícil dormir aquí. Sólo que entonces lo llamabas salir a cazar mapaches. ¿O era Will Legate quien lo llamaba así?

Boyd no respondió. Se volvió y se metió en su cama de nuevo. McCaslin, incorporado sobre el codo, siguió mirándole hasta que la sombra se hundió y dejó de verse sobre la lona.

—Así está bien —dijo—. Intenta dormir un poco. Mañana tenemos que tener carne en el campamento. Luego podrás quedarte en vela cuanto quieras.

Volvió a echarse, volvió a cruzar las manos sobre el pecho y a mirar el fulgor de la estufa; la lumbre, viva y uniforme otra vez, había aceptado, asimilado la leña fresca; pronto volvería a hacerse mortecina, llevándose consigo el último eco de la súbita llamarada de pasión y desasosiego de un hombre joven. Que siga despierto un rato en la cama, pensó. Algún día yacerá inmóvil durante largo tiempo sin que siquiera lo perturbe la insatisfacción. Y el estar echado y despierto, en el paraje aquel, tendría la virtud de apaciguarlo, si es que existía algo que pudiera hacerlo, si es que existía algo capaz de apaciguar a un hombre que sólo tiene cuarenta años. La tienda, el globo de lona golpeado tenuemente por la lluvia, estaba lleno de aquello una vez más. Siguió echado boca arriba, con los ojos cerrados, respirando quieta y apaciblemente como un niño, atento a aquello: aquel silencio que no era nunca silencio sino miríada. Podía casi verlo: tremendo, prístino, tomando cuerpo y cerniéndose meditativamente sobre aquella insignificante y evanescente masa confusa de humana permanencia, de humana estancia que habría de desvanecerse en una breve y única semana, y que al cabo de una semana más quedaría definitivamente atrás, sin dejar huella alguna en la soledad intocada. Porque era su tierra, aunque jamás había poseído de ella un solo centímetro. Nunca había deseado poseerla, ni aun después de ver su destino último, de empezar a contemplar cómo se iba retirando año tras año ante el asalto violento de hacha y sierra y trenes madereros, y más tarde de dinamita y de arados tirados por tractores, porque aquella tierra no podía tener dueño.

Pertenecía a todos; sólo había que usarla bien, con humildad y orgullo. Entonces, súbitamente, supo por qué jamás había deseado poseer ni un solo centímetro de ella, por qué no había deseado siquiera detener aquello que la gente llama progreso.

Porque, con lo que tuvo de ella, bastaba. Le pareció verse a sí mismo y a la tierra salvaje como coetáneos; le pareció que su propia etapa como cazador, como hombre de los bosques, no fue contemporánea a su primer aliento sino que le había sido transmitida —y asumida por él con alegría y humildad y júbilo y orgullo— por aquel viejo mayor de Spain y aquel Sam Fathers que le enseñaron a cazar; y que las dos etapas se alejaban juntas, no hacia el olvido, hacia la nada, sino hacia un ámbito libre de tiempo y de espacio en donde la tierra sin árboles, deformada y retorcida hasta formar casillas matemáticas de algodón exuberante para que las gentes frenéticas de otros tiempos lo convirtieran en proyectiles con que dispararse mutuamente, volvería a hallar holgado espacio para ambas —las sombras de los altos árboles no tocados por el hacha y los cañaverales ciegos—, donde los animales salvajes y fuertes e inmortales corrían ya para siempre seguidos de infatigables y atronadoras e inmortales jaurías, abatiéndose y alzándose cual fénix ante silenciosas escopetas.

Luego vio que ya había dormido. La lámpara estaba encendida, la tienda estaba llena del movimiento de los hombres, que se levantaban del lecho y se vestían, y fuera, en la oscuridad, el negro más viejo, Isham, golpeaba con una cuchara la base de una cazuela de hojalata y gritaba:

—Levántense a tomar el café de las cuatro. Levántense a tomar el café de las cuatro.

También oyó a Legate:

—Salid fuera y dejad dormir a tío Ike. Si le despertáis, querrá venir a apostarse con nosotros. Y él no tiene nada que hacer en el bosque esta mañana.

Así que no se movió. Los oyó abandonar la tienda; escuchó los ruidos del desayuno que llegaban de la mesa dispuesta bajo la lona. Luego los oyó partir: los caballos, los perros, las últimas voces en la lejanía. Al cabo de un rato tal vez llegaría incluso a oír, a través de los bosques húmedos y desde donde el ciervo hubiere hallado abrigo nocturno, la primera resonancia, débil y clara, del primer grupo de perros, y luego se echaría a dormir de nuevo. Entonces, sin embargo, el faldón de entrada de la tienda se alzó hacia el interior y volvió a caer y algo chocó contra el pie del catre y una mano le agarró la rodilla a través de la manta y lo sacudió antes de que tuviera ocasión de abrir los ojos. Era Boyd; llevaba la escopeta en lugar del rifle. Y habló con voz rápida y áspera:

—Siento tener que despertarte. Va a…

—Estaba despierto —dijo McCaslin—. ¿Utilizarás esa arma hoy?

—Lo único que me dijiste la noche pasada fue que necesitabas carne —dijo Boyd

—. Va a…

—¿Desde cuándo tienes problemas para conseguir carne con tu rifle?

—Está bien —dijo el otro con aquella áspera, contenida, furiosa impaciencia.

Entonces McCaslin vio en la otra mano del hombre un objeto oblongo y grueso: un sobre—. Va a venir una mujer esta mañana; quiere verme. Dale este sobre y dile que mi respuesta es no.

—¿Qué? —dijo McCaslin—. ¿Una qué?

Se había medio incorporado sobre el codo cuando el otro, volviéndose ya en dirección a la entrada, le arrojó sobre el regazo el sobre, que golpeó sólido y pesado y sin ruido sobre la manta, y al punto empezó a deslizarse de la cama; McCaslin alcanzó a cogerlo y sintió a través del papel el grueso fajo de billetes.

—Espera —dijo—. Espera.

El otro se detuvo y miró atrás. Se miraron fijamente: el rostro viejo, fatigado, enrojecido por el sueño, sobre el lecho desordenado, y el otro rostro más joven, oscuro y hermoso, a un tiempo airado y frío.

—Will Legate tenía razón —dijo McCaslin—. Eso era lo que llamabas cazar mapaches. Y ahora esto —añadió, sin levantar el sobre ni señalar en dirección a él en modo alguno—. ¿Qué le prometiste que no tienes el valor de enfrentarte a ella para retractarte?

—Nada —dijo Boyd—. Esto es todo. Dile que he dicho que no.

Y se fue; el faldón de la entrada de la tienda se alzó y dio paso a la fugaz y débil luz y al constante murmullo de la lluvia, y luego volvió a caer mientras McCaslin seguía medio incorporado sobre el codo, con el sobre en la mano temblorosa. Más tarde le parecería que había empezado a oír aproximarse la embarcación casi inmediatamente, antes incluso de que Boyd hubiera tenido tiempo para desaparecer.

Le pareció que no había transcurrido tiempo alguno: el gruñido creciente del motor, cada vez más fuerte, cada vez más cerca, hasta que cesó repentinamente, se diluyó en el chapoteo y el salpicar del agua bajo la proa a medida que la embarcación se deslizaba hacia la orilla; el negro más joven, un muchacho, levantando el faldón de entrada de la tienda, más allá de la cual, durante un instante, McCaslin vio la embarcación, un pequeño esquife con un negro en la popa, al lado del motor, que sobresalía oblicuamente de la borda; y luego la mujer, entrando, con un sombrero de hombre y un impermeable de hombre y botas de goma, llevando un bulto de mantas y de lona y con un algo más, algo intangible, un efluvio que él sabía reconocería al instante, porque ahora sabía que Isham se lo había dicho ya, se lo había advertido al enviar a la tienda al negro joven en lugar de ir él mismo —una cara joven y unos ojos oscuros, un semblante extrañamente descolorido aunque no enfermizo, no el de una mujer del campo pese a las ropas que vestía—, le miraba, mientras él, ahora sentado sobre el catre, erguido, seguía asiendo el sobre, con la ropa interior manchada y haciendo bolsas, y las mantas revueltas y amontonadas en torno a sus caderas.

—¿Es suyo? —dijo él—. ¡No me mientas!

—Sí —dijo ella—. Él se ha ido.

—Se ha ido —dijo él—. Aquí no podrás encontrarlo. Dejó esto para ti. Me dijo que te dijera que no.

Le tendió el sobre. Estaba cerrado; no llevaba nada escrito. Sin embargo, él vio cómo ella lo cogía con una mano y lo rasgaba y dejaba caer el pulcro fajo de billetes atados sobre las mantas, sin mirarlo siquiera, y luego miraba en el interior vacío del sobre y finalmente lo arrugaba entre sus dedos y lo tiraba al suelo.

—Sólo dinero —dijo.

—¿Qué esperabas? —dijo él—. ¿Lo has conocido el tiempo suficiente o al menos con la frecuencia suficiente como para haber tenido el niño y, sin embargo, no lo has llegado a conocer hasta ese punto?

—No muy a menudo —dijo ella—. No desde hace mucho. Sólo aquella semana del otoño pasado, aquí, y luego, en enero, envió por mí y nos fuimos al oeste, a Nuevo México, y vivimos allí seis semanas, y cociné para él y cuidé de sus ropas…

—Pero nada de matrimonio —dijo él—. Él no te prometió nada de eso. No me mientas. No tenía por qué hacerlo.

—No tenía por qué hacerlo —dijo ella—. Yo sabía lo que estaba haciendo. Lo sabía desde el principio, antes de que nos pusiéramos de acuerdo. Luego volvimos a estar de acuerdo, antes de que él dejara Nuevo México, en que aquello sería todo. Yo le creí. Debería haberle creído. No veo cómo podía haber hecho otra cosa que creerle.

Le escribí el mes pasado para asegurarme, y la carta me fue devuelta sin abrir y ya no tuve ninguna duda. Así que ni yo sabía que iba a volver aquí hasta la semana pasada.

Ayer, mientras esperaba allá, a un lado de la carretera, el coche pasó y él me vio y ya no tuve ninguna duda.

—Entonces ¿qué es lo que quieres? —dijo él—. ¿Qué es lo que quieres?

—Sí —dijo ella.

Él la miró airadamente, tenía el pelo blanco desordenado por la almohada, y los ojos, incapaces de enfocar por la falta de las gafas, borrosos, sin iris y en apariencia sin pupilas.

—Te encontró una tarde en una calle sólo porque aconteció que una caja de provisiones se había caído de la barca. Y un mes después te fuiste a vivir con él, y de todo ello tuviste un niño. Entonces él se quitó el sombrero y dijo adiós y desapareció. ¿No tienes ningún pariente?

—Sí. Mi tía, en Vicksburg. Me fui a vivir con ella hace dos años, cuando murió mi padre. Hasta entonces habíamos vivido en Indianápolis. Pero mi tía tenía familia y se puso a trabajar de lavandera, y yo empecé a dar clases en una escuela de Aluschaskuna…

—¿Se puso a qué? —dijo él—. ¿Se puso a lavar? —Dio un brusco respingo, se echó hacia atrás sobre un brazo, con el pelo desordenado, mirando airadamente.

Ahora entendía lo que la mujer había traído también consigo, lo que el viejo Isham ya le había dicho, los labios y piel pálidos y sin color, aunque no enfermizos, los ojos trágicos y clarividentes. « Quizá dentro de mil o dos mil años se haya mezclado en América y ya lo hayamos olvidado, pensó. Pero que Dios se apiade de éstos.» Gritó, no en voz muy alta, en tono de asombro, compasión y agravio—: ¡Eres una negra!

—Sí —dijo ella.

—¿Y qué esperabas viniendo aquí?

—Nada.

—Entonces, ¿por qué viniste? Has dicho que estabas esperando ayer en Aluschaskuna y que él te vio.

—Vuelvo al norte —dijo ella—. Mi primo me trajo en su barca anteayer desde Vicksburg. Va a llevarme hasta Leland, y allí cogeré el tren.

—Pues vete —dijo él. Y gritó de nuevo con aquella voz fina, no demasiado elevada—: ¡Fuera de aquí; no puedo hacer nada por ti! ¡Nadie puede hacer nada por ti!

Ella se movió, se dirigió hacia la entrada de la tienda.

—Espera —dijo él.

Ella se detuvo, se volvió. Él cogió el fajo de billetes y lo deslizó hasta el pie del catre y volvió a meter la mano debajo de las mantas.

—Ahí tienes.

—No lo necesito —dijo ella—. Me dio dinero el invierno pasado. Por lo que pudiera pasar. Lo dejamos todo arreglado cuando quedamos de acuerdo en que aquello sería todo.

—Cógelo —dijo él. Su voz empezó de nuevo a alzarse, pero volvió a bajar el tono—: Llévatelo de mi tienda.

Ella fue hasta el catre y cogió el dinero.

—Muy bien —dijo él—. Vuelve al norte. Cásate con un hombre de tu propia raza.

Es tu única salvación. Cásate con un negro. Eres joven, hermosa, casi blanca, encontrarás un hombre negro que verá en ti lo que tú viste en él, sea lo que fuere; un hombre que nada te pedirá, que esperará poco de ti y que obtendrá aún mucho menos si es desquite lo que buscas. Y luego, dentro de un año, habrás olvidado todo esto, olvidarás incluso que ha sucedido, que él ha existido.

Calló; durante un instante estuvo casi a punto de dar otro respingo, pues le pareció que la mujer, sin moverse en absoluto, le estaba fulminando con sus ojos silenciosos. Pero no era así; ni siquiera se había movido; le miraba en silencio desde debajo del ala de su empapado sombrero.

—Anciano —dijo—, ¿has vivido ya tanto que has llegado a olvidar todo lo que supiste o sentiste o hasta oíste acerca del amor?

Y al poco se había ido; el fugaz destello de luz y la callada lluvia constante penetraron en la tienda, y el faldón de la entrada volvió a caer. De nuevo echado, tembloroso y jadeante, con las mantas apretadas contra la barbilla y las manos cruzadas sobre el pecho, oyó el chapoteo y el gruñido, el gemido creciente y luego decreciente del motor, hasta que se hubo perdido y de nuevo la tienda contuvo sólo el silencio y el sonido de la lluvia. Y el frío; sigue echado, tiritando ligera e ininterrumpidamente, rígido pese al temblor.

El delta, pensó. El delta. Esta tierra, que el hombre ha librado de pantanos y ha despojado y ha hecho mudar en dos generaciones, de forma que el hombre blanco puede poseer plantaciones y viajar cada noche a Memphis, que el hombre negro puede poseer plantaciones e incluso pueblos y mantener hogares urbanos en Chicago, una tierra en la que los blancos arriendan granjas y viven como negros y los negros trabajan como aparceros y viven como animales, donde el algodón se planta y alcanza la altura de un hombre hasta en las grietas de las aceras, donde la usura y la hipoteca y la bancarrota y la riqueza desmedida, tanto china como africana o aria o judía, crecen y se multiplican juntas hasta el punto de que nadie puede al fin distinguir unas de otras, ni le importa… No es extraño que los bosques devastados que conocí en un tiempo no griten en demanda de justicia, pensó. Su venganza la llevará a cabo la misma gente que los ha destruido.

El faldón de la entrada de la tienda se alzó bruscamente y volvió a caer. Él no se movió salvo para volver la cabeza y abrir los ojos. Legate, encorvado sobre la cama de Boyd, buscaba desordenada y precipitadamente en ella.

—¿Qué pasa? —dijo McCaslin.

—Busco el cuchillo de desollar de Don —dijo Legate—. Hemos cazado un ciervo. He venido a llevarme los caballos.

Se incorporó con el cuchillo en la mano y se dirigió hacia la entrada.

—¿Quién lo ha matado? —dijo McCaslin—. ¿Fue Don? —dijo.

—Sí —dijo Legate alzando el faldón de la tienda.

—Espera —dijo McCaslin—. ¿Qué ha sido?

Legate se detuvo un instante en la entrada. No miró hacia atrás.

—Sólo un ciervo, tío Ike —dijo con impaciencia—. Nada extraordinario.

Y se fue; el faldón cayó a su espalda, y volvió a expulsar de la tienda la débil luz, la incesante y doliente lluvia. McCaslin se tendió de nuevo sobre el catre.

—Era una gama —dijo al espacio vacío de la tienda.

EL TÍO WALLY

I

Yo ya sé lo que decían. Decían que no me escapé de casa, sino que se me llevó con triquiñuelas un chalado que, si no lo hubiese matado yo, me habría matado en menos de una semana. Pero si hubieran dicho que las mujeres, las buenas mujeres de Jefferson, habían echado al tío Willy del pueblo y que yo me había ido tras él porque sabía de sobra que el tío Willy esa vez estaba en las últimas, que era su última correría, y que esa vez cuando lo atrapasen sería la definitiva, no les habría faltado razón. Y es que no se me llevó él, además de que el tío Willy no estaba loco, ni siquiera después de todo lo que le habían hecho pasar. No tuve por qué ir; no tuve por qué irme con él, así como tampoco tuvo el tío Willy por qué invitarme, en vez de dar por sentado que yo tenía unas ganas locas de ir con él. Si me fui fue porque el tío Willy era el mejor de los hombres que he conocido, y es que ni siquiera las buenas mujeres pudieron con él, porque muy a pesar de todas ellas terminó por vivir divirtiéndose solo por el hecho de estar vivo, y murió haciendo lo que más le divertía de todo, porque además estuve yo a su lado para echarle una mano. Y eso es algo que la mayoría de los hombres y también de las mujeres no suelen lograr ni de lejos, ni siquiera las mujeres a las que tanto divierte entrometerse en las vidas ajenas.

No es que fuera tío de nadie, sino que lo era de todos nosotros, y también los adultos lo llamaban tío Willy, o pensaban en él por ese apelativo. No tenía más parentela que una hermana que vivía en Texas y que se había casado con un millonario del petróleo. Vivía por su cuenta en una casita aseada, vieja, la misma en que había nacido, en las afueras del pueblo, y allí vivía junto con un viejo negro al que llamaban Job Wylie, que aún era más viejo que él, y que le cocinaba y se ocupaba de la casa y era el recadero de la tienda que había montado el padre del tío Willy y que el tío Willy había llevado sin más ayuda que la del viejo Job, y durante doce o catorce años (lo que llevábamos vivido nosotros, los niños y los chicos), mientras se dedicó solo a consumir drogas lo vimos muy a menudo.

Nos gustaba ir a su tienda porque siempre se estaba fresquito, a la sombra, en silencio, y es que nunca limpiaba las ventanas; contaba que la razón de que así fuera es que así no se tomaba la molestia de poner cortinas, porque nadie iba a ver el interior, y tampoco el calor se iba a colar allí dentro. Y nunca tenía más clientes que los campesinos que iban a comprar medicamentos ya embotellados, o en frascos, y los negros que le compraban las cartas y los dados, porque nadie le había dado ocasión de preparar una receta en unos cuarenta años, calculo yo, y nunca hizo negocio vendiendo helados y refrescos, porque era el viejo Job el que lavaba los vasos y mezclaba los siropes y preparaba los helados ya desde que el padre del tío Willy montó el negocio en mil ochocientos cincuenta y tantos, así que a estas alturas el viejo Job no veía gran cosa, y eso que papá decía que no le parecía que el viejo Job también le diese a las drogas, sino que era solo porque respiraba a diario, y también de noche, el aire que acababa de salir de los pulmones del tío Willy.

Pero a nosotros el helado nos sabía bien bueno, sobre todo cuando íbamos a la tienda acalorados después de un partido de béisbol. Jugábamos en una liga de tres equipos del pueblo y era el tío Willy quien daba el premio, una pelota, un bate o una careta de catcher en cada uno de los partidos, y eso que nunca venía a vernos jugar, de modo que al terminar cada partido los dos equipos y a veces el tercero íbamos a la tienda a ver cómo daba el premio al ganador. Y allí nos comíamos los helados y todos pasábamos luego a la trastienda, donde la vitrina de los medicamentos, y veíamos al tío Willy encender el infiernillo de alcohol y llenar la jeringa y remangarse y veíamos asomar la miríada de puntos azulados que tenía en la cara interna del brazo y que hasta se le escondían debajo de la camisa.

Y al día siguiente era domingo y nos sentábamos a esperar cada cual en su parcela y nos acompasábamos a su paso, según iba pasando por delante de cada una de las casas, y con él íbamos a la catequesis, el tío Willy con nosotros, en la misma clase que nosotros, sentado con nosotros mientras recitábamos el catecismo y las demás lecciones.

El señor Barbour, el que impartía la catequesis, nunca lo hacía salir a la pizarra. Terminábamos entonces la lección y hablábamos de béisbol hasta que sonaba la campana y el tío Willy seguía sin decir ni mu, seguía sentado todo aseado, bien vestido, con un cuello de camisa bien limpio, sin corbata, con unos cuarenta kilos de peso y los ojos tras los cristales de las gafas, unos ojos en los que todo se le mezclaba, como los huevos rotos. Luego íbamos todos a la tienda y nos zampábamos el helado que hubiera sobrado del sábado y pasábamos a la trastienda, donde la vitrina de los medicamentos, y lo volvíamos a ver: el infiernillo y su mejor camisa, la de los domingos, remangada; la aguja que se introducía lentamente en la vena del brazo azulado, y alguien que decía: «¿Y eso no le duele?», y él que contestaba: «No, qué va. A mí me gusta».

Luego le obligaron a dejar la droga. Llevaba cuarenta años consumiéndola, nos lo dijo una vez, y ya tenía sesenta, así que como mucho le quedaban diez por delante, solo que eso no nos lo dijo, porque a los chicos de catorce años no hace ninguna falta decirles una cosa así. Pero le obligaron a dejarla. No les costó mucho. La cosa empezó un domingo por la mañana y estaba más que terminada al viernes siguiente; nos habíamos sentado en el aula y el señor Barbour había dado comienzo a la lección cuando de buenas a primeras el reverendo Schultz, el párroco, allí apareció y se agachó acercando la boca a la oreja del tío Willy y ya lo había levantado de su pupitre, llevándoselo a rastras y hablando en ese tono en el que hablan los predicadores con los chicos de catorce años, ese tono que ni los más bobos ni los maricas se terminan de creer: «A ver, hermano Christian: ya sé que mucho te fastidia dejar a medias la lección que imparte el hermano Barbour, pero ahora vamos a ir tú y yo a reunirnos con el hermano Miller y con los demás, a ver qué nos sabe contar sobre este pasaje tan hermoso y tan edificante, tan reconfortante». Dicho lo cual el tío Willy seguía tratando de quedarse en el aula y nos miraba con los ojos nublados, pestañeando, y diciendo a las claras justo lo que estaba pasando: «¿Qué es esto? Compañeros, díganme, ¿qué es esto? ¿Qué es lo que piensan hacerme?».

Tampoco lo sabíamos nosotros. Terminamos la lección; ese día no hablamos de béisbol; pasamos por delante del cuarto en el que se reunían los hombres con el señor Miller para estudiar los pasajes de la Biblia, el reverendo Schultz sentado en medio de todos ellos, como todos los domingos, como si fuera uno más, normal y corriente, como todos ellos, aunque era como si sobresaliese, como si abultase en medio de los demás y no tuviera que mover un dedo ni decir palabra para recordarles que de normal y de corriente no tenía ni un pelo; siempre me acordaba del Día de los Inocentes de aquel año en que la señorita Callaghan pasó lista y bajó del estrado y dijo:

«Hoy voy a ser yo una alumna más», y se sentó en uno de los pupitres que estaban libres y llamó a varios alumnos y les indicó que salieran al estrado, donde estaba su mesa, y que dictasen ellos la lección, y eso habría tenido su gracia siempre y cuando uno recordase que era el Día de los Inocentes y que al día siguiente ya no lo sería. Y el tío Willy estaba sentado junto al reverendo Schultz y parecía más menudo que nunca, y no sé por qué, pero me acordé de un día del verano anterior, cuando se llevaron al manicomio a un campesino que se apellidaba Bundren, al manicomio de Jackson, aunque no es que estuviera demasiado majareta, y en todo momento supo adónde se lo llevaban, allí sentado junto a la ventanilla del tren, esposado a un ayudante del sheriff que era muy gordo y que iba fumando un puro.

Se terminó entonces la catequesis y salimos a esperarlo, a que viniese para ir a la tienda a tomarnos un helado. Pero él no salió. No salió hasta que terminó el servicio en la iglesia, y fue la primera vez que estuvo en la iglesia, al menos que supiéramos nosotros o que supiera nadie, según me dijo papá, y salió más tarde con la señora Merridew a un lado y el reverendo Schultz al otro, que lo seguía sujetando por el brazo mientras él nos buscaba con la mirada y decía, con más desesperación que antes, «Compañeros, ¿qué es esto? Compañeros, ¿qué está pasando aquí?», y el reverendo Schultz lo metió de un empujón en el coche de la señora Merridew y ésta dijo en voz alta y clara: «Ahora, señor Christian, me lo voy a llevar a mi casa y allí le voy a preparar un bonito vaso de limonada fresca y luego nos vamos a comer un pollo bien rico y después se va a echar usted una bonita siestecita en mi hamaca y entonces vendrán el hermano y la hermana Schultz e iremos todos a tomarnos un helado bien rico», a lo que el tío Willy decía: «No, no, señora, ¡espere! ¡Espere un momento, que he de ir a la tienda a preparar una receta! ¡Lo tengo prometido desde esta mañana!».

Lo metieron en el coche a empujones y allí nos quedamos nosotros; así desapareció de nuestra vista, sentado junto a la señora Merridew en su coche, como desapareció Darl Bundren con el ayudante del sheriff en el tren, y para mí que lo llevaba ella sujeto por la muñeca, y eso que no le hizo falta esposarlo, y el tío Willy nos lanzó una única mirada de pasmo, de desesperada desesperanza.

Y es que ya pasaba de largo una hora de la hora de su inyección y esa tarde cuando por fin se escabulló de las garras de la señora Merridew eran cinco las horas que pasaban, por eso ni pudo siquiera meter la llave en la cerradura, así que la señora Merridew y el reverendo Schultz lo pillaron y esta vez ni dijo nada ni miró a nadie: solo intentó escaparse como intenta escaparse un gato medio asilvestrado. Se lo llevaron a su casa y la señora Merridew mandó un telegrama a su hermana, la de Texas, y el tío Willy no apareció por el pueblo en tres días, porque la señora Merridew y la señora Hovis se turnaron para estar con él a todas horas, en la casa, de día y de noche, hasta que llegase la hermana de Texas. Entonces estábamos de vacaciones y el partido de béisbol lo jugamos el lunes y esa tarde la tienda seguía cerrada a cal y canto y hasta el miércoles por la tarde no vimos al tío Willy, que apareció corriendo a todo correr.

No llevaba camisa y no se había afeitado y no hubo forma de que metiera la llave en la cerradura, y entre jadeos y gimoteos acertó a decir:

«Por fin se ha dormido, por fin se ha dormido», y así hasta que uno de nosotros tomó la llave y le abrió la puerta. También tuvimos que prenderle el infiernillo y llenarle la jeringa, que esa vez no entró despacio en la vena de su brazo, pues pareció que intentase clavársela hasta el hueso. Después no se volvió a su casa. Dijo que no necesitaba nada para echarse a dormir y nos dio el dinero y nos dejó salir por la puerta de atrás y compramos unos bocadillos y un frasco de café en el café y allí lo dejamos tendido.

Al día siguiente fueron la señora Merridew y el reverendo Schultz y otras tres señoras; el ayudante del sheriff, a sus órdenes, hizo saltar la cerradura, y la señora Merridew sujetó al tío Willy por el cogote y lo sacudió y le habló en susurros que se oían perfectamente: «¡Serás desgraciado! ¡Serás desgraciado, enano! ¿Cómo se te ocurre escaparte de mí, so melón?», y el reverendo Schultz decía: «A ver, a ver, hermana; domíneseme», mientras las otras tres señoras gritaban a voz en cuello «señor Christian» y «tío Willy» y «Willy», según la edad que tuvieran o según el tiempo que llevasen viviendo en Jefferson. No les costó mucho.

Esa misma noche llegó la hermana de Texas y cuando pasamos por delante de la casa vimos a las señoras en el porche de la entrada, o entrando y saliendo por la puerta, y el reverendo Schultz era como si sobresaliese, como si abultase en medio de todas ellas, como en el cuarto donde el señor Miller comentaba los pasajes de la Biblia, y atinamos a colarnos por el seto y los oímos hablar por la ventana, oímos llorar y despotricar al tío Willy, lo oímos intentar por todos los medios levantarse de la cama, y oímos a las señoras decir: «Vamos, vamos, señor, Christian; vamos, vamos, tío Willy», y también: «Vamos, Bubber», porque allí también estaba su hermana; y oímos al tío Willy llorar y rezar y despotricar y maldecir. Y así llegó el viernes y se rindió. Los oímos a todos sujetarlo en la cama; digo yo que debió de ser su última intentona, su última correría, porque nadie tuvo tiempo entonces de decir ni mu; y al cabo lo oímos a él, con una vocecilla floja, sin resuello, jadeando.

—Esperen, esperen —decía—. ¡Esperen un momento! Se lo voy a pedir por última vez. ¿Quieren hacer el favor de dejarme en paz? ¿Quieren largarse de una vez? ¿Quieren hacerme el favor de irse todas al infierno y dejarme a mí a mi bola, que ya iré yo cuando buenamente pueda?

—No, señor Christian —dijo la señora Merridew—. Sepa usted que esto lo hacemos para salvarle.

Durante un minuto no oímos nada. Luego oímos al tío Willy desplomarse de nuevo en la cama, dejarse caer como un fardo.

—De acuerdo —dijo—. De acuerdo, como quieran.

Fue como uno de esos corderos que se sacrificaban en la Biblia. Fue como si hubiera subido él solito al altar y se hubiera dejado caer patas arriba y ofreciera el cuello y dijera: «Muy bien, adelante, vengan a por mí y acabemos de una vez. Que me degüellen cuanto antes y que me dejen en paz sobre el fuego».

III

Enfermo mucho tiempo estuvo. Se lo llevaron a Memphis y dijeron que se iba a morir. La tienda quedó cerrada a todas horas, y al cabo de unas cuantas semanas ni siquiera mantuvimos en marcha los partidos de la liga. No eran solo los bates y las pelotas, no era eso. Pasábamos por delante de la tienda y veíamos el candado grande y viejo y veíamos aquellas ventanas por las que no se podía ver nada, no alcanzábamos a ver el interior, donde comíamos tantos helados y le contábamos quién había ganado y quiénes habían hecho buenas jugadas y él seguía allí sentado en su taburete, con el infiernillo encendido y la droga hirviendo y burbujeando y la jeringuilla esperando en su mano, mirándonos con aquellos ojos que no dejaban de pestañear, nublados y diluidos tras los cristales de las gafas, tanto que no se sabía dónde tenía las pupilas, al contrario de lo que sucede con tantos otros ojos.

Y los negros y los campesinos que comerciaban con él también acudieron a ver qué pasaba y se encontraron el candado, y nos preguntaron qué tal estaba y cuándo iba a volver a abrir la tienda, porque ni siquiera después de que se abriese de nuevo la tienda quisieron comerciar con el dependiente que habían puesto la señora Merridew y el reverendo Schultz en la tienda. La hermana del tío Willy dijo que lo de la tienda era lo de menos, que se podía quedar cerrada, porque ella se ocuparía de cuidar al tío Willy si es que se ponía bien. Pero la señora Merridew dijo que no, que no solo se había propuesto curar al tío Willy, sino que además le iba a procurar un renacer completo, no solo para que ingresara en la cristiandad verdadera, sino también en el mundo de las cosas prácticas, donde habría un sitio esperándole para que pudiera ir por la vida con la cabeza bien alta, no solo con honor, sino también con orgullo, entre sus congéneres los hombres; dijo que al principio solo tuvo la esperanza de arreglar el desaguisado para que no tuviera él que dar la cara ante el Creador siendo esclavo en cuerpo y alma de la morfina, pero que ahora que estaba bastante más fuerte de lo que nadie hubiese creído posible iba a encargarse ella en persona de que ocupara el lugar en el mundo al que su apellido lo hacía acreedor ya desde antes de que lo deshonrase.

Fue ella quien, con el reverendo Schultz, encontró al dependiente. Llevaba en Jefferson unos seis meses. Tenía cartas de recomendación para la iglesia, pero nadie, salvo el reverendo Schultz y la señora Merridew, nadie sabía nada de él. Es decir, que lo nombraron ellos dependiente de la tienda del tío Willy; nadie más sabía lo que se dice nada de él. Pero los clientes y proveedores antiguos del tío Willy no quisieron comerciar con él, ni comprarle ni venderle nada. Y nosotros tampoco. No es que le hubiésemos generado nosotros muchas ganancias, pero no contábamos, desde luego, con que nos invitase a tomar un helado, y tampoco creo que hubiésemos aceptado de él un helado en el supuesto de que nos lo hubiera ofrecido. Y es que él no era el tío Willy, y en poco tiempo ni siquiera el helado era el mismo, porque lo primero que hizo el dependiente después de limpiar las ventanas fue despedir al viejo Job, solo que el viejo Job se negó a dejar el empleo.

Se quedó merodeando alrededor de la tienda a pesar de los pesares, murmurando, y el dependiente lo echaba en cuanto lo veía por la puerta, y el viejo Job se le colaba entonces por detrás, y el dependiente volvía a encontrarlo y lo maldecía entre susurros, insultaba al viejo Job y lo ponía a caldo por más cartas de recomendación que tuviera para la iglesia; fue a que le emitiesen una orden de alejamiento y el sheriff dijo al viejo Job que tendría que permanecer lejos de la tienda.

El viejo Job se plantó entonces en la acera de enfrente. Se pasaba el día entero sentado en el bordillo, justo allí donde veía de frente la puerta de la tienda, y cada vez que el dependiente se asomaba el viejo Job se ponía a gritar: «¡A tos se lo vía decí! ¡A tos se lo digo yo!». Y hasta nosotros dejamos de pasar por la tienda. Alcorzábamos por la esquina para no tener que pasar por delante, por las ventanas relimpias, y no cruzarnos con la clientela que tenía —vendía mucho a la gente de la parte nueva del pueblo— al salir y al entrar, y nos parábamos solo lo justo para preguntar al viejo Job por el tío Willy, y eso que ya teníamos noticias llegadas de Memphis a diario, acerca de él, y sabíamos que el viejo Job no tendría nada nuevo que contarnos, no llegaría a enterarse bien del todo aunque alguien se lo contase con pelos y señales, puesto que nunca se llegó a creer que el tío Willy estuviera enfermo, creía tan solo que la señora Merridew se lo había llevado a saber adónde, por la fuerza, y que lo tenía sujeto a otra cama en otra parte, para que no pudiera levantarse y volver; y el viejo Job se pasaba el día sentado en el bordillo de la acera y nos guiñaba el ojo, los ojillos acuosos y enrojecidos que tenía, como hubiera hecho el tío Willy, y decía: «¡A tos se lo vía decí! ¡Por la fuerza lo tienen sujeto allá lejo, mientraste botarate mierda se queda por la jeta con la tienda del señó Hoke Christian! ¡Se lo vía decí a tos!».

El tío Willy no murió. Un buen día volvió con la piel del color de la cera y con cerca de sesenta kilos de peso, y con los ojos como los huevos rotos, solo que huevos muertos, huevos que llevaban tanto tiempo rotos que ya ni olor despiden, hasta que uno los mirase a fondo y viera que cualquier cosa podían ser, cualquier cosa del mundo, salvo una cosa que bien muerta estuviera. Eso fue después de que nos volviese a conocer. No quiero decir que se hubiese olvidado de nosotros exactamente. Era como si aún nos tuviera aprecio por ser chicos, pero como si no nos hubiese visto nunca, y tuvo que volver a aprenderse los nombres y las caras y a qué nombre correspondía qué cara. Su hermana se volvió a Texas, porque era la señora Merridew quien iba a cuidar de él hasta que estuviese recuperado del todo y completamente sanado. Sí. Sanado.

Recuerdo la primera tarde en que volvió a vérsele por el pueblo y fuimos a pie a la tienda y el tío Willy miró las ventanas relimpias, que ahora se veía todo a través de ellas, y miró a la clientela, a todos los que nunca quisieron comprarle ni venderle nada, y el dependiente le dijo: «Usted es mi dependiente, ¿entendido?», y el dependiente se puso a hablar de la señora Merridew y del reverendo Schultz y el tío Willy dijo: «De acuerdo, de acuerdo», y también él se tomó entonces un poco de helado de pie en el mostrador, del mismo lado que nosotros, como si fuese un cliente más, mirando todo lo que tenía alrededor en la tienda mientras se tomaba el helado, y eso que esos ojos no estaban ni mucho menos muertos, y dijo aquella vez: «Pues, a lo que se ve, le ha sacado usted más partido que yo al vejestorio de mi maldito negro», y algo empezó a decir el dependiente sobre la señora Merridew y el tío Willy le dijo:

«De acuerdo, de acuerdo; encuéntreme ahora mismo a Job y dígale que cuento con verlo aquí todos los días, y que quiero que la tienda esté en adelante tal como está ahora». Fuimos a la trastienda, donde estaba la vitrina de los medicamentos, donde el tío Willy también se quedó mirándolo todo, asombrado de que el dependiente lo hubiese limpiado tanto y de que hubiese un candado nuevo, grande, en la vitrina donde se guardaban las drogas y demás, mirándolo y remirándolo con aquellos ojos de los que nadie en su sano juicio diría que los tenía muertos, igual me da quién fuese, y dijo «Salid ahí y le decís a ese pájaro que quiero mis llaves». Pero no estaban ni el infiernillo ni la jeringa. La señora Merridew los había hecho añicos aquel mismo día. Pero tampoco debió de ser eso, porque el dependiente volvió y se puso a decir no sé qué de la señora Merridew y el reverendo Schultz, y el tío Willy lo escuchaba y decía «De acuerdo, de acuerdo», y eso que hasta entonces nunca lo habíamos visto reír y la cara ya no le cambiaba de color, pero nosotros bien sabíamos que por dentro se estaba mondando de risa. Salimos entonces. Él dobló nada más llegar a la plaza por la Calle Los Negros y se fue derecho a la tienda de Sonny Barger y fui yo quien cogió el dinero y le compré un refresco de jengibre de Jamaica y luego salí de la tienda de Sonny y los alcancé y fuimos todos a casa del tío Willy y nos sentamos en la hierba de la entrada mientras él se tomaba el refresco de jengibre de Jamaica y volvía a repetir uno por uno los nombres de todos nosotros.

Y esa noche nos reunimos con él en donde nos había dicho. Llevaba la carretilla y la palanqueta y saltamos la cerradura de la puerta de atrás y luego la vitrina, con el candado nuevo y todo, y sacamos la lata de alcohol y la llevamos a casa del tío Willy y la escondimos en el granero. Casi tres galones tenía y él se pasó cuatro semanas sin aparecer por el pueblo y volvió a enfermar y la señora Merridew entró como un torbellino en la casa y se puso a abrir uno por uno todos los cajones y a vaciar todos los armarios y el tío Willy estaba en cama y la miraba con esos ojos que muy lejos estaban de ser ojos muertos.

Pero nada pudo encontrar porque ya no quedaba nada, además de que no tenía ni idea de qué estaba buscando, porque estaba buscando una jeringuilla. Y la noche en que el tío Willy volvió a levantarse de la cama y volvió a la tienda y fuimos a la vitrina y vimos que ya estaba abierta y el taburete del tío Willy estaba junto a la puerta y había un frasco de alcohol de un cuarto de galón que se veía nada más entrar y eso fue todo, no hubo más. Y supe entonces que el dependiente sabía quién se había llevado el alcohol la otra vez, pero no supe por qué no se lo dijo a la señora Merridew hasta que pasaron un par de años.

Yo al menos no lo supe hasta que pasaron un par de años, y a lo largo de un año al tío Willy le dio por ir a Memphis todos los sábados en el coche que su hermana le regaló. Escribí la carta mientras el tío Willy me miraba por encima del hombro y me iba dictando, la carta en la que contaba que iba mejorando bastante de salud, aunque no tan deprisa como parecía querer el médico, y contaba que el médico había dicho que no sería buena cosa que fuese a pie a la tienda y que por eso necesitaba un coche, pero no un coche de los caros, sino un coche pequeño, normalito, que él mismo pudiera conducir, o a lo mejor encargar a un negro joven que lo condujera, siempre y cuando su hermana pensara que no era de veras buena cosa que fuese a pie hasta la tienda: y ella le mandó el dinero y él se buscó a un negro de cabeza revuelta, más o menos de mi talla, que se llamaba Secretary, y que se encargaba de conducir su coche y llevarlo a donde quisiera.

Es decir, que Secretary dijo que sabía conducir; es seguro que tanto él como el tío Willy aprendieron a conducir en los viajecitos nocturnos que se cascaban por la zona montañosa, cuando iban a comprar whiskey de maíz, y Secretary aprendió a conducir por Memphis en un visto y no visto, pues de allí volvían todos los lunes por la mañana con el tío Willy anestesiado del todo en el asiento de atrás, con un olor en la ropa que era como ese olor cuyo origen no iba a descubrir yo de primera mano hasta que pasaran unos cuantos años, y dos o tres botellas medio vacías, y una libreta llena de números de teléfono y de nombres como Lorine y Billie y Jack. Dos años tardé en saberlo, hasta que un lunes por la mañana llegó el sheriff y cerró a cal y canto, con un candado, todo lo que quedaba de las existencias del tío Willy, y cuando quisieron dar con el dependiente ni siquiera llegaron a saber en qué tren se había largado del pueblo; fue una calurosa mañana de julio y el tío Willy iba hecho unos zorros en el asiento de atrás, y en el del pasajero, junto a Secretary, iba una mujer el doble de grande que el tío Willy, con sombrero rojo y vestido rosa y un abrigo de piel blanca bastante sucio y dos maletas de mimbre en los paragolpes, y tenía el pelo del color de una boca de riego nuevecita, y las mejillas maquilladas, con un polvillo que se le había resquebrajado por el sudor.

Aquello fue peor que si hubiese vuelto a las andadas con la droga. Cualquiera diría que había traído la viruela al pueblo. Me acuerdo de que la señora Merridew llamó por teléfono a mamá aquella misma tarde, porque se le oía incluso desde fuera de la casa, pese a estar la cocina de por medio: «¡Se ha casado! ¡Se ha casado! ¡Con una meretriz! ¡Con una meretriz, una meretriz!», maldiciéndola igualito que los insultos con que martirizaba el dependiente al viejo Job, y es posible, claro, que la Iglesia pueda llegar a esos extremos, y es posible que los ciudadanos que a la Iglesia pertenecen sean los que mejor saben o más derecho tienen a decir cuándo se desconecta uno de la religión durante un minuto o dos. Y papá también maldijo, aunque no maldijera ni insultara a nadie en particular; yo desde luego supe que no estaba despotricando contra el tío Willy, ni contra la mujer con la que acababa de casarse el tío Willy, igual que supe que me entraron unas ganas locas de que la señora Merridew estuviera allí delante y lo oyera alto y claro.

Solo que no creo que, de haber estado allí, hubiese oído nada de nada, porque dijeron que aún iba con la bata de andar por casa cuando fue a buscar al reverendo Schultz y lo metió a empujones en el coche y se dirigió a casa del tío Willy, donde aún estaba en cama, como siempre que fuera lunes o martes, y la mujer con la que se casó echó con cajas destempladas a la señora Merridew y al reverendo Schultz, esgrimiendo el certificado matrimonial como si hubiera sido una pistola o un cuchillo.

Y me acuerdo de que aquella tarde —el tío Willy vivía en una bocacalle muy tranquila, en donde el resto de las casas eran pequeñas, casas de campesinos que se mudaron a la ciudad a lo largo de los quince años anteriores, y eran carteros o dueños de pequeños comercios—, de que aquella tarde salieron de aquella calle tan tranquila, enojadísimas y todo alborotadas, con las capotas para protegerse del sol, las señoras con los niños a rastras, y las chicas ya crecidas con ellas, todas derechas al despacho del alcalde y a la casa del reverendo Schultz, y me acuerdo de que los jóvenes y los chicos que no trabajaban y algunos de los hombres que sí trabajaban se dedicaron a pasar en coche una y dos y tres y más veces por delante de la casa del tío Willy para verla sentada en el porche, fumando cigarrillos y bebiendo algo en un vaso alto; y me acuerdo de que al día siguiente fue al pueblo a comprar, esta vez con un sombrero negro y un vestido de rayas rojas y blancas, que parecía un pirulí tres veces más grande que el tío Willy, al pasar por la calle a la vez que los hombres asomaban la jeta en la puerta de las tiendas para verla pasar, igual que si fuese caminando por una hilera de trampas de resorte, y por detrás, por los dos lados del cuerpo, algo le subía y le bajaba por dentro del vestido, y así hasta que alguien echó la cabeza para atrás y dio un alarido, un «¡Yiiiipiiiii!» alborozado, tal cual, y a ella se le meneó aún más el trasero sin detenerse siquiera, y entonces sí que se oyeron alaridos por todas partes, vaya que sí.

Y al día siguiente llegó un telegrama de la hermana de Texas, y papá en calidad de abogado y la señora Merridew en calidad de testigo, creo yo, fueron a visitarlos, y la mujer del tío Willy les mostró el certificado matrimonial y les dijo a la cara que más les valía tomárselo a broma, que con mucho Manuel Street o sin nada de nada estaba ella casada y bien casada, tanto o más que cualquier zorra, de las más empingorotadas de Jefferson, o de donde fuera, y mientras papá decía: «Vamos, vamos, señora Merridew; vamos, vamos, señora Christian», y a la mujer del tío Willy le explicó que el tío Willy estaba en bancarrota, y que no sería de extrañar que perdiese incluso la casa, y la mujer le dijo que qué pasaba con la hermana de Texas, que si papá pensaba decirle que el negocio de los pozos de petróleo también estaba en bancarrota o qué, y que no la hiciera reír. Así que mandaron un nuevo telegrama a la hermana de Texas y llegaron los mil dólares y encima hubo que darle el coche a la mujer del tío Willy. Se volvió para Memphis aquella misma tarde, atravesando la plaza al volante del coche, con las dos maletas de mimbre y esta vez un vestido negro, de encaje, sudorosa de nuevo bajo el maquillaje que se acababa de poner, porque aún hacía calor, aunque antes hizo un alto en donde esperaban los hombres a que abriese la oficina de correos en el horario de la tarde, y allí les dijo: «Vengan ustedes a verme a Manuel Street alguna vez, que yo les enseñaré qué se pueden hacer ustedes solos y también los unos a los otros en este poblachón lleno de pazguatos».

Y esa misma tarde la señora Merridew volvió a instalarse en la casa del tío Willy y papá dijo que la carta que le escribió a la hermana del tío Willy tenía once páginas, porque papá dijo que nunca perdonaría al tío Willy haberse declarado en bancarrota. La oímos protegidos desde el seto:

—Está usted loco, señor Christian; loco de remate. Por todos los medios he intentado salvarle, he intentado hacer algo de usted, además de la mala bestia que es, pero ha terminado usted por agotar mi paciencia. Le voy a dar una última oportunidad. Lo voy a llevar al Keeley, y si eso no da resultado lo pienso llevar yo misma a casa de su hermana, y a ella la obligaré a internarle en un manicomio.

Y la hermana mandó desde Texas los papeles por los que se declaraba la incapacidad mental del tío Willy y se nombraba a la señora Merridew su tutora y custodia legal, y la señora Merridew se lo llevó al Keeley de Memphis. Y no hubo más.

V

Mejor dicho: calculo que ellos creyeron que no hubo más, que esta vez el tío Willy se iba a morir seguro. Y es que hasta papá pensó que estaba loco de remate, porque hasta papá dijo que de no haber sido por el tío Willy no me hubiera escapado yo, y que por eso mismo yo no me escapé, sino que se me llevó con triquiñuelas un chalado; no fue papá, sino que fue el tío Robert el que dijo que de chalado nada, que loco no podía estar, porque cualquier individuo capaz de vender una propiedad en Jefferson y cobrarla en metálico mientras estaba encerrado en un Instituto Keeley no podía estar ni loco ni borracho. Y es que ni siquiera se llegaron a enterar de que había salido del Keeley, ni siquiera se enteró la señora Merridew hasta que pasaron dos días y no lo pudieron localizar. No lo encontraron nunca, ni tampoco se llegó a saber cómo se había largado, y yo no me enteré hasta que recibí aquella carta suya en la que me decía que acudiese en el autobús de Memphis un determinado día, y que él saldría a recogerme a la parada que había en las afueras de Memphis, al sur. Ni siquiera me di cuenta de que llevaba entonces dos semanas sin ver a Secretary ni tampoco al viejo Job. Pero él no se me llevó con ninguna triquiñuela. Si fui fue porque quise, porque era el mejor de los hombres que he conocido, porque se divirtió a lo grande durante toda su vida a pesar de lo que quisieron hacerle, a pesar de lo que se empeñaron en hacer de él, y porque tuve la esperanza de que si pudiera pasar con él un rato al menos a lo mejor aprendería a hacer lo mismo, para poder seguir divirtiéndome cuando fuese viejo. O a lo mejor es que supe algo más aunque fuera sin saberlo, como supe que haría cualquier cosa que él me pidiese, igual que cuando le ayudé a entrar en la tienda a por el alcohol y él dio por sentado, sin preguntármelo siquiera, que lo haría, e igual que cuando le ayudé a esconderlo de la señora Merridew. A lo mejor supe incluso qué iba a hacer el viejo Job.

No lo que hizo, sino lo que haría cuando se presentase la ocasión, e igual supe que ésa había de ser la última correría del tío Willy, y que si no estaba yo a mano, a nadie tendría para enfrentarse a todo el viejo, aterrado, timorato aferrarse al aliento apagado y plegado a las reglas que era Jefferson para él y que, por más que hubiera escapado de Jefferson, representaba aún el viejo Job.

Así que aquella semana me dediqué a cortar algo de césped y junté casi dos dólares. Tomé el autobús el día que me dijo y él me estaba esperando a las afueras de la ciudad, en un Ford que no tenía capota y en cuyo parabrisas aún se leía el rótulo en tiza, «$85 al contado», y con una tienda de campaña nuevecita, a estrenar, doblada en la parte de atrás, y el tío Willy y el viejo Job en el asiento, y el tío Willy estaba estupendo con una gorra de cuadros, quitando una gran mancha de aceite, con la visera para atrás y unas gafas de aviador sobre la frente y el cuello de celuloide recién lavado y sin corbata y con la nariz quemada y pelada por el sol y los ojos iluminados tras las gafas. Con él hubiese ido al fin del mundo; volvería a hacerlo también ahora, sabiendo incluso lo que iba a pasar. No tendría ni que pedírmelo, como tampoco me lo pidió entonces. Así que monté encima de la tienda y no fuimos hacia el centro de la ciudad, sino que salimos en dirección contraria.

Pregunté adónde íbamos, pero me dijo que esperase a la vez que aceleraba el cochecito como si tuviese una prisa loca por llegar, y por su tono de voz me di cuenta de que todo iba como la seda, de que aquello era lo mejor, mucho mejor de lo que a nadie se le hubiera ocurrido, y el viejo Job iba agazapado en el asiento del pasajero, sujetándose con ambas manos y gritándole al tío Willy para que no corriese tanto. Sí. A lo mejor supe incluso entonces, por el viejo Job, que el tío Willy a lo mejor había escapado de Jefferson, pero que en el fondo tan solo lo había esquivado, que aún no se había librado del todo.

Llegamos entonces al rótulo indicador, a la flecha que señalaba «Al aeropuerto», y por allí doblamos y dije yo: «¿Qué es, qué es?», pero el tío Willy tan solo me dijo: «Tú espera y verás», y lo dijo como si él también se muriese de ganas de verlo, encorvado sobre el volante con el cabello canoso y despeinado por debajo de la gorra, con el cuello duro tan desencajado que se le veía el cuello entre el cuello de la camisa y la camisa misma, y el viejo Job diciendo (ya lo creo, lo supe incluso entonces) «Lo tiene, caramba si lo tiene. A lo hecho, pecho. Yo ya se lo dije. Pero da igual. Yo ya lo avisé».

Y llegamos al aeropuerto y el tío Willy se detuvo en seco y la señaló sin bajarse del coche y dijo: «Mira».

Era una avioneta que volaba trazando círculos y el tío Willy echó a correr de un lado al otro por el borde de la pista, agitando el pañuelo, hasta que lo vio el piloto y descendió y aterrizó y vino rodando a donde estábamos, una avioneta pequeña con un motor de dos cilindros. Era Secretary, que llevaba otra gorra de cuadros y gafas de aviador como las del tío Willy, y me contaron que el tío Willy también había comprado una gorra y unas gafas para el viejo Job, pero que el viejo Job no quiso ponérselas. Y esa noche nos quedamos en un camping que había a dos millas de allá, y para mí también había comprado una gorra y unas gafas de aviador; y entonces supe o mejor dicho entendí por qué no habían conseguido localizar al tío Willy, y me contó que había comprado la avioneta con parte del dinero que cobró por la venta de su casa después de que su hermana la salvase, porque la hermana también había nacido allí, aunque el capitán Bean, el del aeropuerto, no le quiso enseñar a pilotar porque le haría falta un permiso de un médico («Válgame el cielo —dijo el tío Willy—, maldita sea si todos esos republicanos y demócratas con todas sus siglas de la ABC a la XYZ de aquí a nada no van a meter el hocico hasta en el sitio donde tira uno de la cadena») y él no podía ir al médico porque el médico a lo mejor prefería ponerlo otra vez de patitas en el Keeley o decir a la señora Merridew dónde estaba.

Así que prefirió que fuera Secretary quien aprendiese a pilotar y Secretary llevaba ya dos semanas pilotando, casi catorce días más de los que practicó con el coche antes de que se pusiera a conducir. Así que el tío Willy compró el coche y la tienda de campaña el día anterior, y al día siguiente íbamos a emprender viaje. Iríamos primero a un sitio llamado Renfro, en donde nadie nos conocía y en donde había una pradera enorme de la que el tío Willy tuvo noticia y allí íbamos a pasar una semana, mientras Secretary enseñase al tío Willy a pilotar la avioneta. Luego íbamos a ir más al oeste. Cuando se nos acabase el dinero que había cobrado por la venta de la casa pasaríamos por una ciudad para ofrecernos a tomar pasajeros y así costearnos la gasolina y la comida y llegar a la ciudad siguiente, el tío Willy y Secretary en la avioneta, el viejo Job y yo en el coche; y el viejo Job estaba sentado en una silla, el respaldo apoyado en la pared, pestañeando ante el tío Willy con los ojillos acuosos y enrojecidos que tenía, y el tío Willy recostado en el catre con la gorra y las gafas de aviador, el cuello de celuloide sin corbata (no lo llevaba sujeto a la camisa: solo se lo había abotonado al cuello), unas veces de lado y otras veces incluso se le quedaba para atrás, como el de un presbítero episcopaliano, y los ojos brillantes tras las gafas de aviador, y su voz resonante y bella.

—Y para Navidad estaremos en California —dijo—. ¡Imaginaos, California!

VI

Y entonces ¿cómo pudieron decir que a mí se me llevó un chalado engañándome por medio de sus triquiñuelas? ¿Cómo es posible? Supongo que ya supe entonces que aquello no podía salir bien, que era todo demasiado bonito para ser verdad. Digo yo que incluso entendí cómo iba a terminar la cosa, lo supe por el humor sombrío con que se comportaba Secretary siempre que el tío Willy hablaba de aprender a pilotar él la avioneta, tal como lo supe por el modo en que el viejo Job miraba al tío Willy, no es por lo que hiciera, claro que no, sino por lo que haría si surgiera la ocasión. Y es que por algo era yo el otro blanco. Yo era blanco, por más que tanto el viejo Job como Secretary fuesen los dos mayores que yo, así que la cosa no saldría mal; ya me encargaría yo de que la cosa no saliera mal. Era como si supiese incluso entonces que daba lo mismo qué le pasara, porque no iba a morir, y por eso pensaba que si al menos pudiera aprender a vivir como vivía él, lo mismo daría qué me pasara, porque tampoco había de morir yo.

Así que emprendimos viaje al día siguiente, nada más amanecer, porque había otra regla para lerdos y era que Secretary tenía que permanecer a la vista del aeropuerto en todo momento, en el aire, hasta que le dieran el permiso para pilotar. Llenamos la avioneta de gasolina y Secretary despegó como si fuese a realizar otro vuelo de prácticas. Entonces el tío Willy nos hizo subir al coche deprisa, porque dijo que la avioneta era capaz de hacer sesenta millas a la hora, así que Secretary llegaría a Renfro mucho antes que nosotros. Pero cuando llegamos a Renfro resulta que Secretary no estaba allí, y montamos la tienda y almorzamos y aún no apareció y el tío Willy comenzó a despotricar y llegó la hora de la cena y cenamos y Secretary seguía sin aparecer y el tío Willy vaya si despotricaba y maldecía para entonces. No llegó hasta el día siguiente. Lo oímos llegar y salimos corriendo y lo vimos volar por encima de nosotros, viniendo por la dirección contraria a Memphis, muy deprisa, y nos pusimos a darle gritos y a hacerle señas. Pero él siguió su rumbo mientras el tío Willy daba saltos y agitaba los puños y despotricaba, y en un abrir y cerrar de ojos cargamos la tienda de campaña en el coche y tratamos de darle alcance cuando volvió. Esta vez no le oímos, y vimos la hélice, porque no daba vueltas, y pareció que Secretary ni siquiera fuese a aterrizar en el prado, sino que iba a aterrizar entre unos árboles que había justo al fondo. Pero los salvó por los pelos y fuimos corriendo y nos lo encontramos aún sentado en la avioneta con los ojos cerrados y la cara del color de la ceniza y dijo entonces «Capitán, si me hace el favor de decirme cómo encuentro Ren…», antes incluso de abrir los ojos y ver quiénes éramos.

Dijo que el día anterior había aterrizado siete veces y que nunca llegaba a Renfro y que cada vez que le decían cómo llegar a Renfro allá que iba él todo decidido pero tampoco era Renfro el pueblo en el que aterrizaba y que había dormido en la avioneta pero que no había comido nada desde que salió de Memphis porque tuvo que gastarse los tres dólares que le dio el tío Willy en gasolina y que si no se le hubiera terminado la gasolina nunca nos habría encontrado.

El tío Willy quiso que fuese yo al pueblo a comprar más gasolina para que pudiera él empezar a aprender a pilotar sobre la marcha, pero Secretary dijo que nanay. Se negó en redondo. Dijo que la avioneta era del tío Willy y supuso que él también era del tío Willy, al menos hasta que volviésemos a casa, claro que sí, pero que ya había volado todo lo que podía volar durante una temporadita. Así que el tío Willy tuvo que empezar su aprendizaje al día siguiente.

Pensé durante un buen rato que iba a tener que tirar por tierra al viejo Job, que iba a tener que sujetarlo para que dejase de gritar «¡No se suba a ese trasto!», y seguía gritando «¡A tos se lo vía decí! ¡Se lo vía decí a tos!», mientras mirábamos la avioneta en la que iban Secretary y el tío Willy, cuando más o menos despegó de un bote y luego cayó como si el tío Willy quisiera tomar un atajo para llegar cuanto antes a China y volvió a remontar de un bote y al fin pareció que iba bastante derecha y volaba alrededor de la pradera y luego descendió a tierra y el viejo Job no dejaba de desgañitarse gritando al tío Willy y llegaron unos aparceros de los otros campos y llegó gente en carretas y a pie, parados todos en la carretera para verlos y la avioneta bajaba y bajaba hasta pasar por delante de nosotros con el tío Willy y Secretary el uno junto al otro, como si fueran igualitos; no quiero decir de cara, sino iguales como son iguales las dos púas de una horca de hortelano, igualitas antes de clavarse en la tierra; vimos los ojos muy abiertos y la boca muy abierta de Secretary, tanto que casi se le oyó decir «¡Oooooh!», y las gafas de aviador relucientes que llevaba el tío Willy y el pelo todo despeinado bajo la gorra y sobre el cuello de celuloide que lavaba todas las noches antes de irse a dormir, y sin corbata, y los vimos pasar veloces, y el viejo Job no dejaba de dar alaridos: «¡Salga de ahí ahora mismo! ¡Salga de ese trasto!», y también oímos a Secretary: «¡Suelte, tío Willy! ¡Suéltelo!», y la avioneta seguía su vuelo, remontando en un momento y cayendo al siguiente, con un ala más alta que la otra y esa misma ala más baja que la otra al momento siguiente, y luego volaba de lado y a lo mejor se iba a estrellar de lado y eso pasó la primera vez, con una especie de crujido seco y una polvareda que se levantó justo antes de que la avioneta rebotase y cobrase altura y Secretary chillaba: «¡Suelte, tío Willy! ¡Suéltelo!», y de noche, en la tienda de campaña, al tío Willy aún le brillaban los ojos y estaba demasiado excitado para dejar de hablar e irse a dormir y no creo que ni siquiera se acordase de que no había tomado un solo trago desde el momento en que se le ocurrió la idea de comprar la avioneta.

Ah, sí, ya sé lo que se dijo a propósito de mí cuando todo hubo terminado, sé lo que dijo papá cuando llegó aquella mañana con la señora Merridew, sé que se dijo que yo era el blanco y que ya casi era un hombre, y que Secretary y el viejo Job eran solo dos negros irresponsables, aunque en realidad fueron el viejo Job y Secretary los que trataron de pararle los pies. Y es que así fue la cosa; eso fue precisamente lo que no supieron entender. Me acuerdo de la última noche, de Secretary y del viejo Job tratando de hacerle entrar en cintura, cuando el viejo Job por fin logró que Secretary le dijese alto y claro al tío Willy que era sencillamente imposible que aprendiese a pilotar la avioneta, y el tío Willy dejó de hablar y se puso en pie y miró muy despacio a Secretary.

—¿Y no aprendiste tú en dos semanas? —dijo. Secretary dijo que sí—. ¿No aprendiste tú, que eres un maldito mentecato, un negro ignorante que no vale un pimiento, un cabeza revuelta? —y Secretary dijo que sí—. ¿Y tú de verdad te crees que yo, licenciado en una universidad, al frente de un negocio que vale quince mil dólares durante cuarenta años, te crees que yo no voy a aprender a llevar una maldita avioneta que vale mil quinientos dólares? —y entonces me miró a mí—. ¿Tú no crees que la pueda yo pilotar? —dijo. Y yo le miré y le dije que sí, que creía que era capaz de hacer cualquier cosa que se propusiera.

VII

Y ahora no se lo puedo decir a nadie. No lo puedo decir. Papá una vez me dijo que si lo sabes es que lo puedes decir, alguien se lo había dicho a él. Pero es que a lo mejor el que lo dijo no contaba con los chicos de catorce años. Y es que yo me tuve que dar cuenta de que sabía qué iba a suceder. Y el tío Willy también tenía que saberlo, tenía que saber que llegaría el momento. Fue como si los dos lo supiésemos y ni siquiera se nos hubiese ocurrido poner en común nuestras impresiones, decirnos el uno al otro que lo sabíamos: él no tuvo necesidad de decir aquel día en Memphis «Ven conmigo, quiero que estés a mano cuando te necesite», y yo no tuve necesidad de decir «Déjeme ir con usted, para poder estar a mano cuando usted quiera».

Y es que el viejo Job llamó por teléfono a la señora Merridew. Esperó a que estuviésemos todos dormidos y se escabulló y se largó, e hizo a pie todo el camino hasta la ciudad y la llamó por teléfono; no tenía nada de dinero, y es probable que nunca en su vida hubiese llamado por teléfono a nadie, pero fue él quien la llamó por teléfono, y a la mañana siguiente apareció a todo correr con el rocío del alba (la ciudad, el teléfono, quedaba a cinco millas de distancia) justo cuando Secretary estaba arrancando el motor y entonces supe o entendí qué había hecho justo antes de que estuviera cerca y me llegasen sus gritos, que no dejaba de dar a la vez que corría y trastabillaba por el prado, vociferando «¡Sujétalos! ¡Sujétalos! ¡Que no se vayan! ¡Llegarán en cualquier momento! ¡Tú sujétalos aunque sea diez minutos, que no tardarán en llegar!», y eché a correr para salirle al paso y sí que lo sujeté a él, que se debatió y llegó a atizarme sin dejar de dar gritos al tío Willy, que estaba en la avioneta. «¿Has llamado por teléfono? —le dije—. ¿A ella la has llamado por teléfono? ¿A ella? ¿Le has dicho dónde está él?». «Sí —dijo a gritos el viejo Job—. Y ma dicho que va a por tu papito ahora mismo y que llegarán a eso de las seis», mientras yo lo sujetaba; fue como sujetar un puñado de palitos secos, y me llegó el trajín afanoso de su respiración en sus pulmones y le noté el latir del corazón, y el viejo Job se puso a gritarle a Secretary: «¡Sácalo de ahí! ¡Ya vienen! ¡Llegarán en cualquier momento, tú sujétalo!», y Secretary dijo: «¿A cuál? ¿A cuál?», y el viejo Job a gritos le dijo que sujetase la avioneta y Secretary echó a correr y quise sujetarlo por la pierna pero no pude y vi que el tío Willy nos miraba y que Secretary iba corriendo hacia la avioneta y me puse de rodillas y le hice un gesto con el brazo y me puse a chillar yo también. No creo que el tío Willy me llegase a oír, porque estaba parado junto al motor. Pero sí puedo decir y digo que no tuvo necesidad de oírme, porque los dos lo sabíamos, lo sabíamos los dos, así que allí me quedé arrodillado, sujetando al viejo Job en el suelo, y vimos arrancar la avioneta, cuando Secretary aún seguía corriendo tras ella, y la vimos despegar de un salto y caer de golpe y remontar el vuelo y fue de pronto como si se hubiera quedado parada en el aire, justo por encima de los árboles donde pensamos que Secretary iba a aterrizar el primer día, ante de verla precipitarse por detrás de los árboles y la perdimos de vista y Secretary seguía corriendo como un loco y por eso solo tuvimos que levantarnos y echar a correr el tío Job y yo.

Vaya que sí. Sé lo que dijeron sobre mí; lo supe y lo entendí de sobra durante toda la tarde, cuando volvíamos a casa con el coche fúnebre delante de nosotros, y Secretary y el viejo Job en el Ford, detrás, y papá y yo los últimos, y Jefferson cada vez más cerca, cada vez más cerca; y de golpe y porrazo me eché a llorar. Y es que morir no era nada, era una cosa que solo te tocaba por fuera, una cosa que se llevaba por comodidad y por pura conveniencia, como se hace con la ropa: era por las viejas prendas que no valían nada, las prendas que nos habían traicionado, o al menos a uno de nosotros, y el traicionado fui yo, y papá con el otro brazo me rodeaba por los hombros y me decía «Vamos, vamos, no he querido decir eso. Tú no fuiste. Nadie te echa la culpa de nada».

¿Lo ves? Así fue la cosa. Yo ayudé al tío Willy. Él sabe que le ayudé. Sabe que sin mí no lo podría haber hecho. Sabe que le ayudé; ni siquiera tuvimos que mirarnos uno al otro cuando se marchó. Eso es así.

Y ahora resulta que ellos nunca lo entenderán, ni siquiera papá, y ya solo quedo yo para intentar contárselo, ¿y cómo voy a contárselo, cómo voy a lograr que alguna vez lo entiendan? ¿Cómo?

ESE SOL DEL ATARDECER

I

Hoy en Jefferson los lunes no son muy distintos de cualquier otro día de la semana. Hoy las calles están pavimentadas, y las compañías del teléfono y de la luz talan cada vez más árboles de los que daban buena sombra —los robles de Virginia, los arces, las acacias, los olmos— haciendo sitio para los postes de hierro que soportan racimos de uvas hinchadas, espectrales, exangües, y tenemos en la ciudad un servicio de lavandería que hace la ronda el lunes por la mañana, recogiendo los fardos de ropa sucia en furgonetas pintadas de colores intensos, a propósito: la ropa sucia de toda la semana ahora desaparece como una aparición tras las bocinas alertas e irritables de las furgonetas, con un ruido prolongado y menguante, de neumático y asfalto, como la seda al desgarrarse, y hasta las negras que aún se hacen cargo de la colada de los blancos, a la antigua usanza, la recogen y la entregan en sus automóviles.

En cambio, hace quince años, los lunes por la mañana las calles en silencio, polvorientas, en sombra, se llenaban de negras que, en equilibrio sobre las cabezas firmes, enturbantadas, llevaban los fardos de ropa sujetos en una sábana, todos casi tan grandes como una paca de algodón, sin ayudarse de las manos, entre la puerta de la cocina de la casa de un blanco y el lavadero renegrido, junto a la puerta de una cabaña, en el lugar que llamábamos el Hondón del Negro.

Nancy se colocaba el fardo sobre la cabeza, y sobre el fardo depositaba el sombrero de paja, negro, de marinero, que llevaba por igual en verano y en invierno. Era alta y tenía la cara en relieve, tristona, algo hundida en donde le faltaban los dientes. A veces hacíamos parte del camino por la senda, hasta el prado, con ella, y veíamos el fardo en perfecto equilibrio y el sombrero que no oscilaba siquiera cuando bajaba por la zanja del otro lado y se agachaba para salvar la cerca. Se ponía a gatas y pasaba por el boquete, rígida la cabeza, bien erguida, el fardo de la ropa quieto como una piedra o como un globo, y nada más salvar la cerca se ponía en pie y seguía su camino.

Algunas veces los maridos de las lavanderas venían a recoger la colada, aunque Jesús nunca le hizo ese favor a Nancy, ni siquiera antes de que papá le dijese que no se le pasara por la cabeza acercarse a nuestra casa, aun cuando Dilsey estaba enferma y fuese Nancy la que venía a cocinar para nosotros.

Y luego, la mitad de las veces teníamos que ir por la senda hasta la cabaña de Nancy y decirle que viniese a prepararnos el desayuno. Nos quedábamos en la zanja, porque papá nos había dicho que no tuviésemos ningún trato con Jesús —era un negro más bien bajo, con una cicatriz de un tajo en la cara— y tirábamos piedras a la casa de Nancy hasta que salía a la puerta y asomaba la cabeza por la rendija sin haberse puesto ni una prenda encima.

—¿A qué viene eso? ¿Qué queréis? ¿Destrozarme la casa, o qué? —dijo Nancy—. ¿A qué viene eso, diablillos?

—Dice papá que vengas a prepararnos el desayuno —dijo Caddy—. Dice papá que ya pasa de media hora, y que tienes que venir ahora mismo.

—No me venga a mí con desayuno —dijo Nancy—. Me voy a terminá de dormí un rato.

—Me apuesto lo que quieras a que estás borracha —dijo Jason—. Papá dice que estás borracha. ¿Tú estás borracha, Nancy?

—¿Y eso quién lo dice? —dijo Nancy—. Me voy a terminá de dormí un rato y a mí que no me venga con desayuno.

Así que pasado un rato dejamos de apedrear la cabaña y nos volvimos a casa. Cuando por fin vino Nancy ya era demasiado tarde para que yo fuese al colegio. Así que pensamos que era el whiskey hasta el día en que la volvieron a detener y se la llevaron a la cárcel y se cruzaron por el camino con el señor Stovall. Era el cajero del banco y era uno de los diáconos del consejo de la iglesia baptista, y Nancy fue y le dijo:

—¿Y cuándo me piensa pagá, blanco? ¿Cuándo me piensa pagá, blanco? Ya van tres veces desde la última que me pagó un centavo —el señor Stovall la derribó de un golpe, pero ella no paró de decir lo mismo—. ¿Cuándo me piensa pagá, blanco? Ya van tres veces desde la última que… —hasta que el señor Stovall le arreó una patada en toda la boca y el ayudante del sheriff tuvo que sujetar al señor Stovall y apartarlo, y Nancy quedó tirada en la calle, muerta de risa. Volvió la cabeza a un lado y escupió más sangre y más dientes—. Ya van tres veces desde la última que me pagó un centavo —dijo.

Así fue como se quedó sin dientes, y aquel día todos hablaron sin parar de lo ocurrido entre Nancy y el señor Stovall, y durante aquella noche todos los que pasaron cerca de la cárcel oyeron a Nancy cantar y gritar. Vieron sus manos aferradas a los barrotes y fueron muchos los que se pararon junto a la cerca, escuchándola y escuchando al carcelero en sus intentos por hacerla callar. No cerró la boca hasta que casi era de día, cuando el carcelero oyó unos golpes arriba, y un ruido de algo que se restregaba, y subió y se encontró a Nancy colgada de los barrotes del ventanuco. Dijo que fue por la cocaína, no por el whiskey, porque ninguna negra intentaría suicidarse a no ser que estuviera hasta arriba de cocaína, porque una negra hasta arriba de cocaína ya ni es negra ni es nada.

El carcelero la descolgó y la reanimó, y luego la golpeó y le dio una paliza. Se había querido ahorcar aprovechando su vestido. Lo había ideado bien, pero es que cuando la detuvieron no llevaba encima más que el vestido, así que no pudo atarse las manos y tampoco pudo soltar las manos del alféizar del ventanuco. Por eso oyó el ruido el carcelero, que subió corriendo y se encontró a Nancy colgada de los barrotes, en pelota picada y con el vientre ya un poco hinchado, como un globo.

Cuando Dilsey estuvo enferma y se quedó en su cabaña y Nancy venía a cocinar para nosotros, nos fuimos dando cuenta de que el delantal se le hinchaba, pero eso fue antes de que papá le dijese a Jesús que ni de broma se le ocurriese acercarse por la casa. Jesús estaba en la cocina, sentado del otro lado de los fogones, con la cicatriz de un tajo en su cara negra como un trozo de cordel sucio. Dijo que lo que Nancy llevaba bajo el vestido era una sandía.

—Sandio serás tú. Si fuera una sandía, de tu melonar na salío —dijo Nancy.

—¿De qué melonar? —dijo Caddy.

—El melonar del que ha salío lo pelaba yo en un pispás. De un tajo —dijo Jesús.

—¿Por qué te pones a hablá asín delante los niños? —dijo Nancy—. ¿Por qué no te largas a trabajá? Ya has comío. ¿O es que quiere que el señó Jason te pille haciendo el haragán en la cocina de su casa y encima hablando así delante sus hijos, eh?

—¿Hablando así? —dijo Caddy—. ¿Qué es hablar así? ¿Y qué melonar es ése?

—O sea, que yo no pueo pasá por la cocina del blanco, pero el blanco pué pasá por mi cocina cuando le pete de la gana —dijo Jesús—. El blanco pué vení a mi casa y no se lo pueo yo impedí. Cuando al blanco le dé la gana de vení a mi casa, ni casa tengo yo. No se lo pueo yo impedí, y él me pué echar a patadas. Él sí que pué.

Dilsey aún estaba enferma en su cabaña. Papá dijo a Jesús que ni se le ocurriese acercarse por casa. Dilsey aún estaba enferma. Fue mucho tiempo. Estábamos en la biblioteca después de cenar.

—¿No ha terminado Nancy aún en la cocina? —dijo mamá—. Yo diría que tiempo de sobra ha tenido para terminar de fregar los platos.

—Que Quentin vaya a ver qué pasa —dijo papá—. Ve a ver si Nancy ha terminado ya, Quentin. Dile que se puede marchar a su casa.

Fui a la cocina. Nancy había terminado de fregar. Los platos estaban recogidos y los fogones apagados. Nancy estaba sentada en una silla, junto a los fogones fríos. Me miró.

—Mi madre quiere saber si ya has terminado —le dije.

—Sí —dijo Nancy. Me miró—. Ya terminao —dijo mirándome a la cara.

—¿Qué te pasa? —dije—. ¿Qué te pasa?

—Ná, que no soy ná má cuna pobre negra —dijo Nancy—. Pero eso culpa mía no es.

Me miró, sentada como estaba en la silla delante de los fogones fríos, el sombrero de marinero ya puesto. Volví a la biblioteca. Era lo de los fogones fríos, cuando uno se para a pensar que en una cocina hace calorcito y siempre hay ajetreo y animación. Y con los fogones fríos y los platos recogidos y eso que nadie quisiera comer nada a esas horas.

—¿Ya ha terminado? —dijo mamá.

—Sí, señora —dije.

—¿Y qué está haciendo? —dijo mamá.

—No está haciendo nada. Ya ha terminado.

—Iré a ver qué pasa —dijo papá.

—A lo mejor está esperando a que venga Jesús para llevársela a casa —dijo Caddy.

—Jesús se ha ido —dije. Nancy nos contó que una mañana al despertarse vio que Jesús ya no estaba.

—Ma bandonao —dijo Nancy—. Pa largarse pa Memphis, seguro. Pa dar esquinazo a la poli aunque sea solo un rato, seguro.

—Pues a ver si lo perdemos de vista de una vez por todas —dijo mi padre—. Que le vaya bien y que no lo vuelva a ver.

—A Nancy le da miedo lo oscuro —dijo Jason.

—Igualita que tú —dijo Caddy.

—A mí no me da miedo —dijo Jason.

—Miedica, miedica —dijo Caddy.

—Yo no soy un miedica —dijo Jason.

—¡Candace, ya basta! —dijo mamá. Volvió mi padre.

—Voy a acompañar a Nancy por la senda hasta su casa —dijo—. Dice que Jesús ha vuelto.

—¿Lo ha visto ella? —dijo mamá.

—No. Alguna negra le mandó aviso de que había vuelto al pueblo. No tardaré.

—¿Y me dejas a mí sola para llevar a Nancy a su casa? —dijo mi madre—. ¿Es que te resulta más importante su seguridad que la mía?

—No tardaré —dijo papá.

—¿Y dejas a estos niños sin protección, con ese negro rondando por ahí fuera?

—Yo también voy —dijo Caddy—. Déjame que te acompañe, papá.

—¿Y qué iba a hacer ese desgraciado si tuviese la desgracia de encontrárselos? —dijo papá.

—Yo también quiero ir —dijo Jason.

—¡Jason! —dijo mi madre, pero se lo dijo a mi padre. Eso se le notaba por la manera que tenía de decir su nombre. Como si creyera que mi padre se había pasado el día entero pensando en hacer algo que a mi madre no le gustaba nada y como si en todo momento hubiera sabido que al final seguro que se le iba a ocurrir algo. Yo me quedé callado, porque mi padre y yo bien sabíamos los dos que mi madre se iba a empeñar en que me quedase con ella, solo era cosa de que se le ocurriese a tiempo. Así que mi padre no me miró. Yo era el mayor. Tenía nueve años, y Caddy siete, y Jason cinco.

—Pamplinas —dijo papá—. No tardaremos nada en volver.

Nancy ya se había puesto el sombrero. Llegamos al arranque de la senda.

—Jesú siempre ha sío bueno conmigo —dijo Nancy—. Si tenía do dólare, uno era pa mí —echamos a andar por la senda—. Si llego al otro lao de la senda —dijo Nancy—, seguro que to va bien.

La senda siempre estaba a oscuras.

—Aquí es donde a Jason le entró el canguelo en la noche de Halloween —dijo Caddy.

—Eso no es verdad —dijo Jason.

—¿Y la tía Rachel no puede hacer nada con él? —dijo papá.

La tía Rachel era vieja. Vivía sola en la cabaña que estaba detrás de la de Nancy. Tenía el pelo blanco y fumaba en pipa durante todo el día; ya no trabajaba más. Decían que era la madre de Jesús. Unas veces ella decía que lo era, pero otras veces decía que no tenía nada que ver con Jesús.

—Sí, te entró el canguelo —dijo Caddy—. Te dio aún más miedo que a Frony. Te dio aún más miedo que a T. P. Te entró más canguelo del que les entra a los negros.

—Nadie pué hacé ná con él —dijo Nancy—. Dice que yo le despertao al demonio que lleva dentro y que no hay más cuna cosa que lo pueda adormilá otra vez.

—En fin, ahora ya no está —dijo papá—. Ya no tienes nada que temer. Y si ahora dejaras en paz a los hombres blancos, pues…

—¿Dejar en paz a qué blancos? —dijo Caddy—. ¿Y cómo? ¿Cómo se les deja en paz?

—No sa marchao a ninguna parte —dijo Nancy—. Yo lo siento. Lo estoy sintiendo ahora mismito, en la senda. Anda por ahí. Nos oye hablá, oye to lo que digamos, anda escondío, a la espera. Yo no lo visto y no lo vía ve más cuna vé con ese tajo que tién la boca. Con la navaja que lleva colgá un cordel a la espalda, por dentro la camisa. Y entonces sí que no me va sorprendé.

—Si te hubieras portado como es debido, todo esto no habría pasado —dijo papá—. Pero ahora todo está en orden. Lo más probable es que esté en St. Louis. Seguramente ya tendrá otra mujer y se habrá olvidado de ti.

—A la que sea verdá, más vale que no me entere yo —dijo Nancy—. Porque me planto delante de ellos y cada vez que la acuchare le corto ese pedazo de brazo que tiene. Le rebano el pescuezo y a ella le rajo la panza y le meto…

—Calla, calla —dijo papá.

—¿A quién le rajas la panza, Nancy? —dijo Caddy.

—A mí no me dio miedo —dijo Jason—. Soy capaz de ir por esa senda yo solito.

—Ya te digo —dijo Caddy—. Tú no te atreverías a poner el pie ahí si no fuésemos contigo.

II

Dilsey aún estaba enferma, así que todas las noches acompañábamos a Nancy a su casa. Hasta que mamá dijo:

—¿Hasta cuándo va a seguir esto así? ¿Yo me tengo que quedar sola en esta casa tan grande mientras tú llevas a la suya a una negra muerta de miedo?

Preparamos un jergón en la cocina para que durmiese Nancy. Una noche nos despertamos al oír el ruido. No era como una canción, no era como el llanto, llegaba por la escalera a oscuras. Había una luz encendida en la habitación de mi madre y oímos a mi padre bajar por la escalera de atrás, y Caddy y yo bajamos al vestíbulo. El suelo estaba frío. Se nos curvaban los dedos de los pies para alejarse del suelo mientras seguíamos oyendo aquel ruido. Era como si cantase y como si no cantase, como esos ruidos que hacen los negros. Cesó y oímos a papá bajar por la escalera de atrás, así que nos acercamos al arranque de la escalera. Volvió a empezar el ruido, en la escalera, no muy alto, y vimos los ojos de Nancy a mitad de la escalera, pegados a la pared. Eran como los ojos de los gatos, como si fuese una gata grande con el lomo arqueado, pegada a la pared, mirándonos. Cuando bajamos las escaleras hasta donde estaba ella dejó de hacer el ruido, y allí nos quedamos hasta que papá volvió de la cocina con la pistola en la mano. Bajó con Nancy y al poco subieron con el jergón de Nancy.

Extendimos el jergón en nuestro cuarto. Cuando se apagó la luz en la habitación de mamá vimos de nuevo los ojos de Nancy.

—Nancy —susurró Caddy—, ¿estás dormida, Nancy?

Nancy dijo algo en voz muy queda. No sé si fue oh o si fue no, no lo sé. Como si nadie hubiese dicho nada, como si hubiese llegado de ninguna parte y a ninguna parte fuese, hasta que empezó a ser como si Nancy no estuviese allí en absoluto, igual que si la hubiese mirado yo a los ojos con tanta intensidad cuando estábamos en las escaleras que los suyos hubieran quedado impresos en los míos, como pasa con el sol cuando cierras los ojos y no hay sol y parece que se ha puesto y aún lo ves.

—Jesú —susurró Nancy—. Jesú.

—¿Fue Jesús? —dijo Caddy—. ¿Intentó entrar en la cocina?

—Jesú —dijo Nancy. Pero lo dijo así: dijo más bien Jeeeeeeeesús, hasta que se apagó el sonido como se apaga una cerilla o una vela.

—Quiere decir el otro Jesús —dije.

—¿Nos ves, Nancy? —susurró Caddy—. ¿Tú también nos ves los ojos?

—Yo no soy ná má cuna pobre negra —dijo Nancy—. Bien lo sabe Dios. Bien lo sabe Dios.

—¿Qué fue lo que viste abajo en la cocina? —susurró Caddy—. ¿Qué fue lo que intentó entrar?

—Bien lo sabe Dios —dijo Nancy. Le veíamos los ojos—. Bien lo sabe Dios.

Dilsey por fin se recuperó. Vino a cocinar para nosotros.

—Más te valdría guardar cama un día o dos más —dijo papá.

—¿Y eso pa qué? —dijo Dilsey—. De haberme retrasao un día más, esta casa sería un desastre. Ande, salga de aquí y déjeme poner orden en mi cocina, hombre.

Dilsey también preparó la cena. Y esa noche, antes de que anocheciera, Nancy apareció en la cocina.

—¿Y tú cómo sabes ca vuelto? —dijo Dilsey—. Si es que las visto.

—Jesús es negro —dijo Jason.

—Es que yo lo siento —dijo Nancy—. Lo siento allí agazapado en la zanja.

—¿Esta noche? —dijo Dilsey—. ¿Está por aquí esta noche?

—Dilsey también es negra —dijo Jason.

—Prueba a comer algo —dijo Dilsey.

—No tengo gana —dijo Nancy.

—Yo no soy negro —dijo Jason.

—Toma un poco de café —dijo Dilsey. Le sirvió una taza de café a Nancy—. ¿Sabes si esta noche anda por ahí? ¿Cómo sabes que es esta noche?

—Porque yo lo sé —dijo Nancy—. Por ahí anda, está a la espera. Yo lo sé. Bastante he vivío con él. Sé lo que se trae entre mano ante que lo sepa él.

—Toma un poco de café, anda —dijo Dilsey. Nancy se llevó la taza a la boca y sopló. Se le frunció para fuera la boca como la de una culebra de río al hincharse, como si la tuviera de goma, como si soplando se le borrase el color de los labios al soplar en el café.

—Yo no soy negro —dijo Jason—. ¿Tú eres negra?

—Yo soy nacida en el infierno, chico —dijo Nancy—. Y de aquí a ná no seré má ná. De aquí a ná me vuelvo al sitio del que vine.

III

Se puso a tomarse el café. Mientras se lo tomaba, sujetando la taza con ambas manos, volvió a hacer el mismo ruido de antes. Hizo el ruido con la boca en la taza y se salpicó las manos y el vestido con el café. Nos miraban sus ojos estando ella ahí sentada, con los codos en las rodillas, sujetando la taza con ambas manos, mirándonos por encima de la taza que se le había mojado, haciendo el mismo ruido de antes.

—Mirad a Nancy —dijo Jason—. Nancy ya no puede cocinar para nosotros. Dilsey ya se ha puesto buena.

—Tú cállate la boca —dijo Dilsey. Nancy sujetaba la taza con ambas manos y hacía el ruido de antes como si en realidad fuesen dos: una la que nos miraba y otra la que hacía el ruido.

—¿Y por qué no dices al señó Jason que llame al sheriff? —dijo Dilsey. Nancy se quedó parada con la taza entre las manos largas y morenas. Quiso beber otro sorbo de café, pero se le derramó por las manos y en el vestido y dejó la taza en la mesa. Jason la estaba mirando.

—No pueo tragá —dijo Nancy—. Yo trago, pero no mentra.

—Vete a la cabaña —dijo Dilsey—. Frony te preparará un jergón y yo no tardo ná en llegar.

—No hay negro que le pare lo pie —dijo Nancy.

—Yo no soy negro —dijo Jason—. ¿O sí lo soy, Dilsey?

—Me paice a mí que no —dijo Dilsey. Miró a Nancy—. Me paice que no. ¿Y entonces qué vas a hacer?

Nancy nos miró. Movía los ojos muy deprisa, como si le diese miedo quedarse sin tiempo para mirar, sin que se le moviera un pelo de la ropa. Nos miraba, nos miraba a los tres a la vez.

—¿Sos acordái de la noche que pasé en vuestro cuarto? —dijo. Y nos contó que nos despertamos temprano a la mañana siguiente y nos pusimos a jugar. Tuvimos que jugar sin hacer ruido, en su jergón, hasta que mi padre se despertara y fuese la hora de desayunar—. Id a pedí a la mamá que me deje quedarme esta noche —dijo Nancy—. No necesito jergón. Así podremos jugar otro poco.

Caddy se lo preguntó a mamá. Jason fue con ella.

—No puedo consentir que los negros duerman en las habitaciones —dijo mamá.

Jason se echó a llorar. Lloró hasta que mamá le dijo que se quedaba tres días sin postre si no paraba de llorar ya mismo. Y Jason dijo que dejaba de llorar si Dilsey hacía una tarta de chocolate. Llegó mi padre.

—¿Por qué no haces algo para remediar todo esto? —dijo mamá—. ¿Para qué tenemos a la policía?

—¿Por qué tiene Nancy tanto miedo de Jesús? —dijo Caddy—. ¿Tú tienes miedo de papá, mamá?

—¿Y qué quieres que haga la policía? —dijo papá—. Si Nancy no lo ha visto, ¿cómo lo van a encontrar?

—Entonces, ¿por qué tiene miedo? —dijo mamá.

—Dice que ronda por ahí. Dice que sabe que esta noche anda rondando por ahí.

—Pero para algo pagamos impuestos, ¿no? —dijo mamá—. ¿Tengo yo que quedarme sola en esta casa tan grande mientras tú llevas a una negra a la suya?

—De sobra sabes que yo no ando de ronda por ahí con una navaja en la mano —dijo papá.

—Me callo y no lloro más si Dilsey hace tarta de chocolate —dijo Jason. Mi madre nos dijo que saliésemos y mi padre dijo que no sabía si Jason tendría o no una tarta de chocolate, pero que sí sabía lo que se iba a llevar Jason en menos de un minuto. Volvimos a la cocina y se lo contamos a Nancy.

—Papá dice que te vayas a tu casa y que cierres la puerta y que no pasará nada —dijo Caddy—. ¿Que no pasará nada de qué, Nancy? ¿Jesús está enfadado contigo? —Nancy sostenía otra vez la taza de café con las dos manos, los codos sobre las rodillas y las dos manos alrededor de la taza. Miraba la taza—. ¿Y tú qué has hecho para que Jesús se enfade? —

dijo Caddy. Nancy soltó la taza. No se llegó a romper contra el suelo, pero sí se derramó todo el café, y Nancy se quedó sentada con las manos como si aún sostuvieran la taza. Comenzó a hacer el mismo ruido, aunque no muy fuerte. No era que cantase ni que no cantase. La miramos.

—Ea —dijo Dilsey—. Ya basta con esa murga. Domínate, mujé. Tú espera aquí. Voy a buscá Versh pa que tacompañe a casa.

Dilsey se marchó.

Miramos a Nancy. Le temblaban los hombros, pero ya no hacía ese ruido. La miramos.

—¿Y qué te va a hacer Jesús? —dijo Caddy—. Si ya se fue…

Nancy nos miró.

—Pues bien que nos lo pasamo la noche que me quedé en vuestro cuarto, ¿no?

—Yo no —dijo Jason—. Yo no me lo pasé nada bien.

—Pero si tú te fuiste a dormir al cuarto de mamá —dijo Caddy—. Si tú no estabas…

—Vayamo a mi casa, que lo pasaremo bien —dijo Nancy.

—Mamá no nos dejará —dije—. Ya es demasiado tarde.

—No la vayái a molestá —dijo Nancy—. Ya se lo diremos por la mañana. Seguro que no le importa.

—No nos dejaría —dije.

—Pues no se lo pidái ahora —dijo Nancy—. No la vayái a molestá.

—No ha dicho que podamos ir —dijo Caddy.

—No se lo hemos preguntado —dije.

—Como vayáis, se lo digo —dijo Jason.

—Nos lo pasaremo bien —dijo Nancy—. Seguro que no le importa, solo es ir a mi casa. Hace mucho que trabajo pa vosotro. No le importará.

—A mí no me da miedo ir —dijo Caddy—. Es Jason el que tiene miedo. Se va a chivar.

—Yo no tengo miedo —dijo Jason.

—Sí, estás cagao —dijo Caddy—. Te vas a chivar.

—No me chivaré —dijo Jason—. Yo no tengo miedo.

—A Jason no le da miedo ir conmigo —dijo Nancy—. ¿Verdá que no, Jason?

—Jason se va a chivar —dijo Caddy.

La senda estaba a oscuras. Pasamos por la cancela del prado.

—Me apuesto lo que quieras a que si algo saltara detrás de la cancela, Jason se pondría a gritar.

—Que no —dijo Jason. Echamos a andar por la senda. Nancy hablaba muy alto.

—¿Por qué hablas tan alto, Nancy? —dijo Caddy.

—¿Quién, yo? —dijo Nancy—. Mire usté, Quentin y Caddy y Jason diciendo cablo alto.

—Hablas como si fuésemos cinco —dijo Caddy—. Hablas como si papá también estuviese aquí.

—¿Cómo? ¿Me está diciendo cablo demasiado alto, señó Jason? —dijo Nancy.

—Nancy ha llamado «señor» a Jason —dijo Caddy.

—Mire usté cómo hablan Caddy y Quentin y Jason —dijo Nancy.

—No estamos hablando alto —dijo Caddy—. Eres tú la que habla como si papá…

—Calla, calla —dijo Nancy—. Calle usté también, señó Jason.

—Nancy ha vuelto a llamar «señor» a Ja…

—Calla de una vez —dijo Nancy. Hablaba muy alto cuando cruzamos la zanja y se agachó para salvar la cerca, la misma que salvaba cuando iba con el fardo de ropa en la cabeza. Llegamos a su casa. Íbamos deprisa. Abrió la puerta. El olor de la casa era como la lámpara y el olor de Nancy como la mecha, como si estuvieran esperándose una a la otra para despedir su olor. Prendió la lámpara y cerró la puerta y la atrancó. Entonces dejó de hablar tan alto y nos miró.

—¿Qué vamos a hacer? —dijo Caddy.

—¿Y qué queréi hacé? —dijo Nancy.

—Tú dijiste que lo pasaríamos bien —dijo Caddy.

Algo había en la casa de Nancy; algo que se podía oler además de Nancy y de la casa. Hasta Jason notó ese olor.

—Yo no me quiero quedar aquí —dijo—. Me quiero marchar a casa.

—Pues entonces lárgate a casita —dijo Caddy.

—Es que no quiero ir solo —dijo Jason.

—Vamo a pasarlo bien —dijo Nancy.

—¿Cómo? —dijo Caddy.

Nancy estaba junto a la puerta. Nos miraba, solo que era como si se le hubieran vaciado los ojos, como si ya no le sirvieran de nada.

—¿Qué queréi que hagamo? —dijo.

—Cuéntanos un cuento —dijo Caddy—. ¿Nos puedes contar un cuento?

—Pues claro —dijo Nancy.

—Anda, cuéntanoslo —dijo Caddy. Miramos a Nancy—. Tú no te sabes ningún cuento.

—Sí —dijo Nancy—. Sí, claro que sé.

Se acercó a sentarse en una silla junto al hogar. Había un poco de fuego. Nancy echó leña y lo atizó, aunque ya hacía calor allí dentro.

Armó una buena fogata. Nos contó un cuento. Hablaba igual que cuando nos miraba con sus ojos y la voz con que nos hablaba no le perteneciese a ella. Como si viviera en otra parte, como si esperase algo en otra parte. Estaba fuera de la cabaña. Su voz estaba dentro y también su forma, la de la Nancy que sabía salvar una cerca de alambre de espino con un fardo de ropa en equilibrio sobre la cabeza como si no le pesara nada, como si fuera un globo. Pero eso era todo.

—Y así que esta reina llega caminando a la zanja, en donde estaba escondido el malvado. Iba caminando hacia la zanja y se dice: «Si logro salvar aquella zanja de allá…». Eso se iba diciendo.

—¿Qué zanja? —dijo Caddy—. ¿Una zanja como la de ahí fuera? ¿Y por qué iba a querer una reina meterse en una zanja?

—Pues pa llegá su casa —dijo Nancy. Nos miró—. Tenía que cruzá la zanja para llegar a su casa y atrancar la puerta.

—¿Y por qué quería llegar a casa y atrancar la puerta? —dijo Caddy.

IV

Nancy nos miró. Dejó de hablar y nos miró. Jason, sentado en el regazo de Nancy, estiraba las piernas y le sobresalía un buen trozo por la pernera del pantalón.

—A mí no me parece un buen cuento —dijo—. Me quiero marchar a casa.

—Puede que sea lo mejor —dijo Caddy. Se levantó del suelo—. Me apuesto lo que quieras a que nos están buscando —se fue derecha a la puerta.

—No —dijo Nancy—. No la abras —se levantó deprisa y pasó antes que Caddy. No llegó a tocar la puerta, ni la tranca.

—¿Por qué no? —dijo Caddy.

—Volved a la luz de la lámpara —dijo Nancy—. Lo pasaremos bien. Es mejor que no sos vayáis.

—Que sí, que ya nos tenemos que marchar —dijo Caddy—. A menos que nos lo pasemos muy, muy bien, de maravilla —volvió con Nancy a la luz de la lámpara.

—Yo me quiero ir a casa —dijo Jason—. Me voy a chivar.

—Me sé otro cuento —dijo Nancy. Estaba muy cerca de la lámpara. Miraba a Caddy como cuando uno mira un palito que sostiene en la nariz. Tuvo que bajar los ojos para ver a Caddy, pero sus ojos estaban así, como si sostuviese un palito en la nariz.

—No lo quiero oír —dijo Jason—. Voy a armar una pataleta.

—Es que es de los buenos —dijo Nancy—. Es mucho mejó que el otro.

—¿De qué va? —dijo Caddy. Nancy estaba junto a la lámpara. Tenía la mano en la lámpara, ante la luz, una mano larga y morena—. Tienes la mano en ese globo caliente —dijo Caddy—. ¿No te da calor en la mano?

Nancy se miró la mano, que había puesto en la chimenea de la lámpara. La retiró muy despacio. Siguió en donde estaba, mirando a Caddy, sacudiendo la mano larga como si la tuviera sujeta a la cintura por un cordel.

—Hagamos otra cosa —dijo Caddy.

—Yo me quiero ir a casa —dijo Jason.

—Tengo maíz pa palomita —dijo Nancy. Miró a Caddy y luego a Jason y luego a mí y luego a Caddy otra vez—. Tengo maíz pa palomita.

—No me gustan las palomitas —dijo Jason—. Yo prefiero un caramelo.

Nancy miró a Jason.

—Te dejo sujetar la sartén.

Seguía sacudiendo la mano, una mano larga, floja, morena.

—Vale —dijo Jason—. Si puedo hacer eso, me quedo un rato. Pero que no la sujete Caddy. Si Caddy sujeta la sartén yo me quiero ir a casa.

Nancy atizó el fuego.

—Mirad a Nancy; está metiendo las manos en el fuego —dijo Caddy—. ¿Qué te está pasando, Nancy?

—Tengo maíz pa palomita —dijo Nancy—. Tengo maíz pa una cuanta palomita.

Sacó la sartén de debajo de la cama. Estaba rota por el mango. Jason se echó a llorar.

—Pues ahora nos quedamos sin palomitas —dijo.

—De todos modos, tenemos que irnos a casa —dijo Caddy—. Vámonos, Quentin.

—Esperá —dijo Nancy—, esperá. La sé arreglá. ¿No queréi ayudarme arreglarla?

—Yo creo que no quiero palomitas —dijo Caddy—. Ya se ha hecho demasiado tarde.

—Ayúdame tú, Jason —dijo Nancy—. ¿No me quiere echá una mano?

—No —dijo Jason—. Yo me quiero ir a casa.

—Calla —dijo Nancy—; anda, calla. Mira. Mírame. Yo la sé arreglá pa que Jason la sujete y sagan la palomita —sacó un trozo de alambre y arregló la sartén.

—No se sujetará bien —dijo Caddy.

—Que sí, ya lo verá —dijo Nancy—. Tú mira y verá. Y mayuda desmenuzal maíz.

El maíz también estaba debajo de la cama. Desmenuzamos unas mazorcas en la sartén y Nancy ayudó a Jason a sujetarla sobre el fuego.

—No explota —dijo Jason—. Me quiero ir a casa.

—Esperá —dijo Nancy—. Ya explotará. Ya veréi cómo lo pasamo bien —estaba sentada junto al fuego. La lámpara estaba puesta tan fuerte que empezó a humear.

—¿Por qué no la bajas un poco? —dije.

—Ya va bien como va —dijo Nancy—. Luego lo limpio. Esperá. La palomita sarán dentro de ná.

—Yo no me lo creo. No se van a hacer —dijo Caddy—. De todos modos, nos tenemos que ir a casa. Estarán preocupados.

—No, qué va —dijo Nancy—. Sí que se van a hacé. Ya le dirá Dilsey que estái conmigo. Hace mucho que trabajo pa vosotro. No le va a importar que estéi en mi casa. Esperá, ya veréi cómo se empiezan a hacé en cualquier momento ella sola.

A Jason se le metió el humo en los ojos y empezó a lloriquear. Dejó caer la sartén al fuego. Nancy trajo un trapo húmedo y le limpió la cara a Jason, pero no dejó de lloriquear.

—Calla, calla —le dijo—. Calla, hombrecito —pero él no dejó de lloriquear. Caddy tomó la sartén del fuego.

—Se ha quemado —dijo—. Vas a tener que ir a buscar más maíz para hacer palomitas, Nancy.

—¿Lo hemos echado todo? —dijo Nancy.

—Sí —dijo Caddy. Nancy miró a Caddy. Tomó la sartén y abrió la tapa y se echó el maíz requemado en el delantal, y empezó a separar los granos de maíz, con las manos largas y morenas, y la miramos—. ¿Es que no tienes más? —dijo Caddy.

—Sí —dijo Nancy—, claro que sí. Mira. Estos no san quemao. Solo nace falta…

—Yo me quiero ir a casa —dijo Jason—. Me voy a chivar.

—Calla, anda —dijo Caddy. Nos quedamos todos a la escucha. Nancy había vuelto la cabeza hacia la puerta atrancada, los ojos enrojecidos por la luz de la lámpara—. Viene alguien —dijo Caddy.

Nancy empezó entonces a hacer el mismo ruido, no muy alto, sentada junto al fuego, con las manos largas colgándole entre las rodillas; de repente empezó a salirle agua de la cara en gruesos goterones, que le corrían por la cara, llevando cada uno una bolita de lumbre que rodaba como una centella hasta caerle de la barbilla.

—No está llorando —dije.

—No estoy llorando —dijo Nancy. Tenía los ojos cerrados—. No estoy llorando. ¿Quién es?

—No lo sé —dijo Caddy. Salió hasta la puerta y se asomó a mirar—. Ahora nos tenemos que marchar —dijo—. Por ahí viene papá.

—Me voy a chivar —dijo Jason—. Me obligasteis a venir.

El agua seguía corriendo por la cara de Nancy. Se dio la vuelta en la silla.

—Escuchar. Decírselo. Decirle que lo pasaremo bien. Decirle que yo cuido bien de vosotro hasta mañana por la mañana. Decirle si no que me deje ir a la casa con vosotro y dormí en el suelo. Que no necesito jergón. Lo pasaremo bien. ¿Sos acordáis que la última vez lo pasamo muy bien?

—Yo no me lo he pasado bien —dijo Jason—. Me has hecho daño. Me has metido el humo en los ojos. Me voy a chivar.

V

Entró papá y nos miró. Nancy no se puso en pie.

—Anda, decírselo —dijo.

—Caddy nos obligó a venir —dijo Jason—. Yo no quería.

Papá se acercó al fuego. Nancy levantó los ojos para mirarlo.

—¿Y no te puedes ir a casa de la tía Rachel y quedarte con ella? —le dijo. Nancy miró a papá con respeto, las manos apretadas entre las rodillas—. Aquí no está —dijo papá—. Si estuviera, yo lo habría visto. Aquí no hay un alma.

—Están la zanja —dijo Nancy—. Está a la espera, en la zanja de allá.

—Pamplinas —dijo papá. Miró a Nancy—. ¿Cómo sabes de aquí?

—Porque he recibido la señal —dijo Nancy.

—¿Qué señal?

—Yo ya la recibío. Estaba encima la mesa cuando llegué. Un hueso del cerdo, con carne y sangre aún pegá, junto a la lámpara. Por ahí anda. Cuando se vayan ustés por esa puerta, pa mí sacabó.

—¿Que se acabó qué, Nancy? —dijo Caddy.

—Yo no soy un chivato —dijo Jason.

—Pamplinas —dijo papá.

—Por ahí anda de ronda —dijo Nancy—. Ahora mismito mirando está por la ventana, a la espera de que se vayan ustés. Luego, pa mí sacabó.

—Pamplinas —dijo papá—. Tú cierra tu cabaña y yo te llevo a donde la tía Rachel.

—Eso no vale de ná —dijo Nancy. No miró a mi padre, pero él sí la miró y miró sus manos largas, flojas, morenas, en movimiento—. No vale de ná dejarlo pa luego.

—Y entonces… ¿qué quieres hacer? —dijo papá.

—No sé —dijo Nancy—. Yo no puedo hacé ná. A lo má, dejarlo pa luego. Y eso no vale de ná. Digo yo que será lo que me toca. Digo yo que la que me espera no es de nadie má que mía.

—¿Qué es la que te espera? —dijo Caddy—. ¿Qué es lo que es tuyo?

—Nada —dijo papá—. Ahora os vais todos a la cama.

—A mí Caddy me ha obligado a venir —dijo Jason.

—Ve a casa de la tía Rachel —dijo papá.

—Eso no vale de ná —dijo Nancy. Se sentó ante el fuego con los codos en las rodillas, las manos largas entre las rodillas—. Ni su cocina de la casa usté vale de ná. Cuando dormía yo nel suelo del cuarto de su hijo y va a resultá ca la mañana siguiente aquí estoy, y la sangre por to…

—Anda, calla, calla —dijo papá—. Cierra bien la puerta y apaga la luz y vete a dormir.

—Me da miedo la oscuridá —dijo Nancy—. Me da miedo lo que pase en la oscuridá.

—No me dirás que te piensas pasar aquí la noche con la lámpara encendida —dijo papá. Y Nancy empezó otra vez a hacer el mismo ruido, sentada delante del fuego, con las manos largas entre las rodillas—. Ah, maldita sea —dijo papá—. Vámonos, niños. Ya pasa de la hora de irse a la cama.

—Cuando se vayan a casa, pa mí sacabó —dijo Nancy. Lo dijo en voz más baja, con la cara más sosegada, igual que las manos—. Me va da igual, porque ya tengo yo ahorrao el dinero del entierro, se lo he pagao al señó Lovelady.

El señor Lovelady era un hombre bajito y sucio que recolectaba los pagos de los seguros de los negros, acercándose a las cabañas o a las cocinas todos los sábados por la mañana para cobrarles quince centavos. Vivía con su mujer en el hotel. Una mañana, su mujer se suicidó. Tenían una hija pequeña. Él se fue con la niña. Al cabo de una semana o dos volvió solo. Los sábados por la mañana lo veíamos recorrer las callejuelas y los caminos.

—Pamplinas —dijo papá—. Mañana por la mañana serás lo primero que yo vea en la cocina.

—Usté verá lo que tenga que ve, digo yo —dijo Nancy—. Pero haría falta preguntal Señó para sabé qué ha de sé.

VI

La dejamos sentada junto al fuego.

—No dejes de atrancar la puerta —le dijo papá. Pero ella no se movió. No volvió a mirarnos, sentada en silencio entre la lámpara y el fogón. Desde un buen trecho, caminando por la senda, aún nos volvimos a mirar y vimos la puerta abierta.

—¿Qué pasa, papá? —dijo Caddy—. ¿Qué va a pasar?

—Nada —dijo papá. Jason iba subido a hombros de papá, así que era el más alto de todos. Bajamos por el terraplén de la zanja. La miré en silencio. No alcancé a ver gran cosa allí donde la luz de la luna y las sombras se enmarañaban.

—Si Jesús anda por ahí escondido, seguro que nos podrá ver, ¿verdad? —dijo Caddy.

—No está por ahí —dijo papá—. Hace mucho tiempo que se marchó.

—Tú me obligaste a venir —dijo Jason, y lo dijo en voz alta; recortados en el cielo era como si papá tuviera dos cabezas, una pequeña y una grande—. Yo no quería.

Salimos de la zanja por el otro lado. Aún veíamos la casa de Nancy y la puerta abierta, pero ya no veíamos a Nancy sentada ante el fuego con la puerta abierta, porque estaba cansada.

—Me cansao —dijo—. Yo no soy ná má cuna pobre negra. Pero eso culpa mía no es.

Pero sí la oíamos, porque nada más cruzamos la zanja volvió a lo suyo, el ruido que no era ni canción ni no canción.

—Y ahora… ¿quién nos hará la colada, papá? —dije.

—Yo no soy negro —dijo Jason, y lo dijo bien alto, por encima de la cabeza de papá.

—No, tú eres peor —dijo Caddy—, tú eres un chivato. Como algo te salte encima, te entra más canguelo que a un negro.

—Te digo que no —dijo Jason.

—Te echarías a llorar —dijo Caddy.

—Caddy… —dijo papá.

—¡Que no! —dijo Jason.

—Miedica, miedica… — dijo Caddy.

—¡Candace, ya basta! —dijo papá.

ESTACIÓN DE PENSYLVANIA

I

Parecía que trajeran consigo el olor de la nieve que estaba cayendo en la Séptima Avenida. O tal vez hubieran sido los que llegaron antes que ellos, que lo trajeron consigo en los pulmones y, exhalándolo, inundaron el vestíbulo de un aire viciado, helado, como el que bien pudiera hallarse estancado e inerte en las frías llanuras de la infinidad misma. Los luminosos y apretados escaparates despedían un resplandor clavado e insomne, como los ojos de las personas que se drogan a base de café, en el velatorio de un cadáver desconocido.

En la rotonda, donde se veía a las personas tan diminutas y resueltas como las hormigas, persistía el olor de la nieve, la sensación de la nieve, aunque a bastante mayor altura, entre las vigas de acero, también inerte, viciado, que allí reverberaba cargado de murmullos incesantes y cansinos, como las voces de los peregrinos en la llanura infinita, como las voces de todos los viajeros que alguna vez pasaran por el vestíbulo, inquisitivos e incesantes, como niños que se hubiesen perdido.

Siguieron su camino hacia la sala de fumadores. Fue el viejo quien se asomó a la puerta.

—Aquí es —dijo. Parecía que tuviera sesenta años, aunque probablemente anduviese por los cuarenta y ocho, o que rondase los cincuenta y dos, o tal vez fuesen cincuenta y ocho. Llevaba un largo gabán con un cuello que había sido de piel, y un gorro con orejeras, como la caricatura de un agricultor recién llegado de la región más rural del Estado. Calzaba unos zapatos desparejos—. Todavía no hay muchos. Aún tendremos tiempo.

Mientras estaban plantados en la puerta llegaron otros tres hombres que echaron un vistazo a la sala de fumadores con el mismo aire, no del todo retraído, no del todo furtivo, con rostros y vestimentas que parecían despedir el mismo efluvio de las cocinas de caridad y de los hogares de acogida del Ejército de Salvación. Entraron; el viejo abrió la marcha hacia el fondo de la sala, entre los bancos recios, macizos, en los que se encontraban sentados aún más hombres de todas las edades, en toda clase de actitudes de concentración o reposo, y con la misma pinta de estar de paso que los espantapájaros sacudidos por un viento pretérito que soplara sobre una sucesión de cornisas y roquedos.

—Hace tiempo me dio por pensar que si uno se sentaba más o menos en el medio, cabía la posibilidad de que no le viera. Pero no tardé en descubrir que no importa dónde se siente uno.

—Ni tampoco en dónde se acueste —dijo el joven. Llevaba un chaquetón nuevo, de soldado, y unas botas del ejército, amarillas, de las que se pueden comprar por un dólar o poco más en las tiendas que llaman de efectos militares. No se había afeitado desde bastantes días antes—. Y tampoco es que importe gran cosa que uno respire o no cuando esté ahí tendido. Ojalá tuviese un cigarro. Me he acostumbrado a ir tirando sin comer, pero maldita la gracia que me hace tener que acostumbrarme a pasar sin tabaco.

—Desde luego —dijo el viejo—. Ojalá tuviese un cigarrillo que darle, oiga. Yo no he vuelto a fumar desde que fui a Florida. Tuvo su gracia: había pasado diez años sin fumar, pero nada más volver a Nueva York fue lo primero que me vino a la cabeza. No me diga que no tiene su gracia.

—Sí —dijo el joven—. Sobre todo si no tenía tabaco cuando se le ocurrió que le habían entrado las ganas de fumar.

—Tener ganas y no tener tabaco es algo que no me habría quitado el sueño entonces —dijo el viejo—. Entonces no tenía preocupaciones. Hasta que... —se acomodó. Afloró en su rostro esa expresión de embeleso que se les pone a los viejos parlanchines, sin asomo de acaloramiento, sin aturdimiento, sin rencor—. Lo que me confundió fue pensar en todo momento que lo del dinero para el entierro estaba resuelto. Nada más enterarme del lío de Danny he vuelto derecho a Nueva York...

II

—¿Y quién es ese tal Danny? —preguntó el joven.

—¿No se lo he contado? El hijo de mi hermana. De toda la familia, no quedábamos más que mi hermana, Danny y yo. Y de todos los que éramos, yo era con mucho el más enfermizo. El que todos pensaron que no viviría demasiado. A mí me dieron por muerto dos veces antes de cumplir los quince, y en cambio he vivido más años que todos los demás. He vivido más que los ocho; mi hermana murió hace tres años. Por eso me fui a vivir a Florida. Porque pensé que no aguantaría los inviernos de aquí. Y en cambio he aguantado tres desde que murió mi hermana. Pero es que a veces uno tiene la sensación de que podrá aguantarlo todo por más que no piense que podrá. ¿No le parece?

—No lo sé —dijo el joven—. ¿Qué lío era ése?

—¿Cuál?

—¿En qué lío se había metido Danny?

—No sé si me explico cuando hablo de Danny. No era mal chico; solo era algo alocado, como todos los jóvenes. Pero no era mal chico.

—Entiendo —dijo el joven—. Entonces no es que se hubiera metido en un lío.

—No. Es un buen chico. Ahora está en Chicago. Tiene un buen empleo. El abogado de Jacksonville se lo consiguió después de mi vuelta a Nueva York. No me enteré de que tenía ese empleo hasta que quise mandarle un telegrama para decirle que mi hermana había muerto. Entonces me enteré de que estaba en Chicago y tenía un buen empleo. Mandó a mi hermana una corona de flores que debió de costarle doscientos dólares como poco. La mandó por avión, y eso tampoco debió de salir barato. No pudo venir en persona porque acababa de empezar en su empleo y su jefe estaba de viaje y no pudo ausentarse. Era un buen chico. Por eso, cuando tuvo el lío y la mujer del piso de abajo lo acusó de haberle robado la ropa del tendedero, dije a mi hermana que yo le enviaría dinero para que se pagase el billete de tren a Jacksonville, donde yo podría velar por él. Se trataba de alejarlo de los chicos de la mala vida, de los que rondan por las salas de juego, por los garitos, apartarlo de todo eso antes de que se ensuciara las manos. He vuelto desde Florida para velar por él. Así resultó que fui con mi hermana a ver al señor Pinckski antes de que ella empezara a hacer los pagos del ataúd por adelantado. Quiso que yo la acompañase. Ya sabrá cómo son las mujeres de cierta edad. Solo que no era vieja, por más que tanto ella como yo hubiésemos vivido más que los otros siete. Pero ya sabrá que las mujeres de cierta edad parece que hallen consuelo en saber que las van a enterrar como es debido, incluso en caso de que no quede ningún familiar que se encargue del asunto. Supongo que eso es lo que a muchas las mantiene vivas.

—Y más aún si Danny estaba tan ocupado que no podría encargarse del entierro en persona.

El viejo, con la boca ya abocinada para seguir su perorata, calló y miró al joven.

—¿Qué?

—Digo que… si eso de que las entierren como es debido no es lo que a muchas las mantiene vivas, pues no sé yo qué podrá ser.

—Ah. Es posible. A mí eso nunca me ha preocupado. Supongo que es porque ya me dieron por muerto dos veces antes de cumplir quince años. Como ahora, que cada vez que llega el invierno me digo: «Bueno, pues… ¡hay que ver! Aquí estoy una vez más, vivito y coleando». Por eso me marché a Florida: por los inviernos de aquí. No había vuelto hasta que recibí la carta de mi hermana, donde me contaba lo de Danny, y tampoco me quedé entonces mucho tiempo. A lo mejor no habría vuelto nunca. Pero volví, y fue entonces cuando ella quiso que la acompañase a ver al señor Pinckski, antes de empezar a hacer los pagos del ataúd, para que yo verificase que estaba todo en orden, como dijo el señor Pinckski. Él le dijo que las compañías de seguros le iban a cobrar los intereses todos los años. Nos demostró con papel y lápiz que si pagase a la compañía de seguros sería igual que si trabajase seis minutos más todas las noches y diera el dinero añadido, el de esos seis minutos, a la compañía de seguros. Pero mi hermana dijo que eso no le importaba, que solo eran seis minutos de más, porque a las tres o a las cuatro de la madrugada seis minutos no…

—¿Cómo? ¿A las tres o a las cuatro de la madrugada?

—Fregaba los rascacielos que hay por Wall Street, no sé cuáles. Junto con otras mujeres. Se ayudaban unas a otras por las noches, para terminar todas a la misma hora y volver a casa juntas en el metro. Así que el señor Pinckski nos demostró con papel y lápiz que si viviera otros quince años por ejemplo, eso dijo el señor Pinckski, sería igual que si trabajase tres años y ochenta y cinco días sin que nadie se lo pagara. Como si trabajase tres años y ochenta y cinco días de balde para las compañías de seguros. Como si en vez de vivir quince años en realidad viviera solo once años y doscientos ochenta días. Y dijo ella: «Si en vez de pagarle a usted a plazos pagase a las compañías de seguros por mi entierro, tendría que vivir tres años y ochenta y cinco días más antes de poder permitirme el lujo de morir. ¿Es eso?».

»"Bueno…", dijo el señor Pinckski como si no supiera qué decir. "Pues sí, eso es. Pongámoslo de ese modo. Trabajaría usted tres años y ochenta y cinco días de balde."

»"No es el trabajo lo que me importa", dijo mi hermana. "No es el trabajo." Sacó entonces el primer medio dólar del monedero y lo dejó sobre la mesa del señor Pinckski.

III

De vez en cuando, con una prolongada reverberación que se apagaba poco a poco, pasaba un tren del metro bajo sus pies. Tal vez pensaran momentáneamente en dos ojos verdes que abriesen un túnel con violencia, en el subsuelo, sin aparente propulsión, sin guía, como si por medio de su violencia sin par creasen nichos iluminados, como las cuentas espaciadas en un collar, en cuyo pálido y fugaz relumbre apareciesen figuras humanas como cadáveres momentáneamente puestos de pie en un cementerio profanado, inclinadas todas en una misma dirección, rígidas, antes de apagarse.

—Y es que yo era un niño enfermizo. Me dieron por muerto dos veces antes de cumplir quince años. Hubo un agente de una aseguradora que me quiso vender un seguro nuevo y que mucho se desveló por mí hasta que le dije que de acuerdo, que aceptaba la póliza con todas sus condiciones. Me hicieron un examen médico y la única prestación que quisieron darme fue de mil dólares a partir de los cincuenta años. Y yo solo tenía veintisiete entonces. Soy el tercero de los ocho, aunque desde que murió mi hermana, hace tres años ya, he vivido más que el resto. Así que cuando arreglamos el lío de Danny con la mujer aquella que dijo que le había robado la ropa del tendedero, mi hermana…

—¿Cómo lo arreglaron?

—Pagamos aquel dinero al tipo que había contratado a Danny para que velase por los chicos con los que andaba, para que no se metieran en líos. Era concejal y conocía a Danny y a todos los demás. Asunto resuelto. Así, mi hermana pudo seguir pagando cincuenta centavos por semana al señor Pinckski. Porque lo arreglamos de modo que yo mandase a Danny el dinero para pagar el billete de tren en cuanto me fuese posible, para que se viniese a Florida y allí pudiera yo velar por él. Volví a Jacksonville y mi hermana pudo pagar los cincuenta centavos al señor Pinckski sin mayores contratiempos. Todos los domingos por la mañana, cuando terminaba de trabajar con las demás señoras, volvían a casa y pasaban a ver al señor Pinckski y lo despertaban y mi hermana le pagaba los cincuenta centavos como tenían convenido.

»Nunca le molestó a él qué hora fuese, porque mi hermana era una buena clienta. Le había dicho que lo de menos era la hora a la que fuese, que no importaba que lo despertase siempre y cuando le pagara religiosamente. A veces eran las cuatro de la madrugada, sobre todo si se había celebrado un desfile o cualquier cosa y los edificios estaban hechos una pena, llenos de confeti, de banderolas, lo que fuese. Tal vez hasta cuatro veces al año la señora que vivía al lado de mi hermana me escribía una carta contándome cuánto había pagado mi hermana al señor Pinckski, y que Danny se las apañaba de maravilla y que le iba todo muy bien, que se comportaba como es debido, que ya no andaba con los chicos de mal vivir. Y así, en cuanto pude le mandé a Danny el dinero para el billete de tren a Florida. Nunca conté con volver a saber nada del dinero.

»Eso fue lo que me confundió. Mi hermana algo sí sabía leer. Sabía leer la hoja parroquial que el sacerdote le daba todas las semanas, pero nunca se le dio bien escribir. Decía que si por casualidad se encontrase un día un lápiz del tamaño de una escoba, que pudiera sujetar con las dos manos, entonces sí podría escribir, claro, pero que los lápices normales eran para ella demasiado pequeños. Decía que era como si no tuviera nada en la mano cuando sujetaba un lápiz. Así que nunca conté con saber nada del dinero. Se lo mandé y arreglé con la casera que me reservara un sitio para Danny, pensando que un día, sin mucho esperar, Danny llegaría con la maleta en la mano. La casera me guardó la habitación durante una semana, y vino entonces un hombre deseoso de alquilarla, así que a ella no le quedó más remedio que negarme la reserva.

»En el fondo fue de justicia, después que ella me la guardase durante una semana entera. Así empecé a pagar yo la habitación, y cuando resultó que Danny no vino pensé que tal vez hubiera pasado algo, que sería por lo crudo del invierno, y que mi hermana estaba necesitada del dinero, que no podía gastárselo en mandar a Danny a Florida, o que a lo mejor creyó que aún era demasiado joven. Así que a los tres meses dejé de pagar la habitación. Cada tres o cuatro meses me llegaba una carta de la señora que vivía al lado de mi hermana, contándome que todos los domingos mi hermana y las otras señoras pasaban a ver al señor Pinckski y que ella le pagaba los cincuenta centavos. Al cabo de cincuenta y dos semanas, el señor Pinckski le reservó el ataúd, en el que puso su nombre en una placa de acero clavada en la tapa, el nombre completo: Sra. Margaret Noonan Gihon.

»Al principio fue un ataúd corriente, de los baratos, un simple cajón de madera, pero después de pagar la segunda tanda de cincuenta y dos semanas a razón de cincuenta centavos cada una retiró la placa con el nombre y la clavó en un ataúd mejor, que le dejó escoger a ella por si acaso muriese en el plazo del año. Y después de la tercera tanda de cincuenta y dos pagos a razón de medio dólar cada uno le dejó escoger otro aún mejor, y al año siguiente fue uno con asas doradas. Le dejaba entrar en el almacén siempre que lo deseara, y con quien deseara, a ver su ataúd con su nombre inscrito en la placa de acero clavada en su sitio. Incluso a las cuatro de la madrugada estaba dispuesto a bajar en camisón y abrirles la puerta a mi hermana y al resto de las señoras, y encenderles la luz, para que entrasen y admirasen el ataúd.

»Cada año era mejor el ataúd, y el señor Pinckski demostraba al resto de las señoras, con lápiz y papel, que mi hermana pronto iba a terminar de pagarlo del todo, y que ya solo le quedarían por pagar a plazos las asas doradas y el acolchado del forro. También le dejó escoger el forro que quisiera, y cuando la señora de al lado me escribió la siguiente carta mi hermana adjuntó una muestra del forro y un dibujo de las asas. Mi hermana hizo el dibujo aunque no supiera servirse de un lápiz, pues siempre dijo que era demasiado fino y que no lo sabía sujetar bien, aunque leía la hoja parroquial que el sacerdote le daba todas las semanas, pues decía que era el Señor quien se la esclarecía para que la entendiera.

—¿En serio? —dijo el joven—. Dios mío, ojalá pudiera fumar un cigarro o, al menos, dejar de pensar en fumar.

—Sí. Y una muestra del forro. Pero no me hice del todo a la idea de cómo era, solo me quedó claro que a mi hermana le gustaba y que también le gustaba que el señor Pinckski le permitiera llevar al resto de las señoras a ver los adornos y le ayudaran a elegir. Y es que el señor Pinckski dijo que se fiaba de ella, porque no creía que fuera a morírsele de repente, y que no perjudicaría su negocio, al contrario que otros, y no le cobraba ni un centavo en intereses, como se lo habrían cobrado las compañías de seguros. Bastaba con que ella se pasara por allí todos los domingos de madrugada y con que le pagase medio dólar.

—¿En serio? —dijo el joven—. Pues ahora el tal señor debe de estar en una casa de misericordia.

—¿Cómo? —el viejo miró al joven con expresión inmutable—. ¿Quién dice que estará en una casa de misericordia?

IV

—¿Y dónde estuvo Danny durante todo este tiempo? ¿Seguía tratando de sentar cabeza?

—Sí. Trabajaba siempre en obras de beneficencia, en servicios sociales, cuando le salía la oportunidad. Pero seguía siendo un jovenzuelo brioso, sin tener más que a una madre viuda, sin padre del que aprender cómo es el toma y daca y las cosas de este mundo. Por eso quise que viniese a Florida conmigo.

Su expresión de embeleso se desdibujó en sus facciones; reanudó con facilidad el relato, con una especie de júbilo físico que no dejaba margen para escuchar nada, como un caballo sofrenado, castigado durante mucho tiempo, que se vuelve a sentir suelto.

—Eso fue lo que me confundió. Ya le había mandado el dinero para que viniera a Jacksonville, y como nunca más volví a saber de ese dinero pensé que tal vez mi hermana andaba apurada, necesitada del dinero por culpa del crudo invierno, o que a lo mejor creyó que Danny aún era demasiado joven, como suelen creer las mujeres. Y unos ocho meses después recibí una curiosa carta de la mujer que vivía al lado. Me dijo que el señor Pinckski había retirado la placa y la había colocado en el ataúd siguiente, y que mi hermana estaba muy contenta de que Danny se las apañase de maravilla y de que le fuera todo muy bien, y que sabía que yo iba a velar por él, porque era un buen chico, además de ser todo lo que tenía mi hermana en este mundo. Como si Danny ya estuviera en Florida, como si llevase allí todos aquellos meses.

»Pero nunca llegué a saber que estaba allí hasta que recibí un telegrama suyo. Llegó de Augustine, que no está lejos; hasta que murió mi hermana, nunca llegué a saber que la señora Zilich, ésa es la mujer que vivía a su lado de ella, la que le escribía las cartas, me escribió para decirme que Danny se marchó a Florida al día siguiente de que le llegase el dinero. La señora Zilich dijo que ella escribió la carta por mi hermana y que se la dio a Danny para que la echase al correo la noche antes de partir. Nunca me llegó. Supongo que Danny nunca la echó al correo. Supongo que, siendo como era un jovenzuelo brioso, decidió que su deseo era abrirse camino en el mundo, demostrarnos que era capaz de salir adelante sin ninguna ayuda de nadie, como hice yo cuando fui a Florida.

»La señora Zilich dijo que siempre había supuesto que, naturalmente, Danny estaba conmigo, y que en su día le pareció curioso que cuando yo escribía a mi hermana nunca le dijera nada de Danny. Así que cuando le leía las cartas a mi hermana añadía algún detalle a cuento de Danny, diciéndole que se las apañaba de maravilla y que le iba todo muy bien. Por eso, cuando recibí el telegrama de Danny desde Augustine llamé por teléfono a la señora Zilich, a Nueva York. Me costó once dólares la conferencia. Le dije que Danny se había metido en un pequeño lío, que no era nada grave, y que no le dijera a mi hermana que era un lío grave, que le dijera tan solo que necesitábamos algo de dinero. Yo había enviado el dinero para que Danny viniera a Florida y había pagado durante tres meses la habitación, y acababa de pagar la cuota anual de mi seguro, y el abogado fue a ver a Danny, que estaba sentado en el catre, en la celda, sin el cuello de la camisa, y Danny le dijo: "De dónde saco yo algo de dinero", aunque no dijo dinero, dijo "pasta".

»Y el abogado dijo: "¿De dónde la vas a sacar?", y Danny dijo: "Póngame al teléfono aunque solo sean diez minutos y ya verá". "Setenta y cinco pavos", me dice, como si esto fuera todo lo que había que decir. El abogado va y me dice que con eso no íbamos a ninguna parte, así que llamé a la señora Zilich y le dije que dijera a mi hermana que fuese a ver al señor Pinckski y que le pidiera que le permitiese retirar parte del dinero pagado por el ataúd, que pusiera la placa en el ataúd correspondiente al año anterior, o tal vez en el de dos años antes, y que en cuanto me fuera posible obtendría yo algo por medio de mi póliza de seguro, y que le devolvería al señor Pinckski lo retirado incluso con intereses. Llamé por teléfono desde la cárcel, pero no dije en dónde estaba. Solo dije que necesitábamos algo de dinero cuanto antes.

—¿Por qué lo habían detenido esta vez? —dijo el joven.

—La otra vez no estuvo en la cárcel, cuando el lío de la ropa en el tendedero. Aquella mujer mintió cuando le acusó del robo. Cuando pagamos lo debido reconoció que seguramente estaba en un error.

—Entiendo —dijo el joven—. ¿Por qué lo detuvieron?

—Dijeron que por atraco a mano armada, eso dijeron, además de acusarle del asesinato de un policía. Le cargaron el mochuelo los demás, que no le tenían ningún aprecio. Él solo era un joven alocado, brioso. Nada más. Era un buen chico. Cuando murió mi hermana no pudo ir al entierro. Pero envió una corona de flores que debió de costarle por lo bajo doscientos dólares. Por avión, ahí es nada.

Se apagó su voz. Miró al joven con una suerte de asombro complacido.

—Mucho me temo que me acaba de salir un chiste. Pero no me propuse…

—Seguro. Ya sé que no quiso usted hacer un chiste. ¿Y lo de la cárcel?

—El abogado ya estaba allí cuando llegué yo. Se lo mandaron algunos amigos suyos con la intención de echarle una mano. Y me juró por el nombre de su madre que él ni siquiera estaba allí cuando alguien disparó contra el policía. Estaba en Orlando en ese momento. Me mostró un billete de tren de Orlando a Waycross; lo había comprado él, pero perdió el tren. Por eso lo tenía encima. La fecha estaba troquelada a máquina, la misma noche en que alguien asesinó al policía, demostrando que Danny ni siquiera estaba allí, que los demás le habían cargado el mochuelo. Estaba como loco. El abogado dijo que iría a ver a los amigos que lo habían mandado para echarle una mano a Danny, para que a su vez echasen una mano. «Por Dios, más les vale», dijo Danny. «Si se creen que voy a comerme todo esto cruzado de brazos más les vale…»

»Y el abogado le hizo callar, como cuando Danny le habló del dinero que le tenía retenido el hombre para el que había trabajado en Nueva York, o algo así. Por eso llamé a la señora Zilich, para que mi hermana no se preocupara, y le dije que fuese a ver al señor Pinckski. A los dos días me llegó el telegrama de la señora Zilich. Supongo que la señora Zilich nunca había enviado un telegrama, así que no sabía que disponía de diez palabras sin contar la dirección, porque solo decía "Usted y Danny vengan rápido Señora Sophie Zilich Nueva York".

»No entendí nada, así que lo hablamos y el abogado dijo que más me valía ir a ver qué pasaba, que él cuidaría de Danny hasta mi regreso. Amañamos una carta para hacerla pasar por una carta de Danny a mi hermana, para que la señora Zilich se la leyera, contándole que Danny se las apañaba de maravilla y que le iba todo muy bien…

V

En ese momento entró en la sala un hombre con el uniforme de la compañía de ferrocarril. Nada más entrar, desde algún lugar impreciso, encima o acaso más allá de él resonó una voz. Aunque hablase con el lenguaje de los hombres no parecía una voz humana, por ser tan voluminosa que no podía haber salido de boca de ningún hombre normal y por tener una cualidad a un tiempo resonante y fría, y desamparada, como si no le interesara lo que decía, ni menos aún escuchar lo que dijera.

—Ya está —dijo el viejo.

Él y el joven se volvieron a mirar por encima del respaldo, por encima de los bancos, como había hecho el resto de los presentes, como si fueran muñecos movidos por un solo hilo. El hombre del uniforme avanzó despacio por la sala, pasando por delante del primer banco. Al hacerlo, los hombres que ocupaban ese banco y algunos de los otros se fueron poniendo en pie para marcharse; el hombre del uniforme avanzaba por la sala como si allí no hubiese nadie.

—Me parece que tenemos que largarnos.

—Diantre —dijo el joven—. Que venga y nos lo ordene, que para eso le pagan.

—La otra noche ya me pilló. Y era la segunda vez.

—¿Y qué más da? Con ésta solo será la tercera. ¿Qué dice que hizo entonces?

—Ah, ya —dijo el viejo—. Supe que era lo único que se podía hacer después de recibir el telegrama. La señora Zilich no se habría gastado el dinero en telégrafos sin tener motivos de peso. Yo no sabía qué le había contado a mi hermana. Solo sabía que la señora Zilich no creyó que hubiera tiempo para escribir una carta, y sabía que había querido ahorrar dinero en el telegrama, sin saber que tenía derecho a escribir diez palabras sin contar la dirección y sin que el empleado de telégrafos se lo dijera. Por eso no sabía yo qué estaba pasando. Nunca me recelé nada. Y eso fue lo que me confundió, ya lo ve.

Se volvió y miró de nuevo hacia el hombre del uniforme, que pasaba de banco en banco mientras los hombres que estaban ante él, hombres de ropas desparejas, con el idéntico atildamiento de la indigencia, con el idéntico aire de desamparo paciente e indomable, se iban poniendo en pie y se marchaban hacia la salida en una monstruosa e insultante analogía con los peces voladores ante la proa del buque que surca el mar.

—¿Qué fue lo que le confundió? —dijo el joven.

—Me lo dijo la señora Zilich. Dejé a Danny en la cárcel. (Pero los amigos que le mandaron al abogado lo sacaron de allí al día siguiente. Cuando volví a tener noticias de él ya estaba en Chicago, ya tenía un buen empleo; envió la corona de flores. Ni siquiera supe que había salido de la cárcel hasta que intenté mandarle recado por lo de mi hermana.) Y me vine a Nueva York. Tenía el dinero justo para el viaje, y la señora Zilich vino a recibirme a la estación, vino a decírmelo. En esta misma estación fue. Aquella noche también nevaba. Me estaba esperando en lo alto de las escaleras.

»"¿Dónde está mi hermana?", le dije. "¿No ha venido con usted?"

»"¿Se puede saber qué pasa ahora?, me dijo la señora Zilich. "Ya no tiene por qué decirme que el chico está enfermo."

»"¿Le dijo usted a mi hermana que no está enfermo?", le dije.

»"No hizo falta", dijo la señora Zilich. "No tuve tiempo, aunque hubiera hecho falta."

»Me contó qué frío hacía aquella noche, me contó que por eso esperó a mi hermana con el fuego encendido en la cocina y un perol de café listo, y que la esperó hasta que mi hermana se quitó el abrigo y el echarpe y empezó a entrar en calor, allí sentada con una taza de café.

»"Su hermano", le dijo entonces la señora Zilich, "ha llamado por teléfono desde Florida".

»Eso fue todo lo que pudo decirle. Nunca tuvo que decirle a mi hermana que yo le había dicho que fuese a ver al señor Pinckski, porque mi hermana saltó de pronto: "Lo que querrá es ese dinero". Justo lo que yo había dicho, ya lo ve.

»La señora Zilich también se dio cuenta. "A lo mejor es porque los dos son familia, son familia los dos de ese…" Y calló. "Ah", debió de añadir, "de él no diré nada. No se preocupe. Ya no hay tiempo para preocuparse, lo pasado pasado está". Me dijo entonces que le dijo a mi hermana: "Puede usted pasar por allí cuando salga por la tarde, puede ir a ver al señor Pinckski". Pero mi hermana ya se estaba poniendo el abrigo y el echarpe, y eso que no llevaba ni una hora en casa después del trabajo y además nevaba. No quiso esperar.

—Tuvo que ir a retirar el dinero del ataúd, ¿no es eso? —dijo el joven.

—Eso es. La señora Zilich dijo que mi hermana y ella fueron a ver al señor Pinckski. Y él les dijo que mi hermana ya había retirado el dinero.

—¿Cómo? —dijo el joven—. ¿Que ya lo había retirado?

—Sí. El señor Pinckski dijo que Danny había ido a verle más o menos un año antes, con una nota escrita por mi hermana, de puño y letra, en la que indicaba que diese a Danny el dinero que ella había ido pagando a plazos al señor Pinckski, y eso fue lo que hizo el señor Pinckski. Y mi hermana allí se quedó parada, con las manos por dentro del echarpe, sin mirar a nada, hasta que la señora Zilich dijo: «¿Una nota escrita de su puño y letra? La señora Gihon jamás le ha enviado a usted una nota, porque no sabe escribir», y el señor Pinckski dijo: «¿Cómo voy yo a saber si sabe o no sabe escribir cuando su propio hijo me trae una nota que viene firmada con su nombre?», a lo que la señora Zilich dijo que se la enseñase.

»Mi hermana no dijo nada de nada, como si no estuviera allí, y el señor Pinckski les mostró la nota. Yo también la vi. Decía: "Recibido del señor Pinckski ciento treinta dólares, cantidad total depositada en sus manos sin contar intereses. Señora Margaret N. Gihon". Y la señora Zilich dijo que pensó en esos ciento treinta dólares y en cómo mi hermana había ido pagando veintiséis dólares al año, durante cinco años y siete meses, y dijo: "¿Intereses? ¿Qué intereses?", a lo que el señor Pinckski dijo que descontó un pico por retirar el nombre del ataúd, ya que así se convertía en un ataúd de segunda mano. Y la señora Zilich dijo que mi hermana se dio la vuelta y se fue hacia la puerta. "Espere", le dijo la señora Zilich. "De aquí no nos movemos hasta que traiga usted ese dinero. Todo esto tiene gracia, porque usted no sabe escribir y ni siquiera sabe firmar." Pero mi hermana siguió hacia la puerta, hasta que la señora Zilich le dijo: "Margaret, espere, por favor". Y entonces mi hermana le dijo: "Yo firmé esa nota".

VI

La voz del hombre del uniforme se oía a la vez que avanzaba despacio hacia ellos.

—Billetes. Billetes. Muestren sus billetes.

—Bastante difícil es saber qué hará una mujer que está sola en el mundo —dijo el viejo—, pero una viuda con un solo hijo… Tampoco yo sabía que sabía escribir. Supongo que debió de aprender de tanto fregar las oficinas todas las noches. Fuera como fuese, el señor Pinckski me mostró la nota, me contó que ella había reconocido que la firmó, me explicó la diferencia; me dijo que tuvo que cobrarle un pico para protegerse, cosa que hacía en el caso de que los ataúdes fueran al final rechazados y se convirtieran en ataúdes de segunda mano. Me dijo que la gente es muy picajosa en eso de tener un ataúd nuevo del todo.

»Había puesto la placa con el nombre de mi hermana otra vez en el ataúd barato por el que empezó, así que no se llegó a quedar del todo sin ataúd, aunque ése no tuviera ni asas doradas ni forro. De eso nunca dije nada; los veintiséis dólares que le había pagado ella a plazos desde que dio el dinero a Danny de poco habrían servido; eso ya me lo había gastado yo al volver a por el dinero, y en todo caso mi hermana aún tenía su ataúd...

La voz del hombre del uniforme sonaba ya muy cerca, con un tono metódico, monótono, implacable.

—Billetes. Billetes. Muestren sus billetes. Todo el que no tenga billete de ferrocarril...

El joven se puso en pie.

—Hasta la próxima —dijo. El viejo también se levantó. Detrás del hombre del uniforme la sala estaba casi desierta.

—Supongo que sí, ya va siendo hora —dijo el viejo. Siguió al joven por la rotonda. Había allí un avión inmóvil, quieto, con un aire de escarabajo enorme que se conservara en alcohol. Al lado, una placa en la que se indicaba que había volado por encima de los montes y de las inmensas planicies nevadas.

—Podrían haber hecho la prueba en Nueva York —dijo el joven—. Habría estado más cerca.

—Sí —dijo el viejo—. Pero cuesta más. Supongo que es justo, porque es más rápido. Cuando murió mi hermana, Danny mandó una corona de flores. Por avión. Debió de costarle doscientos dólares. La corona, quiero decir. No sé cuánto pudo costarle el envío por avión.

Los dos miraron a la rampa y cruzaron el vestíbulo hacia las puertas de la Séptima Avenida. Al otro lado de las puertas se apreciaba una luz espesa, moribunda, que parecía inundar el vestíbulo con el olor de la nieve y del frío, de modo que durante un rato más parecieron los dos atenazados por una tremebunda desgana y por la inercia.

—Se volvieron las dos a casa —dijo el viejo—. La señora Zilich dijo que mi hermana ya temblaba, y que ella la acompañó a acostarse. Y esa noche mi hermana tuvo fiebre y dijo a la señora Zilich que más le valía telegrafiar, si es que había alguien a quien telegrafiar. Cuando llegué a su casa mi hermana no me reconoció. El sacerdote ya estaba allí. Nunca llegamos a saber si ella supo algo, ni siquiera cuando leímos la carta de Danny, la que había amañado en la cárcel para decirle que estaba de maravilla. El sacerdote se la leyó, pero no llegamos a saber si ella se enteró de algo. Murió aquella noche.

—¿De veras? —dijo el joven mirando la rampa—. Yo me voy a Grand Central.

El viejo también echó a andar con la misma presteza infatigable.

—Creo que será lo mejor. Con suerte allí podremos estar un buen rato —miró al reloj—. Ya es la una y media —dijo con sorpresa de contento—. Y media hora larga para llegar hasta allá. Con suerte, tendremos dos horas antes de que aparezca. Puede que tres. Así serán las cinco. Solo quedarán dos horas hasta que amanezca.

HOJAS ROJAS

I

Los dos indios atravesaron la plantación hacia la parte en que vivían los esclavos. Limpias, enjalbegadas, de ladrillos de adobe blando, las dos hileras de cabañas en las que vivían los esclavos pertenecientes al clan se miraban una a la otra separadas por la sombra escasa de la senda marcada y hollada por los pies descalzos, con unos cuantos juguetes caseros, mudos, olvidados en el polvo. No había ni rastro de vida.

—Ya sé lo que vamos a encontrar —dijo el primer indio.

—Lo que no vamos a encontrar —dijo el segundo. Aunque era mediodía, la senda estaba desierta y los umbrales de las cabañas vacías y en silencio; no ascendía el humo de las cocinas por ninguna de las chimeneas de yeso desconchado.

—Sí. Fue igual cuando murió el padre del que ahora es el Hombre.

—Dirás que era el Hombre.

—Jao.

El primer indio se llamaba Tres Cesto. Tendría unos sesenta años. Los dos eran chaparros, tirando a recios, con un aire aburguesado; panzudos, con la cabeza grande, el rostro ancho y del color del polvo, de una serenidad algo desdibujada, como efigies talladas en un muro de Sumatra, o de Java, que asomaran en medio de la bruma. Era culpa del sol, del sol violento, de la violencia de la sombra. El pelo de ambos parecía un cañaveral en tierra quemada. Colgada de un pendiente que le atravesaba el lóbulo de la oreja, Tres Cesto llevaba una cajita esmaltada de rapé.

—De siempre tengo dicho que ésta no es la manera buena. Antaño no había ni cabañas ni negros. Entonces, el tiempo de un hombre era todo suyo. Tiempo tenía, sí. Ahora ha de pasar la mayor parte buscando trabajo para los que prefieren sudar antes que hacer.

—Son como los caballos y los perros.

—No son nada en este mundo si el mundo es sensato, que lo es. No se contentan sino con sudar. Son peores que los blancos.

—No es como si el Hombre mismo tuviera que buscarles trabajo que hacer.

—Tú lo has dicho. No es la manera buena. Antaño las cosas se hacían de la manera buena. Pero ahora no.

—Tampoco tú te acuerdas de cómo era antaño.

—He oído a los que sí. Y he probado esta manera. No se hizo el hombre para sudar.

—Cierto. Ya ves cómo tienen las carnes.

—Sí. Negras las tienen. También tiene un regusto amargo.

—¿Tú la has comido?

—Una vez. Yo era joven. Y con mejor diente que ahora. Ahora en mí todo es distinto.

—Sí. Ahora valen demasiado para comérselos.

—La carne tiene un regusto amargo que tira para atrás.

—De todos modos, ahora valen demasiado para comérselos. Los blancos hasta dan caballos en pago por ellos.

Se adentraron por la senda. Los juguetes mudos, desangelados —objetos en forma de fetiche, hechos de madera y de trapos y plumas— yacían en el polvo, cerca de los umbrales desgastados de las cabañas, entre huesos mondos y escudillas rotas, hechas de calabaza. Pero no se oía nada en ninguna de las cabañas, ni se veía un rostro en ninguno de los umbrales; nada se había oído ni se había visto nada desde el día anterior, en que murió Issetibbeha. Ya sabían ellos qué iban a encontrar.

Era en la cabaña del centro, un poco mayor que las demás, donde en ciertas fases de la luna se juntaban los negros para iniciar sus ceremonias antes de retirarse cuando ya había anochecido al pie del barranco, en donde guardaban los tambores.

En esa cabaña guardaban los accesorios secundarios, los ornamentos crípticos, los registros ceremoniales, que consistían en palos embadurnados de arcilla roja en forma de símbolos. Había un lar en el suelo, en el centro de la estancia, bajo un boquete practicado en el techo, donde quedaban cenizas frías, de leña, y un caldero de hierro suspendido. Estaban cerrados los postigos; cuando entraron los dos indios, llegados de la luz del sol que caía a plomo, no acertaron a distinguir con los ojos más que un movimiento furtivo, sombra de la que asomaron los blancos de los ojos, como si aquello estuviera, tal como parecía, lleno de negros. Los dos indios permanecieron en el umbral.

—Jao —dijo Cesto—. Ya dije que ésta no es la manera buena.

—No creo yo que tenga muchas ganas de estar aquí —dijo el otro.

—Eso que hueles es miedo de negro. No huele igual que el nuestro.

—No creo yo que tenga muchas ganas de estar aquí.

—Tu miedo también tiene un olor.

—Tal vez sea Issetibbeha eso que así huele.

—Jao. Él ya lo sabe. Sabe qué vamos a encontrar aquí. Cuando murió sabía lo que íbamos a encontrar hoy aquí —de la hedionda penumbra de la cabaña, los ojos y el hedor de los negros oscilaron y se movieron un trecho hacia ellos dos—. Soy Tres Cesto, a quien ya conocéis —dijo Cesto a la estancia—. Venimos de parte del Hombre. ¿Ya no está el que buscamos? —los negros no dijeron ni palabra. Su olor, el olor de sus cuerpos, parecía llegar y retroceder como las olas en la orilla con el aire caluroso y aquietado. Parecía que meditasen todos a una sobre algo remoto, inescrutable. Eran como un único pulpo de numerosos tentáculos. Eran como las raíces de un árbol enorme que hubiesen quedado al aire, la tierra de pronto tronzada sobre el amasijo espeso, fétido, enmarañado, de su vida a oscuras, afrentada—. Vamos —dijo Cesto—. Sabéis de nuestra encomienda. ¿El que buscamos ha marchado?

—Algo están tramando —dijo el otro—. Yo no quiero estar aquí.

—Algo están sabiendo —dijo Cesto.

—¿Lo están escondiendo, tú crees?

—No. Ya no está. Se tuvo que marchar anoche. Eso mismo ya pasó antes, cuando murió el abuelo del que ahora es el Hombre. Tres días nos llevó atraparlo. Tres días pasó Doom tendido en tierra, diciendo: «Veo mi caballo y veo mi perro. Pero no veo a mi esclavo. ¿Qué habéis hecho de él, que no me permitís yacer en paz?».

—No les gusta morir.

—Jao. Se resisten, se agarran, se sujetan con uñas y dientes. Eso siempre nos trae quebraderos de cabeza. Gente que no tiene ni honor ni decoro. Siempre quebraderos de cabeza.

—Esto no me gusta.

—Ni a mí. Pero es que como son salvajes no se puede contar con que respeten la costumbre. Por eso digo que esta manera es mala manera.

—Jao. Se resisten, prefieren antes faenar a pleno sol que entrar en tierra con un jefe. Pero se ha marchado.

Los negros no dijeron ni palabra, no hicieron ni un ruido. El blanco de los ojos se veía empavorecido aquí y allá, sumiso; el olor era hediondo, violento.

—Sí, tienen miedo —dijo el otro—. Y ahora ¿qué hacemos?

—Vayamos a ver qué dice el Hombre.

—¿Querrá atendernos Mokketubbe?

—¿Qué otra cosa puede hacer? No será de grado, pero ahora es el Hombre.

—Jao. Es el Hombre. Ahora puede calzar a todas horas los zapatos de suela y tacones rojos —se dieron la vuelta y salieron. Ninguna de las cabañas tenía puerta en los goznes.

—Eso de todos modos ya lo hacía antes —dijo Cesto.

—A espaldas de Issetibbeha. Pero ahora los zapatos son suyos, lo son desde que es el Hombre.

—Jao. A Issetibbeha no le gustaba eso, o eso tengo entendido. Sé que dijo a Mokketubbe: «Cuando seas el Hombre, los zapatos serán tuyos. Hasta entonces, son míos los zapatos». Ahora Mokketubbe es el Hombre y se los puede calzar cuando quiera.

—Jao —dijo el otro—. Ahora es el Hombre. Antes se calzaba los zapatos a espaldas de Issetibbeha, y no se sabe si Issetibbeha lo sabía o no. Y entonces Issetibbeha llegó a muerto y eso que no era viejo, y los zapatos ahora son de Mokketubbe, desde que es el Hombre. ¿Tú qué opinas de eso?

—Yo no opino. En eso no pienso —dijo Cesto—. ¿Tú?

—No.

—Eso es bueno —dijo Cesto—. Eres sabio.

II

La casa estaba en un montículo en medio de un robledal. Por el frente constaba de una planta, compuesta por la estructura de cubierta de un vapor que embarrancó y que Doom, el padre de Issetibbeha, había desmantelado con sus esclavos para arrastrarlo sobre rodillos de troncos de ciprés doce millas tierra adentro. Les costó cinco meses. Su casa era entonces una sola pared de ladrillo. Contra ella arrimó de costado el vapor, cuyas cornisas de molduras rococó, pintadas en dorado, desconchadas y oxidadas, aún ostentaban las volutas con apagado esplendor sobre los rótulos también dorados que indicaban los nombres de los camarotes en el dintel de las puertas, protegidas por postigos.

Doom nació siendo tan solo subjefe de la tribu de los mingos, uno de los tres hijos de la rama materna de la familia. Hizo un viaje —era joven entonces, Nueva Orleáns era una ciudad europea— que lo llevó del norte de Mississippi a Nueva Orleáns en un bote de remo, y allí conoció al Chevalier Soeur Blonde de Vitry, un hombre cuya posición social a la vista era tan equívoca como la del propio Doom. En Nueva Orleáns, entre los tahúres y los navajeros del puerto fluvial, Doom pasó por ser el jefe, el Hombre, el dueño por legítima heredad de las tierras que pertenecían a la rama paterna de la familia; fue el Chevalier de Vitry quien le puso por nombre du homme, y de ahí Doom.

Por todas partes se les veía juntos: el indio, chaparro y con la osadía pintada en el rostro inescrutable, de dudosa crianza, maleducado, y el parisino, el expatriado, amigo de Carondelet, según se rumoreaba, e íntimo del general Wilkinson. Un buen día desaparecieron los dos, se esfumaron de los equívocos tugurios que tanto habían frecuentado, sin dejar más rastro que la leyenda de las sumas que, según se rumoreaba, había amasado Doom en el juego, y alguna habladuría sobre una joven, hija de una acaudalada familia antillana, cuyo hijo y hermano durante bastante tiempo buscaron a Doom pistola en mano por los tugurios de antaño, hasta mucho después de que desapareciera.

Seis meses más tarde desapareció la propia joven a bordo del vapor correo de Saint Louis, que una noche atracó en un desembarcadero donde se cargaba madera en la orilla norte del Mississippi, en donde bajó a tierra la mujer acompañada de una negra que llevaba por criada. La recibieron cuatro indios con un caballo y una carreta, y por espacio de tres días viajaron lentamente, pues ya estaba ella en avanzado estado de gestación, y llegaron al cabo a la plantación, donde ella se enteró de que Doom era el jefe. Nunca le dijo cómo lo había logrado, aparte de que su tío y su primo habían muerto de repente. En aquel entonces la casa constaba de una pared de ladrillo construida por esclavos holgazanes, contra la cual se apoyaba una cabaña con techo de juncos, dividida en varias dependencias y llena de residuos y huesos, en medio de las cerca de cinco mil hectáreas de bosque en donde pacían los ciervos como si fuesen ganado doméstico. Doom y la mujer se casaron allí mismo, poco antes de que naciera Issetibbeha, en presencia del presbítero itinerante que también se dedicaba a la trata de esclavos y que llegó a lomos de una mula, sobre el pomo de cuya silla colgaba una sombrilla de algodón y una garrafa de tres galones de capacidad, llena de whiskey. Después, Doom comenzó a adquirir más esclavos y a cultivar parte de sus tierras como hacían los blancos. Pero nunca tuvo suficiente trabajo para ellos. Completamente desocupados, la mayoría llevaba una vida trasplantada en bloque de las selvas africanas, salvo en las ocasiones en que, para divertir a los invitados, Doom los hostigaba con los perros.

Cuando murió Doom, Issetibbeha, su hijo, tenía diecinueve años. Pasó a ser propietario de las tierras y del rebaño de negros quintuplicado, para los que no tenía empleo de ninguna clase. Aunque el título de Hombre le perteneciera, existía una jerarquía de primos y tíos carnales que gobernaban al clan y que finalmente se reunieron en cónclave, sentados en el suelo, para resolver la cuestión de los negros, acuclillados en actitud de profunda concentración bajo los rótulos dorados que remataban las puertas de los camarotes del vapor.

—No podemos comérnoslos —dijo uno.

—¿Por qué no?

—Son demasiados.

—Eso es cierto —dijo un tercero—. Si empezásemos, tendríamos que comérnoslos a todos. Y una dieta con tanta carne no es buena para el hombre.

—Puede que sean como la carne de ciervo. Eso no te puede hacer ningún mal.

—Podríamos matar a unos cuantos y no comérnoslos —dijo Issetibbeha.

Lo miraron un rato.

—¿Y para qué? —dijo uno.

—Eso es cierto —dijo un segundo—. No podemos hacer eso. Son demasiado valiosos; recuerda todos los quebraderos de cabeza que nos han dado, al tener que encontrar cosas que encargarles que hicieran. Hemos de hacer lo que hacen los blancos.

—¿Y eso cómo es? —dijo Issetibbeha.

—Criar más negros, desbrozar más tierras, cultivar más maíz para alimentarlos y luego venderlos. Desbrozaremos la tierra y plantaremos comida y criaremos más negros y los venderemos a los blancos por unos buenos dineros.

—¿Y con ese dinero qué haremos? —preguntó un tercero.

Se pararon a pensar un rato.

—Ya se verá —dijo el primero. Permanecían acuclillados, concentrados, graves.

—Eso es trabajo —dijo el tercero.

—Que lo hagan los negros —dijo el primero.

—Jao. Que lo hagan. Sudar no es bueno. Con la humedad se abren los poros.

—Y entonces penetra en el cuerpo el aire de la noche.

—Jao. Que lo hagan los negros. Parece que sudar les gusta.

Así desbrozaron las tierras sirviéndose de los negros y sembraron el cereal. Hasta entonces, los esclavos vivieron en un corral enorme, con un cobertizo en una esquina, como una piara de cerdos. Pero entonces empezaron a levantar barracones, cabañas, y en cada cabaña pusieron a los negros jóvenes de dos en dos para que se apareasen; cinco años más tarde Issetibbeha vendió cuarenta cabezas a un tratante de Memphis, y con el dinero hizo un viaje a cargo del cual estuvo su tío materno, el de Nueva Orleáns. Por entonces, el Chevalier Soeur Blonde de Vitry era un viejo que residía en París, que gastaba peluquín y corsé, desdentado, con un rostro meticulosamente fijo en una mueca sardónica y profundamente trágica. Tomó prestados trescientos dólares de Issetibbeha y a cambio lo introdujo en determinados círculos; un año después, Issetibbeha volvió a su tierra con una cama sobredorada, un par de girándulas a cuya luz se decía que la Pompadour se peinaba mientras Luis sonreía con suficiencia frente a su rostro en el espejo, mirándose por encima del hombro maquillado de la dama, y unos zapatos de suela y tacones rojos. Le quedaban pequeños, puesto que no había usado calzado ninguno hasta que llegó a Nueva Orleáns de camino al extranjero.

Se llevó los zapatos envueltos en un papel de seda y los guardó en el bolsillo libre de unas alforjas llenas de viruta de madera de cedro, salvo cuando los sacaba, a veces, para que su hijo, Mokketubbe, jugase con ellos. A los tres años, Mokketubbe tenía una cara ancha y plana, mongoloide, que parecía existir en un absoluto e insondable letargo, hasta que se veía frente a los zapatos.

La madre de Mokketubbe era una linda muchacha a la que vio Issetibbeha un día faenando en su turno en un melonar. Se detuvo a contemplarla un rato: los muslos anchos, robustos, la espalda recia, la serenidad de su rostro. Aquel día iba camino del arroyo, a pescar, pero no llegó más allá; es posible que mientras estuvo mirando a la muchacha, que no fue consciente de ello, se acordara de su madre, de la mujer de la ciudad, la fugitiva con sus abanicos y sus prendas de encaje y la sangre negra, y de toda la chillona fealdad y el mal gusto de aquel triste episodio. En menos de un año nació Mokketubbe; ni siquiera con tres años era capaz de introducir los pies en los zapatos. Viéndole en aquellas tardes de quietud y calor tórrido empeñado en calzarse los zapatos con cierto repudio monstruoso de lo que hacía, Issetibbeha se reía en secreto. Se rió de Mokketubbe y de los zapatos durante unos cuantos años, porque Mokketubbe no renunció a ponérselos, o a intentarlo al menos, hasta que cumplió dieciséis años. Entonces sí se dio por vencido. O Issetibbeha pensó que había renunciado. Pero tan solo dejó de intentarlo en presencia de Issetibbeha. La esposa más reciente de Issetibbeha le dijo que Mokketubbe había hurtado los zapatos y que los había escondido. Issetibbeha dejó entonces de reírse y despidió a la mujer y se quedó solo.

—Jao —dijo—. A lo que se ve, también a mí me gusta estar vivo —mandó llamar a Mokketubbe—. Te los regalo —le dijo.

Mokketubbe tenía entonces veinticinco años y no se había casado. Issetibbeha no era muy alto, pero sacaba casi un palmo a su hijo, y pesaba cincuenta kilos menos. Mokketubbe tenía ya las carnes enfermas, la cara pálida, ancha, inerte, las manos y los pies hinchados.

—Ahora son tuyos —dijo Issetibbeha mirándole a la cara. Mokketubbe lo había observado una sola vez, al entrar, con una mirada breve, discreta, velada.

—Gracias —dijo.

Issetibbeha lo miró. Nunca sabía con certeza si Mokketubbe veía algo, si miraba algo.

—¿Por qué no había de ser todo igual si te regalo los zapatos?

—Gracias —dijo Mokketubbe. Issetibbeha por entonces usaba tabaco de mascar; un blanco le había enseñado a colocarse el tabaco en polvo en el labio y a frotarse los dientes con él, utilizando una ramita resinosa, o de alfea.

—Bueno —dijo—. No puede un hombre vivir por siempre —miró a su hijo y su propia mirada se tornó inexpresiva, como si no viera nada, y caviló unos momentos. Hubiera sido imposible saber qué estaba pensando, aparte de lo que dijo en voz alta—. Jao. Pero el tío de Doom no tuvo unos zapatos con suela roja —volvió a mirar a su hijo, grueso e inerte—. Por debajo de todo eso, un hombre puede pensar en hacer algo sin que se sepa hasta que sea ya tarde —estaba sentado en un sillón de lamas de madera reforzado con tiras de piel de ciervo—. Ni siquiera se los puede poner; él y yo estamos frustrados por culpa de la misma carne hinchada que se le ha puesto a él. Ni siquiera se los puede poner. Pero ¿eso es culpa mía?

Aún vivió cinco años más, y al cabo murió. Enfermó una noche, y aunque llegó el curandero con su chaleco de pellejo de mofeta, y quemó maderas olorosas, murió antes de mediodía.

Eso había sido el día anterior. La tumba estaba abierta, y a lo largo de doce horas había ido llegando su Tribu en carretas y carruajes y a caballo y a pie, a comerse el perro asado y el succotash y los boniatos asados en las cenizas y a asistir al entierro.

III

—Van a ser al final tres días —dijo Cesto de regreso con el otro indio a la casa—. Van a ser tres días y no habrá comida suficiente. Esto ya lo he visto antes.

El otro indio se llamaba Louis Berry.

—Y con este tiempo además olerá que no veas.

—Jao. No son más que una molestia y un quebradero de cabeza.

—A lo mejor no serán tres días.

—Corriendo llegan lejos. Jao. Este Hombre va a oler antes de entrar en tierra. Tú mira y verás si no tengo razón.

Se acercaron a la casa.

—Ahora ya se puede calzar los zapatos —dijo Berry—. Los puede lucir a la vista de los hombres.

—Todavía no puede. Al menos por un tiempo —dijo Cesto. Berry lo miró—. Va a capitanear la cacería.

—¿Mokketubbe? —dijo Berry—. ¿A ti te lo parece? ¿Siendo un hombre al que hasta hablar le cuesta tanto esfuerzo?

—¿Y qué otra cosa puede hacer? Es su propio padre el que pronto empezará a oler.

—Eso es cierto —dijo Berry—. Todavía tiene que pagar un precio por lucir los zapatos. Jao. En verdad los ha comprado. ¿Tú qué opinas?

—¿Tú qué opinas?

—¿Tú qué opinas?

—Yo no opino. Yo no pienso.

—Ni yo. Issetibbeha ya no tendrá necesidad de los zapatos. Que se los quede Mokketubbe; a Issetibbeha no le importará.

—Jao. El Hombre ha de morir.

—Jao. Que muera. Sigue estando el Hombre.

El tejado de corteza que cubría el porche se apoyaba en troncos de ciprés pelados, muy por encima de lo que fuera en su día el puente del barco de vapor, y daba sombra a un trecho de tierra apisonada, sin pavimentar, donde se amarraba a las mulas y a los caballos cuando hacía mal tiempo. En el extremo delantero de la cubierta del vapor estaban sentados un hombre viejo y dos mujeres. Una de las mujeres sazonaba un ave de corral y la otra desgranaba mazorcas de maíz. El viejo charlaba. Estaba descalzo, vestía una larga camisa de algodón y se adornaba con un gorro de piel de castor.

—Este mundo está echado a los perros —dijo—. A la ruina lo llevan los blancos. Durante años y más años nos apañamos muy bien, hasta que los blancos nos endilgaron a sus negros. En los viejos tiempos, los viejos se sentaban a la sombra y comían estofado de ciervo con maíz y fumaban tabaco y hablaban del honor y de asuntos serios. ¿Y ahora qué es lo que hacemos? Hasta los viejos se agotan y dan con los huesos en la tumba a fuerza de mirar por esos a los que tanto les gusta sudar —cuando Cesto y Berry cruzaron el puente, calló y los miró de hito en hito. Tenía los ojos quejosos, llorosos; su rostro era una miríada de arrugas diminutas—. Ése también ha escapado —dijo.

—Sí —dijo Berry—, se ha largado.

—Ya lo sabía yo. Yo ya se lo dije. Costará tres semanas dar con él, como cuando murió Doom. Esperad y veréis.

—Fueron tres días, no tres semanas —dijo Berry.

—¿Tú estuviste allí?

—No —dijo Berry—, pero eso tengo entendido.

—Pues yo sí que estuve —dijo el viejo—. Tres semanas enteras pasamos por ciénagas y espesuras… —siguieron su camino y lo dejaron con la palabra en la boca.

Lo que en su día fue el salón del barco de vapor era ahora un cascarón que se pudría lentamente. La caoba pulida, las molduras que destellaban un momento y se apagaban bajo el moho en figuras cabalísticas, profundas; las ventanas despanzurradas, como unos ojos aquejados de cataratas. Allí se almacenaban unos cuantos sacos de semilla o cereal, y la parte delantera del enganche de un landó, junto a cuyo eje se oxidaban dos ballestas de gráciles curvas, en forma de C, sin soportar el peso de nada. En un rincón, la cría de un zorro correteaba de continuo en una jaula de madera de sauce; tres nervudos gallos de pelea avanzaban sobre la polvareda, y el suelo estaba picado como la viruela por sus deposiciones resecas.

Pasaron por el hueco abierto en la pared de ladrillo y entraron en una amplia sala, forrada con troncos agrietados. En ella se encontraba la parte posterior del landó y el cuerpo desmantelado, de costado, la ventanilla recubierta por ramas finas de sauce, entre las cuales asomaban las cabezas, los ojos inmóviles y sin brillo, ofendidos, las crestas raídas de más aves de corral. El suelo era de arcilla apisonada; en un rincón descansaba un tosco arado y dos remos de canoa, tallados a mano. Del techo, suspendida por cuatro correas de pellejo de ciervo, colgaba la cama barnizada de oro que Issetibbeha se trajo de París. No tenía ni colchón ni muelles de somier, el bastidor tan solo atravesado por un soporte de correas bien trenzadas.

Issetibbeha quiso que su mujer más reciente, la joven, durmiera en esa cama. Él padecía problemas respiratorios congénitos, y pasaba la noche a medias reclinado en la butaca de lamas. La acompañaba a la cama y, después, desvelado, pues apenas dormía más de tres o cuatro horas por noche, sentado a oscuras simulaba que dormía y escuchaba cómo se escabullía ella palmo a palmo de la cama dorada y adornada con cintas, hasta tenderse en un jergón de plumas, en el suelo, hasta poco antes que amaneciera. Entonces volvía sigilosa a la cama y simulaba a su vez que dormía, mientras a oscuras, junto a ella, Issetibbeha reía por lo bajo desternillándose.

Los candelabros estaban sujetos por unas correas a dos palos apoyados en un rincón, en donde también se encontraba un barrilete de whiskey con diez galones de capacidad. Había un lar de paredes de barro; frente a él, en la butaca de lamas, estaba sentado Mokketubbe. Tal vez pasaba unos centímetros del metro y medio de estatura, y pesaba algunos kilos por encima de cien. Vestía una chaqueta de paño sin camisa; redondo, liso y cobrizo, el globo de la panza abultada se le hinchaba por encima de un calzón de lino. En los pies llevaba los zapatos de suela y tacones rojos. Detrás de la butaca, un jovenzuelo en puertas de ser adulto de pleno derecho accionaba un abanico como un punkah, hecho de tiras de papel. Mokketubbe estaba inmóvil, con el rostro ensanchado y amarillento, los ojos cerrados, la nariz aplastada, los brazos como aletas extendidas. En su semblante, una expresión profunda, trágica, inerte. No abrió los ojos cuando entraron Cesto y Berry.

—¿Los ha tenido puestos desde el amanecer? —preguntó Cesto.

—Desde el amanecer —dijo el jovenzuelo. El abanico no cesó de moverse—. Ya se le ve.

—Jao —dijo Cesto—. Ya se le ve.

Mokketubbe no se movió. Parecía una efigie, un dios malayo con su chaqueta, su calzón, a pecho descubierto, con los banales zapatos de suelas y tacones rojos.

—Yo que tú no le molestaría —dijo el jovenzuelo.

—Ni yo que tú —dijo Cesto. Tanto Berry como él se acuclillaron. El jovenzuelo dio nuevos bríos al abanico—. Oh, Hombre —dijo Cesto—, escúchanos —Mokketubbe no movió un músculo—. Se ha marchado —dijo Cesto.

—Yo ya te lo dije —dijo el jovenzuelo—. Ya sabía yo que iba a huir. Ya te lo dije.

—Jao —dijo Cesto—. No eres el primero que nos viene a decir después lo que tendríamos que haber sabido antes. ¿Por qué será que algunos de vosotros los sabios no disteis ayer los pasos precisos para impedir que esto sucediera?

—Es que no quiere morir —dijo Berry.

—¿Y por qué no iba a querer morir? —dijo Cesto.

—Que algún día tenga que morir no es razón —dijo el jovenzuelo—. Eso a mí tampoco me convencería, viejo.

—Tú cállate la boca —dijo Berry.

—Durante veinte años —dijo Cesto—, mientras los otros de su raza sudaban en los campos, éste estuvo al servicio del Hombre, fresquito, a la sombra. ¿Por qué no iba a querer morir, si tampoco quiso sudar?

—Y además, será solo un momento —dijo Berry—. No se tarda nada.

—Entonces, dad con él, cazadlo y decídselo —dijo el jovenzuelo.

—Calla —dijo Berry. Permanecieron en cuclillas, atentos al rostro de Mokketubbe. Bien pudiera estar muerto. Era como si estuviera tan enfundado en las carnes prietas que hasta su respiración trajinase en lo más profundo de su ser, tanto que no se le notaba.

—Escúchanos, oh, Hombre —dijo Cesto—. Issetibbeha ha muerto. Nos espera. Su perro y su caballo ya los tenemos, pero su esclavo se ha fugado. El que se ocupaba de su orinal, el que comía la comida de su mano. Se ha fugado. E Issetibbeha espera.

—Jao —dijo Berry.

—No es la primera vez —dijo Cesto—. Esto mismo ya sucedió cuando Doom, tu abuelo, yacía a la espera en puertas de tierra. Tres días estuvo a la espera, diciendo… «¿Dónde está mi negro?». E Issetibbeha, tu padre, le contestó: «Yo iré en su busca, yo lo encontraré. Descansa, yo te lo traeré para que puedas dar comienzo al viaje».

—Jao —dijo Berry.

Mokketubbe no se había movido, no había abierto los ojos.

—Tres días pasó Issetibbeha de cacería por los tremedales y los arroyos de la llanura —dijo Cesto—. Ni siquiera volvió a por comida hasta no haber apresado al negro. Y entonces dijo a Doom, a su padre: «He aquí tu perro, he aquí tu caballo, he aquí tu negro; descansa». Issetibbeha, que desde ayer está muerto, así lo dijo. Y ahora es el negro de Issetibbeha el que se ha fugado. Su caballo y su perro esperan con él, pero su negro se ha fugado.

—Jao —dijo Berry.

Mokketubbe no se había movido. Tenía los ojos cerrados. Sobre su forma monstruosa y supina pesaba una inercia colosal, una profunda inmovilidad, ajena a la carne e impermeable a la carne. Le miraban a la cara acuclillados los dos.

—Cuando tu padre fue recién tenido por el Hombre sucedió todo esto —dijo Cesto—. Y fue Issetibbeha quien trajo aquí al esclavo, quien lo trajo a donde esperaba su padre para entrar en tierra —el rostro de Mokketubbe no se había movido, no se le habían movido los ojos. Al cabo de un rato Cesto añadió—: Quítale los zapatos.

El jovenzuelo fue a descalzarlo. Mokketubbe comenzó a jadear, alterado de pronto su pecho desnudo, como si surgiera desde más allá de su carne insondable y así regresara a la vida, como si ascendiera desde el agua, desde el fondo del mar. Pero todavía no había abierto los ojos.

—Él capitaneará la cacería —dijo Berry.

—Jao —dijo Cesto—. Es el Hombre. Capitaneará la cacería.

IV

El negro, el esclavo personal de Issetibbeha, pasó todo el día escondido en el granero, desde donde observó morir a Issetibbeha. Tenía cuarenta años y era de Guinea. Tenía la nariz aplanada, la cabeza pequeña, enjuta; en el rabillo interior del ojo asomaba una rojez perpetua, y sus encías abultadas eran de un rojo azulado, claro, encima de los dientes cuadrados, anchos. Se lo llevó de Camerún un negrero cuando tenía catorce años, antes de que se le limasen ceremonialmente los dientes para indicar su entrada en la adolescencia. Había sido esclavo personal de Issetibbeha durante veintitrés años.

El día anterior, el día en que Issetibbeha se encontró enfermo, con la caída de la tarde regresó a donde vivían los negros. A esa hora apacible y sin prisa, el humo de las cocinas se esparcía despacio por la senda, de puerta en puerta, llevando a la de enfrente el olor de la carne y del pan idénticos. Las mujeres lo atendieron; los hombres se congregaron a la entrada de la senda, viéndole bajar la cuesta desde la casa, pisando con cuidado, descalzo, un crepúsculo extraño. A los que esperaban las esferas de sus ojos les parecieron un tanto luminosas.

—Issetibbeha no ha muerto aún —dijo el jefe.

—Muerto aún no —dijo el esclavo personal—. ¿Quién no ha muerto?

En el crepúsculo tenían todos un rostro como el suyo, las distintas edades, los pensamientos sellados, inescrutables, tras unos rostros como las máscaras mortuorias de los simios. El olor de los fuegos, de las cocinas, se esparcía acre y lento en el crepúsculo extraño, como si llegara de otro mundo, por encima de la senda y de los chiquillos desnudos en el polvo.

—Si vive pasada la puesta del sol, vivirá hasta el alba —dijo uno.

—¿Quién lo dice?

—Es lo que se dice.

—Jao. Es lo que se suele decir. No sabemos más que una cosa —miraban todos al esclavo personal que estaba entre ellos, con las esferas de los ojos un tanto luminosas. Respiraba despacio, hondo. Iba a pecho descubierto; sudaba un poco—. Él lo sabe. Lo sabe.

—Dejemos que hablen los tambores.

—Eso. Que lo digan los tambores.

Los tambores comenzaron a sonar después del anochecer. Los tenían escondidos al pie del barranco. Estaban hechos con tocones de ciprés ahuecados; los negros los guardaban escondidos sin que nadie supiera por qué. Los enterraban en el fango, a la orilla de un cenagal; un zagal de catorce años se encargaba de guardarlos. Era muy menudo de cuerpo, y era mudo; se pasaba el día entero acuclillado en el fango, envuelto por una nube de mosquitos, desnudo, salvo por el barro con que se recubría para protegerse de los mosquitos, y al cuello llevaba colgado un saquito hecho de fibra vegetal en el que guardaba una costilla de cerdo, con hilachas de carne renegrida adheridas aún al hueso, y dos pedazos de corteza en escamas, sujetas por un alambre. Balbuceaba abrazado a las rodillas, babeando; de vez en cuando los indios asomaban sigilosos entre la maleza y lo contemplaban durante un rato y se largaban sin que él llegara a enterarse.

Desde lo alto del granero donde estuvo escondido hasta que anocheció y aún después, el negro oyó los tambores. Estaban a tres millas de allí, pero le llegaban como si estuvieran en el granero, debajo de donde estaba, con un golpeteo sordo e incesante. Era como si también alcanzase a ver el fuego, y las extremidades de los negros que se retorcían dentro y fuera de las llamas en destellos cobrizos. Solo que no había un fuego encendido. Allí no habría más luz que en donde estaba tumbado, en el polvoriento desván del granero, con el cuchicheo en arpegios de las ratas al arañar las cálidas, inmemoriales vigas escuadradas a hachazos. El único fuego que había era el del tizne para protegerse de los mosquitos, donde se acuclillaban las mujeres con los niños de pecho, los senos flojos y vencidos por el peso, llenos hasta rebosar por los pezones, suaves en las bocas de los niños varones; contemplativas, ajenas a los tambores, puesto que un fuego hubiera significado vida.

Había un fuego en el barco de vapor, en donde yacía Issetibbeha moribundo entre sus mujeres, bajo los candelabros sujetos por correas, bajo la cama suspendida en alto. Veía el humo, y justo antes de que se pusiera el sol vio salir al curandero, con un chaleco de pellejo de mofeta, y le vio prender fuego a dos palos rebozados de arcilla, en el puente del barco.

—Así que todavía no ha muerto —dijo el negro en la oscuridad susurrante del desván, respondiendo a su pregunta. Oyó bien las dos voces, la suya y la suya.

—¿Quién no ha muerto?

—Tú has muerto.

—Jao, estoy muerto —dijo con voz queda. Quiso estar en ese momento en donde estaban los tambores. Se imaginó que saltaba entre los matorrales, que saltaba entre los tambores, que agitaba sus extremidades desnudas, magras, grasientas, invisibles. Pero eso no podría hacerlo, porque el hombre de un salto caía al otro lado de la vida, del lado de la muerte; se precipitó hacia la muerte y no murió, pues cuando la muerte se llevaba a un hombre se lo llevaba justo a este lado de la vida misma. Había de ser cuando la muerte lo atropellase por detrás, aún en vida. El susurro de las ratas se apagaba a rachas entre las vigas. Una vez había comido rata. No era más que un chiquillo, acababa de llegar a América. Vivieron noventa días en una bodega de poco más de un metro de altura, en latitudes tropicales, oyendo encima de donde estaba al borracho capitán de Nueva Inglaterra entonar las salmodias de un libro que hasta pasados diez años no reconoció él que era la Biblia. Acuclillado en la bodega, observó a la rata, civilizada, privada por su asociación con el hombre de su astucia inherente, de extremidades y de vista; la atrapó sin dificultad, con un simple movimiento de la mano, y se la comió despacio, preguntándose a la vez cómo habían sobrevivido las ratas durante tanto tiempo. En aquel entonces aún llevaba la única prenda, blanca, que le dio el negrero, diácono de la iglesia Unitaria, y hablaba nada más que su lengua nativa.

Ahora estaba desnudo, con la excepción de unos pantalones de lona que los indios habían comprado a los blancos y un amuleto colgado de una correa que llevaba anudada a la cintura. El amuleto consistía en la mitad de unos impertinentes de madreperla que Issetibbeha se había traído de París y el cráneo de una serpiente, una mocasín de agua. Él mismo mató aquella serpiente y se la comió, salvo la cabeza, por ser venenosa. Permanecía tumbado en el desván, observando la casa, el barco de vapor, escuchando los tambores, pensando que se encontraba entre los tambores.

Allí pasó la noche entera. A la mañana siguiente vio salir al curandero con su chaleco de pellejo de mofeta; lo vio montar en su mulo y marchar, y se quedó inmóvil, atento a la polvareda que levantaba el mulo hasta verlo posarse en la senda, y descubrió entonces que aún respiraba, y le pareció extraño seguir respirando el aire, seguir necesitado del aire que respiraba. Tendido, observó con sigilo, a la espera del momento de moverse, las esferas de los ojos un tanto luminosas, pero con una luz serena, y la respiración ligera, regular, y vio a Louis Berry salir y mirar el cielo. Había buena luz, y cinco indios ya se habían acuclillado muy endomingados en el puente del barco de vapor; a mediodía eran veinticinco. Por la tarde excavaron la trinchera en la que iban a asar la carne y los boniatos, para entonces ya eran casi cien los invitados —decorosos, sosegados, pacientes, todos con sus mejores galas, a la europea—, y vio a Berry llevarse la yegua de Issetibbeha del establo y atarla a un árbol, y luego vio a Berry salir de la casa con el viejo lebrel que se acostaba junto al sillón de Issetibbeha. También amarró al lebrel al árbol y el animal se acomodó sobre los cuartos traseros, contemplando con seriedad los rostros de los presentes. Al cabo se puso a aullar. Aullaba aún con la puesta del sol, cuando el negro se descolgó por la pared posterior del granero y se introdujo entre la maleza por el arroyo, donde ya era oscuro. Allí echó a correr hacia la llanura aluvial. Oyó los aullidos del lebrel a su espalda, y cerca del manantial se cruzó con otro negro. Los dos, uno inmóvil y otro a la carrera, se miraron un solo instante como si salvaran así una frontera entre dos mundos distintos. Corriendo, se internó en la oscuridad absoluta con la boca cerrada, los puños apretados, respirando furioso y resoplando por la nariz.

Siguió corriendo al amparo de la oscuridad. Conocía bien el terreno, porque muchas veces salió a cazar con Issetibbeha, siguiendo en su mulo el rastro del zorro o del gato montés junto a la yegua de Issetibbeha; lo conocía al dedillo, tan bien como los hombres que lo habían de perseguir. Los vio por primera vez poco después de ponerse el sol al segundo día. Para entonces había recorrido treinta millas a la carrera, por el lecho del arroyo, antes de volver sobre sus pasos; agachado entre unos arbustos de papaya vio a sus perseguidores por vez primera. Eran dos, en camisa y sombrero de paja; llevaban bajo el brazo los pantalones bien doblados y no portaban armas. Eran de mediana edad, panzudos; no podrían haber ido muy deprisa a ninguna parte; pasarían doce horas antes de que pudieran volver a donde estaba tumbado, observándolos. «Así que tengo hasta medianoche para descansar —se dijo. Estaba ya cerca de la plantación, le llegaba el olor del fuego de las cocinas, pensó que debería tener hambre, puesto que no había probado bocado en treinta horas—. Pero descansar es más importante». Siguió diciéndose, tendido entre los arbustos de papaya, que debido al esfuerzo que le costó serenarse y descansar, a la necesidad y a la prisa por descansar, el corazón le latía tan desbocado como cuando iba a la carrera. Era como si se le hubiese olvidado cómo descansar, como si las seis horas no fueran suficientes para ello, para acordarse de cómo había que hacer para descansar.

Tan pronto oscureció se puso en marcha. Había pensado en avanzar sin descanso y con sigilo a lo largo de la noche, puesto que no tenía adónde ir, pero tan pronto se puso en marcha echó a correr a toda velocidad, jadeando, resoplando por la nariz en medio de la oscuridad asfixiante que le azotaba. Estuvo corriendo durante una hora, perdido para entonces, sin rumbo, cuando se detuvo de pronto y al cabo de un rato el latir desbocado de su corazón se desenmarañó del batir de los tambores. Si no le engañaba el oído, estaban a menos de dos millas; siguió el sonido hasta percibir el olor del fuego prendido para tiznarse y el sabor acre del humo. Cuando se plantó entre todos ellos no cesaron los tambores, solo el jefe se acercó a él, en medio del humo del tizne, jadeante, con las fosas nasales muy abiertas, agitadas, el brillo apagado e incesante de las esferas de los ojos en medio de la cara enfangada, como si las movieran los pulmones.

—Te esperábamos —dijo el jefe—. Ahora, vete.

—¿Que me vaya?

—Come y vete. No deben los muertos confraternizar con los vivos. Eso lo sabes bien.

—Jao. Bien lo sé —no se miraron uno al otro. Los tambores no habían callado.

—¿Quieres comer? —dijo el jefe.

—No tengo hambre. Esta tarde cacé un conejo. Me lo comí estando escondido.

—Pues entonces llévate algo de carne asada.

Aceptó la carne asada, la envolvió en unas hojas y se internó otra vez por el fondo del arroyo. Al cabo dejó de oír los tambores. Caminó sin descanso hasta el amanecer. «Me quedan doce horas —se dijo—. Tal vez más, porque siguieron la pista de noche». Se acuclilló y comió la carne y se limpió las manos en los muslos. Se puso en pie, se quitó los pantalones de lona y se acuclilló otra vez junto a una ciénaga para embadurnarse de fango la cara, los brazos, el cuerpo, las piernas, y se abrazó a las rodillas con la cabeza gacha. Cuando hubo luz suficiente, volvió a la ciénaga y se acuclilló y se durmió en esa postura. No tuvo sueños. Bien hizo en moverse, pues al despertar de pronto a plena luz del sol, un sol ya muy alto, vio a los dos indios. Llevaban aún los pantalones bien doblados bajo el brazo; se hallan frente al lugar en que estaba escondido, panzudos los dos, gruesos, reblandecidos, algo ridículos con sus sombreros de paja y con los faldones de las camisas colgando.

—Éste es un trabajo agotador —dijo uno.

—Qué más quisiera yo que estar en casa y a la sombra —dijo el otro—. Pero es que el Hombre espera en puertas de la tierra.

—Jao —miraron tan tranquilos en derredor; uno de ellos se agachó y se quitó del faldón de la camisa un amasijo de cardillos—. Maldito sea ese negro —dijo.

—Jao. ¿Cuándo han sido para nosotros algo distinto de un tormento, un quebradero de cabeza?

A primera hora de la tarde, desde la copa de un árbol, el negro escrutó la plantación. Atinó a ver el cuerpo de Issetibbeha tendido en una hamaca, entre dos árboles, a uno de los cuales estaban atados el caballo y el perro, y vio también la explanada en derredor del vapor, llena de carretas, de caballos y mulos, de carricoches y caballos ensillados, mientras en grupos de vivos colores las mujeres y los niños pequeños y los viejos permanecían acuclillados no lejos de la trinchera alargada de la que se desprendía despacio y espeso el humo de la carne a la brasa. Los hombres y los chicos de más edad habían bajado al arroyo, tras él, siguiendo su rastro, sus ropas endomingadas y dobladas con todo cuidado, colocadas en las horquillas de los árboles. Se habían agrupado unos cuantos hombres cerca de la puerta de la casa, a la entrada de lo que fuera el salón del barco, y los estuvo mirando y al rato los vio sacar a Mokketubbe en unas parihuelas hechas de cuero, de ante, entretejido en unas ramas de caqui. Escondido en las alturas, protegido por el follaje, el negro, la presa, contempló con sosiego su condena irrevocable con una expresión tan insondable e impávida como la del propio Mokketubbe. «Pues sí —se dijo en voz queda—. Ahora marchará. Ese hombre cuyo cuerpo lleva quince años muerto también marchará».

Mediada la tarde se encontró cara a cara con un indio. Estaban los dos en un tronco derribado que hacía las veces de puente para atravesar un cenagal: el negro, macilento, flaco, incansable y desesperado; el indio, entrado en carnes, reblandecido, aparente encarnación de una reticencia definitiva y una inercia suprema. El indio no se movió, no emitió un sonido; permaneció en el tronco y vio al negro lanzarse a la ciénaga y ganar a nado la orilla y desaparecer veloz en la maleza.

Poco antes de ponerse el sol se tendió tras un tronco caído. Por el tronco, en lenta procesión, discurría una hilera de hormigas. Las atrapó y se las comió despacio, con un curioso distanciamiento, como el de un invitado a una cena que come como si tal cosa los frutos secos y salados que le han servido en un platillo. Tenían también un sabor salado que engendró una reacción salivar desproporcionada. Las comió despacio, observando la hilera impertérrita que avanzaba por la corteza del tronco y se dirigía a su extinción, a su condena, con carácter resuelto, inflexible, aterrador. No había comido nada más en todo el día; en la máscara de barro resquebrajado sus ojos se movían con los bordes enrojecidos. Al ponerse el sol, cuando reptaba por la orilla del arroyo, hacia un punto en el que había visto una rana, una serpiente mocasín de agua, de las que tienen el interior de la boca como el algodón, de pronto le tiró un bocado en el antebrazo, una dentellada gruesa, lenta. Le alcanzó al sesgo, dejándole en el antebrazo dos largos cortes, como de cuchilla de afeitar, y a medias derribada por su colérico ímpetu pareció por un momento del todo desvalida, torpe, cegada por la ira. «Olé, abuelo —dijo el negro. Tocó la cabeza del reptil y lo vio saltar de nuevo sobre su brazo, y aún otra vez, tirando dentelladas torpes, ciegas—. Es que no quiero morir — dijo. Y lo repitió—: Es que no quiero morir…» en un tono más quedo, con lento aturdimiento, asombrado, grave, como si fuese algo que, mientras no lo dijeran las palabras, descubrió que no sabía, o que no había sabido al menos en la hondura, en la extensión de su deseo.

V

Mokketubbe se llevó los zapatos. No podría llevarlos calzados durante mucho tiempo cuanto estuviera en marcha, ni siquiera en las parihuelas en las que se desplazaba reclinado, de modo que iban colocados sobre un rectángulo de piel de ciervo, en su regazo, los zapatos resquebrajados, algo deformes, las superficies de piel acharolada y las lengüetas sin hebilla, bastante descamadas, depositados sobre la silueta supina y obesa, viva por muy poco, que era transportada por ciénagas y matorrales gracias a porteadores que se daban relevos, y que durante el día entero soportaron a pie firme el delito y su objeto, el encargo de la aniquilación. Para Mokketubbe tuvo que ser como si, siendo inmortal él mismo, fuese transportado a buena velocidad a través del infierno por obra de espíritus condenados que, vivos aún, contemplaron su desastre, y ya muertos fuesen comparsas ajenas de su propia condenación.

Tras descansar un rato, las parihuelas apoyadas en el centro de los que estaban acuclillados, Mokketubbe inmóvil en ellas, con los ojos cerrados y el semblante a la vez apacible de momento y rebosante de ineluctables presagios, daba la sensación de que pudiera calzarse un rato los zapatos. El jovenzuelo se los puso, forzando sus pies grandes, reblandecidos, hidrópicos, hasta que los embutió en el calzado de charol ajado, a raíz de lo cual su rostro volvió a adquirir esa expresión trágica, pasiva, profundamente atenta, que se les suele poner a los dispépticos. Reanudaron la marcha. No se movía, no emitía ningún sonido, inerte en las rítmicas parihuelas por alguna reserva de inercia o acaso por alguna virtud de monarca, ya fuera valentía o fortaleza de ánimo. Al cabo de un rato dejaron las parihuelas en tierra y lo miraron, el semblante amarillento como el de un ídolo, cubierto de gotas de sudor.

—Quitádselos —debió de decir entonces Tres Cesto o Tuvo Dos Padres—. El honor va bien servido.

Y le descalzaron. No se alteró el rostro de Mokketubbe, aunque solo entonces empezó a ser perceptible su respiración, el aire que entraba y salía entre sus labios pálidos con un tenue sonido, ah, ah, ah. Volvieron a acuclillarse, a esperar que los mensajeros aparecieran a la carrera.

—¿Aún nada?

—Aún nada. Ha puesto rumbo al este. Con la caída del sol llegará a la desembocadura del río Tippah. Y allí tendrá que volver. Mañana podremos atraparlo.

—Esperemos que así sea. Ya va siendo hora.

—Jao. Llevamos ya tres días.

—Cuando murió Doom solo se tardó tres días.

—Pero aquél era un hombre viejo. Éste es joven.

—Jao. Y corre que da gusto. Si lo atrapamos mañana, me gano un caballo.

—Ojalá que lo ganes.

—Jao. Éste no es un trabajo agradable de hacer.

Ése fue el día en que se acabaron los alimentos en la plantación. Los invitados se volvieron a sus casas y regresaron al día siguiente con más alimentos, comida suficiente para una semana entera. Ese día, Issetibbeha empezó a oler; llegaba el olor desde muy lejos, invadía el lecho del arroyo por todas partes cuando apretó el calor a mediodía y se levantó el viento. Pero ese día no capturaron al negro, y tampoco al siguiente. Atardecía el sexto día cuando los mensajeros llegaron al claro en que se encontraba Mokketubbe en las parihuelas. Habían encontrado un rastro de sangre.

—Ha sufrido una herida.

—Espero que no sea mucho —dijo Cesto—. No podemos mandar con Issetibbeha a uno que no le preste servicio.

—Y menos a uno al que el propio Issetibbeha tendrá que cuidar y atender —dijo Berry.

—No lo sabemos —dijo el mensajero—. Se ha escondido. Ha vuelto a rastras a la ciénaga. Hemos dejado piquetes.

Echaron a trotar con las parihuelas a cuestas. El lugar por el que el negro se introdujo en la ciénaga se hallaba a una hora de camino. Con las prisas y la emoción olvidaron que Mokketubbe aún llevaba puestos los zapatos. Cuando llegaron, Mokketubbe había perdido el conocimiento. Le descalzaron y le reanimaron.

Con la noche formaron un círculo en torno a la ciénaga. Se acuclillaron, envueltos por nubes de jejenes y mosquitos. El lucero de la tarde brillaba bajo, cercano, por el oeste; las constelaciones comenzaron a girar en las alturas.

—Le daremos tiempo —dijeron—. Mañana no es más que otro nombre para decir hoy.

—Jao. Que se tome su tiempo —callaron entonces y escrutaron todos a una la negrura que envolvía la ciénaga. Al cabo cesaron todos los ruidos y pronto volvió el mensajero desde lo más oscuro.

—Intentó escapar.

—Pero le habéis obligado a volver.

—Volvió él solo. Por un momento nos temimos lo peor, los tres. Nos llegó su olor al reptar a oscuras, y también captamos otro olor distinto, no supimos de qué. Por eso nos temimos lo peor, hasta que él nos lo dijo. Dijo que lo aniquilásemos allí mismo, puesto que a oscuras no tendría que verle la cara cuando llegara. Pero no fue ése el olor que captamos;

nos dijo él qué era. Le ha mordido una serpiente. Hace ya dos días. El brazo todo hinchado. Y apestaba. Pero no fue ése el olor que captamos, porque la hinchazón había bajado y el brazo no lo tenía mayor que el de un niño. Nos lo mostró. Le palpamos el brazo, los tres; no era mayor que el de un niño. Dijo que le diéramos un hacha para tronzarse el brazo. Pero mañana también es hoy.

—Jao. Mañana es hoy.

—Nos temimos lo peor durante un rato. Luego volvió él solo a la ciénaga.

—Eso es bueno.

—Jao. Nos temimos lo peor. ¿Se lo digo al Hombre?

—Yo me encargo —dijo Cesto. Se alejó. El mensajero se acuclilló y volvió a contar lo del negro. Regresó Cesto—. El Hombre dice que eso es bueno. Regresa a tu puesto.

El mensajero se alejó sigiloso. Estaban acuclillados en torno a las parihuelas; de vez en cuando dormían un rato. Pasada la medianoche los despertó el negro. Se puso a gritar, a hablar a solas, con una voz seca, súbita, sonora en la oscuridad, hasta que calló. Asomó el alba; una grulla blanca pasó aleteando despacio por el cielo de color junquillo. Cesto estaba despierto.

—Vamos —dijo—. Es hoy.

Dos indios se internaron en la ciénaga con mucho movimiento y mucho ruido. Antes de alcanzar al negro se detuvieron, porque éste se había puesto a cantar. Lo vieron desnudo, rebozado de fango, sentado en un tronco, cantando. Se acuclillaron en silencio, a escasa distancia, hasta que terminó. Cantaba algo en su propia lengua, el rostro vuelto al sol naciente. Cantaba con voz clara, potente, con un tono salvaje y triste a la vez.

—Que se tome su tiempo —dijeron los indios acuclillándose con paciencia, a la espera. Calló y se aproximaron. Él los miró alzando la cabeza, por las ranuras de la máscara resquebrajada. Tenía los ojos inyectados en sangre, los labios agrietados sobre los dientes cuadrados, cortos. La máscara de barro parecía que se le hubiera desprendido de la cara, como si hubiese perdido peso desde que se la puso. Sujetaba el brazo izquierdo pegado al pecho. Del codo para abajo no tenía forma visible, por hallarse recubierto de un barro negro. Percibieron su olor, un olor hediondo. Él los miró en silencio, hasta que uno le tocó en el brazo.

—Vamos —le dijo—. Has corrido muy bien. No pases vergüenza.

Estaban ya cerca de la plantación en la mañana luminosa y mancillada cuando al negro los ojos empezaron a ponérsele en blanco un poco, como los de un caballo. El humo que salía de la trinchera donde se asaban los alimentos se esparcía bajo, pegado a tierra, sobre los invitados acuclillados, a la espera, dispersos por la explanada y por el puente del vapor, ataviados con sus mejores galas, resplandecientes, rígidos: las mujeres, los niños, los viejos. Habían enviado emisarios por el arroyo y la llanura aluvial, y otro se adelantó, y el cuerpo de Issetibbeha ya se había trasladado al lugar en que aguardaba la tumba, junto con el caballo y el perro, aunque olía a muerto en la casa en la que pasó la vida. Los invitados empezaban a acercarse a la tumba cuando los que portaban a Mokketubbe en parihuelas iniciaron el ascenso de la última cuesta.

El negro era el más alto de los presentes; su cabeza alta, enjuta, recubierta de barro, sobresalía entre todas las demás. Respiraba con dificultad, como si el desesperado esfuerzo de los seis días a la desesperada, en suspenso, se acabara de catapultar de golpe sobre él. Aunque caminaban despacio, el pecho desnudo y lleno de magulladuras subía y bajaba por encima del brazo izquierdo, que llevaba sujeto. Miraba continuamente a un lado y a otro, miraba como si no viera, como si la vista no llegara a alcanzarle en lo que miraba. Iba con la boca entreabierta, los dientes blancos y grandes al aire; comenzó a jadear. Los invitados que ya iban desfilando se detuvieron, callaron, miraron atrás, algunos con un trozo de carne en las manos, a la vez que el negro los miraba a la cara con los ojos desorbitados, refrenados, impávidos.

—¿Quieres comer antes? —dijo Cesto. Tuvo que decirlo dos veces.

—Sí —dijo el negro—. Eso es. Quiero comer.

El gentío se fue apiñando en el centro; pasaron la noticia a los más alejados.

—Dice que antes quiere comer.

Llegaron al barco de vapor.

—Siéntate —dijo Cesto.

El negro se sentó al borde de la cubierta. Seguía jadeando, con el pecho subiendo y bajando sin descanso, la cabeza impávida, las esferas de los ojos muy blancas, volviéndola a un lado y a otro. Era como si la imposibilidad de ver llegase del interior, de la desesperanza, no de la ausencia de visión. Le llevaron comida y lo miraron en silencio mientras intentaba comer. Se metía la comida en la boca y masticaba, pero a la vez que masticaba la materia a medio deglutir se le salía por las comisuras de los labios y le caía como si babeara por el mentón, por el pecho, y al poco dejó de masticar y permaneció como estaba, desnudo, rebozado de barro, la fuente en las rodillas, la boca llena de una masa de alimento a medio masticar, abierta, los ojos como platos, impávidos, jadeando, jadeando todo el tiempo. Lo miraron con paciencia, implacables, a la espera.

—Ven —dijo Cesto al fin.

—Es agua lo que quiero —dijo el negro—. Quiero agua.

El pozo estaba algo alejado, bajando la cuesta hacia el lugar en que vivían los negros en sus barracones. La cuesta se hallaba envuelta por las sombras moteadas del mediodía, esa hora apacible en la que, mientras Issetibbeha sesteaba en su butaca y esperaba la comida y la llegada de la tarde larga para sestear otro buen rato, el negro, el esclavo personal, era libre de toda obligación. Entonces tomaba asiento en la puerta de la cocina y charlaba con las mujeres que preparaban la comida. Pasada la puerta de la cocina, la senda que discurría entre cabañas y barracones estaba en silencio, en paz, con las mujeres charlando de un lado a otro, el humo de los fuegos diseminado sobre los chiquillos agachados como juguetes de ébano en medio del polvo.

—Ven —dijo Cesto.

El negro echó a caminar entre ellos, más alto que nadie. Los invitados se desplazaban hacia el punto en que esperaban Issetibbeha y el caballo y el perro. El negro caminaba con la cabeza erguida, empecinado, jadeando sin cesar.

—Ven —dijo Cesto—. Querías agua.

—Sí —dijo el negro—. Sí —se volvió a mirar a la casa y miró las cabañas de los negros, en donde ese día no ardía ningún fuego, no asomaba ninguna cara en ningún umbral, no remoloneaba ningún chiquillo en el polvo de la senda—. Me tiró una dentellada aquí, me rasgó el brazo. Una, dos, tres veces. «Olé, abuelo», dije.

—Ven —dijo Cesto. El negro seguía haciendo el gesto de caminar, la rodilla en alto, la cabeza bien alta, como si ésa fuera la rutina, como un burro dando vueltas a la noria. Las esferas de los ojos despedían un relumbre asilvestrado, refrenado, como las de un caballo—. Querías agua —dijo Cesto—. Aquí la tienes.

Había una calabaza en el brocal del pozo. La sumergieron hasta que se llenó del todo y se la dieron al negro. Lo vieron esforzarse por beber. No dejó de mirar con los ojos desorbitados mientras volcaba la calabaza despacio sobre el rostro embadurnado de barro. Le vieron mover el gaznate y vieron el agua luminosa caer en cascada por ambos lados de la calabaza, derramársele por el mentón, por el pecho. Dejó de manar el agua.

—Ven —dijo Cesto.

—Espera —dijo el negro. Volvió a sumergir la calabaza y de nuevo la inclinó sobre su rostro, por debajo de los ojos impávidos. Volvieron a verle mover el gaznate y vieron el agua que no engullía manar en abundancia sobre su mentón, encauzada luego por el pecho recubierto de barro. Aguardaron con paciencia, con gravedad, con decoro, implacables, los miembros del clan, los parientes, los invitados. Dejó de derramarse el agua, aunque la calabaza volcada seguía en alto y el gaznate del negro seguía imitando en vano el movimiento frustrado del tragar. Un pedazo de la costra de barro desalojado por el agua se rompió al caer a sus pies enfangados, y en la calabaza vacía se oyó resonar su aliento: ah, ah, ah.

—Ven —dijo Cesto, y arrebató la calabaza de manos del negro para dejarla en el brocal del pozo.

HONOR

I

Crucé la antesala sin detenerme.

—Es que está reunido —dijo la señorita West, pero no me detuve. No llamé a la puerta. Estaban charlando. Calló y me miró desde la mesa.

—¿Con cuánta antelación necesita que le avise de que me marcho? —le dije.

—¿Cómo que se marcha? —dijo.

—Lo dejo. Me voy —dije—. ¿Bastará con un día de antelación?

Me miró con ojos de rana.

—¿Es que no le vale nuestro coche, no es bueno para sus demostraciones? —dijo. Apoyó sobre la mesa la mano en la que sujetaba un puro. Lleva un anillo con un rubí del tamaño de la luz de freno—. Solo ha estado tres semanas con nosotros —dice—. No creo que sea tiempo suficiente para entender qué significa esa palabra que hay en la puerta.

No tiene ni idea, pero tres semanas es más que de sobra. Con dos días más hubiera batido el récord. Y si tres semanas son para él todo un récord, podría haberle estrechado la mano al nuevo campeón sin levantarse de la poltrona.

Lo malo es que nunca he aprendido a hacer nada. Ya se sabe cómo eran las cosas en aquellos tiempos, cuando hasta las universidades estaban llenas de uniformes británicos y franceses y nosotros muertos de miedo solo de pensar que la cosa terminara antes de tener tiempo de ingresar y lucir unas alas de piloto en la guerrera. Y después de ingresar, encontrar algo que a uno le fuese como anillo al dedo, claro está.

Por eso, después del Armisticio seguí enrolado un par de años como piloto de pruebas. Fue entonces cuando empecé a dedicarme al vuelo acrobático, asomándome incluso al ala del aparato a hacer exhibiciones de funambulista, más que nada para aliviar la monotonía. Un tipo llamado Waldrip y yo nos escondíamos a bordo de un DH9 a tres mil pies de altitud, donde los oficiales ya no alcanzaban a vernos, y yo salía a hacer numeritos. Y es que la vida militar es harto aburrida en tiempos de paz: no hay nada que hacer, uno pasa el día mano sobre mano, entre siesta y siesta, y jugando al póquer durante toda la noche. Y el aislamiento no es bueno para el póquer. Empiezas a perder a crédito y a crédito terminas por caer en barrena.

Había un tipo llamado White que perdió mil en una sola noche. Estaba perdiendo sin cesar; quise dar por terminada la partida, pero yo iba ganando y él quería seguir, a pesar de que había entrado en barrena y perdía todas las manos. Me dio un cheque y le dije que no se apurase, que lo diera por olvidado, que no por nada tenía esposa en California. A la noche siguiente quiso volver a jugar. Intenté convencerle de que no lo hiciera, pero se puso como loco. Me llamó gallina. Esa noche perdió otros mil quinientos.

Le dije que nos lo jugábamos todo, doble o nada, a una sola carta. Sacó una reina.

—Bueno, con eso seguro que no puedo. Paso de cortar.

Recogí la carta que había sacado y barajé. Descartamos un montón de figuras y tres ases. Él insistió.

—Pero hombre —le dije—, ¿qué más da? Las probabilidades están en mi contra, lo estarían incluso con la baraja al completo.

Insistió. Así que saqué carta: el único as que quedaba. Hubiera pagado lo que fuera por perder. Le ofrecí de nuevo hacer pedazos allí mismo los cheques, pero siguió sentado y me insultó. Lo dejé sentado a la mesa, en mangas de camisa, con el cuello desabrochado, mirando fijamente el as.

Al día siguiente nos salió un trabajito, probar el aparato de alta velocidad. Yo hice todo lo que pude. No estaba en mi mano ofrecerle de nuevo los cheques. No me importa dejar que un tío que está quemado me insulte una vez, pero no pienso permitir que lo haga dos veces. Nos salió un trabajito, probar el aparato de alta velocidad. Yo no quise ni tocarlo. Ni hablar. Él ascendió a cinco mil pies e inició un descenso en picado. Se le desprendieron las alas del fuselaje a dos mil pies y con el gas abierto al máximo.

Así me vi convertido de nuevo en civil tras cuatro años en el ejército. Y aún andaba dando tumbos sin saber qué hacer —fue la primera vez en que intenté ganarme la vida vendiendo automóviles— cuando conocí a Jack y me habló de un piloto que andaba buscando a un funambulista para su circo volante. Y así la conocí a ella.

II

Jack, que fue quien me dio una nota de presentación para Rogers, me dijo que era un piloto fenomenal y me habló también de ella. Por lo visto, o según se decía, era desgraciada en su vida con él.

—Pues vaya panorama aburrido que me pintas —dije.

—Es lo que se dice —dijo Jack. Cuando conocí a Rogers y le di la nota en mano (era un tipo tranquilo, delgado), me dije que era precisamente uno de esos individuos capaces de casarse con una mujer caprichosa, apasionada, guapa, a las que era bien fácil cazar durante la guerra, pues bastaba con lucir unas alas de piloto en la guerrera, aunque luego se fugara a la primera de cambio. Creí que no había riesgo. Supe que no tendría ella que esperar otros tres años a que apareciera otro como yo.

Contaba, así pues, con que me había de encontrar con una de esas mujeres altas, morenas, sinuosas como una serpiente, rodeada de plumas de avestruz, rociada de perfume barato, fumando cigarrillos finos en el diván, mientras Rogers iba corriendo al ultramarinos de la esquina a comprar unas lonchas de buen jamón y una ensalada de patata que traería en platos de cartón. Me equivoqué. Apareció con un delantal por encima de uno de esos vestidos claros, ceñidos, con harina o algo así en los brazos, sin pedir disculpas, sin aturullarse por nada. Dijo que Howard —así se llamaba Rogers— le había hablado de mí.

—¿Y qué fue lo que le dijo? —pregunté.

—Supongo —contestó en cambio— que todo esto le resultará bastante tedioso para pasar la velada, tener que echar una mano para guisarse la cena. Imagino que preferiría marcharse por ahí a bailar con un par de botellas de ginebra.

—¿Y por qué se lo imagina? —dije—. ¿Es que no parezco capaz de otra cosa?

—Ah, ¿lo es?

Luego, después de lavar los platos, nos sentamos ante la chimenea con las luces apagadas, ella en un cojín en el suelo, con la espalda apoyada contra las rodillas de Rogers, fumando y charlando.

—Sé que ha pasado usted una temporada aburrida. Howard propuso que fuésemos a cenar fuera y a bailar a algún sitio. Yo le dije que antes tendría usted que aceptarnos como somos. Antes y después. No me dirá que lo lamenta…

Podría parecer que tenía dieciséis años, sobre todo con el delantal. Para entonces ya había comprado uno para que lo usara yo, y los tres íbamos a la cocina a guisar la cena juntos.

—Tampoco es que contemos con que te lo pases de maravilla haciendo esto. Y no es que a nosotros nos encante, claro —dijo cuando ya había confianza—. Es que somos bastante pobres. Entre los dos, no somos más que un aviador.

—Bueno, Howard desde luego sabe pilotar de una forma que vale por dos —dije—. Y eso nunca está nada mal.

—Cuando me dijo que también eres piloto de acrobacias, me dije… ¡Dios del cielo! ¿Y además funambulista? Si piensas elegir a un amigo de la familia, le dije, ¿por qué no eliges a uno al que podamos invitar a cenar con una semana de antelación y no solo contar con que venga, sino también con que otro día nos invite a salir y se gaste el dinero con nosotros? Qué va: tenía que elegir a uno tan pobre como nosotros somos.

Una vez le dijo a Rogers: «A Buck tenemos que buscarle una chica. Si no, cualquier día se cansará de nosotros». Ya se sabe cómo se suele decir esta clase de cosas: son cosas que suenan como si quisieran decir algo, hasta que uno las mira y descubre que tienen la mirada extraviada, con lo que uno se pregunta si de veras estaban pensando en uno y si, además, de veras estaban hablando de uno.

O a lo mejor es que tendría que invitarles yo a cenar y a un espectáculo.

—Pero no quise decir lo que pareció que dije —dijo ella—. No era una indirecta, una invitación para que nos invitaras a salir.

—Y lo que dijiste sobre aquello de buscarme una chica… ¿tampoco iba en serio? —le pregunté.

Me miró con aquellos ojos muy abiertos, inexpresivos, inocentes. Fue entonces cuando los invité a los dos a tomar un cóctel en donde yo me alojaba, aunque Rogers no bebía nunca, y al volver por la noche me encontraba en el lavabo restos de maquillaje, o bien su pañuelo, o lo que fuera, y me iba a la cama con un olor en la habitación tal como si ella siguiera estando allí.

—¿Quieres que te busquemos una? —dijo, pero sobre ese asunto nunca más se volvió a decir nada, y al cabo de algún tiempo, cuando surgía una de esas pequeñas cosas en las que un hombre ha de ponerse al servicio de una mujer, subir un peldaño, abrirle una puerta, lo que fuera, y que implican un roce entre ambos, ella se volvía hacia mí como si fuera yo su marido, y no él, y hubo una noche en que nos sorprendió una tormenta en la ciudad, así que fuimos a donde me alojaba yo, y ella y Rogers durmieron en mi cama y yo dormí en un sillón en el cuarto de estar.

Una noche, cuando me estaba vistiendo para salir, sonó el teléfono. Era Rogers.

—Estoy… —dijo él, pero se cortó. Fue como si alguien le hubiera tapado la boca con la mano. Y entonces los oí hablar, murmurar. Mejor dicho, la oí a ella—. Bueno, qué… —dice Rogers. En ese instante la oí a ella respirar en el auricular y decir mi nombre.

—No se te olvide que vienes esta noche —dijo.

—No se me había olvidado —dije—. ¿O es que entendí mal la fecha? Si ésta no es la noche…

—Anda, sal ya y ven para acá —dijo ella—. Adiós.

Cuando llegué me recibió él. Tenía la misma cara que siempre, pero no entré.

—Adelante, pasa —dijo.

—A lo mejor sí que me he equivocado de fecha —dije—. Así que si vosotros dos…

Abrió la puerta del todo.

—Adelante, pasa.

Ella estaba tendida en el sofá. Estaba llorando. No sé qué pasaba, algún asunto de dinero.

—No lo aguanto, es que no lo aguanto —decía—. Lo he intentado por todos los medios, pero no puedo más.

—Ya sabes qué mensualidades he de pagar por la póliza del seguro —dijo él—. Si pasara algo, ¿dónde estarías tú?

—¿Y dónde crees tú que estoy? ¿Qué mujer que viva alquilada en un barrio de mala muerte no tendrá más que yo? —no había levantado los ojos y seguía tendida boca abajo, con el delantal torcido bajo su peso—. ¿Por qué no lo dejas de una vez, por qué no haces algo en lo que te saques una póliza de seguros que sea asequible, como tantos otros hombres?

—Creo que tengo que marcharme —dije. Allí no pintaba nada. Me fui sin decir más. Él vino conmigo hasta la puerta, y los dos nos quedamos mirando la escalera desde abajo, hacia la habitación en que ella seguía tumbada boca abajo en el sofá—. Tengo algún dinerillo ahorrado —dije—. Y digo yo que por haber comido tantas veces en vuestra mesa, no he tenido ni tiempo para gastarlo. Si se trata de algo urgente… —los dos nos quedamos donde estábamos, él sujetaba la puerta abierta—. Claro está que no quisiera meterme donde no…

—Yo en tu caso, desde luego, no lo haría —dijo—. Nos vemos mañana en el aeródromo.

—Claro —dije—. Mañana en el aeródromo.

A ella no la vi durante casi una semana entera, ni tuve noticias de ella. A él lo veía a diario.

—Y… ¿qué tal está Mildred? —le pregunté al fin.

—Se ha marchado a visitar a su madre.

Durante las dos semanas siguientes estuve con él todos los días. Cuando salía al exterior de la avioneta le miraba a la cara, los ojos tras las gafas de aviador. Pero nunca mencionamos el nombre de ella, al menos hasta que un día me dijo que había vuelto a casa y que esa noche me invitaban a cenar.

Fue por la tarde. Pasó el día ajetreado, llevando pasajeros de acá para allá, así que yo me quedé sin nada mejor que hacer, aparte de pasar el rato esperando a que llegara la noche y pensando en ella, imaginando alguna cosa, pero más que nada pensando en ella, en que estaba de nuevo en casa, respirando el mismo humo, el mismo hollín que respiraba yo, cuando de pronto decidí ir allí sin esperar a más. Fue tan claro como una voz que me dijera: «Ve. Ahora, ahora mismo». Y fui. Ni siquiera perdí el tiempo en cambiarme de ropa. Estaba sola, leyendo delante de la chimenea. Fue como la gasolina que se vierte de una manguera rota y que prende en llamaradas alrededor de uno.

III

Tuvo gracia. Cuando salía al exterior de la avioneta me volvía a mirarle a la cara, parapetado como iba tras el cristal de la carlinga, y me preguntaba qué sabía. Tuvo que darse cuenta casi en el acto. Es lógico, digo yo, si ella no tenía ninguna discreción. Era de las que hacen y dicen sin pensar, supongo que se me entiende: insistía en sentarse pegada a mí, en tocarme de ese modo tan distinto, nada que ver con el modo en que uno sujeta un paraguas o les acerca una gabardina para guarecerlas de la lluvia, un modo del que cualquier hombre se da cuenta al primer vistazo, y más por hacerlo cuando creía ella que él no la estaba viendo: no cuando sabía que no podía verla, sino cuando creía que tal vez no la viese. Y cuando me desabrochaba el cinturón y salía al ala a gatas, me volvía a mirarle a la cara y me preguntaba en qué estaría pensando, cuánto sabía, qué sospechaba.

Iba allí por las tardes, cuando él estaba ocupado. Me entretenía hasta comprobar que él iba a estar liado el resto del día, y entonces le daba una excusa y me largaba. Una tarde estaba ya listo para irme, esperando a que despegara, cuando cerró el gas, se asomó y me hizo una seña.

—No te vayas —dijo—. Quiero hablar contigo.

Entonces supe que lo sabía, y esperé a que terminase el último vuelo con pasajeros, de corta duración, y a que fuese a la oficina a quitarse el mono. Me miró, le miré.

—Vamos a cenar —dijo.

Me estaban esperando cuando llegué. Ella se había puesto uno de esos vestiditos ceñidos; vino a saludarme y me rodeó con ambos brazos y me plantó un beso mientras él nos miraba.

—Me voy contigo —dijo—. Lo hemos hablado y estamos los dos de acuerdo en que ya no nos queremos, ni podemos querernos ya más después de esto; sabemos que esto es lo único sensato que se puede hacer. Y él ya encontrará a una mujer a la que pueda amar, una mujer que no sea tan mala como yo.

Él me estaba mirando y ella me acariciaba la cara con las dos manos a la vez que emitía una especie de gemido sordo con los labios pegados a mi cuello, y yo estaba como una piedra o algo así. ¿Sabes qué estaba pensando? No estaba pensando en ella, ni mucho menos. Estaba pensando en que estábamos él y yo allá arriba y en que acababa yo de descubrir que había soltado la palanca del encastre y pilotaba solo con el timón y en que él sabía que yo me había dado cuenta de que volábamos sin palanca, así que todo estaba en orden, pasara lo que pasara. Por eso me quedé como un trozo de madera contra el que se hubiese apoyado otro trozo de madera cuando ella se echó para atrás y me miró a la cara.

—¿Es que ya no me amas? —dijo mirándome a la cara—. Si me amas, dímelo. Yo a él ya se lo he dicho todo.

Quise no estar allí. Quise echar a correr. No tenía miedo. Fue porque todo fue de repente caluroso, sucio. Quise alejarme de ella solo un rato, quise que Rogers y yo estuviésemos lejos de allí, donde todo era frío, duro, sosegado, para zanjar las cosas entre nosotros.

—¿Qué es lo que quieres hacer? —dije—. ¿Le vas a conceder el divorcio?

Ella me miraba la cara con gran atención. En ese momento me soltó y fue corriendo a la repisa de la chimenea, y ocultó la cara en el hueco del brazo para echarse a llorar.

—Me has mentido —dijo—. No me has dicho lo que de verdad sentías. ¡Dios mío! ¿Qué he hecho?

Ya se sabe cómo es. Como si hubiera un momento para cada cosa, como si nadie fuera nada en sí mismo: como una mujer, que, incluso cuando la amas es para uno mujer solo parte del tiempo, y el resto del tiempo no es más que una persona que no ve las cosas de la misma forma en que un hombre ha aprendido a verlas. No tiene las mismas ideas sobre lo que es decente y lo que es indecente. Así que me acerqué y la rodeé con los brazos mientras pensaba: «Maldita sea, ¡si al menos te mantuvieras solo un poco al margen de todo esto…! Los dos intentamos por todos los medios cuidar de ti como es debido, para que no te duela».

Y es que la amaba, yo la amaba, ya lo ves. No hay nada que a dos personas las llegue a unir tanto como un pecado común a los ojos del mundo. Y él había tenido su oportunidad. De haber sido yo quien la conociera antes, de haberme casado yo con ella, de haber sido él quien era yo, hubiera tenido mi oportunidad. Pero fue él quien la tuvo.

—Entonces di lo que me dices cuando estamos solos. Ya te lo he dicho: se lo he dicho todo —dijo ella.

—¿Todo? —respondí en el acto—. ¿Se lo has dicho todo? —él nos estaba mirando—. ¿Es cierto que te lo ha dicho todo? —le pregunté.

—Eso no importa —dijo—. ¿Tú la quieres? ¿Tú la amas? —añadió sin darme tiempo a contestar—. ¿Vas a ser bueno con ella, la vas a tratar bien?

Se le había puesto la cara grisácea, como cuando ves a alguien después de mucho tiempo sin verlo y te dices: «Dios santo... ¿Ése es Rogers, seguro?». Cuando por fin me marché, el divorcio estaba pactado.

IV

A la mañana siguiente, cuando llegué al aeródromo, Harris, el propietario del circo volante, me habló de un encargo especial que tenía para mí. Supongo que se me había olvidado. Él de todos modos insistió en que ya me lo había dicho. Al final le dije que no iba a volar más con Rogers.

—¿Por qué no? —dijo Harris.

—Pregúnteselo a él.

—Y si él está de acuerdo en volar con usted, ¿subirá con él?

Así que dije que de acuerdo. Y entonces llegó Rogers. Dijo que sí, que volaría conmigo. Por eso creí que en todo momento había estado al tanto de lo del encargo especial y que me la había jugado, que me tendió una trampa al no decirme nada. Esperamos a que se fuese Harris.

—Así que por esto ayer noche estabas tan reacio a hablar claro —le dije. Lo maldije—. Ahora me tienes en tus manos, ¿no es eso?

—Ocúpate tú de los mandos —dijo—. Yo haré tu número.

—¿Has hecho alguna vez un trabajo como éste?

—No, pero puedo hacerlo, al menos mientras tú pilotes el aparato como es debido.

Lo maldije otra vez.

—Te sientes como nunca —dije—. Me tienes pillado del todo. Vamos, hombre: sonríe, que se note. ¡Vamos allá!

Se dio la vuelta, se dirigió al aparato, subió y se acomodó en el asiento delantero. Lo sujeté por el hombro y le di un tirón. Nos miramos uno al otro.

—Ahora no te voy a partir la cara —dijo—, si es eso lo que andas buscando. Espera a que estemos de nuevo en tierra.

—No lo creo —dije—. Porque a mí me gustaría devolverte el golpe a la primera.

Nos miramos. Harris nos estudiaba desde la oficina.

—Muy bien —dijo Rogers—. Déjame tus zapatos, ¿quieres? Yo no llevo suelas de goma.

—Anda, quédate en tu asiento —dije—. ¿Qué más dará? Supongo que estando en tu lugar yo haría lo mismo.

El trabajo consistía en hacer el número de acrobacia pasando por un parque de atracciones. Allá abajo debía de haber unas veinticinco mil personas, como hormigas de colores. Aquel día asumí riesgos que nunca había asumido, riesgos que no se llegan a ver desde tierra. Pero en todo momento el avión quedaba justo debajo de mí, manteniéndome en equilibrio frente a la presión lateral y todo lo demás, como si él y yo obedeciésemos a una misma intención y fuésemos una sola mente. Pensé que estaba jugando conmigo, date cuenta. Le miraba a la cara y le soltaba un alarido:

—Vamos allá, tío. Ya me tienes en tus manos. ¿Tienes arrestos o no tienes?

Supongo que estaba bastante desquiciado. De todos modos, cuando pienso en nosotros dos, allá arriba, gritándonos sin descanso el uno al otro, y en todos los insectos que nos miraban, a la espera del gran número final, del loop… Él me oía bastante bien, pero yo a él no le oía. Solo le veía mover los labios.

—Venga, hombre —le grité—, menea un poco el ala, ya verás qué fácil me desprendo, ¿eh?

Estaba bastante desquiciado. Ya se sabe cómo es: uno tiene unas ganas locas de precipitarse y de que suceda algo que sabe que va a suceder, lo mismo da de qué se trate. Imagino que es una sensación que conocen bien los amantes y los suicidas.

—Quieres que no se note, ¿eh? Claro, si caigo con el avión en vuelo rasante la cosa no quedaría nada bien, ¿a que no? Pues como quieras —grité—, allá vamos.

Volví a la sección central del ala superior y lancé la cuerda de seguridad para que pasara por delante de los puntales y así afianzarme con ella, y me volví a mirarlo y le hice la señal. Estaba bastante loco. Seguía gritándole. Pensé que a lo mejor ya me había caído, que estaba muerto, que no me había enterado. Los cables comenzaron a zumbar y me vi de pronto mirando derecho a tierra, a los puntitos de colores. Luego, los cables silbaron que daba gusto y abrió el gas y el plano de tierra comenzó a correr como si se deslizara bajo el morro del avión. Esperé hasta que desapareció y el horizonte se deslizó de nuevo por debajo y no vi otra cosa que el cielo. Solté entonces un cabo de la cuerda y le di un tirón para lanzársela a él a la cabeza y extender los brazos cuando el aparato entró a todo gas en un segundo loop.

No estaba empeñado en matarme. No estaba pensando en mí. Estaba pensando en él. Intentaba enseñarle quién era yo, tal como él me había enseñado quién era, darle algo ante lo que fallara, tal como él me dio algo ante lo que fallé. Intentaba humillarle.

Rebasamos el cénit del loop antes de que me perdiera. El terreno había vuelto a su sitio, lleno de puntos de colores, y perdí entonces la presión en las suelas de los zapatos e inicié la caída libre. Di medio salto mortal, y había empezado el primer giro en barrena, vuelto de cara al cielo, cuando algo me golpeó de plano en la espalda. Me dejó de pronto sin resuello; durante un segundo debí de estar completamente inconsciente. Abrí los ojos entonces y me encontré tendido boca arriba en el ala superior, con la cabeza colgando del borde posterior.

Estaba demasiado alejado, en la pendiente de la combadura del ala, para doblar las rodillas por el borde anterior; además, notaba que el ala se me iba escurriendo por debajo. No me atreví a moverme. Sabía que si me empeñase en incorporarme y hacer resistencia a la corriente de propulsión saldría despedido por detrás. Por la posición de la cola y por el horizonte vi que íbamos en picado, un descenso no muy pronunciado, y vi también a Rogers de pie en la carlinga, soltándose el cinturón, y aún pude girar un poco más el cuello y ver que cuando me desprendiera tampoco llegaría a tocar el fuselaje, o que acaso me golpease con el hombro.

Por eso me quedé como estaba, notando escurrirse el ala por debajo de mí, notando que ya los hombros me colgaban sin apoyo, contando las vértebras a medida que resbalaban sobre el borde del ala, viendo a Rogers reptar a lo largo del fuselaje, hacia el asiento delantero. Lo miré un buen rato, avanzando palmo a palmo en contra de la presión propulsora, sacudiéndosele las perneras del pantalón. Al rato aún le vi introducir las piernas en la carlinga delantera y entonces noté sus manos en mí.

En mi escuadrón había un tío que no me caía nada bien. Él me odiaba con toda el alma. Cosas suyas, a mí qué. Un día me sacó de un embrollo de cuidado, cuando me quedé atrapado a quince kilómetros del frente con una válvula de aire averiada. Cuando aterrizamos me dijo: «No te vayas a pensar que he ido a sacarte de ahí. Fui a cepillarme a un boche, y me lo cepillé». Me insultó con las gafas de aviador subidas sobre la frente y los brazos en jarras, me maldijo tal como estaba sonriendo. Pero eso está bien. Cada uno va a los mandos de un Sopwith Camel; si uno cae abatido, mala cosa; si cae el otro, pues qué pena. Nada que ver con el instante en que uno se halla en la sección central y él está con la palanca en la mano, cuando solo con atorar el motor un instante o con virar lo justo el timón en el cénit del loop…

Pero yo entonces era joven. ¡Dios mío, vaya si era joven! Recuerdo la noche del Armisticio, en el 18, dando vueltas por todo Amiens con un asco de prisionero que nos habíamos llevado por la mañana en un Albatross, procurando que la policía militar franchute no le echara el guante. Era un buen tipo, y los condenados soldaditos de infantería se habían empeñado en meterlo a toda costa en una pocilga donde estaban los del Servicio de Suministros y los cocineros borrachos como cubas y demás ralea. Me dio pena el muy hijoputa, tan lejos de su casa, hecho puré y todo eso. Ya te digo si era joven.

Todos éramos jóvenes. Me acuerdo de un tipo de la India, un príncipe que había estudiado en Oxford, con su turbante y sus charreteras y sus insignias de chichinabo, que dijo que todos los que habíamos combatido en la guerra estábamos muertos. «A lo mejor no os habéis dado cuenta —dijo—, pero estáis todos muertos. Con una diferencia: a aquéllos, los de allá —y señaló con el pulgar hacia el frente—, les da lo mismo, mientras vosotros no lo sabéis». Y dijo algo más, no sé qué, respirar aún mucho tiempo, una especie de entierros andantes, los catafalcos y las tumbas y los epitafios de los que murieron el 4 de agosto de 1914 sin saber que habían muerto, dijo. Era un tío raro, un excéntrico. Y no era mal tipo.

Pero no estaba yo del todo muerto allí tendido sobre el ala superior del Standard, contándome las vértebras a medida que resbalaban sobre el borde del ala como una hilera de hormigas hasta que Rogers me sujetó. Y cuando aquella noche vino a la estación a despedirme, me trajo una carta de ella, la primera carta suya que recibí. Su caligrafía era igualita que ella; casi se llegaba a percibir el aroma que empleaba para perfumarse, sentir el tacto de sus manos. La rasgué en dos sin abrirla y tiré los pedazos. Pero él los recogió y me los devolvió.

—No seas idiota —dijo.

Y eso es todo. Ahora tienen un niño, un crío de seis años. Rogers me escribió para contármelo; la carta me llegó a los seis meses. Soy su padrino. Tiene gracia, tener un padrino que no te ha visto nunca, y al que nunca llegarás a ver.

V

—¿Bastará con un día de antelación? —le dije a Reinhardt.

—Con un minuto es más que suficiente —repuso. Apretó el timbre. Entró la señorita West. Es buena chica. De vez en cuando, si me veía necesitado de un desahogo, nos íbamos a almorzar en una heladería, al otro lado de la calle, donde le hablaba de cómo se portan, de cómo son las mujeres. Son lo peor que existe. Ya se sabe: a uno le llaman para que haga una demostración con el coche de prueba y aparecen todas juntas, esperan a la entrada y allá que nos vamos, el coche lleno, de compras. A mí me toca sortear el tráfico denso, encontrar un sitio donde aparcar, y ella dice: «Es que John se ha empeñado en que pruebe este coche. Pero lo que yo le digo, es natural, es que me parece una bobada comprar un coche tan difícil de aparcar como parece que es éste, ¿no cree?».

Y van atentas a mi cogote, mirándome con recelo, con dureza, luminosas. Sabe Dios qué se pensaban que teníamos; a lo mejor habían imaginado un coche que se plegara como una hamaca para dejarlo recogido y apoyado contra una toma de incendios. Qué demonios, no sabría yo venderle un alisador del pelo ni siquiera a la viuda de un negro muerto en un accidente de ferrocarril.

Así que llega la señorita West; es buena chica, solo que alguien le dijo que yo había tenido hasta tres o cuatro empleos en un año, que no me duraban, y que había sido piloto de guerra, y no hizo otra cosa que freírme a preguntas, interesadísima en saber por qué dejé la aviación, por qué no volvía a volar, ahora que los aviones eran mucho más comunes, puesto que vender automóviles no se me daba nada bien y tampoco sabía hacer otra cosa; es típico de las mujeres. Ya se sabe: apremiantes y desbordantes de simpatía, y no se les puede hacer callar como se hace con un hombre.

—Vamos a dejar marchar al señor Monaghan —dijo Reinhardt nada más la vio entrar en el despacho—. Dile que pase por caja.

—No se tome la molestia —le dije—. Quédeselo, cómprese un aro para ir a jugar al parque.